PAGE 36

SUR LA ROUTE

ÎLES, VILLES ET VILLAGES
Visites, activités et bonnes adresses

Hébergement p. 208

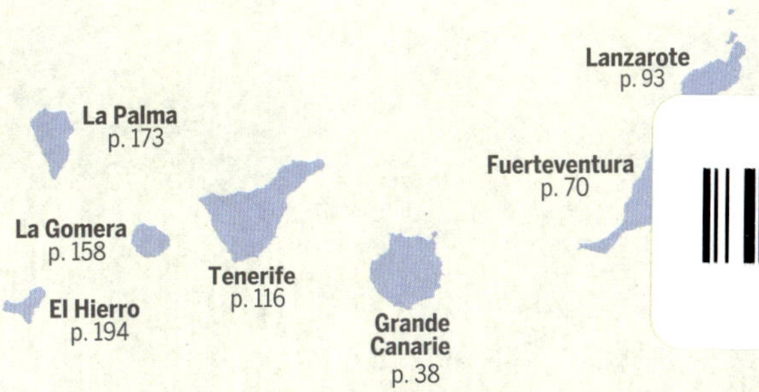

PAGE 253

CANARIES PRATIQUE

TOUT POUR S'ORGANISER
Forfaits aériens, location de voiture, organismes à connaître

ÉDITION ÉCRITE ET ACTUALISÉE PAR

Josephine Quintero
Stuart Butler

Bienvenue aux Canaries

Paysages spectaculaires

Les îles Canaries bénéficient de températures parfaites presque toute l'année. Été comme hiver, on peut y admirer des paysages spectaculaires et variés : verdoyante végétation subtropicale du parc national de La Gomera, sommets couverts de forêts de pins dans l'arrière-pays montagneux de la Grande Canarie, cascades rugissantes de La Palma. Les plaines extraordinairement arides et nues qui flanquent El Teide à Tenerife, les couleurs changeantes des champs de lave de Lanzarote, et les vastes étendues de Fuerteventura ponctuées de cactus, d'arbustes et d'innombrables chèvres, viennent offrir le plus saisissant des contrastes avec toute cette nature opulente.

Sport...

La grande diversité des paysages, conjuguée à l'ensoleillement, fait la richesse des activités de plein air et leur facilité d'accès : randonnée sur les sentiers balisés, allant de la simple balade à la marche plus rude en montagne et à travers des champs de lave ; plongée sous-marine dans des eaux chaudes, où s'ébattent quelque 350 espèces de poissons (et gisent çà et là une ou deux épaves) ; détente sur le pont arrière d'un catamaran en dégustant un verre de vin ; ou encore, belles montées d'adrénaline sur un kitesurf ou sur une planche à voile. Enfin, pour des moments plus calmes, il reste les méharées, les parties de golf, les randonnées équestres et les sorties en bateau.

DIEGO LEZAMA/LONELY PLANET IMAGES ©

Volcans majestueux, sites préhistoriques, luxuriantes forêts de pins, paysages lunaires, méharées, dunes évoquant le Sahara qui s'étendent sur des kilomètres de paysage parfaitement sauvage… Oui, il existe un autre monde au-delà des stations balnéaires des îles Canaries.

(À gauche) Plantes endémiques dans le Malpais de Güimar, Tenerife
(Ci-dessous) Enfants de La Gomera

DAMIEN SIMONIS/LONELY PLANET IMAGES ©

… ou détente

Si pour vous, "vacances" rime avec "farniente", vous avez choisi la destination idéale. Bien sûr, on pense d'emblée aux plages – et elles sont nombreuses, des dunes ondoyantes de Fuerteventura aux vastes croissants de sable doré de Tenerife. Mais d'autres préféreront peut-être se faire dorloter dans un spa. Les centres de thalassothérapie, présents dans toutes les îles, proposent un choix très tentant de soins et de massages. Sans oublier les innombrables bars du bord de mer, où l'unique effort consiste à admirer le coucher du soleil, en sirotant un cocktail au son des vagues…

Art et architecture

Si les îles Canaries ne possèdent pas de superbes musées, comme ceux d'Espagne continentale, elles ont cependant tout ce qu'il faut pour combler les amateurs d'art et de culture. Ceux qui aiment le surréalisme ne manqueront pas les toiles spectaculaires du peintre Óscar Domínguez, exposées dans sa maison natale de Santa Cruz de Tenerife. De même, il faut admirer les sculptures abstraites d'artistes locaux tels que Martín Chirino et César Manrique, sur la Grande Canarie et Lanzarote. Si vous préférez l'architecture, vous pourrez contempler les balcons en bois, les patios verdoyants et les façades aux couleurs vives typiques de l'architecture canarienne.

› Canaries

18°O
17°O
16°O
30°N
29°N
28°N
27°N
Parque Nacional de la Caldera de Taburiente
Balades sur de superbes sentiers (p. 187)
San Sebastián de la Gomera
Faire l'emplette du délicieux miel de palme local (p. 163)
La Laguna
Une cité historique superbement préservée (p. 127)
El Teide
Des paysages uniques à travers lesquels randonner (p. 141)
Roque de los Muchachos (2 426 m)
Los Llanos de Aridane
Santa Cruz de la Palma
Volcán San Antonio (657 m)
Los Canarios de Fuencaliente
LA PALMA
TENERIFE
Santa Cruz de Tenerife
La Laguna
Puerto de la Cruz
La Orotava
Puerto de Santiago
Pico del Teide (3 718 m)
Playa de las Américas
Los Cristianos
Alto de Garajonay
Une randonnée jusqu'au sommet du pic (p. 166)
Alto de Garajonay (1 487 m)
San Sebastián de la Gomera
Valle Gran Rey
LA GOMERA
Playa Santiago
EL HIERRO
Valverde
Tamaduste
Puerto de la Estaca
Malpaso (1 501 m)
La Restinga
Playa de las Américas
La fiesta de l'aube au crépuscule (p. 150)
Santa Cruz de Tenerife
La fête, la fête, la fête : c'est le carnaval (p. 120)
La Restinga
De splendides plongées à la découverte d'une riche vie marine (p. 202)
OCÉAN ATLANTIQUE

Tahiche
La Fundación César Manrique (p. 101)
La Geria
Les vins fabuleux de Lanzarote (p. 109)
La Oliva
Une immersion dans l'histoire à la Casa de los Coroneles (p. 82)
Santa María de Guía
Une dégustation du fromage local, le *queso de flor* (p. 59)
Barranco de Guayedeque
Une gorge à la végétation luxuriante (p. 52)
15°O
14°O
Vers Cadix (Espagne continentale)
OCÉAN ATLANTIQUE
Isla de Alegranza
Agujas Grandes (266 m)
Isla Graciosa
La Caleta de Famara
Monte Corona (609 m)
LANZAROTE
Timanfaya (510 m)
Tahiche
Arrecife
La Geria
Vers Cadix (Espagne continentale)
Playa Blanca
Corralejo
Isla de Lobos
La Oliva
Puerto del Rosario
Betancuria
Gran Montaña (708 m)
FUERTEVENTURA
Playa de Sotavento Jandía
Morro Jable
Santa María de Guía
Puerto de las Nieves
Las Palmas de Gran Canaria
Pozo de las Nieves (1 949 m)
GRANDE CANARIE
San Bartolomé de Tirajana
Puerto de Mogán
Playa del Inglés et Maspalomas
ALTITUDE
2 000 m
1 500 m
1 000 m
500 m
200 m
0
0
40 km

17 façons de voir les Canaries

Les paysages lunaires d'El Teide

1 L'extraordinaire est à portée de main : il suffit d'effectuer une randonnée autour de la base du volcan d'El Teide (p. 141), à Tenerife, pour se convaincre que l'on marche sur la Lune. Les sentiers vous emmènent au cœur d'un paysage étrange de cratères rouges, jaunes et bruns évoquant des sortes de taupinières préhistoriques, de formations de roche volcanique aux formes insolites, et de lapilli pareils à des galets. Pour couronner le tout, prenez ensuite le téléphérique menant au vertigineux sommet. Pensez à vous habiller chaudement car il peut faire très froid, là-haut dans les nuages.

Carnaval !

2 Les Canariens aiment faire la fête et, à Santa Cruz de Tenerife, la fiesta atteint son paroxysme chaque année, au milieu des paillettes du carnaval. Les festivités débutent en grande pompe début février, suivies par trois semaines de spectacles, de concours de déguisements, de feux d'artifice et autres défilés pareils à ceux de Rio. Toutes les îles célèbrent le carnaval avec ferveur de l'aube au crépuscule : pensez à réserver votre hébergement longtemps à l'avance (si vous avez l'intention de vous coucher...).

JACQUES SIERPINSKI/CORBIS ©

Les plages splendides de Fuerteventura

3 Fuerteventura possède des plages figurant parmi les plus belles des Canaries. Pour échapper aux rangées de transats sur lesquels les vacanciers rôtissent lentement, mettez le cap vers le nord-ouest de l'île, les plages sauvages et les vagues assourdissantes d'El Cotillo. Les véliplanchistes pourront se faire plaisir à Playa de Sotavento de Jandía ; quant aux amateurs d'autres sports nautiques, ils opteront pour la plage extraordinaire de Morro Jable. Enfin, si vous avez des enfants, choisissez des plages plus familiales, comme Costa Calma et Caleta de Fuste.

JAN-PETER WESTERMANN/CORBIS ©

Barranco de Guayadeque

5 Le printemps est la meilleure saison pour découvrir cette luxuriante vallée encaissée de la Grande Canarie (p. 38), car alors, les amandiers en fleur colorent le paysage de blanc. L'endroit reste néanmoins très vert et ravissant toute l'année. Le flanc des montagnes escarpées qui encadrent la vallée est creusé de grottes abritant des restaurants et des bars, et même une chapelle. Tâchez de faire coïncider la visite avec l'heure du déjeuner afin de pouvoir prendre un repas dans les entrailles des falaises. Ensuite, parcourez l'un des sentiers des environs : vous serez récompensé par la vue splendide sur la mer.

SIEPMANN/IMAGE BROKER ©

Les "papas arrugadas"

4 Omniprésentes, les *papas arrugadas* (pommes de terre ridées) sont bien meilleures que ne le laisse supposer leur nom. Appelées papas, comme en Amérique du Sud, ces petites pommes de terre nouvelles sont cuites à l'eau puis saupoudrées de sel marin. Le secret, c'est l'accompagnement : un choix de trois sauces – *mojo picón*, *mojo verde* ou *mojo de cilantro* (respectivement au piment, au persil ou à la coriandre). À déguster comme il se doit avec une *cerveza* (bière) bien fraîche...

Le quartier historique de La Laguna

6 Visitez La Laguna (p. 127), sur Tenerife, et flanez dans son quartier historique, l'un des mieux préservés de l'île, tout en ruelles pavées, en maisons de marchands pimpantes et en demeures ornées de balcons en pin. Cette architecture et ce plan, typiques de l'île, ont à l'origine servi de modèles à nombre de villes coloniales d'Amérique. Si La Laguna a un côté suranné, l'endroit vibre d'une énergie tout à fait contemporaine. La vie nocturne y est dynamique, et les cafés et bars en terrasse ne manquent pas.

Les marchés de rue

7 Aubergines à la peau brillante violet sombre, tomates rouge sang, figues pourpres charnues, bouquets de menthe odorante et de persil, grappes de têtes d'ail, piments verts longs et fins... Comment résister ? Partout, les marchés hebdomadaires font la part belle aux produits locaux, les petits producteurs venant y vendre fruits, légumes, viandes et fromages. Tâchez notamment de goûter aux spécialités comme le *queso de flor*, fromage crémeux de la Grande Canarie, ou le fameux *majorero*, fromage de chèvre de Fuerteventura.

Dégustation de vin à Lanzarote

8 La viticulture à La Geria (p. 109) n'a rien de classique. Sur Lanzarote, les vignes sont cultivées dans de petits cratères creusés dans la terre volcanique, à l'abri de murets en demi-cercle appelés *zocos*. La dégustation de vin est simple ici : la plupart des grandes *bodegas* sont installées sur la même portion de route accidentée dans La Geria, ce qui facilite d'autant un circuit dégustation au cours duquel goûter, entre autres, au fameux vin de *malvasía* (malvoisie), autrefois le nectar préféré de l'aristocratie européenne. Mais approfondissez d'abord vos connaissances au musée du Vin voisin.

CAROLA KOSEROWSKY/PHOTOLIBRARY ©

MARC DOZIER/PHOTOLIBRARY ©

L'art et l'architecture de César Manrique

9 Natif de Lanzarote, feu César Manrique a laissé une empreinte aussi durable que personnelle sur l'art et l'architecture de l'île. Ainsi en témoignent le vert profond qui est partout la couleur réservée aux chambranles et aux encadrements de fenêtres, ou encore les sculptures métalliques loufoques qui ornent tant de ronds-points. Ne manquez pas la visite de l'ancienne demeure de Manrique, construite autour d'une grotte et abritant des œuvres fabuleuses de Picasso et Klee, et voyez aussi la Cueva de los Verdes et les Jameos del Agua (p. 105), deux sites mariant à la perfection la magie de la nature et le génie architectural de l'artiste.

La Casa de los Coroneles

10 Même si vous n'êtes pas un passionné d'art, la vue de cette demeure fortifiée du XVIIe siècle située à La Oliva (p. 81), sur Fuerteventura, vous interpellera : telle une oasis, elle est surplombée par un volcan à la forme triangulaire parfaite. Flânez dans la bâtisse, admirez ses magnifiques balcons en pin sculpté et sa fraîche cour intérieure plantée de majestueux palmiers. Ensuite, visitez les galeries du 1er étage qui servent d'espace d'exposition temporaire aux peintres et aux sculpteurs locaux.

JUERGEN RICHTER/PHOTOLIBRARY ©

Randonnée dans la Caldera de Taburiente

11 Découvrez le spectaculaire Parque Nacional de la Caldera de Taburiente (p. 187) à l'occasion d'une randonnée sur l'un des nombreux sentiers du parc. Les forêts de pins et les rideaux de nuages qui dévalent les parois abruptes de la caldera ajoutent à la magie d'une randonnée, considérée par beaucoup comme l'une des plus belles de l'archipel. On peut, au choix, faire une simple balade d'une heure ou des treks de toute une journée réclamant plus d'endurance. Avant de partir, n'oubliez pas de voir l'exposition du centre des visiteurs pour vous informer.

Surf à El Quemao

12 Baptisées par les surfeurs "Hawaï de l'Atlantique", les Canaries offrent de nombreux spots de surf de tout premier rang, mais aucun n'est plus représentatif que le récif d'El Quemao (p. 107) et sa vague gauche, à Lanzarote. Les surfeurs expérimentés connaîtront d'intenses sensations dans ces gigantesques rouleaux. Les autres iront se faire plaisir non loin, à La Caleta de Famara, où les conditions sont idéales pour apprendre à se tenir sur une planche.

Alto de Garajonay

13 Pointant au-dessus des nuages qui flottent sur La Gomera la majeure partie de l'année, Alto de Garajonay (p. 166), qui culmine à 1 487 m, est le plus haut sommet de l'île. Le gravir permet d'approcher les fascinantes *laurisilvas* (laurisylves ou forêts de lauriers) qui couronnent cette petite île circulaire. La marche est facile mais la vue depuis le sommet, qui englobe ces fameuses forêts et, par beau temps, les neiges d'El Teide, sur Tenerife, est des plus extraordinaires.

CARLOS VILLOCH – MAGICSEA.COM/ALAMY ©

Plongée à El Hierro

14 Rencontre fortuite avec un poulpe, une coquette ou un crabe... C'est ce qui vous attend sous les vagues du sud d'El Hierro (p. 194), qui abritent un monde merveilleux de créatures marines. Si l'on ajoute que l'eau est chaude et les conditions de plongée très sûres, on est ici dans l'un des spots les plus passionnants à explorer de l'Atlantique Nord. Rien de plus facile que de partir en plongée, grâce aux nombreux clubs qui proposent tout un éventail de sorties, de l'initiation au programme de cours complet.

MICHELE FALZONE/CORBIS ©

La vie nocturne de Tenerife

15 Profitez de l'ambiance débridée de la gigantesque station balnéaire de Las Américas (p. 150), avec ses pubs où l'alcool coule à flots, ses discothèques dernier cri, ses clubs de jazz plus tranquilles et ses bars en bord de mer, ruisselant de lumière. Toutefois, côté vie nocturne, Tenerife a autre chose à offrir que ces excès. De El Cuadrilátero (p. 129) de La Laguna, auquel les étudiants donnent le tempo, à un grand opéra dans le superbe Auditorio de Tenerife à Santa Cruz (p. 122), l'île sait indéniablement faire la fête.

À la recherche de Moby Dick

16 Les touristes ne sont pas les seules créatures à aimer nager dans les eaux qui baignent les Canaries. Les bancs de baleines et de dauphins ont plaisir eux aussi à fréquenter ces mers chaudes. Le chenal entre Tenerife et La Gomera est d'ailleurs leur lieu de villégiature favori, et si vous séjournez sur l'une ou l'autre île, une croisière d'observation de ces animaux s'impose.

GUIDO SCHIEFER/ALAMY ©

DAMIEN SIMONIS/LONELY PLANET IMAGES ©

La gastronomie à San Sebastián

17 Les îles occidentales sont réputées pour leur gastronomie, la meilleure de l'archipel, et en la matière, La Gomera semble avoir mille délices à offrir. Découvrez-en quelques-unes en faisant un tour sur le marché de San Sebastián (p. 163), et parmi elles le miel de palme confectionné avec la sève de palmier. Autre spécialité typique de La Gomera, l'*almogrote* est une délicieuse pâte épicée, à base de fromage à pâte cuite, de piment et de tomate, que l'on tartine sur du pain.

L'essentiel

Devise

» Euro (€)

Langue

» Espagnol

Quand partir

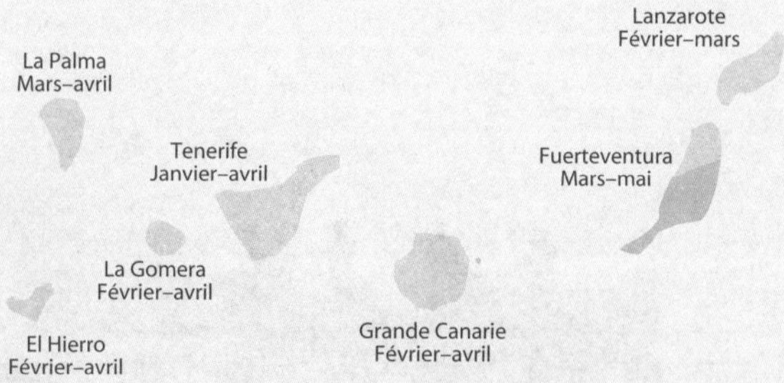

Haute saison (Déc-avr et juil-août)

» Coïncide avec Noël, la période du carnaval et les fêtes de Pâques

» Les tarifs des hébergements sont à leur maximum en janvier et février

» Au cœur de l'été, les touristes sont plus nombreux

» Juillet et août sont les mois les plus chauds de l'année, mais la température dépasse rarement 38°C

Saison intermédiaire (Mai-juin et sept-nov)

» La température n'est pas très différente de celle de l'été, mais les nuits sont plus fraîches

» Dans l'ensemble, les touristes sont moins nombreux en automne

» En haute altitude, notamment sur la Grande Canarie et à Tenerife, il peut faire beaucoup plus froid, avec parfois du brouillard

Budget quotidien

Moins de 60 €

» Chambre pour petits budgets (avec sdb commune) : 25-35 €

» Excellents marchés et supermarchés pour faire ses courses

» Visitez les musées gratuits, les parcs, les églises et faites des balades

60-120 €

» Chambre double dans un hôtel de catégorie moyenne : 55-75 €

» Repas de 3 plats dans un restaurant de catégorie moyenne : 25 €, vin en supplément

» Grands musées, galeries et sites touristiques : 6 € en moyenne

Plus de 120 €

» Chambre dans un quatre-étoiles : 110 €

» Repas gastronomiques au déjeuner et au dîner

» Location de voiture à partir de 35 € par jour

Argent

» Les DAB sont très répandus. Les cartes de crédit sont acceptées dans la plupart des hôtels, restaurants et commerces.

Visas

» Pas nécessaires pour les séjours n'excédant pas 90 jours et pour les ressortissants de l'UE ou de l'espace Schengen. Visa Schengen obligatoire pour les ressortissants de certains pays.

Téléphones portables

» Achetez un téléphone avec communications prépayées à partir de 25 €. Les cartes SIM locales fonctionnent avec les téléphones portables européens.

Hébergement

» Pour trouver où vous loger, reportez-vous au chapitre *Hébergement* (p. 208).

Sites Internet

» **Lonely Planet** (www.lonelyplanet.fr). Informations sur la destination.

» **Gouvernement des Canaries** (www.gobiernodecanarias.org, en espagnol). Renseignements fournis par le gouvernement local.

» **Office du tourisme des Canaries** (www.turismodecanarias.com). Informations sur la région en général et renseignements concernant les îles, une à une.

» **Tourisme rural** (www.turismoruralcanarias.com). Hébergement en milieu rural.

Taux de change

Canada	1 $C	0,74 €
Suisse	1 FS	0,8 €

Consultez les taux de change sur le site www.xe.com.

Numéros utiles

Si vous appelez aux Canaries en étant sur place, quel que soit le numéro composé, il comportera un total de neuf chiffres et commencera par le chiffre 9.

Indicatif du pays	☎34
Renseignements	☎11818
Indicatif de l'international	☎00
Ambulance	☎61
Police	☎112

Arriver aux Canaries

» **Aeropuerto de Gran Canaria**
Bus réguliers pour Las Palmas. Taxis – 28 € ; environ 25 min (p. 51)

» **Aeropuerto de Lanzarote**
Bus réguliers pour Arrecife. Taxis – 11 € ; environ 15 min (p. 100)

» **Aeropuerto Tenerife Sur**
Bus réguliers pour Los Cristianos. Taxis – 18 € ; environ 30 min (p. 157)

» **Aeropuerto de Fuerteventura**
Bus réguliers pour Puerto del Rosario. Taxis – 7 € ; environ 15 min (p. 75)

Conduire aux Canaries

Les îles les plus grandes sont pourvues d'autoroutes (*autopistas*) reliant l'aéroport et les grandes stations balnéaires. Les routes secondaires sont dans l'ensemble bien goudronnées. Hormis le dimanche, la circulation est généralement très peu dense. Si vous explorez l'arrière-pays montagneux de La Palma ou de la Grande Canarie, optez de préférence pour une voiture équipée d'un moteur de 1 600 cm³ afin de négocier au mieux les routes sinueuses et escarpées, qui sont aussi souvent les plus belles. Nous suggérons un itinéraire dans l'encadré *Pique-nique unique* (p. 69). Hormis dans les principales villes de la côte, il est généralement facile de se garer dans la rue, et le stationnement est souvent gratuit. Sur les aires de stationnement en zone bleue, il est payant et limité à 4 heures maximum. Si vous comptez louer une voiture sur les îles plus petites comme La Gomera et El Hierro, réservez longtemps à l'avance, surtout en haute saison.

Envie de...

Plages

Les stations balnéaires situées au sud de l'archipel possèdent de magnifiques plages, mais leur sable disparaît sous des cohortes de transats. Fuerteventura dispose de petites plages plus tranquilles, quant à Lanzarote, La Palma et La Gomera, elles ont chacune leurs splendides étendues de sable noir. Les dunes blondes de Maspalomas et la plage de Canteras, tout près de la capitale de la Grande Canarie, se distinguent par leurs paysages saisissants. Quant à Tenerife, elle importe du sable doré dans ses stations balnéaires.

Playa de las Canteras Cette magnifique plage de ville est flanquée d'une large promenade (p. 47).

Playa de las Teresitas Sable très fin, bons restaurants de bord de mer et agréable ambiance espagnole (p. 130).

Paysages de dunes Pour se croire au Sahara, cap sur les dunes de Fuerteventura (p. 83) et de la Grande Canarie (p. 63).

Playas Mujeres Il faut parcourir en voiture une piste en terre pour rejoindre cette plage de sable blanc bordant une crique pleine de charme (p. 115).

Culture

Outre les sites archéologiques, on peut admirer des musées de tout premier ordre, ou s'intéresser à l'artisanat : superbes broderies, poteries guanches, soie tissée main et belles pièces de vannerie. Pour vous plonger dans un folklore plus vivant, participez aux différentes fêtes, au premier rang desquelles le carnaval.

Centres de broderie La Orotava (Tenerife), Mazo (La Palma) et Ingenio (Grande Canarie), lieux réputés pour leur longue tradition dans les travaux d'aiguille.

Espacio de las Artes de Tenerife Centre d'art contemporain qui met l'accent sur la photographie, l'art moderne, et des expositions d'avant-garde porteuses d'un message politique et social (p. 122).

Influences latino-américaines Cette culture est très palpable ici, comme en témoigne le Museo Iberoamericano de La Orotava (p. 138).

Grandes manifestations culturelles de Santa Cruz Découvrez les expositions du Prado et les chefs-d'œuvre contemporains ainsi que le festival annuel de musique classique et le carnaval (p. 120).

Parcs à thème

Les Canaries offrent un éventail de parcs à thème mais gare aux arnaques. Il y a cependant des exceptions, et même un ou deux parcs qui pourraient réveiller l'enfant qui sommeille en vous.

Parcs aquatiques Ce sont ceux qui offrent le meilleur rapport qualité/prix. On en trouve d'intéressants à Tenerife, Fuerteventura, la Grande Canarie et Lanzarote. Sinon, optez pour les piscines naturelles d'eau de mer, en particulier à La Palma (p. 193) et El Hierro (p. 199).

Parcs exotiques Le Loro Parque de Tenerife est très prisé. Il est immense et comporte notamment un delphinarium et une maison pour les pingouins (p. 133).

Sciences Quelques musées d'histoire naturelle et musées des sciences hors pair sont conçus pour plaire aux enfants. Sur la Grande Canarie, il faut voir le Museo Elder de la Ciencia y la Tecnología (p. 47), et à Tenerife, le Museo de la Ciencia y el Cosmos (p. 129), ainsi que l'exceptionnel Museo de la Naturaleza y el Hombre (p. 121).

DIEGO LEZAMA/LONELY PLANET IMAGES ©

» En costumes de carnaval, Grande Canarie (p. 47)

Sports nautiques

Fuerteventura est un paradis pour les sports nautiques doté de plages sauvages extraordinaires, notamment sur la côte nord-ouest. Non loin, Lanzarote est également réputée pour être idéalement propice à la pratique de la planche à voile et du kitesurf. On peut compter sur le vent et les vagues dans tout l'archipel, et trouver également des cours et du matériel à louer.

El Cotillo Le cœur du surf à Fuerteventura, entouré de plages sauvages battues par les vents (p. 84).

La Caleta de Famara Le spot de surf de la côte ouest de Lanzarote le plus prisé pour la pratique du kitesurf, de la planche à voile et du bodyboard (p. 107).

Stations balnéaires du Sud Ambiance plus commerciale et plus de monde sur le rivage, mais tout va mieux une fois dans l'eau. À Tenerife, vous pourrez faire des sports nautiques à Los Cristianos (p. 152) ; sur la Grande Canarie, cap sur Taurito (p. 67).

Clean Ocean Project Participez au nettoyage des plages en achetant votre combinaison de surf écologique ici (p. 88).

Paysages

La diversité des paysages canariens n'est pas qu'une simple illustration de brochure touristique. Ces îles possèdent bel et bien des paysages extraordinairement variés. Aussi, pour en fixer le plus possible sur la pellicule, on a tout intérêt à louer une voiture. Les autorités ont en outre eu l'excellente idée d'ériger des miradors dans tout l'archipel : de quoi multiplier les points de vue à l'infini.

Grande Canarie Un arrière-pays montagneux fabuleux, surtout aux environs de Cruz de Tejeda (p. 55) et d'Artenara (p. 62).

Tenerife Inutile d'être motorisé pour gagner le Pico del Teide, point culminant de l'Espagne accessible en téléphérique et qui bénéficie, comme il se doit, d'une vue vertigineuse (p. 142).

Lanzarote Le Parque Nacional de Timanfaya (p. 109) : une débauche de couleurs, des paysages lunaires et d'extraordinaires formations rocheuses.

La Gomera L'Alto de Garajonay offre l'une des plus belles vues de l'île, par ailleurs le paradis des photographes (p. 166).

Randonnée

Hormis en juillet et en août, les mois les plus chauds, le climat est suffisamment doux pour profiter de splendides itinéraires dans tout l'archipel, au milieu de paysages toujours changeants : vallées encaissées, sentiers côtiers rocailleux, ou denses pinèdes. Les autorités travaillent de plus en plus à nettoyer et à baliser des sentiers souvent historiques. Il est également possible d'effectuer des randonnées guidées. Procurez-vous la liste des agences fiables à l'office du tourisme.

Lanzarote La municipalité publie une brochure avec les itinéraires balisés, leur niveau de difficulté et leur longueur (p. 98).

Tenerife La randonnée autour du mont Teide (p. 143) est magnifique ; les gardes forestiers du parc organisent des randonnées guidées.

Grande Canarie Parcourez pieds nus les 3 km de la Playa de las Canteras (la plage de la capitale) ou optez pour l'aventure dans l'arrière-pays montagneux (p. 55).

Et ailleurs... Toutes les îles recèlent de sublimes promenades. Pour plus de précisions, voir p. 24.

» Fûts de chêne de la Bodega La Geria, Lanzarote (p. 109)

Vie nocturne

Les bars karaoké règnent en maîtres dans les stations balnéaires du sud de l'archipel. Les capitales insulaires comme Las Palmas de Gran Canaria et Santa Cruz de Tenerife baignent dans une atmosphère à l'espagnole plus authentique, où toute une vie nocturne s'organise dans les bars musicaux, les discothèques, et même les théâtres et les salles de concerts.

Santa Cruz de Tenerife Cap sur la Plaza España (p. 125) et ses environs.

Las Palmas de Gran Canaria Les bars et lieux de sortie sont nichés dans les ruelles pavées du *barrio* de Vegueta (p. 49).

Lanzarote La Calle José Antonio, à Puerto del Rosario, abrite des discothèques à l'ambiance endiablée, tandis que le quartier d'El Varadero, à Puerto del Carmen, recèle d'accueillants bars donnant sur le port (p. 112).

Opéra, danse classique, jazz... ? Essayez au choix l'Auditorio de Tenerife ou le Teatro Guimerá (p. 125), à Tenerife, l'Auditorio Alfredo Kraus (p. 49), sur la Grande Canarie, ou le Centro Insular de Cultura El Almacén, à Lanzarote (p. 98).

Se faire dorloter

Se faire passer de la crème solaire sur le dos par son compagnon de voyage, c'est bien. Mais un massage aux huiles essentielles ou un enveloppement au chocolat, c'est encore mieux ! Les Canaries comptent d'excellents spas où recevoir des soins à la carte, voire s'offrir une journée complète de détente. Si vous préférez lézarder sur le pont d'un yacht en sirotant des cocktails, vous pouvez aussi décider de louer un bateau à plusieurs (www.yachtbooker.com) ; comptez un minimum de 800 € la semaine, sans l'équipage (ni le champagne).

Spas de Tenerife Tenerife est la capitale des spas aux Canaries. Du nord au sud, il y en a pour tous les goûts, et notamment l'Hotel Botánico, à Puerto de la Cruz ; Mare Nostrom, à Playa de las Américas ; et l'Aqua Club Termal, à Costa Adeje (p. 152).

Balneario Thalasso Visitez l'impressionnant centre de thalassothérapie de Fuerteventura, installé en bord de mer à Caleta de Fuste (p. 80).

San Agustín Le plus grand centre de thalassothérapie d'Europe se trouverait sur la Grande Canarie (p. 63).

Vin et fromage

Le vin et le fromage sont deux spécialités de l'archipel. En matière de *queso* (fromage), Fuerteventura tient le haut du pavé, notamment avec le fameux *majorero*. Achetez une roue de délicieux fromage, puis faites un saut de 15 minutes en ferry pour rejoindre Lanzarote, où les crus comptent parmi les plus réputés de l'archipel – mais vous trouverez aussi de nombreux vins locaux à La Palma et à Tenerife.

La Geria La région viticole la plus réputée de Lanzarote possède plusieurs bodegas où goûter et acheter du vin (p. 109).

Queso Majorero Trouvez une *queseria* où goûter le fromage de Fuerteventura avant d'en acheter (p. 75).

Vin Malvasía Le cépage *malvasía* produit un vin rouge doux à déguster au dessert, à goûter dans les bodegas de Tenerife et de La Palma (p. 190).

Tacoronte Acentejo Plus de 50 vignobles dans le nord-est de Tenerife produisent ce vin rouge charpenté, qui fut le premier à obtenir une DO (*denominación de origen* ou appellation d'origine contrôlée) aux Canaries (p. 140).

Mois par mois

Le top 5

1. **Carnaval**, février-mars
2. **San Juan**, juin
3. **Festival de Música de Canarias**, janvier-février
4. **Festival international de jazz**, juillet
5. **Gay Pride**, mai

Janvier

Il fait assez chaud dans les stations balnéaires du sud de l'archipel pour aller à la plage. Dans les régions situées au nord et à l'intérieur des terres, il fait plus froid. Il arrive parfois que le sommet d'El Teide, à Tenerife, soit couronné de neige.

Festival de Música de Canarias

Le festival de musique classique annuel (www.festivaldecanarias.com), dont le succès ne se dément pas depuis plus de 25 ans, démarre en janvier.

Février

Le sud de l'archipel est ensoleillé, et la température plus fraîche de l'arrière-pays est idéale pour la marche. C'est aussi le mois du carnaval, alors réservez votre hébergement suffisamment tôt !

Carnaval

Presque aussi festif et exubérant que celui de Rio, le carnaval canarien n'est jamais aussi beau et endiablé qu'à Las Palmas de Gran Canaria (p. 47) et à Santa Cruz de Tenerife (p. 126).

Mars

Admirez les fleurs printanières, surtout sur les collines d'El Hierro, de La Palma, de La Gomera et de la Grande Canarie. La foule des touristes est nombreuse pendant la semaine de Pâques.

Saison opératique

Mars est au cœur du festival d'opéra (www.operalaspalmas.org) de Las Palmas de Gran Canaria, qui attire des virtuoses du monde entier.

Processions de Pâques

Lapins et œufs en chocolat sont au rendez-vous pendant la semaine de Pâques, sans oublier bien sûr de grandes processions religieuses dans toutes les villes et les villages de l'archipel.

Foire culinaire canarienne

A lieu au milieu du mois durant une semaine à Los Cristianos, à Tenerife. L'occasion de goûter des produits traditionnels venant de tout l'archipel.

Avril

Le soleil est encore au beau fixe sur les plages du Sud, mais les nuits sont plus fraîches et il y a parfois des averses, en particulier sur Tenerife.

Festival international du film

Le festival cinématographique annuel de Las Palmas de Gran Canaria donne l'occasion de découvrir les cinéastes les plus prometteurs. Consultez la programmation à l'adresse www.lpafilmfestival.com.

Mai

Le mois de mai est très agréable car les plages ne sont pas encore prises d'assaut et les soirées se font déjà plus chaudes : l'idéal pour dîner en terrasse.

Gay Pride

La deuxième Gay Pride d'Espagne après celle de Madrid se déroule au milieu du mois à Maspalomas, sur la Grande Canarie (www.gaymaspalomas.com).

Pour le plaisir des papilles

Profitez de la fête du fromage annuelle de Santa María de Guía pour faire un festin de *queso de flor*, le fromage typique de la Grande Canarie (www.santamariadeguia.es).

Juin

C'est le dernier mois de calme avant l'arrivée des foules, et l'ensoleillement moyen de dix heures par jour, est parfait.

Pour les fans de musique folklorique

Musique folklorique que jouent groupes locaux ou venus d'ailleurs à l'occasion de ce festival annuel qui se déroule pendant un mois à Las Palmas (www.grancanaria.com).

Feux de la Saint-Jean

Barbecues et fêtes sur la plage, grands feux d'artifice et concerts. La grande fête annuelle de la San Juan (23-24 juin) est particulièrement endiablée à Lanzarote et Las Palmas (Grande Canarie).

Juillet

Le mercure grimpe, toutefois la température moyenne dans le Sud reste supportable (35°C). Avec les vacances d'été, les touristes sont plus nombreux.

Du jazz, du jazz, du jazz

Le Festival Internacional Canarias Jazz & Más Heineken attire les grands noms de la scène internationale du jazz. Les artistes et les salles où ils se produisent figurent sur le site www.canariasjazz.com.

Musique, danse et théâtre

Un autre festival de renommée mondiale, sur la Grande Canarie. Le Festival Internacional de Teatro, Musica y Danza (www.teatroydanzalaspalmas.com) a récemment accueilli, entre autres, les danseurs du New York City Ballet.

Août

Le mois d'août est le plus chaud de l'année. Cependant, la température atteint rarement les 40°C qui règnent habituellement sur les côtes du sud de l'Espagne.

Saint Ginés

Le Día de San Ginés, qui tombe le 25 août, est l'occasion d'une énorme fête à Lanzarote. Les réjouissances, parmi lesquelles concerts, matchs de football et concours de beauté, durent une semaine.

Championnat du monde de planche à voile

Une foule d'adeptes du kitesurf et de la planche à voile investissent Playa de Sotavento de Jandía (Fuerteventura) au début du mois afin de participer à ce grand championnat.

Septembre

L'ensoleillement reste de sept heures par jour, et les nuits se font un tantinet plus fraîches, surtout en altitude.

Lutte canarienne (et autres tournois sportifs)

La Fiesta del Santísimo Cristo, à La Laguna (Tenerife), se déroule tout au long du mois et comprend entre autres des tournois de *lucha canaria* (lutte canarienne), des rallyes de voitures d'époque et des feux d'artifice.

Octobre

La température moyenne redescend à 23°C, et les nuits sont plus fraîches. Le temps se prête à la randonnée dans les îles, mais aussi à de bons moments sur la plage.

Marathon en musique

Le Music Marathon Festival (www.musicmarathonfestival.com) se déroule tous les ans le 22 du mois à Puerto del Carmen, sur Lanzarote. Il est ouvert à tous, même aux enfants de 4 ans. Des groupes jouent le long du parcours.

Décembre

La température baisse considérablement pendant la nuit et les stations balnéaires les plus au nord sont parfois sous les nuages, quoiqu'il pleuve rarement.

Fiesta de la Virgen de la Concepción

A lieu à El Hierro le 8 du mois. La veille au soir, les rues de Valverde sont investies par une foule en liesse qui ripaille et se donne du bon temps.

Itinéraires

Que vous disposiez d'une semaine ou de deux mois, ces itinéraires constituent des bases pour élaborer un voyage inoubliable. Encore en manque d'inspiration ? Consultez le forum des voyageurs de Lonely Planet à l'adresse www.lonelyplanet.fr/forum.

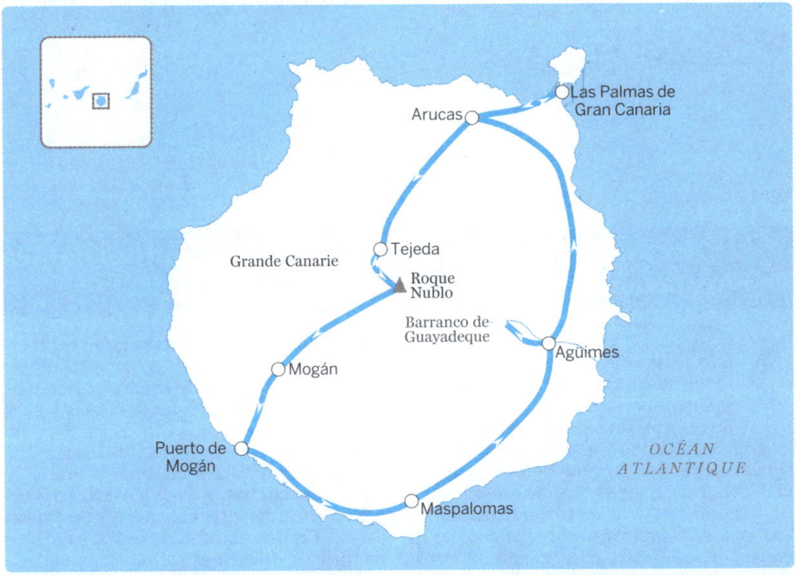

Une semaine
Grande Canarie : la grande boucle

Première étape : **Las Palmas de Gran Canaria**. Commencez par une balade dans le sable à la Playa de las Canteras, avec ses bars et ses musiciens ambulants. Passez l'après-midi dans les expositions interactives du musée de la Science. Consacrez le deuxième jour à la découverte du quartier historique de Vegueta, ses ruelles pavées et ses beaux monuments. Le troisième jour, vous pourrez découvrir l'ancien volcan **Roque Nublo**. Après l'effort de la randonnée, place au réconfort que procurent les douceurs aux amandes de **Tejeda**. Le lendemain, cap vers **Mogán**, via la superbe route panoramique GC-605. Après avoir déjeuné, faites un petit saut au sud jusqu'à **Puerto de Mogán**, port de plaisance où vous attendent la plage et des excursions en bateau. Le cinquième jour, direction le sud-est de l'île, pour une méharée dans les sables scintillants de **Maspalomas**, suivie d'une sieste sur la plage. Poursuivez ensuite au nord-est jusqu'au **Barranco de Guayadeque**, verdoyant ravin où vous pourrez déjeuner dans un restaurant aménagé dans une grotte. Ensuite, passez la nuit non loin, à **Agüimes**, bourgade historique aux édifices dans les tons pastel. Il faudra ensuite continuer vers le nord et passer par **Arucas** pour rentrer à Las Palmas.

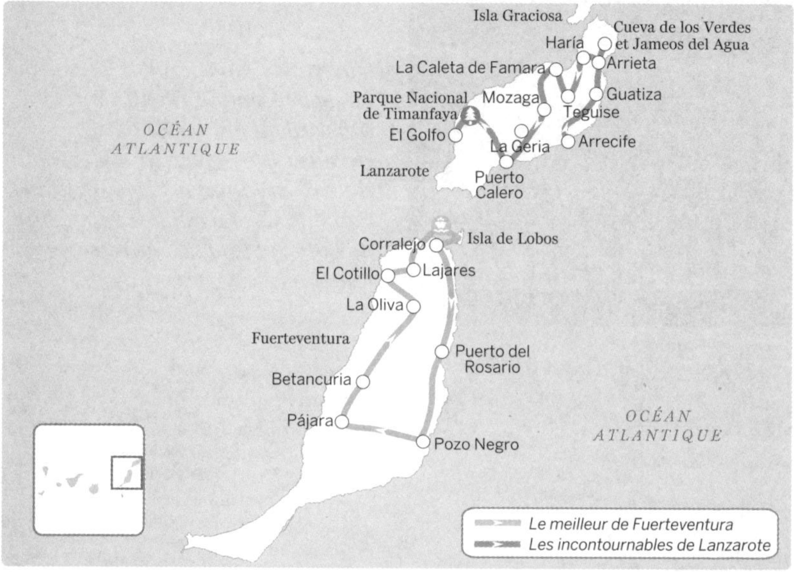

Six jours **Le meilleur de Fuerteventura**

Commencez par le port de **Corralejo** pour une petite balade ou un moment à la plage. Prenez ensuite la direction du sud-est et longez les dunes qui s'étendent à perte de vue le long de la route FV-1. Terminez tranquillement la journée par une petite balade en ville et un dîner dans l'un des restaurants gastronomiques de **Puerto del Rosario**. Le lendemain, poursuivez vers le sud et faites étape à **Pozo Negro**, bourgade minuscule et déjeunez dans un *chiringuito* (restaurant de poisson et fruits de mer) en bord de mer. Il est alors temps de quitter le rivage pour s'enfoncer à l'intérieur des terres jusqu'à **Pájara**. Faites un tour dans la magnifique église et priez pour qu'il reste une chambre de libre dans la *casa rural*. Le troisième jour, arrêtez-vous à **Betancuria**, où vous pourrez admirer l'église, visiter les petits musées insolites et vous offrir un dîner raffiné au fameux Casa Santa María. Le lendemain, poursuivez vers le nord via **La Oliva**, petite perle rurale, puis rejoignez **El Cotillo**, bourgade tranquille de la côte. Le cinquième jour, retournez à Corralejo en passant par le petit village de surfeurs de **Lajares**, et profitez de son choix éclectique de commerces et de cafés. Le lendemain, prenez un ferry pour l'île sauvage du nom d'**Isla de Lobos** afin de vous octroyer une journée faite de promenades dans l'île et de farniente sur la plage.

Six jours **Les incontournables de Lanzarote**

Commencez par **Arrecife** : baignez-vous sur la plage de sable blanc de Playa del Reducto avant d'explorer les sites à visiter (et les boutiques), puis, offrez-vous un festin de roi dans un cadre de château au MIAC Restaurant. Le lendemain, cap au nord pour admirer le **jardin de cactus** près de **Guatiza**. Poursuivez jusqu'aux célèbres grottes de **Cueva de los Verdes** et **Jameos del Agua**, puis rebroussez chemin et terminez la journée au bord de la mer, à **Arrieta**. Le troisième jour, partez à la découverte d'**Haría**, ville de carte postale dotée d'une architecture traditionnelle et de majestueux palmiers. Allez ensuite au sud, à **Teguise**, où abondent les restaurants novateurs et les boutiques originales. Le lendemain, direction le bord de mer et la superbe **Caleta de Famara** pour admirer les surfeurs et vous régaler de poisson frais au déjeuner. Après avoir passé la nuit non loin, dans la *casa rural* de **Mozaga**, visitez le cinquième jour les domaines viticoles de **La Geria**, et terminez par le port de plaisance de **Puerto Calero** pour siroter un cocktail au soleil couchant. Le sixième jour, explorez les champs de lave du **Parque Nacional de Timanfaya**, et participez au circuit en bus qui parcourt la spectaculaire Ruta de los Volcanes. Finissez en dînant de délicieux fruits de mer face aux vagues dans le petit village de pêcheurs d'**El Golfo**.

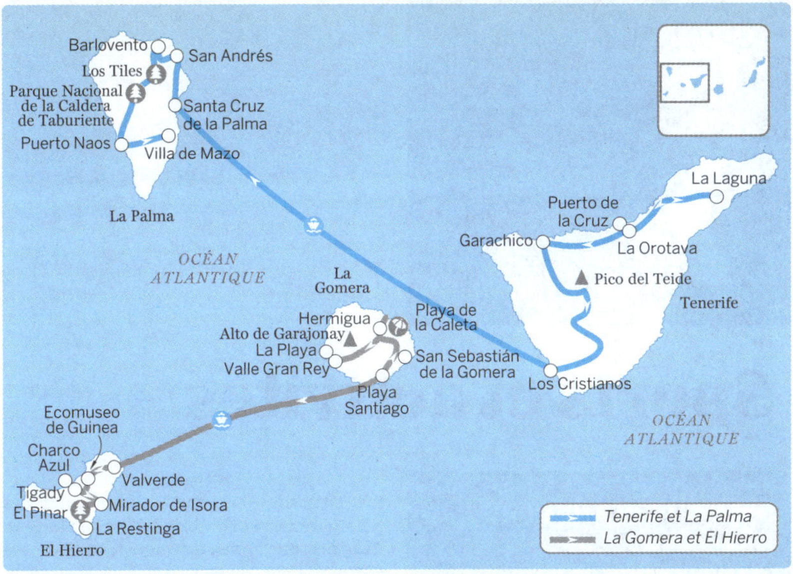

10 jours
Tenerife et La Palma

À Tenerife, passez deux nuits à **Puerto de la Cruz**, le temps de profiter des boutiques, des bars et des plages. Le troisième jour, visitez **La Orotava** et ses grandioses demeures du XVIIe siècle. Découvrez ensuite le quartier historique préservé de **La Laguna**. Le lendemain, revenez sur vos pas et prenez la direction de **Garachico** et ses modestes maisons de pêcheurs. À proximité, vous pourrez profiter de sentiers de randonnée. Le cinquième jour, cap sur **El Teide** pour une journée de marche et de paysages grandioses à fixer sur la pellicule. Le sixième jour, rejoignez **Los Cristianos** et prenez le ferry quotidien pour **La Palma**. Passez deux ou trois nuits à **Santa Cruz** et ses alentours, en explorant la vieille ville, en profitant de la plage de Los Cancajos et en effectuant un mini-pèlerinage au Santuario de la Virgen de las Nieves (pour la vue). Continuez vers le nord pour découvrir les rues pavées et escarpées de **San Andrés**. Le huitième jour, visitez la luxuriante forêt tropicale de **Los Tiles**, puis rafraîchissez-vous dans les piscines naturelles d'eau saumâtre proches de **Barlovento**. Au matin du neuvième jour, en route pour une randonnée dans le **Parque Nacional de la Caldera de Taburiente**. Poursuivez ensuite vers le sud et passez la nuit à **Puerto Naos**, connu pour son animation, avant de faire l'emplette le dernier jour d'objets artisanaux à **Villa de Mazo**.

Une semaine
La Gomera et El Hierro

Passez le premier jour à La Gomera, à explorer les rues, petites et grandes, de **San Sebastián**. Le lendemain, reposez-vous de l'agitation citadine de la veille sur la **Playa Santiago**. Le troisième jour, en route pour le nord verdoyant, avec une étape à la traditionnelle **Hermigua** ainsi que sur la ravissante **Playa de la Caleta**. Le lendemain, poursuivez vers le sud afin d'effectuer un trek à travers une forêt tropicale emplie de fougères jusqu'aux sommets majestueux de l'**Alto de Garajonay**, d'où la vue est sublime. Parcourez en voiture le fond de la magnifique gorge de la **Valle Gran Rey** jusqu'à rejoindre la mer, puis passez la nuit à **La Playa**, avant de rentrer à San Sebastián pour prendre le ferry à destination d'**El Hierro**. Visitez la paisible capitale, **Valverde**, avant de mettre cap au sud pour visiter l'**Ecomuseo de Guinea**. Régalez-vous d'une délicieuse cuisine canarienne chez **Tigady**, établissement modeste où vous pourrez passer la nuit. Le lendemain, partez découvrir les piscines naturelles de **Charco Azul**, avant de parcourir la campagne pour rejoindre l'étonnant **Mirador de Isora**, les pinèdes luxuriantes d'**El Pinar** et terminez par les fameux spots de plongée sous-marine de **La Restinga**.

Sports et activités

La meilleure île pour...

» **La randonnée** Une question sujette à des débats passionnés chez les marcheurs. Pour notre part, nous votons pour Tenerife et La Palma, quitte à froisser les fans de La Gomera !

» **Le kitesurf et la planche à voile** Les îles Canaries offrent des conditions idéales, parmi les meilleures du monde, pour la pratique du kitesurf et de la planche à voile. C'est toutefois Fuerteventura qui remporte la palme du vent.

» **Le surf** Les Canaries ne sont pas surnommées "Hawaï de l'Atlantique" pour rien. Si les spots de surf sont excellents dans tout l'archipel, Lanzarote en est La Mecque.

» **La plongée sous-marine et le snorkeling** La minuscule El Hierro vous séduit déjà depuis la terre ferme ? La surprise sera encore plus belle sous l'eau.

Les Canaries semblent faites pour les amateurs de sports et de loisirs d'extérieur. Avec des moyennes de température situées entre 18°C en hiver et 24°C en été, et des précipitations annuelles d'environ 250 mm, vous êtes presque sûr d'avoir un temps idéal, quelle que soit votre activité de prédilection. L'étonnante diversité des paysages, de la végétation luxuriante de La Gomera, où se situe le Parque Nacional de Garajonay, à l'aridité des vastes étendues lunaires de Lanzarote, offre un cadre entièrement différent sur chaque île.

Les randonneurs et ceux qui aiment l'aventure se laissent séduire par les plus petites, notamment La Gomera, La Palma et, pour les sports nautiques, Lanzarote et Fuerteventura. Mais, même sur les plus vastes, les plus fréquentées, il est toujours possible de sortir des sentiers battus et de s'éloigner des foules pour donner libre cours à son esprit d'aventure. La plupart des îles possèdent des sentiers très bien entretenus, et les sites où pratiquer la navigation de plaisance ou la plongée ne manquent pas.

D'innombrables magasins spécialisés proposent un encadrement (voir le détail dans les chapitres traitant séparément de chaque île) dans toutes sortes d'activités. Les sportifs les plus expérimentés peuvent évidemment se débrouiller par eux-mêmes.

Randonnée

Une multitude de sentiers, souvent bien antérieurs à l'introduction des voitures et à la construction du réseau routier, sillonnent les îles. Commencez par visiter les parcs nationaux comme le Parque

GUIDES DE RANDONNÉE

Les guides de randonnée consacrés aux Canaries sont légion (particulièrement en langue espagnole), et faciles à se procurer dans les principales librairies de l'archipel. En langue française, on peut se procurer, entre autres, *Ténérife, les plus belles randonnées entre mer et montagne*, comprenant 60 itinéraires divisés en trois niveaux de difficultés (Broché), ainsi que *L'île de La Palma...à pied : 18 promenades et randonnées*, édité par la Fédération française de la randonnée. Il existe aussi de très bon guides (en anglais) destinés au grand public, ceux de Discovery Walking Guides, qui en publie accompagnés de cartes pour El Hierro, La Palma, La Gomera et Tenerife. Sunflower Books propose aussi des guides de randonnée pour tout l'archipel.

Nacional del Teide (p. 141) sur Tenerife, le Parque Nacional de Garajonay (p. 164) sur La Gomera et le Parque Nacional de la Caldera de Taburiente (p. 187) sur La Palma. Tous offrent des itinéraires de randonnées mémorables de plusieurs jours, traversant montagnes et gorges, et des balades faciles aboutissant à un point de vue.

Quand partir

Il est possible de randonner toute l'année aux Canaries, mais certains chemins deviennent glissants et dangereux, voire impraticables, quand il pleut. D'autres, comme l'ascension du volcan El Teide, sont plus difficiles en hiver car la neige couvre certains passages. N'oubliez pas que s'il fait chaud sur le littoral et en plaine, toujours ensoleillés, le temps change en altitude. Vent et brouillard font chuter la température, aussi faut-il toujours partir avec des vêtements chauds et imperméables. Enfin, n'oubliez pas d'emporter suffisamment d'eau avec vous.

Le top des randonnées

» **Du Pico Viejo à El Teide** (p. 143). Le trek le plus exigeant des Canaries – mais aussi le plus beau – consiste en une très longue randonnée englobant non seulement le plus haut sommet d'Espagne, mais aussi son "petit frère", moins fréquenté.

» **Ruta de los Volcanes** (p. 187). La route des Volcans est un trek long et exigeant sur la crête des cratères.

» **De La Laguna Grande à l'Alto de Garajonay** (p. 166). Promenez-vous dans les forêts embrumées au sommet de La Gomera, à l'occasion de cette randonnée de difficulté modérée.

» **Camino de Jinama** (p. 201). Pour randonner à travers l'histoire et les plus beaux paysages de la ravissante El Hierro.

» **Isla de Lobos** (p. 83). Bouclez la boucle en découvrant cette île déserte.

Randonner sur...

» **Tenerife** Le Parque Nacional del Teide est l'un des plus beaux endroits où randonner de toute l'Espagne. Toutefois, El Teide n'est pas l'unique destination de randonnée de Tenerife. Dans les monts boisés d'Anaga (p. 130), au nord-est, on randonne à travers des forêts embrumées emplies de chants d'oiseaux, et dans l'extrême nord-ouest, le hameau de Masca (p. 145) est le point d'accès à des marches aussi belles que difficiles.

» **La Gomera** Grâce à la présence d'une brume quasi-permanente (appelée pluie horizontale), la forêt verdoyante du Parque Nacional de Garajonay (p. 164) abonde en mousse et plantes de toutes sortes. Depuis l'Alto de Garajonay, point culminant du parc, on découvre Tenerife et El Teide, sauf si les nuages sont de la partie. Les randonneurs de tous niveaux trouveront leur bonheur aussi bien dans le parc qu'aux alentours.

» **La Palma** Considérée par beaucoup comme l'île offrant les plus belles randonnées, La Palma abrite le Parque Nacional de la Caldera de Taburiente (p. 187), dont le paysage est à mi-chemin entre le verdoyant Garajonay et l'austère Teide. On peut randonner le long des parois rocheuses à l'intérieur du parc ou se promener parmi les forêts de pins des versants extérieurs. D'innombrables sentiers sillonnent l'île par ailleurs : en les parcourant, on traverse des pans de forêt tropicale humide, et l'on grimpe des pentes volcaniques desséchées.

» **El Hierro** Nouvelle venue dans le monde de la marche, la minuscule El Hierro offre un large éventail de randonnées, des sentiers côtiers faciles à parcourir en famille, comme la promenade allant de Las Puntas à La Maceta (p. 204), à des balades à l'ombre des forêts

RANDONNER HORS DES SENTIERS BATTUS

Outre les grands itinéraires de randonnée mentionnés ici, il en existe quantité d'autres moins connus dans tout l'archipel. Parmi nos favoris, citons les sentiers de Los Tiles (p. 192), réserve de biosphère de l'Unesco située sur La Palma, ainsi que les dunes de Maspalomas (p. 63), sur la Grande Canarie. Si vous êtes partant pour une randonnée vraiment spectaculaire, joignez-vous à un groupe avec guide pour découvrir Tremesana (p. 110), dans le Parque Nacional de Timanfaya. Vos efforts seront bien récompensés.

de pins d'El Pinar (p. 202), en passant par le Camino de Jinama (p. 201), beaucoup plus long.

» **Grande Canarie** Si l'on y randonne beaucoup moins que dans les îles occidentales, la Grande Canarie n'en recèle pas moins de superbes balades. Les plus beaux sentiers se déploient autour de la Cruz de Tejeda (p. 55), proche du point culminant de l'île.

Sports nautiques

Surf, planche à voile et kitesurf sont très pratiqués sur toutes les îles : qui devant ces plages superbes résisterait à la tentation de se baigner ? Les écoles offrant stages et cours, ainsi que la location du matériel, sont installées sur les côtes les plus ventées. Les spots sont nombreux, il n'y a qu'à choisir, des plages de sable de Fuerteventura pour les débutants aux vagues de l'est de Tenerife pour les plus confirmés.

Surf

Des vagues de toutes sortes s'écrasent sur les rivages de l'archipel : tubes gigantesques se fracassant sur des récifs aux eaux très peu profondes ou fonds sableux parfaits pour les débutants. La meilleure saison pour surfer aux Canaries court d'octobre à avril. À cette époque de l'année, vous aurez besoin d'une combinaison complète de 3 mm d'épaisseur.

Dans nombre des sites les plus connus, des vols avec violence prenant pour cible les étrangers se produisent parfois. Ne laissez jamais votre voiture ou vos objets de valeur sans surveillance à ces endroits-là.

Pour davantage de précisions sur le surf aux Canaries, procurez-vous l'excellent *Stormrider Guide : Atlantic Islands* publié par Low Pressure (il existe une édition bilingue anglais-français disponible chez Broché). Et si partir surfer en solo vous semble un peu compliqué, adressez-vous à des agences comme **Errant Surf Holidays** (www.errantsurf.com), une agence de voyages britannique qui organise des séjours spécialisés dans l'archipel. Ceux-ci conviennent parfaitement aux débutants.

Meilleurs vagues

SPOTS DE SURF	TYPE DE VAGUE
El Quemao, Lanzarote	Tube gauche très puissant et très effrayant
San Juan, Lanzarote	Longue et difficile gauche
Los Lobos, Fuerteventura	Longue déferlante droite et creuse
El Fronton, Grande Canarie	L'une des vagues les plus puissantes du monde
Confital, Grande Canarie	Spot de récif avec d'énormes tubes
Spanish Left, Tenerife	Longue gauche comportant de nombreux tubes

Le top des spots de surf pour débutants

» **La Caleta de Famara, Lanzarote** (p. 107). Plage de sable s'étendant à perte de vue et quantité d'écoles de surf ; l'idéal pour les débutants.

» **El Cotillo, Fuerteventura** (p. 84). Conditions tout aussi parfaites pour apprendre à surfer.

» **Playa de las Américas, Tenerife** (p. 150). Quelques vagues pas trop fortes et plusieurs écoles de surf.

Planche à voile et kitesurf

Avec le vent toujours au rendez-vous, de bonnes vagues et un climat parfait, les Canaries offrent d'excellentes conditions – parmi les meilleures du monde – pour la pratique de la planche à voile et du kitesurf.

Tous les ans, des compétitions de niveau international y sont organisées. Les pros du monde entier convergent vers ces longues plages sableuses pour tâter l'eau. Les débutants pourront aussi se faire plaisir car des stages sont proposés dans tous les principaux spots. Ils durent de deux jours à une semaine et les prix varient en fonction du niveau que vous souhaitez atteindre.

The Kite & Windsurfing Guide Europe, de Stoked Publications (en anglais), répertorie les meilleurs sites de kitesurf et de planche à voile du continent. Il comporte un chapitre sur les Canaries.

Pour davantage de précisions sur le kitesurf aux Canaries, reportez-vous à l'interview de la championne tombée amoureuse de ce sport à Lanzarote (p. 108).

Meilleurs spots de planche à voile et de kitesurf

ÎLE	PLAGE
Fuerteventura	Playa de Sotavento de Jandía
Fuerteventura	Playa de Barlovento de Jandía
Grande Canarie	Pozo Izquierdo
Lanzarote	Costa Teguise
Tenerife	Las Galletas
Tenerife	El Médano

Baignade

Soleil et eau à des températures entre 18ºC et 26°C toute l'année font de la natation le sport le plus pratiqué aux Canaries. Des plages de sable fin des îles les plus à l'est aux piscines volcaniques des îles à l'ouest, les sites où se baigner ne manquent pas.

Il y a toutes sortes de plages : grandes ou petites, longues bandes de sable blond, petites anses intimes et calmes, bouts de littoral rocheux battus par les vents, plages solitaires pittoresques et isolées ou plages familiales surpeuplées offrant quantité d'activités. Nous indiquons nos plages favorites au fil du texte.

Il ne faut jamais oublier d'être prudent, surtout dans l'océan. La première des règles est de ne jamais nager seul. Il y a des courants forts au large des côtes, en surface ou en profondeur. Certains vous entraîneront très loin avant que vous puissiez réagir.

LE TOP DES PLAGES

Les îles Canaries possèdent beaucoup de plages magnifiques, ce qui rend une sélection des plus belles d'autant plus délicate. Quitte à provoquer la controverse, voici tout de même notre choix.

» **Playa de las Canteras** (Grande Canarie ; p. 47). C'est sans doute la plus magique des plages de grande ville en Europe ; ce beau croissant de sable doré de 3 km est bordé d'une large promenade, idéale pour les balades au soleil couchant.

» **Grandes Playas** (Fuerteventura ; p. 83). Avec en toile de fond des dunes évoquant le Sahara, ces superbes plages de sable sauvages sont l'un des joyaux de l'île.

» **La Caleta de Famara** (Lanzarote ; p. 107). Une merveilleuse plage sauvage appréciée des adeptes du kitesurf et de la planche à voile, où règne une atmosphère décontractée, et où l'on a la place d'étendre sa serviette sur le sable.

» **Puerto de la Cruz** (Tenerife ; p. 133). La grande dame du tourisme à Tenerife a tous les atouts dans son jeu : emplacement sublime, animation, des eaux calmes et sûres très propices à la baignade, toutes sortes de sports nautiques et une foule d'hôtels et de restaurants.

» **Playa Santiago** (La Gomera ; p. 169). Certes, les galets remplacent ici le sable fin, mais cette plage est à l'abri du vent et des nuages, qui se révèlent parfois gênants sur les autres plages de l'île. Son ambiance décontractée et bohème, ses bons hôtels et ses excellents restaurants sauront vous séduire.

» **Puerto Naos** (La Palma ; p. 190). Bien que nous soyons ici dans une station balnéaire construite pour le tourisme, l'atmosphère est paisible et le regard n'est pas perturbé par d'horribles immeubles. Le sable noir est doux, et la baignade généralement sûre. De quoi plaire aux familles.

» **Playa de las Arenas Blancas** (El Hierro ; p. 206). Située sur l'île sauvage d'El Hierro, cette petite perle de sable blanc est elle aussi tout à fait sauvage, mais souvent battue par les vents et les vagues (ce qui rend la baignade dangereuse). De superbes sentiers côtiers partent de cette plage.

Si cela vous arrive, nagez parallèlement à la côte, sans tenter de regagner la plage, jusqu'à ce que la force du courant diminue. À ce moment-là seulement, dirigez-vous vers le littoral.

Les eaux autour des îles sont d'une grande propreté. Les seuls endroits parfois pollués sont la proximité des ports (sans compter les résidus de dégazages sauvages polluant toute la planète) et les plages touristiques. Les fumeurs confondent parfois sable et cendrier, donc si vos enfants creusent pour faire de beaux châteaux, veillez à enlever les mégots.

Plongée et snorkeling

La richesse de la vie marine, la chaleur et le calme relatif de l'océan autour des Canaries en font une destination idéale pour les amateurs de plongée, libre ou avec bouteille. S'il ne faut pas attendre les couleurs chatoyantes des récifs coralliens des Caraïbes, la roche volcanique fait de la côte un site ponctué de belles formations rocheuses et de grottes. On dénombre quelque 350 espèces de poissons et 600 variétés d'algues.

Les écoles de plongée et les magasins spécialisés sont nombreux, aussi est-il très facile de trouver un professionnel pour vous emmener. Prévoir environ 25 à 30 € pour une sortie, matériel compris, et le double pour un baptême (une première descente avec un moniteur). Les stages sanctionnés par une certification débutent à 270 € et durent de trois à sept jours. La plupart des magasins de matériel de plongée proposent aussi des sorties avec tuba (snorkeling) à ceux qui n'utilisent pas les bouteilles, pour environ la moitié des prix indiqués ci-dessus.

Meilleurs sites de plongée

» **La Restinga** (p. 203). Une vie marine d'une grande richesse et quantité de clubs de plongée pour vous accompagner à la découverte de ces merveilles.

» **Puerto Calero** (p. 113). Une visibilité allant jusqu'à 20 m et des eaux particulièrement chaudes. Vous verrez des marlins, des barracudas et quantité d'autres poissons.

» **Los Gigantes et Puerto de Santiago** (p. 147). Plongée en épaves, plongée dans des grottes sous-marines et plongée classique depuis un bateau. Vous rencontrerez notamment des murènes, des requins-anges et des raies.

» **Puerto de Mogán** (p. 67). Plongée dans les grottes et les épaves situées non loin du rivage.

Observation des baleines et plaisance

Enfiler un masque pour aller voir de plus près quelques blennies et labres est très agréable, mais il faut savoir que les eaux des Canaries sont peuplées de créatures bien plus imposantes. En effet, environ une trentaine d'espèces de baleines et de dauphins passent dans les eaux canariennes. Les baleines pilotes, les grands dauphins et les dauphins communs représentent les espèces les plus courantes.

Les eaux entre Tenerife et La Gomera sont le meilleur secteur où les apercevoir. D'ailleurs, plusieurs agences proposent des circuits d'observation des dauphins et des baleines au départ du port de Los Cristianos (p. 153).

Autres ports d'où partir observer les baleines :

» **Los Gigantes et Puerto de Santiago** (Tenerife)

» **Valle Gran Rey** (La Gomera)

» **Puerto Rico** (Grande Canarie)

Quel que soit le prestataire choisi, cela vaut toujours la peine de chercher à savoir s'il respecte l'environnement (nous avons indiqué dans la mesure du possible des agences responsables). En effet, il peut arriver que certains capitaines de bateau emmènent leurs clients trop près des baleines. Cette proximité peut stresser les cétacés et les dauphins, et éventuellement les pousser à changer complètement de comportement, voire à déserter le secteur.

Loin des baleines et des dauphins, quasiment chaque station balnéaire de l'archipel propose des sorties en bateau, mais les croisières sur les îles les plus impressionnantes sont peut-être celles qui partent de Valle Gran Rey (p. 171), sur La Gomera. Les bateaux de croisière longent des kilomètres et des kilomètres de falaises impénétrables avant d'atteindre l'un des sites les plus exceptionnels de l'île : Los Órganos (les orgues), formation rocheuse visible uniquement de l'océan, qui évoque de manière saisissante d'immenses grands orgues aux tuyaux taillés dans la roche.

Golf

Depuis une dizaine d'années, le sud de Tenerife est devenu La Mecque des golfeurs. Ils apprécient le climat qui leur permet de jouer toute l'année. Rien qu'autour de la seule Playa de las Américas, on compte une demi-douzaine de terrains. Destinés aux vacanciers amateurs, les greens ne présentent pas de vraies difficultés.

Il y a aussi quelques golfs à Las Palmas, sur la Grande Canarie, et un ou deux sur Lanzarote et Fuerteventura.

En raison du manque d'eau sur les îles, ce sport pose un problème écologique. Les exploitants soutiennent que l'eau qui arrose ces belles pelouses vient des usines de purification ou du ruissellement, mais les groupes écologistes affirment qu'ils détournent de l'eau destinée à l'agriculture. La vérité est quelque part entre les deux. Aussi, politiciens locaux, golfeurs et écologistes n'ont-ils pas fini de batailler.

En hiver, il faut prévoir 85 € pour entrer sur les greens, un tarif qui peut baisser de moitié en été. Pour une vue d'ensemble sur le golf à Tenerife, consultez www.tenerifegolf.es.

Vélo

Si vous avez de bons mollets, le vélo est un excellent moyen de découvrir les Canaries. Le prix de la location dépend de la qualité du vélo, suspensions et équipements coûtent plus cher. Il faut prévoir environ 20 € pour une journée de location et 45 € pour un circuit avec guide.

Meilleurs coins de cyclotourisme

ITINÉRAIRE	NIVEAU DE DIFFICULTÉ
El Teide (Tenerife)	Avancé
Alto de Garajonay (La Gomera)	Avancé
Valle Gran Rey (La Gomera)	Modéré
Los Llanos de Aridane (La Palma)	Modéré
Maspalomas (Grande Canarie)	Facile

Voyager avec ses enfants

Îles aux enfants

Tenerife

Les parcs à thème des alentours de Los Cristianos enchanteront à coup sûr les enfants. En revanche, le karting, l'observation des baleines, les plages et les sorties en bateau devraient plaire à toute la famille.

Fuerteventura

À Corralejo, les enfants plus âgés seront ravis de s'amuser dans les dunes au sud de la ville, tandis que les tout-petits préféreront les petites criques à l'abri du port. On peut aussi profiter des joies de la baignade au Baku Water Park, faire des sorties en bateau et proposer des cours de snorkeling aux enfants.

Lanzarote

Les geysers, le paysage lunaire, les présentations audiovisuelles et les méharées du Parque Nacional de Timanfaya impressionneront même les plus blasés, sans parler du barbecue du restaurant, "alimenté" par le volcan.

Grande Canarie

Las Palmas n'est pas l'endroit le plus facile avec des enfants, quoique la plage de la ville soit magnifique. Les enfants aimeront aussi la reproduction de galion de la Casa Museo de Colón, ainsi que le musée de la Science.

Les Canaries sont la destination familiale par excellence, ne serait-ce que pour les plages et le soleil présent quasiment toute l'année. Mais il y a aussi les parcs à thème, les méharées, les musées, les parcs et les sports nautiques. Pour en profiter au mieux, pensez à planifier quelque peu votre séjour.

Les Canaries pour les enfants

Si les sites et attractions spécialement conçus pour les enfants ne manquent pas, notamment les parcs à thème et les zoos, les espaces publics tels que les places des villages ou des villes se transforment aisément en terrains de jeux improvisés où rien n'est plus facile que de taper dans un ballon, faire du vélo et s'amuser, pendant que les parents surveillent leur progéniture assis en terrasse, en grignotant des tapas. Les enfants canariens ont l'habitude de se coucher tard, au point que lors des fiestas, il n'est pas rare de voir dans les rues des enfants en bas âge encore debout à 2h du matin.

Réductions

Les enfants (généralement les moins de 12 ans) ont droit à des réductions dans les transports en commun et à l'entrée des sites touristiques. En principe, tout est gratuit pour les moins de 4 ans.

Cafés et restaurants

Se retrouver attablé en famille pour passer un moment convivial au restaurant ou dans un bar fait partie intégrante du quotidien, et les établissements où les enfants ne sont pas les bienvenus sont rares. Même si peu de restaurants proposent un menu enfant, on accepte en principe de préparer des portions moins copieuses pour les petits. Le personnel peut aussi vous suggérer de commander plutôt des tapas.

Hormis les boissons non alcoolisées courantes, l'archipel est connu pour ses *zumerias* (bars à jus de fruits), qui servent tout un choix de jus de fruits fraîchement pressés. Dans les bars, le *Cola Cao* (lait chocolaté), servi froid ou chaud, remporte un franc succès auprès des enfants.

Ressources

Demandez au personnel des offices du tourisme de vous fournir la liste des activités à faire en famille, notamment le programme des fiestas traditionnelles, et faites-vous indiquer les hôtels qui accueillent les enfants.

Pour des renseignements d'ordre général consulter le guide Lonely Planet *Voyager avec ses enfants*.

À ne pas manquer

Parcs à thème

» **Palmitos Park**, Maspalomas, Grande Canarie. Un mariage réussi entre le jardin botanique, l'aquarium, la volière et le zoo, proposant des spectacles quotidiens avec notamment des dauphins et des oiseaux de proie. Également : superbe serre à papillons et exposition d'orchidées.

» **Aqualand Maspalomas**, Grande Canarie. Le plus grand parc aquatique d'Europe, ou du moins présenté comme tel. On y trouve tous les toboggans typiques de ce genre de parc, y compris un vertigineux "kamikaze".

» **Loro Parque**, Puerto de la Cruz, Tenerife. Grand zoo de 13,5 ha, avec tunnel d'observation des requins, spectacle de dauphins, perroquets, démonstrations de pingouins et le plus grand village thaï en dehors de la Thaïlande.

» **Pardelas Park**, Orzola, Lanzarote. Ferme d'animaux domestiques pour les enfants. Promenades à dos d'âne, modelage d'argile, bar à tapas et restaurant.

» **Guinate Tropical Park**, Guinate, Lanzarote. Quelque 1 300 oiseaux exotiques avec des volières, des jardins paysagers et des sentiers.

» **Camel Park**, Arona, Tenerife. Centre d'élevage de chameaux avec possibilité de méharées, et modeste ferme d'animaux domestiques.

» **Siam Park**, Costa Adeje, Tenerife. Appartenant aux gérants du Loro Parque, cet immense parc aquatique a tout ce qu'il faut, y compris des rapides pour du rafting, une piscine à vagues et même une plage de sable blanc.

» **Maroparque**, Breña Alta, La Palma. Petit zoo comportant quelque 300 espèces.

Sports nautiques et sorties en bateau

» **Dive Academy**, Arguineguín, Grande Canarie (www.diveacademy-grancanaria.com). Cours de plongée Bubblemaker d'une journée pour enfants de 8-10 ans.

» **Diving Center Sun-Sub**, Hotel Buenaventura, Playa del Inglés, Grande Canarie (www.sunsub.com). Plusieurs cours de plongée pour enfants, à la journée, notamment Flipper 1 (8-10 ans), Flipper 2 (10-12 ans), Basic Diver (plus de 12 ans), et Open Water Dive (plus de 14 ans).

» **Aquatis Diving Center**, Playa de las Cucharas, Lanzarote (www.aquatis-lanzarote.eu). Cours Bubblemaker d'une journée pour enfants jusqu'à 8 ans, et cours Discover Scuba Diving (8-10 ans).

» **Submarine Safaris**, Tenerife et Lanzarote (www.submarinesafaris.com). Safaris sous-marins avec possibilité de plonger pour les enfants les plus âgés et expérimentés.

» **Nashíra Uno**, Los Gigantes, Tenerife (www.maritimaacantilados.com). Sorties en bateau quotidiennes (2 heures) pour observer les baleines et les dauphins.

» **Flag Beach**, Calle General Linares 31, Corralejo, Fuerteventura (www.flagbeach.com). Cours de surf (plus de 10 ans), de planche à voile (plus de 12 ans) et de kitesurf (plus de 14 ans).

» **Kayak Tours**, El Cotillo et Corralejo, Fuerteventura (www.kayakisland.com). Sorties d'une heure en kayak (plus de 10 ans).

» **Charter María**, Tazacorte, La Palma (www.fancy2.com). Excursions en bateau, notamment sorties d'observation des dauphins et croisières au coucher du soleil.

» **Tina**, Valle Gran Rey, La Gomera (www.excursiones-tina.com). Circuits d'observation des baleines de 4 heures, déjeuner compris.

Plages

Toutes les plages répertoriées ci-après sont baignées d'eaux peu profondes. Ce sont des plages de sable où l'on propose diverses activités (pédalo, sorties en bateau, volley-ball ou autre), et où les restaurants familiaux et les glaciers ne sont jamais très loin.

» **Fuerteventura** : Corralejo Viejo, Muelle Chico (Corralejo), Caleta de Fuste, Costa Calma, Playa del Matorral (Morro Jable)

» **Lanzarote** : Playa Grande, (Puerto del Carmen), Playa Blanca

» **Grande Canarie** : Playa de las Canteras, Playa del Inglés, Playa de Puerto Rico, Playa Mogán

» **Tenerife** : Los Cristianos, Playa de las Américas, Costa Adeje, Las Teresitas

La Palma, La Gomera et El Hierro possèdent principalement des plages de sable noir et, dans l'ensemble, les activités pour enfants y sont moins nombreuses, hormis les croisières d'observation des baleines et les sorties en bateau à fond transparent.

» **La Palma** : Puerto Naos, Puerto de Tazacorte, Charco Azul (piscines naturelles creusées dans la roche)

» **La Gomera** : Playa de las Vueltas, Playa de Valle Gran Rey, Playa Santiago

» **El Hierro** : La Restinga

Musées

» **Museo de la Piratería**, Teguise, Lanzarote. Un musée de cape et d'épée sur l'histoire de la piraterie dans l'île.

» **Museo de Cetáceos**, Puerto Calero, Lanzarote. Musée d'histoire naturelle principalement consacré aux baleines.

» **Museo Artesania**, Betancuria, Fuerteventura. Folklore et artisanat, ainsi que d'excellents documentaires sous-marins en 3D.

» **Ecomuseo La Alcogida**, Tefía, Fuerteventura. Hameau agricole restauré avec nombreuses dépendances à explorer.

» **Museo Elder de la Ciencia y la Tecnología**, Las Palmas de Gran Canaria. Fascinant musée de la Science et de la Technologie faisant une large place à l'interaction.

» **Casa-Museo de Colón**, Las Palmas de Gran Canaria. Musée retraçant les expéditions de Christophe Colomb, doté d'une impressionnante reproduction de galion.

» **Museo de la Naturaleza y El Hombre**, Santa Cruz de Tenerife. Musée de sciences naturelles et d'archéologie, où voir des momies guanches.

» **Museo de la Ciencia y El Cosmos**, La Laguna, Tenerife. Excellent musée de la Science pour les enfants, comportant un planétarium.

Autres sites et activités

» **Castillo de Tostón**, El Cotillo, Fuerteventura. Exposition de l'arsenal et spectacle son et lumière qui devraient impressionner les plus jeunes.

» **Isla de Lobos**, Fuerteventura. Les enfants devraient apprécier la traversée en ferry et l'arrivée à la Robinson Crusoë sur une île minuscule et quasiment déserte.

» **Lanzarote Aquarium**, Costa Teguise, Lanzarote. Nombreux poissons colorés, et un bassin permettant de les toucher.

» **Cueva de los Verdes et Jameos del Agua**, Malpaís de la Corona, Lanzarote. Grottes et cavernes.

» **Parque Nacional de Timanfaya**, Lanzarote. Fascinant parc volcanique avec geysers et méharées.

» **Lanzarote a Caballo**, Puerto del Carmen, Lanzarote. Équitation et courtes randonnées.

» **Pueblo Canario**, Las Palmas de Gran Canaria. Faux village canarien doté d'une aire de jeux, et spectacles de musique folklorique.

» **Grottes troglodytiques**, Artenara, Grande Canarie. Grottes préhistoriques.

» **Lago Martiánez**, Puerto de la Cruz, Tenerife. Fabuleuse aire de jeux aquatique.

» **La Caldera del Rey**, Los Cristianos, Tenerife. Équitation, ferme d'animaux domestiques, mur d'escalade et parcours de cordes pour petits.

Préparatifs

Les Canaries sont une destination facile à découvrir avec des enfants. Les mois de juillet et août voient affluer de nombreuses familles de vacanciers espagnols, et les hôtels des grandes stations balnéaires sont souvent réservés par les tour-opérateurs. Le début du printemps est une saison idéale pour voyager avec de jeunes enfants car il fait assez beau pour profiter de la plage sans avoir à supporter une chaleur écrasante, et les parcs à thème ne sont pas surpeuplés – du moins jusqu'aux vacances de Pâques.

On peut acheter du lait maternel, ainsi que des solutions pour stériliser dans les *farmacias* (pharmacies). On trouve facilement des couches jetables dans ces mêmes *farmacias* ainsi que dans les supermarchés.

Avant de partir

☐ Réserver bien à l'avance les sièges auto auprès du loueur de voiture.

☐ Les hôtels disposent en majorité de lits de bébé. Pensez à réserver le vôtre en même temps que la chambre.

☐ Au moment de choisir un hôtel, vérifiez que le vôtre dispose d'un club pour enfants, propose des activités spéciales ou un service de garderie.

☐ La protection solaire est de rigueur (écran solaire et chapeau).

☐ Vous éviterez bien des larmes et des colères en programmant les activités – visites de parcs à thème, de musées et autres loisirs.

Les régions en un clin d'œil

Les îles Canaries forment un archipel, mais chacune offre un visage très singulier. Ceux qui aiment la nature et le grand air seront comblés par les paysages, splendides, et les nombreuses promenades, ou randonnées plus exigeantes, à faire notamment sur la Grande Canarie, La Palma, El Hierro et La Gomera. Les îles possèdent évidemment toutes des plages, mais les plus belles sont sans conteste celles de Fuerteventura. Cette dernière île est aussi la destination tendance entre toutes en matière de sports nautiques. En quête de quelque chose de radicalement différent ? Cap sur les champs de lave noire de Lanzarote, majestueux arrière-plan à l'architecture de l'île. Les passionnés d'histoire trouveront également leur bonheur, en particulier sur la Grande Canarie, dont les extraordinaires sites archéologiques s'ancrent dans un lointain passé.

Grande Canarie

Montagnes ✓✓✓
Archéologie ✓✓
Plages ✓✓

Montagnes
Les paysages accidentés et sauvages de l'intérieur montagneux sont fabuleux à explorer, en voiture ou sur les sentiers de randonnée. Les forêts de lauriers et de pins, les cratères volcaniques et les lacs de montagne forment un cadre spectaculaire, en particulier au printemps lorsque les amandiers en fleur colorent le paysage de blanc.

Archéologie
L'histoire très ancienne des Guanches est mise en lumière dans la Cueva Pintada (Cave peinte), l'excellent musée de Gáldar, dans les petites grottes (plus de 350) du Cenobio de Valerón, ainsi que dans plusieurs autres musées.

Plages
Les plages, superbes, vont de l'étendue de sable citadine à Las Palmas aux paysages de désert sauvage de Maspalomas, auxquels s'ajoutent des plages de galets noirs, des criques rocheuses battues par les vagues et des espaces plus touristiques avec transats.

p. 38

Fuerteventura

Plages ✓✓✓
Surf ✓✓✓
Gastronomie ✓✓

Plages
Les plages de Fuerteventura représentent le principal atout de l'île. Magnifiques, elles sont assez variées pour plaire au plus grand nombre : petites criques isolées frangées de sable doré, plages où s'écrasent de puissants rouleaux, ou étendues de galets volcaniques noirs adossées à des falaises.

Sports de glisse
Le surf, la planche à voile et le kitesurf sont immensément populaires dans toute l'île, en particulier sur la côte nord-ouest. Et au cas où votre planche ne rentrerait pas dans vos bagages, pas d'inquiétude : il est possible d'en louer sur place.

Gastronomie
Il est d'excellents plats traditionnels, pour beaucoup concoctés avec de la viande ou du lait de chèvre, un animal qui vit à l'état naturel sur l'île. Ne manquez pas de goûter au *cabrito frito* (chevreau frit) et au *queso majorero* (fromage de chèvre), de renommée mondiale.

p. 70

Lanzarote

Paysage volcanique ✓✓✓
Art ✓✓
Plages ✓✓

Paysage volcanique
Le sombre paysage volcanique de l'île participe de son atmosphère dramatique, notamment au parc national de Timanfaya où se déploient des sommets ondoyants et des gouffres, le tout sur fond de couleurs changeantes. Découvrir en voiture les quelque 300 cônes volcaniques qui émaillent l'intérieur de l'île est une expérience tout bonnement extraordinaire.

Art
L'île dans son ensemble est une sorte d'œuvre d'art géante, principalement en raison de l'empreinte qu'y a laissée César Manrique. Sculptures en plein air, musées, architecture et galeries exceptionnelles raviront les amateurs.

Plages
Si l'île est surtout connue pour ses plages de galets noirs, elle n'en possède pas moins une foule de plages de sable doré, notamment celles, superbes et reculées, de la Punta del Papagayo et de la minuscule Isla Graciosa.

p. 93

Tenerife

Paysage volcanique ✓✓✓
Festivals ✓✓✓
Villages traditionnels ✓✓

Paysage volcanique
L'immense mont Teide, troisième volcan du monde, en impose. Le parc naturel qui l'entoure offre des opportunités de promenades. Mais l'on peut aussi randonner jusqu'au sommet ou gagner ces hauteurs vertigineuses en téléphérique.

Fêtes et Festivals
Des festivités sont programmées quasiment tous les mois. Le carnaval, organisé chaque année, est aussi endiablé que celui de Rio. Quant aux festivals annuels de musique, foires gastronomiques et autre Gay Pride (la plus grande après celle de San Francisco), tous sont mémorables.

Villages traditionnels
Les petits villages traditionnels, aux rues pavées et à l'architecture typique, offrent un contraste bienvenu avec l'animation des stations balnéaires. La Laguna et La Orotava en sont deux bons exemples, mais n'hésitez pas à pousser l'exploration plus loin pour découvrir de vraies perles rurales.

p. 116

La Gomera

Nature ✓✓✓
Gastronomie ✓✓
Marche ✓✓✓

Nature
Difficile de dénicher une route qui ne traverse pas de paysages extraordinaires. Entre les immenses bananeraies, les rochers énormes, les formations rocheuses, les ravins encaissés, les forêts de lauriers et plus de 100 000 palmiers dattiers, disons simplement que l'appareil photo n'a pas le temps de souffler.

Gastronomie
Parmi les spécialités traditionnelles figurent le délicieux *miel de palma* à base de sève de palmier, la *sopa de berros* (soupe de cresson), la *sopa ranchera* (soupe de légumes), le fromage de chèvre fumé et l'*almogrote* (pâte à base de fromage de chèvre, d'huile et d'ail). Ne manquez pas non plus de déguster un jus de papaye frais.

Marche
Avec des paysages sublimes, on n'a souvent qu'une envie : enfiler ses chaussures de marche. Par bonheur, La Gomera compte quantité de sentiers, notamment dans le parc national.

p. 158

La Palma

Nature ✓✓✓
Sports d'aventure ✓
Marche ✓✓✓

Nature
Denses forêts tropicales, montagnes aux flancs couverts de pinèdes, collines ondoyantes et falaises rocheuses : la nature de La Palma offre un panorama sensationnel, ainsi qu'un contraste saisissant avec le Sud, plus austère et plus aride. Toutefois, vous ne trouverez nulle plage de sable doré ici.

Sports d'aventure
Offrez-vous une montée d'adrénaline : parapente, en solo ou en tandem, spéléologie, kayak de mer et canoë, tous ces sports sont très prisés ici, sans parler des circuits guidés en VTT, de la plongée sous-marine ou encore des randonnées.

Marche
Le paysage se prête une fois encore à la marche. Il existe un réseau dense de sentiers balisés, notamment dans la réserve naturelle de Taburiente. Les sentiers de marche qui sillonnent toute l'île donnent l'occasion d'explorer toutes sortes de paysages, des luxuriantes forêts humides du Nord aux paysages volcaniques du Sud.

p. 173

El Hierro

Nature ✓✓✓
Randonnée ✓
Plongée ✓

Nature
On se sent ici comme loin de tout : le ciel s'étend à l'infini, les bosquets de genévriers ploient sous les rafales de vent, les pins sauvages ponctuent le paysage souvent enveloppé de brume, les sentiers serpentent tranquillement à travers l'île, et les habitants sont rares (environ 11 000 personnes seulement vivent ici toute l'année).

Randonnée
Des sentiers balisés et bien entretenus sillonnent l'île, notamment le fameux Camino de la Virgen (26 km), un sentier historique qui va de Nuestra Señora de los Reyes à Valverde, ainsi que les chemins qui traversent les fraîches pinèdes du Sud.

Plongée
Rendez-vous à La Restinga, où plusieurs clubs proposent cours et location de matériel, et dont les eaux sont officiellement classées comme réserve marine. La température de l'eau étant un peu plus élevée qu'ailleurs dans l'archipel, on découvre ici des espèces de poissons différentes.

p. 194

Les pictos pour se repérer :

Les coups de cœur de l'auteur — Les adresses écoresponsables — GRATUIT Pas de paiement demandé

Voir aussi l'index où figurent toutes les localités couvertes dans ce guide.

Sur la route

La Grande Canarie

☎928 / 805 000 HABITANTS

Dans ce chapitre »

Le top des restaurants

- » Deliciosa Marta (p. 48)
- » El Salsete (p. 65)
- » Jack El Negro (p. 68)

Le top des hébergements

- » La Hacienda del Molino (p. 210)
- » Fonda de la Tea (p. 211)
- » Casa Rural Doña Margarita (p. 211)

Pourquoi y aller

La Grande Canarie, troisième île de l'archipel par la taille, abrite pourtant la moitié de la population canarienne. Elle est à la hauteur de sa réputation de continent miniature, avec des paysages d'une grande diversité, du Nord verdoyant au Sud aride en passant par les montagnes centrales. Pour découvrir le côté impénétrable de la Grande Canarie, rendez-vous dans le centre de l'île, où le tableau spectaculaire des montagnes évoque davantage les hautes plaines du Tibet qu'une petite île de l'Atlantique.

Autour de ces montagnes bucoliques se déploie un littoral déchiqueté, doté de belles plages de sable blanc et, malheureusement, d'un chapelet de complexes touristiques d'un goût douteux.

Il y a donc les joies de la plage, mais la Grande Canarie ravira également les visiteurs en quête de vacances actives qui pourront s'adonner à la randonnée, à l'équitation et aux sports nautiques. Les amateurs de culture trouveront tout autant leur compte, en particulier dans la capitale historique et cosmopolite de Las Palmas.

Quand partir

Le printemps est la meilleure saison. De février à Pâques, il fait doux, il pleut rarement, et le magnifique arrière-pays verdoyant est émaillé d'amandiers en fleur. C'est aussi la saison festive par excellence, inaugurée par le carnaval en février. Viennent ensuite toute une série de festivités, avec pour point d'orgue les célébrations de la Semana Santa (Semaine sainte). L'automne est aussi une saison agréable pour le tourisme. En revanche, mieux vaut éviter les mois de juillet et août, lorsque les foules d'estivants espagnols venus du continent investissent l'île.

Comment circuler

Global (www.globalsu.net) dessert l'île via son réseau de lignes de bus.

Il est vivement recommandé de louer une voiture pour explorer l'intérieur. L'agence locale **Cicar** (www.cicar.com) est une bonne adresse, représentée dans toute l'île.

On trouve des taxis en abondance, surtout à Las Palmas et dans les stations balnéaires.

3 JOURNÉES COUP DE CŒUR

Jour 1

Cap sur Vegueta, le quartier colonial de Las Palmas qui recèle les plus beaux trésors culturels de la capitale. Observez les environs du haut de la **tour de la cathédrale**, avant de visiter la **maison de Christophe Colomb** (Casa-Museo de Colón). Pour continuer à vous imprégner d'histoire, faites étape au splendide **Museo Canario**, puis offrez-vous un café ou des tapas dans le cadre plein de cachet d'**El Herreño**, à moins de préférer faire une sieste sur un banc, au calme et dans la verdure.

Jour 2

Rejoignez **Cruz de Tejeda** afin de contempler les montagnes sacrées et les sommets vertigineux qui se dressent alentour. Marchez ensuite une demi-heure jusqu'au mystique **Roque Nublo**, puis récompensez-vous de vos efforts à la fameuse **boulangerie** de Tejeda. Prochaine étape : **Artenara**, ses habitations troglodytiques et sa vue panoramique, notamment depuis la terrasse du **Bar La Esquina**. Ensuite, passez l'après-midi à découvrir les petites routes de campagne dans l'intérieur de l'île, magnifique.

Jour 3

Faites une promenade dans les **dunes de Maspalomas**, havre de paix loin de l'agitation de la côte. Arrêtez-vous ensuite à la boutique de la **Fedac**, dans l'office du tourisme de Playa del Inglés, afin de faire l'emplette d'objets artisanaux. Descendez la côte jusqu'au pittoresque **Puerto de Mogán** et déjeunez au **Patio Canario**, pour vous régaler de poisson en contemplant les bateaux. Après quoi, offrez-vous un moment de farniente à la plage, puis rejoignez la bourgade de **Mogán** pour une petite balade dans un cadre ravissant.

S'éloigner des foules

- **Randonnée en montagne** À l'office du tourisme, récupérez la brochure indiquant les itinéraires de balades dans les environs de Tejeda (p. 55).
- **Pique-nique** Cap sur le Barranco de Guayadeque (p. 52) ou sur les tables de pique-nique installées en bord de lac à Presa de las Cuevas de las Niñas (p. 69).
- **Marché de petits producteurs** Teror est l'une des plus jolies bourgades de l'intérieur. Visitez-la un samedi matin afin de pouvoir faire un tour au marché (p. 57).

À NE PAS MANQUER

Les paysages spectaculaires de l'arrière-pays, en particulier les imposantes chaînes montagneuses couvertes de pinèdes qui s'étendent à perte de vue.

Sites archéologiques

- **Grottes troglodytiques** (p. 62). Grottes préhistoriques, encore habitées pour certaines.
- **Cueva Pintada** (p. 60). Motifs géométriques peints sur les parois de cette grotte, jadis occupée par les Guanches.
- **Cenobio de Valerón** (p. 59). Plus de 350 silos et grottes qui servirent autrefois à entreposer des céréales.

Le top des plages

- **Playa de las Canteras** (p. 47). Plage urbaine de 3 km de sable doré baigné d'eaux calmes.
- **Maspalomas** (p. 63). Dunes de sable doré dans le sud de l'île.
- **Puerto de Mogán** (p. 67). Un croissant de sable jaune pâle s'étendant devant ce ravissant petit port de plaisance.

Sites Internet

- Site de l'office du tourisme : www.grancanaria.com
- Tourisme et hébergement ruraux : www.ecoturismocanarias.com
- Site gay d'info sur les bars et la vie nocturne : www.gay-grancanaria.com

Histoire

Aux yeux de beaucoup, le melting-pot ethnique et culturel qui caractérise la Grande Canarie, et particulièrement sa capitale, Las Palmas, est l'un de ses grands atouts. Rien de neuf sous le soleil, pour ainsi dire... Historiquement, l'île a accueilli de longue date des vagues successives de colons qui ont tous laissé une empreinte durable.

Premiers arrivés aux alentours de 500 av. J.-C., les Guanches, des Nord-Africains, baptisèrent l'île Tamarán, de l'arabe *tamar* (palmier dattier). En 1478, malgré une résistance farouche, les Guanches durent s'incliner devant les Espagnols, dont la culture supplanta largement la leur. L'île fut rapidement colonisée par une clique hétéroclite d'aventuriers et d'ambitieux sans terre venus de Galice, d'Andalousie, du Portugal, d'Italie, de France, des Pays-Bas et même de Grande-Bretagne et d'Irlande.

Las Palmas devint ensuite le siège de l'évêché et de la cour royale des Canaries, ainsi qu'une étape sur la route des Amériques. L'exportation de sucre et le commerce transatlantique stimulèrent son économie. Mais lorsque la demande de sucre canarien chuta et que la viticulture eut le vent en poupe, l'île déclina au profit de sa grande rivale Tenerife, meilleure productrice de vin.

Nombre de Canariens émigrèrent en Amérique du Sud, créant ainsi une forte affinité entre les deux cultures, affinité très palpable aujourd'hui encore. Il fallut ensuite attendre la fin du XIXe siècle pour que la Grande Canarie retrouve une position éminente. L'importance de l'île comme port de ravitaillement pour les bateaux à vapeur favorisa les investissements de négociants étrangers, en particulier britanniques.

Cette forme d'investissement se prolonge de nos jours dans le domaine du tourisme cette fois. Le boom des séjours tout compris du milieu du XXe siècle a apporté une prospérité durable à l'île, avec, bien sûr, l'inévitable prix à payer en matière de dégâts environnementaux.

Depuis/vers la Grande Canarie

AVION

Parmi les grandes compagnies organisant des vols depuis les autres îles de l'archipel, citons **Air Europa** (www.aireuropa.com), **Vueling** (www.vueling.com), **Binter** (www.binternet.com) et **Islas Airways** (www.islasairways.com).

BATEAU

Acciona Trasmediterránea (carte p. 44 ; ☎902 45 46 45, www.trasmediterranea.com)

DISTANCES (KM)

	Arucas	Maspalomas	Puerto de Mogán	Las Palmas de Gran Canaria
Maspalomas	68			
Puerto de Mogán	95	29		
Las Palmas de Gran Canaria	14	56	104	
Teror	13	66	35	21

Distances approximatives

assure une traversée hebdomadaire en ferry à 14h le jeudi, avec escale dans les ports suivants :

» Santa Cruz de Tenerife, Tenerife (30 €, 4 heures)

» Puerto del Rosario, Fuerteventura (33 €, 6 heures)

» Arrecife, Lanzarote (33 €, 9 heures 30)

Naviera Armas (carte p. 44 ; www.navieraarmas.com) assure des traversées en ferry directes vers :

» Santa Cruz de Tenerife, Tenerife (31 €, 2 heures 30, 2 ou 3 fois/jour du lundi au vendredi)

» Morro Jable, Fuertenventura (43 €, 3 heures, 7h10 tlj)

» Arrecife, Lanzarote (43 €, 8 heures, 23h50 du lundi au vendredi)

Deux services par semaine desservent Santa Cruz de la Palma, sur La Palma, via Santa Cruz de Tenerife.

LAS PALMAS DE GRAN CANARIA

337 000 HABITANTS

Las Palmas a des airs d'Espagne continentale pimentés par un mélange éclectique de cultures (africaine, chinoise, indienne). La présence d'équipages de marine marchande ainsi que de cette population interlope qui fraie souvent dans les villes portuaires fait de Las Palmas un endroit fascinant, mêlant la langueur et l'énergie caractéristiques des villes de la Méditerranée et d'Afrique du Nord. Les klaxons des taxis, les quartiers commerçants animés, les bars pleins de brouhaha et le port dynamique reflètent toute l'énergie d'une ville majeure, la septième d'Espagne.

Vegueta, le plus vieux quartier, classé au patrimoine mondial de l'Unesco en 1990, est à la fois branché et plein de charme :

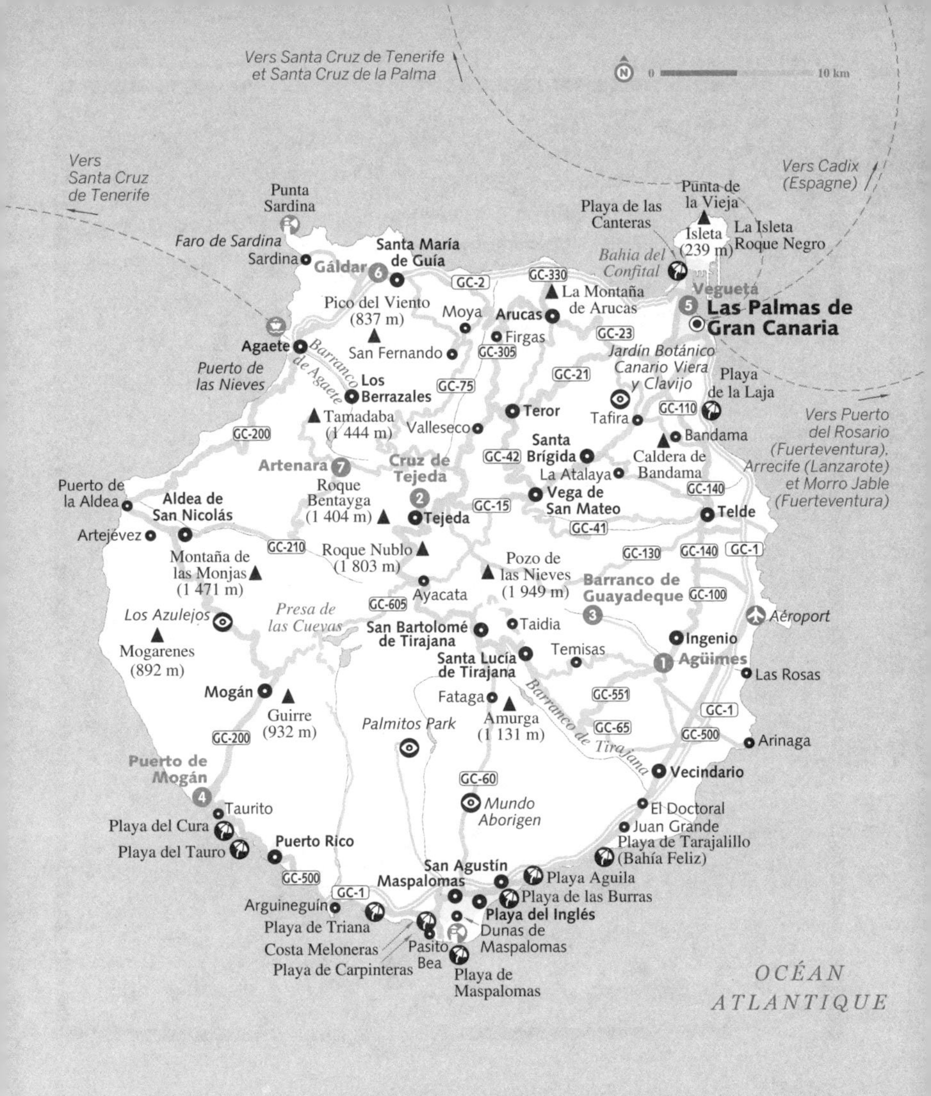

À ne pas manquer

1 L'architecture pastel **d'Agüimes** (p. 52), joli village du XVe siècle restauré avec goût

2 Le panorama saisissant depuis la **Cruz de Tejeda** (p. 55), en plein centre de l'île

3 Un déjeuner dans un restaurant d'une des grottes d'un ravin spectaculaire, le **Barranco de Guayadeque** (p. 52)

4 Une sortie en bateau à **Puerto de Mogán** (p. 67), avec ses ponts, ses canaux et son port pittoresque

5 Une promenade dans les vieilles ruelles de **Vegueta** (p. 44), *barrio* magnifique de la capitale insulaire

6 Les splendides peintures rupestres du **musée et parc archéologique de la Cueva Pintada** (p. 60), à Gáldar

7 Les habitations troglodytiques d'**Artenara** (p. 62), où le temps semble s'être arrêté

Las Palmas (Sud)

c'est ici que se trouvent les meilleurs bars et restaurants. De l'autre côté de la ville, la courbe majestueuse de la Playa de las Canteras offre une occasion rare d'aller barboter entre deux visites ou deux séances de lèche-vitrines. Surtout, Las Palmas est une ville espagnole laborieuse authentique, qui ne mérite pas son image un peu sordide. Comme dans tous les ports, il y a certes des coins où l'on évitera de se promener le soir avec un appareil photo dernier cri autour du cou, mais vous vous y sentirez dans l'ensemble en parfaite sécurité : Las Palmas mérite largement d'être explorée, ne serait-ce que deux ou trois jours.

Histoire

Lorsque Christophe Colomb, en route pour l'Amérique, passa non loin de là en 1492, le petit centre historique animé avait déjà été délimité par les Espagnols. La ville tira grand profit de la conquête espagnole de l'Amérique latine et du commerce transatlantique qui en découla, mais, inévitablement, devint aussi une cible de choix pour les pirates et les boucaniers. En 1595, sir Francis Drake lança sur Las Palmas une offensive particulièrement réussie.

En 1821, Santa Cruz de Tenerife fut déclarée capitale d'une nouvelle province espagnole unique, Las Islas Canarias, au

Las Palmas (Sud)

Les incontournables
Casa-Museo de Colón D4
Catedral de Santa Ana C4
Museo Canario C5

À voir
1 CAAM D4
2 Casa-Museo de Pérez Galdós C3
3 Centro Atlántico de Arte Moderno D5
4 Gabinete Literario C4
5 Iglesia de San Telmo C1
6 Museo Diocesano C5

Où se loger
7 Hotel Madrid C4
8 Hotel Parque C1
9 Pensión Perojo B1

Où se restaurer
10 Marché couvert D4
11 Deliciosa Marta B2
12 La Dolce Vita D4
13 La Olivia B2
14 Restaurante Amaiur B3
15 Restaurante Casa Montesdeoca D4
16 Restaurante El Herreño D4

Où prendre un verre
17 Alambique A2
18 Bodegón Lagunetas C2
19 Macabeo C4

Où sortir
20 Teatro Pérez Galdós D3

Achats
21 Fedac B2
22 Librería del Cabildo Insular de Gran Canaria C3

grand dam des habitants de Las Palmas. Ceux-ci n'obtinrent réparation qu'en 1927, date à laquelle Las Palmas devint la capitale de la Grande Canarie, de Fuerteventura et de Lanzarote.

La bonne fortune de cette ville portuaire continua de fluctuer jusqu'à la fin du XIXe siècle : la présence croissante des Britanniques entraîna alors un retour de la prospérité. Au début de l'année 1936, le général Franco fut nommé commandant en chef des îles Canaries. Le 18 juillet, le dictateur, installé à l'Hostal Madrid où il avait tout planifié, lança le coup d'État qui marqua le début de la guerre civile espagnole. Il se serait aussi attiré les foudres de la direction de l'hôtel pour être parti sans payer sa chambre.

Depuis le boom touristique des années 1960, Las Palmas est passée du statut de ville portuaire moyenne, avec 70 000 habitants, à celui de métropole trépidante abritant quelque 400 000 âmes. Et bien qu'elle partage sa position

LES "BOTES" : DE LA NÉCESSITÉ À LA TRADITION

Dans les années 1880, lorsque le Puerto de la Luz (Las Palmas) était un port en plein essor, les navires de fret et de voyageurs devaient mouiller à quelque distance des quais. Une navette de bateaux fonctionnant à voile et à rames se mit en place pour acheminer personnes et marchandises jusqu'au rivage.

Comme toute entreprise, ces petits *botes* (canots) connaissaient des périodes creuses, pendant lesquelles leur capitaine et leur équipage organisaient des régates dans le port. Cette initiative née pour tromper l'ennui est devenue une compétition régulière et la tradition s'est perpétuée.

Il reste aujourd'hui 18 *botes*, qui s'affrontent régulièrement les samedis (généralement vers 17h) et dimanches (vers midi), d'avril à octobre. Chaque embarcation, dotée de 12 membres d'équipage, représente un quartier de Las Palmas.

Outre l'apparence peu commune des bateaux en lice, cette régate a ceci de délicieusement excentrique que les concurrents ne peuvent naviguer qu'en *bolina* (contre le vent), mais de façon à en tirer un maximum de puissance. Grâce à un vent dominant qui change peu au large de la côte est de la Grande Canarie, l'endroit est idéal pour ce type de rencontre. Les *botes* partent de la Playa de la Laja, à quelques kilomètres au sud des quartiers méridionaux de Las Palmas, et l'arrivée est à la Playa de Alcaravaneras.

de capitale provinciale à part égale avec Santa Cruz de Tenerife, Las Palmas occupe la première place en termes de taille et d'influence.

À voir

Les sites les plus marquants, ainsi que la plupart des hôtels, sont concentrés à Vegueta, tandis que le gros de l'animation, plus internationale, se trouve à Santa Catalina. Les 3 km de sable doré de la Playa de las Canteras forment l'une des plus belles plages urbaines d'Europe. Gardez un moment pour déambuler tranquillement sur la promenade pendant votre séjour.

VEGUETA ET TRIANA

Ce quartier, le plus riche en histoire et en architecture, s'agrémente d'édifices coloniaux et de magnifiques cours secrètes. Prenez le temps de flâner dans ses rues en passant la tête en chemin dans les bars et les restaurants pleins de charme.

Casa-Museo de Colón MUSÉE
(Carte p. 42 ; www.casadecolon.com ; Calle Colón 1 ; entrée libre ; 9h-19h lun-ven, 9h-15h sam et dim). Magnifique témoignage de l'architecture canarienne, ce musée est construit autour de deux patios avec balcons, fontaines, palmiers et perroquets. L'extérieur de l'édifice est à lui seul une œuvre d'art,

Las Palmas (Nord)

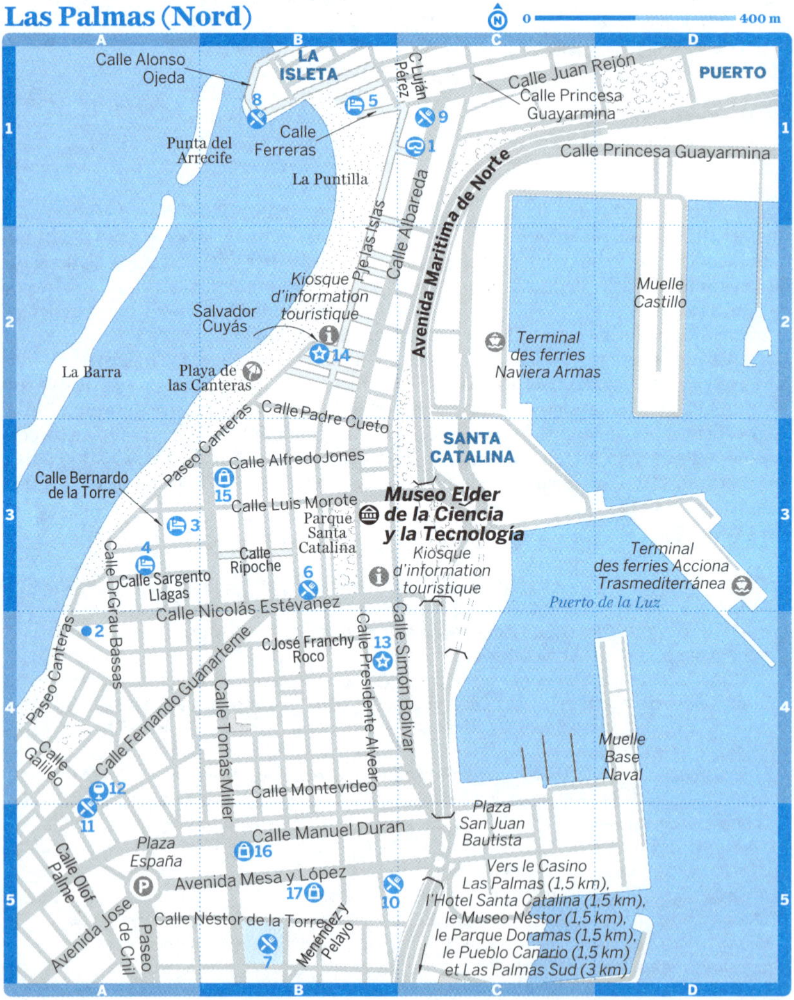

associant des motifs plateresques exubérants à des balcons traditionnels en bois.

On le surnomme la "maison de Colomb" (le navigateur aurait fait halte ici en 1492), mais l'édifice date pour l'essentiel de l'époque où il servait d'opulente résidence aux premiers gouverneurs de Las Palmas.

Les quatre sections du musée vous feront notamment découvrir de superbes récits des périples de Christophe Colomb, le rôle historique des Canaries comme étape de ravitaillement sur les routes transatlantiques, l'Amérique précolombienne et la ville de Las Palmas. Ne manquez pas la réplique de galion au rez-de-chaussée, qui impressionne particulièrement les enfants. À l'étage, une galerie d'art présente des peintures de l'école hispano-flamande, et des œuvres plus récentes d'artistes canariens, datant des XIXe et XXe siècles.

Catedral de Santa Ana CATHÉDRALE

(Carte p. 42 ; Calle Obispo Codina 13 ; ⏲8h-10h lun-ven, 8h-10h et 6h-20h sam, 8h30-16h30 dim). Cœur spirituel de la ville, la grise et troublante cathédrale fut commencée au début du XVe siècle, peu après la fin de la conquête, pour n'être achevée que 350 ans plus tard. Sa façade néoclassique contraste avec l'intérieur, superbe témoignage de ce que certains historiens de l'art appellent le "gothique atlantique", et que caractérisent de majestueuses colonnes semblant imiter la silhouette des palmiers. Le retable au-dessus du maître-autel vient de Catalogne, en Espagne continentale, tandis que le beau luminaire suspendu devant l'autel a été fabriquée à Gênes, en Italie. Vous verrez aussi dans la cathédrale plusieurs tableaux de Juan de Miranda, l'artiste canarien le plus illustre du XVIIIe siècle.

Museo Diocesano MUSÉE

(Carte p. 42 ; Calle Espíritu Santo 20 ; entrée 3 € ; ⏲10h-6h30h lun-ven, 10h-13h30 sam). Ce bâtiment est aménagé sur deux niveaux autour du Patio de los Naranjos, où siégea jadis l'Inquisition. Il renferme une collection d'objets et œuvres d'art religieux, dont des manuscrits plusieurs fois centenaires, des sculptures en bois et autres ornements, qui n'ont rien d'extraordinaire, mais le cadre est ravissant – et au printemps, le parfum des orangers en fleur embaume l'air.

Vous pouvez aussi accéder à la **tour** (entrée 1,50 € ; ⏲10h-16h30 lun-ven, 10h-13h30 sam) pour une vue embrassant toute la ville et la côte.

Museo Canario MUSÉE

(Carte p. 42 ; www.elmuseocanario.com ; Calle Dr Verneau 2 ; adulte/enfant 3/1,20 € ; ⏲10h-20h lun-ven, 10h-14h sam et dim ; 👪). Le principal musée de l'île retrace l'histoire de la Grande Canarie avant la conquête. On se targue ici de posséder la plus vaste collection au monde de crânes de Cro-Magnon. Vous y verrez aussi plusieurs momies, une collection de poterie et d'autres objets guanches provenant de toute l'île. La boutique vend un excellent matériel pédagogique pour les enfants.

GRATUIT **Centro Atlántico de Arte Moderno** MUSÉE

(CAAM ; carte p. 42 ; www.caam.net ; Calle Balcones 11 ; entrée libre ; ⏲10h-21h mar-sam,

Las Palmas (Nord)

Les incontournables

Museo Elder de la Ciencia y la Tecnología B3

Activités

1 7 Mares Las Canteras C1
2 Gran Canaria School of Languages A4

Où se loger

3 Apartamentos Playa Dorada A3
4 Aparthotel Las Lanzas A3
5 Hotel Imperial Playa B1

Où se restaurer

6 Casa Pablo B3
7 Marché couvert B5
8 La Marinera B1
9 Mesón Condado C1
10 Natural Burguer B5
11 Thai Malacca A5

Où prendre un verre

12 Txiki A4

Où sortir

13 Pacha B4
14 Royal VIP B2

Achats

15 Boxes & Cigars B3
16 El Corte Inglés B5
17 El Corte Inglés B5

10h-14h dim). Le musée d'Art moderne de la ville accueille des expositions temporaires de grande qualité, et sa collection permanente fait la part belle à l'art canarien et étranger du XXe siècle. Les galeries inondées de lumière sont aménagées dans un édifice du XVIIIe siècle rénové avec goût. Il existe un second CAAM plus petit à quelques rues de là, au n°1 de San Antonio Abad (ouvert de 10h à 18h du mardi au samedi), où l'on peut voir des expositions temporaires d'installations d'art moderne, dont des courts-métrages d'avant-garde.

Gabinete Literario MONUMENT HISTORIQUE

(Bibliothèque ; carte p. 42 ; Plazoleta Cairasco). Cet édifice historique très ornementé, datant de 1844, est classé monument national. Bâtisse pittoresque à l'élégance fanée, avec un joli patio et des salles où s'alignent des bibliothèques chargées de volumes érudits, l'endroit est aujourd'hui un club privé, mais le restaurant français sur place (La Galería), quoique cher, est ouvert à tous.

Calle Mayor de Triana RUE HISTORIQUE

(Carte p. 42). Aujourd'hui piétonne, cette rue est depuis longtemps la principale artère commerçante de Las Palmas. Entre deux vitrines, n'oubliez pas de lever les yeux pour admirer de véritables joyaux d'architecture, dont plusieurs réalisations modernistes.

Casa-Museo de Pérez Galdós MUSÉE

(Carte p. 42 ; www.casamuseoperezgaldos.com ; Calle Cano 6 ; entrée libre ; 10h-14h et 16h-20h lun-ven, 10h-14h sam et dim). Le plus célèbre écrivain canarien, Benito Pérez Galdós, naquit en 1843 dans cette maison en plein cœur du vieux Las Palmas. Il y passa les 19 premières années de sa vie, avant de partir pour Madrid et de connaître la gloire littéraire. La maison donne à voir une reconstitution du bureau de l'écrivain, divers effets personnels et d'autres objets liés à sa vie. Avec sa jolie cour centrale, l'endroit est des plus agréables. Une visite guidée a lieu toutes les heures, en espagnol uniquement.

Parque San Telmo PARC

(Carte p. 42). L'**Iglesia de San Telmo**, du côté sud-ouest du parc, fut l'un des premiers édifices religieux de la ville. Vous trouverez à côté un kiosque d'information touristique et, à l'angle nord-ouest, un beau **kiosque moderniste**, qui fait aujourd'hui office d'élégant café où l'on vient prendre le petit-déjeuner, boire un verre et grignoter en terrasse des en-cas légers comme les *nachos* au fromage.

CIUDAD JARDÍN

Ce quartier huppé et verdoyant est un pot-pourri d'architectures, du style colonial britannique à l'andalou blanchi à la chaux. Il abrite aussi le charmant **Parque Doramas** et ses beaux *dragos* (dragonniers). Ce parc a été conçu par les Britanniques à la fin du XIXe, lorsqu'ils régnaient sur la vie économique de Las Palmas.

GRATUIT **Pueblo Canario** VILLAGE TOURISTIQUE

(www.pueblocanario.es ; 10h-20h mar-sam, 10h-14h30 dim ;). Imaginée par l'artiste Néstor Martín Fernández de la Torre et bâtie par son frère Miguel, cette reconstitution d'un village canarien borde les jardins du Parque Doramas. Avec son restaurant, sa place centrale, ses boutiques d'artisanat et son aire de jeux pour les enfants, ce village quasi traditionnel offre une agréable échappée dans le temps. Des concerts de musique folklorique traditionnelle ont lieu ici le dimanche à 11h30. Le *pueblo* se trouve sur le côté sud du Parque Doramas, à environ 500 m au sud de la Calle Leopoldo Matos, via le Paseo Marítimo et la Calle Leoń y Castillo.

Museo Néstor MUSÉE

(Pueblo Canario ; entrée 2 € ; 10h-20h mar-sam, 10h30-14h30 dim). Cette galerie est consacrée au travail du peintre symboliste Néstor, mort en 1938, et renferme aussi une petite collection d'œuvres d'autres artistes canariens. Pour le trouver, faites-vous indiquer le Pueblo Canario.

SANTA CATALINA

Santa Catalina est à la fois un melting-pot culturel, une plage de ville, un port frénétique et un quartier d'affaires, avec tantôt des airs de pays en développement, tantôt une atmosphère très Espagne continentale. Le Parque Santa Catalina est assez sûr de jour, malgré la présence de marginaux, plus nombreux la nuit.

Museo Elder de la Ciencia y la Tecnología MUSÉE
(Musée de la Science et de la Technologie ; carte p. 44 ; www.museoelder.org ; Parque Santa Catalina ; adulte/enfant 5/2,50 €, avec film en 3D 8,50/4 € ; 10h-20h mar-dim ;). Tout entier dédié au XXIe siècle, ce musée de la science et de la technologie résonne de “vroum”, de “clic” et de “vrrr”. Dans un entrepôt rénové à l'est du Parque Santa Catalina, c'est un excellent endroit où passer quelques heures. On peut y piloter un avion de combat supersonique, comprendre comment les rampes de lancement envoient des satellites en orbite ou faire un tour de Robocoaster, sorte de manège dont le bras automatique vous fait exécuter des manœuvres préprogrammées. Les enfants seront passionnés par certaines expositions (nacelle spatiale, écran interactif avec incrustation, explication de la naissance en images). Une petite salle projette également un programme régulièrement renouvelé de films en 3D, comme *Océan sauvage* et *Dinosaures vivants*, qui enchantera les familles.

POUR ALLER PLUS LOIN

GRATUIT **Jardín Botánico Canario Viera y Clavijo** JARDIN BOTANIQUE
(Jardin botanique; 9h-18h). À environ 9 km au sud-ouest de la ville, juste avant le village de Tafira Alta, ce vaste jardin botanique – le plus grand d'Espagne, avec 27 ha – abrite une flore macronésienne d'une grande variété représentant la végétation des sept îles Canaries, dont de nombreuses espèces menacées.

Les bus nos301, 302 et 303 passent devant l'entrée supérieure du jardin. En voiture depuis Las Palmas, prenez la C-811.

Plages

Playa de las Canteras PLAGE
À l'ouest du centre-ville, cette jolie **plage** de 3 km de long crée une escapade balnéaire en milieu urbain. On y trouve un agréable *paseo marítimo* (promenade de bord de mer), le Paseo Canteras, où flâneurs, cyclistes et rolleurs peuvent déambuler librement à l'écart de la circulation automobile. Toute la zone bruit de l'activité des bars, restaurants, boîtes de nuit et boutiques.

Activités

La Playa de las Canteras est parfaite pour la baignade, la balade et les châteaux de sable, mais ce n'est pas le meilleur spot de surf du monde. Il n'empêche que ses vagues conviennent très bien aux débutants, et le week-end, les habitants s'y pressent en nombre. Venez avec votre planche.

7 Mares Las Canteras PLONGÉE
(Carte p. 44 ; www.7mares.es ; Calle Tenerife 12 ; plongée 1 heure 24 €, initiation 2 heures 60 €). Compte des moniteurs de plongée hispanophones et anglophones et propose des cours tous niveaux, ainsi que des plongées sur épaves et de la location de matériel.

> ### À VÉLO
> Vous pourrez vous déplacer à vélo gratuitement dans la ville en vous inscrivant auprès de **Bici Ambiental** (www.biciambeintal.org/, en espagnol), le Vélib' local. La ville compte en tout cinq stations et les vélos s'empruntent pour une durée maximale de 4 heures. Pour pouvoir louer un vélo, il faut présenter une pièce d'identité avec photo (passeport ou permis de conduire) à n'importe laquelle des stations. Pour davantage de précisions sur les modalités d'emprunt et l'emplacement des stations, consultez le site Internet.

Cours

Plusieurs écoles de langue à Las Palmas proposent des cours d'espagnol.

Gran Canaria School of Languages LANGUE
(Carte p. 44 ; 928 26 79 71 ; www.grancanariaschool.com ; Calle Dr Grau Bassas 27). Cette école à la réputation excellente, fondée il y a plus de 40 ans, propose des stages intensifs à partir de 145 € la semaine. Votre hébergement peut être organisé.

Fêtes et festivals

Carnaval CARNAVAL
Célébré en février ou en mars dans toute l'île mais en particulier à Las Palmas. Frénésie et déguisements à gogo pendant 3 à 4 semaines pour marquer la première rupture avec l'hiver (la date dépend de celle du Carême), l'essentiel des festivités ayant lieu autour du Parque de Santa Catalina, doté alors d'une immense scène en plein air. Parmi les manifestations qui s'y déroulent tous les ans, citons le couronnement de la reine du carnaval et de celle des drag-queens, ainsi que l'enterrement de la Sardine. Une gigantesque sardine est transportée dans

FILET À PROVISIONS

Vous trouverez les produits les plus frais et les moins chers, y compris tout ce qu'il faut pour concocter un délicieux pique-nique, dans les marchés couverts. Les meilleurs sont celui situé entre la Calle Barcelona et la Calle Néstor de la Torre (carte p. 44) et celui situé à l'angle de la Calle Mendizabal et de la Calle Juan de Quesada (carte p. 42) à Vegueta.

les rues jusqu'à la plage de Las Canteras, où elle est inhumée en grande pompe. La fête s'achève par un prodigieux feu d'artifice. Pour plus de précisions, consultez www.laspalmascarnaval.com.

Festival del Sol FESTIVAL CINÉMATOGRAPHIQUE
Grand festival du film gay et lesbien organisé à Las Palmas à la mi-février.

Corpus Christi FÊTE RELIGIEUSE
Ces festivités, qui se tiennent au mois de juin (dates variables), se distinguent par d'extraordinaires "tapis" de fleurs déployés dans certaines rues du vieux Las Palmas.

Fiesta de San Juan FÊTE DE LA SAINT-JEAN
Las Palmas fait la fête en l'honneur de son saint patron le 23 juin. Manifestations culturelles dans toute la ville, et feux d'artifice et concerts sur la Playa de las Canteras.

Où se restaurer

Si vous êtes en quête de charme, direction les quartiers de Vegueta et Triana. Pour des mets asiatiques, les restaurants (et supermarchés) chinois et japonais abondent autour de la Calle Valencia, au sud-ouest de la Plaza España.

VEGUETA ET TRIANA

Restaurante El Herreño CANARIEN €
(Carte p. 42 ; Calle Mendizábal 5 ; plats 7 € ;). Ne ratez surtout pas cette adresse pittoresque aux salles sombres, où l'on savoure de bons plats canariens à prix très doux. Lancez les hostilités avec une *ración* de pommes de terre au *mojo*, puis faites votre choix sur une carte qui se lit comme un livre. Le service est rapide et tout est très frais puisque le marché se trouve de l'autre côté de la rue.

La Dolce Vita ITALIEN €€
(Carte p. 42 ; Calle Agustín Millares 5 ; plats 10-13 € ; fermé mer soir et dim ;). Niché au bout d'une étroite rue piétonne, ce restaurant sert de succulentes pâtes maison aux sauces originales (artichauts et amandes, par exemple). Déco agréable avec affiches de films italiens aux murs, et petite arrière-boutique de produits italiens.

Deliciosa Marta ESPAGNOL €€€
(Carte p. 42 ; 928 37 08 82 ; Calle Pérez Galdós 23 ; plats 12-20 € ; fermé mar soir et dim). Adresse chic avec murs en pierre nue et éclairage tamisé, devenue l'une des tables incontournables de la ville depuis son ouverture en 2007. Poli, le chef et propriétaire, s'est formé à Barcelone dans le fameux restaurant El Bulli, ce dont témoignent certains plats, comme le *bacalau con espinacas a la catalana* (morue aux épinards à la catalane) et les pâtes aux truffes. Réservation recommandée.

Restaurante Amaiur CANARIEN €€€
(Carte p. 42 ; 928 37 07 17 ; Calle Pérez Galdós 2 ; plats 20-50 € ; fermé dim). Jouxtant un palais du XIXe siècle, cette adresse pour grandes occasions est tout aussi historique, avec ses salles élégantes, son parquet et ses hauts plafonds. Au menu, de quoi régaler les fins gourmets, comme les poivrons farcis à la morue, la lotte aux crevettes et le caviar. Réservation recommandée.

Restaurante Casa Montesdeoca CANARIEN €€€
(Carte p. 42 ; 928 33 34 66 ; Calle Montesdeoca 10 ; plats 14-18 € ; fermé dim). Restaurant romantique, installé dans une superbe demeure du XVIe siècle, où vous pourrez dîner dans un patio verdoyant aux balcons traditionnels en bois et aux murs jaune soleil. Tous les plats de viande et de poisson sont recommandés. Réservez bien à l'avance.

La Olivia CANARIEN €
(Carte p. 42 ; www.laolivia.es ; Calle Pérez Galdós 32 ; 9h-16h lun-ven). Bon menu déjeuner qui ne déçoit jamais et tables en terrasse.

SANTA CATALINA ET LE PORT

Thai Malacca THAÏLANDAIS €€
(Carte p. 44 ; Calle Diderot 14 ; plats 10-12 € ; fermé dim ;). Restaurant caché dans les petites rues mais méritant amplement qu'on le déniche. Le chef thaï crée des plats authentiques qui ne décevront pas les plus fins connaisseurs. Au menu notamment : curries verts et rouges, soupe Tom Yum, curry de Panang et plats cuits au wok. Le bois sombre et brillant, les orchidées décoratives et les œuvres d'art ethnique (tout en sobriété) se marient à la perfection à l'élégante vaisselle en céramique pour créer une atmosphère paisible et chic.

La Marinera POISSON ET FRUITS DE MER €€€
(Carte p. 44 ; ☎928 46 88 02 ; Paseo de las Canteras ; plats 12-16 €). On repère cette adresse de loin grâce à son emplacement tout à fait spécial, au bout de la promenade en bois, avec les rochers noirs et les vagues tout autour. La carte affiche uniquement des produits de la mer, et notamment du poisson frais vendu au poids (bon à savoir pour éviter les mauvaises surprises au moment de l'addition). La paella, la *pescada a la sal* (poisson en croûte de sel) et la *sopa de mariscos* (soupe de coquillages et crustacés) sont également de très bons choix. Réservation recommandée.

Casa Pablo ESPAGNOL €€€
(Carte p. 44 ; ☎928 22 46 31 ; Calle Nicolás Estévenez 10 ; plats 12-35 € ; P). Noble adresse à l'ancienne, où un chevalier en armure vous accueille à l'entrée. Les murs sont tapissés de photos de célébrités espagnoles, pour que personne n'ignore que c'est ici, et nulle part ailleurs à Las Palmas, que l'on savoure une cuisine traditionnelle roborative. Pour les appétits légers, la carte des tapas est excellente. Réservation recommandée.

Natural Burguer VÉGÉTARIEN €
(Carte p. 44 ; Avenida Mesa y López 3 ; plats 2,50-2,75 € ;). Dans le sud de Santa Catalina, ces hamburgers bon marché sont appréciés tant par les voyageurs à petits budgets que par les étudiants. On y trouve des burgers végétariens, mais aussi de classiques hamburgers à la viande de bœuf. Également : salade de cresson, épis de maïs grillés et *papas del abuelo* (des frites épaisses).

Mesón Condado ESPAGNOL €
(Carte p. 44 ; Calle Ferreras 22 ; plats 5-8 €). Cet établissement propose une cuisine galicienne, des plats canariens et des standards de la gastronomie espagnole. Le *menú del día*, très satisfaisant, coûte dans les 6 €.

Où prendre un verre

Les débits de boissons ne manquent pas à Las Palmas. Des terrasses fréquentées sont installées sur la Plaza España (carte p. 44) et le long du Parque Santa Catalina (carte p. 44), mais le quartier de Vegueta, avec son ambiance décontractée, est l'endroit le plus branché le soir, notamment aux alentours de la Calle La Pelota.

Txiki BAR
(Carte p. 44 ; Calle Diderot 15 ; 21h-2h lun-sam). Ciblant une clientèle soucieuse d'écologie, cet établissement fait office de restaurant bio en journée, et se transforme le soir en bar, avec au programme des concerts, du théâtre et des expositions.

Macabeo BAR
(Carte p. 42 ; Calle La Pelota 18). Les lieux débordent de charme et de style, décorés avec les œuvres d'artistes locaux et des étagères de bouteilles poussiéreuses. Un deuxième bar, plus petit et aux éclairages tamisés, invite à partager un cocktail les yeux dans les yeux.

Bodegón Lagunetas BAR
(Carte p. 42 ; Calle Constantino 16). C'est l'un des nombreux bars à tapas de la rue, mais celui-ci fait aussi restaurant. Prenez donc une *caña* (bière) au bar et admirez les photos sépia de Las Palmas au XIXe siècle.

Alambique BAR
(Carte p. 42 ; Avenida Primero Mayo 57 ; 21h-3h mar-sam). À 300 m à l'ouest du Parque San Telmo, cet établissement n'est pas facile à repérer, sinon à son enseigne pour la bière Mahou. Cadre décontracté et clientèle d'habitués à la mode sans en avoir l'air, expositions et concerts de temps à autre.

☆ Où sortir

Tenez-vous au courant des manifestations et événements en vous procurant la brochure mensuelle *La Bohemia* (www.labohemia.es).

Auditorio Alfredo Kraus CONCERTS
(☎928 49 17 70 ; www.auditorio-alfredokraus.com ; Avenida Príncipe de Asturias). On doit ce spectaculaire auditorium, à l'étonnante modernité géométrique, à l'architecte catalan Óscar Tusquets. Construit en partie en roche volcanique, avec une grande baie donnant sur l'océan, il est immanquable, à l'extrémité sud de la Playa de las Canteras (à environ 1 km de l'office du tourisme du front de mer). C'est l'un des sites où se tient en été le **Festival de jazz** (www.canariasjazz.com).

Casino las Palmas CASINO
(www.casinolaspalmas.com ; 20h-4h). Si le jeu vous tente, mettez-vous sur votre trente et un, attrapez une pièce d'identité et filez au casino. Il est installé dans le prestigieux Hotel Santa Catalina, bâti en 1904 au cœur du Parque Doramas.

Pacha DISCOTHÈQUE
(Carte p. 44 ; Calle Simón Bolivar 3 ; 23h-5h30). Cette succursale de l'empire Pacha est un endroit ultra-cool où voir et être vu, dont la clientèle est un petit peu plus âgée que la moyenne des boîtes où l'on se presse.

Royal VIP DISCOTHÈQUE
(Carte p. 44 ; Melia Las Palmas, Calle Gomera 6 ; 23h-4h30). Aménagée dans le très chic

hôtel Melia, cette discothèque accueille une clientèle variée de tous âges.

Teatro Pérez Galdós THÉÂTRE
(Carte p. 42 ; ☎928 361 509 ; www.teatroperezgaldos.es ; Calle Letini 1). Présente des pièces de théâtre et, plus fréquemment, des récitals.

Sport

L'**Unión Deportiva de Las Palmas** (UD ; www.udlaspalmas.net, en espagnol) est la grande équipe de football de la Grande Canarie. Pour assister à un match, suivez la foule qui se rend à l'**Estadio Gran Canaria** (☎928 41 69 45 ; Calle Fondos del Segura). Ce stade de 31 000 places se trouve à 4,5 km de Vegueta, en allant vers le sud-ouest via les routes GC-23 et GC-1 (direction Teror).

Achats

L'artère commerçante de toujours est la Calle Mayor de Triana (carte p. 42), aussi intéressante pour son architecture que pour ses boutiques pittoresques. Pour votre shopping, pensez aussi aux Calles Cano et Viera y Clavijo et à leurs abords.

Les boutiques très chics de Las Palmas se concentrent dans l'Avenida Mesa y López (carte p. 44). C'est là que se trouvent le (très) grand magasin **El Corte Inglés** (carte p. 44 ; www.elcorteingles.es ; Avenida Mesa y López 15 et 18), ainsi que de nombreuses autres boutiques. Non loin, autour du Parque Santa Catalina, de nombreux magasins discount et d'électronique proposent de bonnes affaires sur les appareils photo, les montres, l'informatique et la téléphonie mobile.

Fedac SOUVENIRS
(Fondation pour l'ethnographie et le développement de l'artisanat canarien ; carte p. 42 ; Calle Domingo J Navarro 7). Ces deux boutiques adjacentes à but non lucratif, financées par le gouvernement, vendent de l'artisanat. L'une est spécialisée dans le design contemporain (superbes écharpes en soie peintes à la main, châles en laine et bijoux modernes), tandis que l'autre met l'accent sur l'artisanat traditionnel, avec notamment des poteries et des articles de vannerie.

Librería del Cabildo Insular de Gran Canaria LIBRAIRIE
(Carte p. 42 ; Calle Travieso 15). De très nombreux titres sur les Canaries, la plupart en espagnol, avec quelques rayons de guides (dont certains Lonely Planet).

Boxes & Cigars CIGARES
(Carte p. 44 ; Calle Tomás Miller 80). Un choix époustouflant de cigares, aussi bons que les boîtes sont belles.

Renseignements

Accès Internet

En raison du grand nombre d'immigrants à Las Palmas, les cybercafés sont légion. Ils sont généralement installés dans les *locutorios* (centres d'appels), d'où l'on peut appeler l'étranger à prix modiques.

La connexion Wi-Fi est de plus en plus répandue dans les hôtels de catégories moyenne et supérieure. On trouve aussi de temps à autre des spots Wi-Fi dans les espaces publics et les centres-villes.

Argent

La Calle José Franchy Roca, immédiatement au sud du Parque Santa Catalina, abrite le plus grand nombre de DAB fonctionnant 24h/24.

Offices du tourisme

Le site Internet de l'office du tourisme régional est consultable à l'adresse www.grancanaria.com.

Office du tourisme principal (Calle León y Castillo 17 ; ⌚8h-15h lun-ven). À 150 m au nord du Parque San Telmo.

Bureau d'information de la gare routière (carte p. 42 ; Estación San Telmo, Parque San Telmo ; ⌚6h30-20h30 lun-ven, 7h30-13h sam et dim). Idéal pour des informations générales et sur les transports dans toute l'île.

KIOSQUES D'INFORMATION TOURISTIQUE

Parque San Telmo (carte p. 42 ; ⌚10h-20h lun-ven, 10h-15h sam) ; **Playa de las Canteras** (carte p. 44 ; ⌚10h-19h30 lun-ven, 10h-13h sam) ; **Parque Santa Catalina** ; (carte p. 44 ; ⌚9h-14h lun-ven) ; **Pueblo Canario** (Ciudad Jardin ; ⌚9h-14h30 lun-ven)

Depuis/vers Las Palmas de Gran Canaria

Bus

L'**Estación San Telmo** (carte p. 42 ; www.globalsu.net, en espagnol ; Parque San Telmo) est située tout au nord du quartier de Vegueta ; vous y trouverez des bus pour toute l'île. Départs fréquents sur les lignes suivantes :

» Bus nos 5 et 50 express pour Maspalomas (6,50 €, 50 min)

» Bus nos 91 et 1 pour Puerto de Mogán (8,35 €, 2 heures)

» Bus nos 12 et 80 pour Telde (1,60 €, environ 20 min)

» Bus n°105 pour Gáldar (2,95 €, 1 heure)

Le bus de nuit n°5 relie la capitale à Maspalomas. Il part toutes les heures de 20h à 3h à l'heure pile de l'Estación San Telmo à Las Palmas et toutes les heures à la demie de 21h30 à 4h30 de Maspalomas.

Voiture

Vous trouverez des agences de location à l'aéroport, au terminal des ferries et dans tout le quartier de Santa Catalina.

Comment circuler

Depuis/vers l'aéroport

BUS Le bus n°60 circule entre l'aéroport et l'Estación San Telmo 2 fois par heure de 7h à 19h, puis toutes les heures ensuite (2,20 €, 25 min), et poursuit jusqu'à Santa Catalina (2,85 €, 35 min).

TAXI La course en taxi entre l'aéroport et le centre de Las Palmas coûte environ 28 €.

Bus

Des bus jaunes assurent la desserte métropolitaine : vous trouverez la carte du réseau à l'office du tourisme, dans les kiosques touristiques et à la gare routière.

Les bus jaunes n[os]1, 12, 13 et 15, au départ de Triana, circulent vers le nord jusqu'au port et l'extrémité nord de la Playa de las Canteras, via la gare routière et le Parque Santa Catalina.

Le **bus touristique** (adulte/enfant 15/7,50 € ; 9h30-19h45), qui permet de monter et descendre librement, constitue une excellente première approche de la ville ; il part 12 fois par jour du Parque Santa Catalina à des horaires irréguliers.

Taxi

Pour trouver un **taxi** (928 46 00 00, 928 46 56 66, 928 46 22 12), vous pouvez téléphoner, en héler un ou vous rendre dans l'une des nombreuses stations qui parsèment la ville.

Voiture

Conduire à Las Palmas n'est pas une sinécure car y sévissent les embouteillages habituels des grandes villes aux heures de pointe et un réseau de rues à sens unique très déconcertant. Le stationnement dans le centre fonctionne avant tout au parcmètre. Sinon, il existe plusieurs parkings souterrains où l'heure de stationnement revient à environ 1,35 €. Les plus centraux sont ceux du Parque Santa Catalina, de la Plaza de España et du Parque San Telmo, en face de la gare routière principale.

ENVIRONS DE LAS PALMAS

Las Palmas est une ville charmante, mais bruyante et chaotique. Heureusement, vous n'aurez pas à aller loin pour trouver le calme et une nature spectaculaire.

Depuis Las Palmas, un circuit agréable d'une journée vous mènera vers le nord avant de couper dans les terres pour découvrir la belle région montagneuse de Tejeda et, enfin, de repartir vers le nord-est et la capitale.

Telde

104 900 HABITANTS

Bien qu'étant la deuxième ville de l'île, Telde est relativement dépourvue de musées et de sites connus. Pour autant, il est très agréable de flâner dans son centre historique.

La ville a été fondée avant la conquête espagnole, et elle est connue en revanche pour ses fabricants d'instruments à cordes, en particulier de *timple*, cousin de l'ukulélé emblématique des Canaries.

À voir

Sachez voir au-delà des abords industriels peu avenants de la ville pour découvrir son centre historique composé de trois quartiers distincts : San Gregorio, San Juan et San Francisco, sans conteste le plus joli *barrio* des trois. Ses étroites rues pavées sont bordées de maisons blanchies à la chaux, dont le rouge carmin des bougainvillées rehausse çà et là les façades. C'est l'un des plus anciens quartiers des Canaries.

Iglesia de San Francisco ÉGLISE
(Plaza San Francisco ; horaires variables). Pour rejoindre l'église depuis la Plaza de San Juan Bautista, prenez vers l'ouest la Calle Inés Chanida pavée. Cette rue tranquille longe un vieil aqueduc surplombant des bananeraies et des orangeraies. À l'intérieur de l'église, remarquez les trois autels polychromes, situés dans celle des deux nefs qui est la plus au nord, ainsi que les beaux plafonds en *artesonado* (à caissons).

Basílica de San Juan ÉGLISE
(Plaza San Juan Bautista ; 9h30-12h30 et 17h-20h). Cette église du XVe siècle figure au nombre des édifices vénérables du quartier de San Juan. On ne risque guère de passer à côté du monument kitsch qu'est son retable du XVIe siècle, doré à l'envi et représentant la Crucifixion. Le Christ a été fabriqué en pâte de maïs par des Indiens Tarascos du Mexique.

GRATUIT **Museo León y Castillo** MUSÉE
(www.fernandoleonycastillo.com ; Calle León y Castillo 43 ; 8h-14h lun-ven, 10h-13h sam et dim). Ce musée est consacré au plus illustre des habitants de Telde, un homme politique de la fin du XIXe siècle. L'édifice, son ancienne demeure agrémentée de balcons en bois courant en galeries, est charmant, mais les expositions n'ont rien de palpitant.

Plages

Playa de Melinara PLAGE

Cette plage correcte située à 5 km de la ville est davantage fréquentée par les habitants que par les touristes. Le grand arc de sable noir est bordé d'appartements et de plusieurs restaurants de poisson et fruits de mer où se régaler pour pas cher. À partir de là, on peut suivre un chemin en contrebas de la côte rocheuse pour rejoindre la Playa de la Garita, autre plage locale très prisée, située à 3 km au nord.

Renseignements

L'**office du tourisme** (www.telde.es ; Calle León y Castillo 2 ; 8h-15h lun-ven) se trouve tout près de la Plaza de San Juan.

Depuis/vers Telde

Les bus n[os]12 et 80 circulent depuis/vers Las Palmas (1,60 €, environ 20 min, toutes les 20 min).

Ingenio et Agüimes

À quelques minutes en bus au sud de Telde, les villes d'Ingenio et Agüimes sont séparées par le Barranco de Guayadeque. Ingenio, plus connue en raison de sa céramique, est assez banale comparée à sa voisine.

Le centre historique d'Agüimes est l'un des plus jolis et des mieux restaurés de l'île, à tel point que le palace Villa del Conde, à Maspalomas, en est un pastiche.

À voir

Les rues piétonnes sont bordées de superbes témoignages de l'architecture canarienne, en particulier aux alentours de la Plaza del Rosario, une place ombragée. L'**Iglesia de San Sebastián** (9h30-12h30 et 17h-19h mar, jeu, sam et dim), avec son dôme à 12 grandes fenêtres (pour les 12 apôtres), est considérée comme l'un des meilleurs exemples du néoclassicisme canarien. Le **Centro de Interpretación** (Plaza San Antón 1 ; 8h-15h lun-ven), dans les mêmes murs que l'office du tourisme, présente des expositions bien documentées sur l'évolution du plan urbain de la ville au cours des siècles.
Vous pouvez vous procurer une brochure indiquant des itinéraires de balades en ville.

Où se restaurer

El Oroval CANARIEN €€

(928 78 50 53 ; Hotel Rural Casa de los Camellos, Calle Progreso 12 ; plats 12 €). Ce restaurant fait également office d'école de traiteurs et propose des plats à base de produits locaux, comme le ragoût de lapin mariné aux pommes de terre et au paprika, et les crêpes à la banane et au caramel. Étonnamment, l'étroite salle de restaurant avec poutres apparentes a beaucoup de cachet (c'était anciennement une étable à chameaux). Réservation recommandée.

El Populacho CANARIEN €

(Plaza del Rosario 17 ; tapas 2,50 € ;). À l'angle de la place principale, cet accueillant bar à tapas avec comptoir en zinc et lustres Art déco occupe une ancienne épicerie (1933), comme en témoignent les belles fresques murales. Les affamés opteront pour une généreuse tapa d'*estofado lentejas* (lentilles à l'étouffée).

Renseignements

L'**office du tourisme** (www.aguimes.es ; Plaza San Antón 1 ; 8h-15h lun-ven) est une mine d'informations.

Comment s'y rendre et circuler

BUS Les bus n[os]21 et 11 relient Las Palmas et Agüimes (3,25 €, 45 min, toutes les heures). Le bus n°22 dessert, direction sud-est, Arinaga (1,30 €, 20 min, toutes les heures), un lieu de baignade sur la côte très apprécié bien qu'on n'y trouve pas de plage digne de ce nom.

VOITURE Vous trouverez un parking payant dans la Calle Acebuche, immédiatement en sortant du centre historique.

Barranco de Guayadeque

Le Barranco (ravin) de Guayadeque creuse dans le centre de la Grande Canarie de longues crêtes froissées. La végétation y est verdoyante la plupart du temps mais, si vous le pouvez, rendez-vous au Barranco au début du printemps, lorsque les amandiers sont en fleur et que le paysage est d'une beauté saisissante. À l'entrée du ravin, le **Centro de Interpretación** (2,50 € ; 9h-17h mar-sam, 10h-15h dim) est aménagé dans une grotte où vous verrez des objets assortis de notices explicatives sur les premiers habitants, ainsi qu'une momie découverte dans une grotte des environs au XIXe siècle.

À environ 4 km, prêtez attention aux grottes habitées et à leurs "façades" étranges avant de faire une halte désaltérante au **Bar Guayadeque** (Cueva Bermeja 23), installé dans une grotte jouxtant une minuscule chapelle souterraine. Plus loin,

DU POISSON-PERROQUET À LA QUEUE DE COCHON

"Dans le *cochino* (cochon), tout est bon", semble clamer la cuisine canarienne. Les Canariens avaient d'ailleurs coutume d'accrocher cette queue en tire-bouchon, appelée *templero*, dans l'entrée de leur cuisine, pour la tremper régulièrement dans les plats et leur donner du goût. Tapas typiques de l'archipel, généralement accompagnées de l'apéritif traditionnel au rhum, les *carajacas* sont des morceaux de foie de porc sauté, trempés dans une sauce épicée. La chèvre est aussi très appréciée, de même que le lapin et le veau, et les produits de la mer sont bien évidemment à l'honneur (nous sommes sur un archipel). Laissez-vous tenter par la *vieja* (poisson-perroquet), très prisée, ou encore, si la carte la propose, par la *santorra*, crustacé local d'apparence très semblable au homard, mais au goût unique.

Plusieurs îles produisent du fromage de chèvre, mais l'une des pâtes molles les plus réputées, le *queso de flor* de la Grande Canarie, est à base de lait de vache et de lait de brebis. Produit exclusivement dans la région de Guía, dans le nord, ce fromage fermente avec des fleurs du chardon *Cardo alcausí*. Il rivalise d'excellence avec le *pastor*, au goût semblable, fabriqué dans la région d'Arucas. Pour plus de précisions, procurez-vous la brochure *La Ruta de los Quesos* (La route des fromages) dans les grands offices du tourisme.

Les amandes sont un ingrédient utilisé dans la confection de nombreux desserts traditionnels, en particulier le *bienmesabe* (littéralement : "Je trouve que ça a bon goût") à base d'amandes en poudre, de zeste de citron, de miel et d'œufs – un must.

Parmi les excellents vins de la Grande Canarie figurent le Del Monte, breuvage fruité quoiqu'un peu traître (il titre à plus de 11,5°), qui accompagne à merveille les viandes. Outre le *ron miel* (rhum au miel), qui s'apparente plus à une liqueur qu'à du rhum, découvrez la *cobana*, à base de banane, produite également sur la Grande Canarie.

¡Salud!

vous trouverez une aire de pique-nique et quelques restaurants aménagés dans des grottes, notamment l'excellent **El Centro** (plats 8-10 €), dont le dédale de salles plonge dans les profondeurs. Laissez-vous tenter par la *carne de cerdo frita con alioli de la casa* (porc sauté à l'aïoli maison), lauréate d'un concours gastronomique régional. L'endroit enchantera les marcheurs : poursuivez jusqu'à la fin de la route, près du Restaurante Tagoror, d'où partent plusieurs sentiers, qui offrent une vue magnifique jusqu'à la mer.

Temisas

Si vous êtes motorisé, empruntez une petite route qui serpente entre les montagnes, d'Agüimes à Santa Lucía de Tirajana. À l'approche du hameau de Temisas, construit sur un balcon naturel, remarquez les terrasses qui s'élèvent de chaque côté du village et descendent dans les vallées. Elles furent cultivées jusqu'à l'arrivée du tourisme de masse sur la côte et d'emplois moins épuisants et mieux payés, qui entraîna un exode important des forces vives du village.

Du site impressionnant de Temisas, avec ses falaises imprenables, la vue s'étend sur un ravin qui dégringole jusqu'à la mer. Le village, assoupi, est plein de charme, avec ses maisonnettes d'époque.

San Bartolomé de Tirajana

3 620 HABITANTS / 850 M D'ALTITUDE

Rien ne distingue San Bartolomé si ce n'est son église de la fin du XVIIe siècle ornée de superbes vitraux, le panorama magnifique sur la vallée de Tirajana, et le fait que le bourg offre une excellente base pour randonner et explorer les montagnes environnantes. Il existe plusieurs sentiers balisés.

Vous trouverez un petit parking gratuit dans la Calle Los Naranjos, en face de La Hacienda del Molino.

Où se restaurer

Outre La Hacienda del Molino, il existe plusieurs restaurants dans la Calle Tamarín, en centre-ville. Si vous prévoyez de visiter San Bartolomé, privilégiez le dimanche matin pour son pittoresque marché de petits producteurs.

VAUT LE DÉTOUR

UN ÉTRANGE CHÂTEAU

Dans la jolie bourgade de Santa Lucía de Tirajana et sa vallée plantée de palmiers se dresse l'étonnant **Castillo de la Fortaleza** (2 € ; 9h30-15h ;). Avant toute chose, ne vous laissez pas rebuter par les brochures tape-à-l'œil des offices du tourisme. Ce petit musée privé aux tourelles grises est en réalité envoûtant.

Il fut bâti il y a une cinquantaine d'années, non pour plaire aux touristes mais pour satisfaire l'extravagance de son premier habitant, l'archéologue, écrivain, artiste et collectionneur Vicente Sanchez Araña, décédé en 1997 à l'âge de 77 ans (son épouse mourut quatre mois plus tard). Sur 16 salles, ce musée témoigne de l'éclectisme et du dynamisme de cette personnalité digne de la Renaissance. La salle la plus impressionnante expose des objets guanches découverts dans des grottes voisines, assortis de bonnes notices en plusieurs langues. Vous y verrez notamment une petite idole féminine sculptée, symbole guanche et l'un des deux seuls objets de ce type au monde. Ailleurs sont exposées des armes anciennes, dont une arbalète du XVIe siècle, et une autre salle permet d'en savoir plus sur la flore locale. À l'étage vous pourrez voir des œuvres d'art, dont d'impressionnantes aquarelles d'artistes canariens. Ce musée est l'œuvre d'un passionné et justifie amplement son modeste prix d'entrée.

Le bus n°34 relie Santa Lucía et San Bartolomé de Tirajana (1,30 €, 40 min, 7/jour).

La Hacienda del Molino CANARIEN €€
(Calle Los Naranjos 2 ; plats 7,50 €-10 €). Cet hôtel dispose d'un bar-restaurant accueillant, avec des tables installées dans le patio central ou dans la salle rustique. Vous pourrez goûter à un choix de tapas, comme le poulpe, les moules ou les anchois en vinaigrette, ou bien manger des côtelettes d'agneau ou des saucisses au paprika. Il est également possible d'acheter des produits d'épicerie fine, notamment des confitures de papaye et de mangue. Enfin, ne manquez pas de jeter un coup d'œil au moulin restauré pour apprendre comment on fabrique le *gofio*.

Fataga

Une escapade à 7 km au sud de San Bartolomé vous mènera dans le charmant hameau de Fataga, au milieu d'un tertre que domine à l'ouest d'imposantes falaises. On a plaisir à déambuler dans ses ruelles pavées, d'autant que ce village vinicole compte au moins trois caves, toutes bien indiquées mais ouvertes à des horaires variables.

À environ 1,5 km au nord, **El Molino del Agua** (928 17 23 03 ; Carretera Fataga ; plats 8-10 €) est une hacienda dont certaines parties datent du XVIe siècle. Rouvert par de nouveaux propriétaires en 2011, l'ancien moulin est niché dans une palmeraie comptant un millier de palmiers, et propose l'hébergement. Le restaurant dispose de tables à l'ombre des orangers et d'une carte canarienne correcte.

Sur la route principale, le **Bar Restaurante La Albaricoque** (www.restaurantealbaricoque.com ; Calle Nestor Álamo 4 ; plats 6-8 € ; fermé mar) sert de bonnes tapas, ainsi qu'une cuisine locale et internationale du type croquettes aux fruits de mer et pommes de terre en robe des champs. Mais son principal atout reste la terrasse donnant à perte de vue sur les montagnes. Au dessert, offrez-vous une tranche de gâteau chez **Paparazzi** (Nestor Alamo 3), situé juste en face.

Le bus n°18 (1,30 €, 50 min, 4/j) de Maspalomas à San Bartolomé passe par Fataga.

Tejeda

2 347 HABITANTS / ALTITUDE 1 050 M

Tejeda est à 33 km au nord de San Bartolomé, sur une route qui serpente au cœur de superbes paysages accidentés alternant hautes falaises et profonds ravins. Ce charmant village est doté d'une jolie église et de ruelles sinueuses et escarpées bordées de maisons à balcons. Un parking gratuit est installé en face de l'**office du tourisme** (www.tejedaturistica.com ; Calle Leocadio Cabrera 2 ; 11h-17h lun-ven), très pratique.

À voir

Les environs sont aussi propices aux randonnées qu'à des balades moins ardues. L'office du tourisme dispose de brochures détaillant les sentiers. Tâchez de venir au début du printemps pour profiter du spectacle des amandiers en fleur.

Centro de Plantas Medicinales JARDIN
(☎928666096 ; www.plantasmedicinalescanarias.com ; Calle Párroco Rodriguez Vega 10 ; adulte/enfant 3 €/gratuit ; ⌚11h-15h30 mar-ven, 11h30-16h sam, 11h30-16h30 dim). Ce jardin de plantes médicinales comporte des légendes en anglais. Il compte un petit centre d'interprétation et un café où achever la visite en buvant une tasse de tisane – médicinale, bien sûr.

Où se restaurer

Dulcería Nublo Tejeda PÂTISSERIE
(Calle Hernández Guerra 15). Cette pâtisserie sublime confectionne de véritables délices, comme les gâteaux aux amandes enrobés de chocolat. Ne repartez pas sans un pot de succulent *bienmesabe* (marmelade aux amandes et au miel).

Cueva de la Tea CANARIEN €
(Calle Hernández s/n). Si vous voulez passer la nuit sur place, essayez l'hôtel **Fonda de la Tea**, également propriétaire de ce restaurant de l'artère principale, à l'ouest de l'église, où vous pourrez déguster un choix de tapas moyennant seulement 10 €, en profitant de la vue panoramique depuis la terrasse.

Environs de Tejeda

CRUZ DE TEJEDA

La croix en pierre gris-vert qui donne son nom au site marque le centre de la Grande Canarie et de ses *caminos reales* (sentiers royaux) grâce auxquels on peut encore sillonner toute l'île. Le site est l'un des plus prisés des touristes des stations balnéaires qui participent à des excursions en bus. Les visiteurs y sont donc généralement nombreux, d'où les stands de souvenirs et les promenades à dos d'âne.

Les belvédères permettent d'admirer les plus belles merveilles de l'île : à l'ouest, la montagne sacrée du Roque Bentayga et, par temps clair, la pyramide volcanique du Teide, sur l'île voisine de Tenerife ; au sud-est, le Pozo de las Nieves, point culminant de la Grande Canarie, et l'emblématique Roque Nublo (1 803 m), souvent enveloppé de nuages ; et, se déployant au nord-est, Vega de San Mateo.

Les randonnées dans les environs ne sont pas très difficiles, mais veillez à emporter de l'eau, à vous habiller chaudement et à porter de bonnes chaussures. Il arrive souvent qu'on suive des sentiers bien balisés, bien pavés, mais qui serpentent autour de formations rocheuses embrumées. La marche d'une demi-heure de la Cruz de Tejeda au Roque Nublo est hautement recommandée. Vous pourrez obtenir des renseignements et des conseils à l'Hotel El Refugio ou à l'office du tourisme de Tejeda. Si vous avez un petit creux, le **Restaurante Yolanda** (www.asadoryolanda.com), situé juste de l'autre côté du carrefour, sert de bonnes viandes grillées et des gâteaux maison.

Le bus n°305 (3,75 €, 2 heures, 3/jour) en provenance de Las Palmas passe par Tejeda.

INTERVIEW

ROGER BRADLEY : GUIDE DE RANDONNÉE

Je suis absolument persuadé que la Grande Canarie est l'une des dernières grandes destinations de randonnée qui restent à découvrir en Europe, en particulier par les Britanniques. Même si les autorités locales travaillent peu à peu à nettoyer et à baliser les sentiers de randonnée, les cartes de randonnée détaillées manquent depuis longtemps. En 2010, j'ai publié un guide détaillant 25 superbes randonnées dans l'île – et je travaille déjà à la deuxième édition !

Plus belles randonnées Les alentours d'Artenara sont mon coin préféré. Le paysage est magnifique et c'est là que l'on trouve le plus grand nombre d'habitations troglodytiques encore occupées sur l'île.

Paysages préférés Je préfère toujours randonner dans des secteurs où l'on trouve de petits villages, plutôt que de marcher des heures et des heures en pleine nature sans croiser âme qui vive. J'aime bien m'arrêter pour boire une bière dans un bar, voir ce que les gens cultivent sur leur lopin de terre ou simplement bavarder un peu.

Le meilleur conseil Louez une voiture et fuyez l'urbanisation abusive des stations balnéaires ! Les paysages de l'intérieur sont d'une beauté époustouflante et, dans l'ensemble, les routes sont en très bon état et relativement désertes, sauf le dimanche.

ROQUE BENTAYGA

À quelques kilomètres à l'ouest du village de Tejeda s'élève le Roque Bentayga (1 404 m). L'endroit est bien signalisé, mais il vous faut votre propre moyen de locomotion. On peut voir autour du Roque plusieurs témoignages de la présence des Guanches dont des inscriptions dans la roche, des greniers et un site sacré.

POZO DE LAS NIEVES

Avec votre propre moyen de locomotion, vous pouvez rejoindre ce sommet, point culminant de l'île à 1 949 m, à 15 km au sud-est de Tejeda. Suivez les panneaux vers Los Pechos et gardez à l'œil le poste de communications militaire au sommet. Par temps clair, le panorama est époustouflant ; au nord-ouest, on reconnaît le Roque Nublo.

Vega De San Mateo

En descendant des hauteurs désolées de Tejeda, le paysage change et, à l'approche de San Mateo, la vaste *vega* (plaine) s'offre tel un océan ondulant de verdure. Comme dans l'essentiel du nord de la Grande Canarie (et plus encore le nord-est), la région se caractérise par une agriculture riche et très active, notamment la viticulture.

Cette région est densément peuplée : la majorité de la population de la Grande Canarie vit dans le nord. La ville en elle-même vaut pour son cadre spectaculaire, ainsi que pour le marché de producteurs qui se tient le samedi et le dimanche derrière la gare routière (suivez les cabas à provisions). Le 21 septembre, ne manquez pas la *romería* (pèlerinage) à l'occasion de la fête du saint patron Mateo (Mathieu).

Le bus n°303 (2,40 €, 30 min) arrive de Las Palmas toutes les 30 minutes.

Santa Brígida et Caldera De Bandama

Vers Las Palmas, la ville la plus proche ayant un quelconque intérêt est Santa Brígida, à environ 9 km à l'est de Vega de San Mateo. Bourgade assez morne, elle est égayée par un joli parc et, dans le centre, de charmantes ruelles bordées d'arbres. De l'église, la vue embrasse les champs, les palmeraies et les montagnes du Centre. Faites donc halte à la **Casa del Vino** (Calle Calvo Sotelo 26 ; entrée libre ; ⏲10h-15h lun-ven), où vous verrez quelques objets liés à la fabrication du vin et pourrez déguster et acheter des vins locaux.

De retour sur la route de Las Palmas, à 4 km, un embranchement conduit à la **Caldera de Bandama**, l'un des plus grands cratères éteints de l'île, de 1 km de diamètre, et à un superbe panorama. Non loin se trouve **La Atalaya**, premier village de potiers de l'île, où l'on peut acheter de belles céramiques.

Le bus n°311 (1,30 €, 30 min) part presque toutes les heures de Las Palmas pour le village de Bandama, via La Atalaya, d'où vous n'êtes plus très loin du cratère.

NORD-OUEST DE L'ÎLE

Comme dans la plupart des îles Canaries, les paysages du nord fertile de la Grande Canarie se différencient de l'intérieur montagneux et du sud balnéaire et touristique. Le long des routes sinueuses, autour d'une myriade de villages et de hameaux, vous verrez des ravins spectaculaires, des champs intensément cultivés et des forêts de pins couverts de lichen vert. Il faut atteindre l'ouest de l'île pour que cette verdure cède la place à un paysage plus austère mais tout aussi fascinant : la côte occidentale, la plus impressionnante de la Grande Canarie.

UN MATIN AU MARCHÉ

De petits marchés intéressants se tiennent dans les villes et les villages, la plupart proposant fromages, boucherie et produits boulangers, ainsi que des souvenirs et autres babioles. Ces marchés, en place généralement de 9h à 14h, occupent agréablement une matinée, à l'écart de l'agitation des grandes stations balnéaires. On retiendra ceux de :

» **Puerto de Mogán** (vendredi). L'un des plus touristiques.

» **San Fernando** (mercredi et samedi)

» **Arguineguín** (mardi et jeudi)

» **Teror** (samedi et dimanche)

» **Vega de San Mateo** (samedi et dimanche)

» **San Bartolomé de Tirajana** (dimanche)

DES OISEAUX, DES BANANES ET DES CHIENS

D'où vient donc le nom de Canaries ? Des canaris gazouillants originaires de l'archipel ? De la couleur jaune canari des bananes qui poussent sur place ? Ou bien, autre explication improbable, du mot latin *canus* (chien), parce que les membres de l'une des toutes premières expéditions auraient découvert sur place des chiens d'une taille qu'ils jugèrent impressionnante (d'autres encore pensaient que les habitants de l'archipel étaient des mangeurs de chiens) ?

Selon une théorie plus plausible, les habitants des Canaries, arrivés plusieurs siècles avant Jésus-Christ, étaient des Berbères de la tribu des Canarii, venus du Maroc. Ce nom tribal fut simplement appliqué à l'archipel et, plus tard, ratifié par Pline. Quant au qualificatif de Gran apposé à Canaria, plusieurs explications peu satisfaisantes ont été émises : les insulaires auraient livré une grande bataille contre leurs conquérants, ou l'île était considérée comme la plus grande de l'archipel. Une erreur à l'évidence puisque Tenerife et Fuerteventura sont plus grandes.

Teror

13 045 HABITANTS / ALTITUDE 543 M

Ne vous fiez pas au nom peu engageant de Teror, à 22 km au sud-ouest de Las Palmas. Dans le centre, la Plaza Nuestra Señora del Pino et la Calle Real sont encadrées par de vieilles demeures pittoresques peintes dans des couleurs vives, aux murs penchés et aux balcons de bois. Le seul édifice qui détonne, par sa modernité, est l'Auditorio de Teror, à l'ouest de la basilique : à défaut d'être esthétique, il s'est révélé être un admirable atout culturel pour la ville. Le samedi matin se tient sur la place un marché de petits producteurs, où vous trouverez des spécialités locales comme le délicieux *chorizo de Teror* à l'ail. Le marché du dimanche est plus important et plus commercial.

À voir

Le plus intéressant est de se balader dans le centre historique et de faire quelques photos. Outre cela, vous pouvez aussi admirer les édifices suivants :

Casa de los Patronos de la Virgen MUSÉE
(Plaza Nuestra Señora del Pino 3 ; 3 € ; 11h-16h lun-ven, 10h-14h dim). L'un des plus ravissants édifices de la ville, datant du XVIIe siècle, abrite ce modeste musée. On y conserve des éléments de la vie au XVIIIe siècle, dont de nombreux objets étonnants ayant appartenu pour la plupart à une famille de Las Palmas qui avait là sa résidence secondaire.

Basílica de la Virgen del Pino ÉGLISE
(Plaza Nuestra Señora del Pino 3 ; 8h-midi et 14h-18h). Surplombant la place, cet édifice néoclassique du XVIIIe siècle est dédié à la patronne de la Grande Canarie. La légende, qui veut que la Vierge ait été aperçue en haut d'un pin dans la forêt voisine au XVe siècle, a fait de Teror un haut lieu de pèlerinage. À l'intérieur de la basilique, où est fait un usage immodéré de la dorure, trône la Virgen de las Nieves illuminée, entourée d'anges, sur un somptueux retable. Une musique religieuse est diffusée en fond sonore et un panneau irrésistible vous invite à éteindre votre portable car “vous n'avez pas besoin de téléphone pour parler à Dieu”.

Fêtes et festivals

Fiesta de la Virgen del Pino FÊTE RELIGIEUSE
La Virgen del Pino est la sainte patronne de l'île, et Teror sa capitale religieuse. Cette fête organisée la première semaine de septembre, un grand événement à Teror, est aussi la première fête religieuse de la Grande Canarie. Au programme : processions, foire aux bestiaux, musique et danse à profusion.

Où se restaurer

El Rincón de Magüi ITALIEN €€
(Calle Diputación 6 ; plats 6-12 €). Ce restaurant-pizzéria dispose de tables à l'extérieur et d'une salle en brique, décorée d'assiettes et de photos de célébrités venues s'y sustenter, tel l'ancien Premier ministre Aznar.

Depuis/vers Teror

Les bus nos216, 220 et 229 rallient Las Palmas (2,20 €, 30 min, toutes les heures) ; le bus n°215 rejoint Arucas (1,30 €, 20 min, toutes les heures).

Arucas

33 800 HABITANTS

Surnommée la “perle de la Grande Canarie”, Arucas est l'occasion d'une agréable

UNE CUILLERÉE DE RHUM

Généralement associé à un moment passé à danser pieds nus sur une plage caribéenne (de préférence à l'ombre des cocotiers), le rhum est pourtant également produit ici depuis longtemps – en fait depuis l'époque des plantations de canne à sucre. Le rhum canarien jouit d'une excellente renommée internationale : il est aussi bien réputé pour sa saveur que pour ses vertus médicinales. Vous vous sentez un peu fiévreux ? Buvez donc un *ron miel* (rhum au miel) – c'est bien meilleur que l'aspirine.

escapade d'une journée hors de Las Palmas. Cette bourgade charmante et compacte possède des rues piétonnes bordées d'élégants édifices historiques et un joli parc fleuri.

À voir

La ville est très agréable à visiter à pied. De l'Iglesia de San Juan, descendez la Calle Gourié jusqu'à la Calle León y Castillo, bordée par des bâtiments pittoresques de style colonial. Tournez à droite sur la Plaza Constitución, située en face des ravissants jardins municipaux. Vous y verrez notamment l'*ayuntamiento* (hôtel de ville), édifice de style moderniste de la fin du XIXe siècle, et quelques sympathiques bars en terrasse.

Iglesia de San Juan ÉGLISE
(⏲9h30-12h30 et 16h30-19h15). L'extraordinaire silhouette néogothique de cette église monte la garde sur les maisons blanches d'Arucas, offrant un contraste saisissant. Avec ses flèches sophistiquées, cette église conçue par un architecte catalan a des airs de Sagrada Familia (Gaudí). Sa construction démarra en 1906 sur le site d'une ancienne *ermita* (chapelle) pour s'achever 70 ans plus tard. À l'intérieur, une belle Crucifixion italienne du XVIe siècle trône au-dessus de l'autel. Le Cristo Yacente (Christ gisant) en bois est impressionnant, tout comme les trois magnifiques rosaces.

GRATUIT **Jardines Municipales** JARDINS
(Calle Heredad). Les jardins municipaux, à la française, s'ornent de fontaines, de pavillons, de sculptures et d'arbres exotiques, dont le rare arbre à savon (*Quillaja saponaria*), une espèce sempervirente, et plusieurs magnifiques dragonniers. La Calle Heredad longe les jardins sur le flanc sud de la place que domine la superbe silhouette néoclassique de l'**Heredad de Aguas de Arucas y Firgas**, achevé en 1908, et qui abrite aujourd'hui la compagnie des eaux locale.

GRATUIT **Musée municipal**
(Jardines Municipales; ⏲10h-20h lun-ven, 10h-13h sam). Les jardins municipaux abritent le principal musée de la ville, où se tiennent une exposition permanente sur les peintres et sculpteurs canariens, ainsi que des expositions temporaires.

GRATUIT **Destilerías Arehucas** DISTILLERIE DE RHUM
(www.arehucas.com ; ⏲10h-14h lun-ven). Certains visiteurs apprécieront davantage les visites guidées gratuites de cette distillerie de rhum, couronnées par une dégustation gratuite et un passage par la boutique, où se procurer de quoi concocter des mojitos une fois de retour à la maison.

Jardín de la Marquésa JARDIN
(www.jardindelamarquesa.com ; adulte/enfant 6/3 € ; ⏲9h-13h et 14h-18h lun-sam). Au nord-ouest d'Arucas, sur la route de Bañaderos, ce ravissant jardin botanique appartient (tout comme l'Hacienda del Buen Suceso) à la Marquesa (marquise) de Arucas. Luxuriant, il comporte plus de 2 500 plantes, arbres et cactus, mais aussi des mares, des espaces où s'asseoir et une serre abritant des bananiers. Un guide détaillé des végétaux est fourni avec le billet d'entrée.

Où se restaurer et prendre un verre

Tasca Jamon TAPAS €
(Calle Gourié 5). Un emplacement superbe pour la terrasse de cet établissement, dans une petite rue piétonne avec une vue pleine de charme sur l'église. Bon choix de tapas classiques du type tranches de *manchego* avec pain blanc croustillant.

La Arabesca BAR
(Calle León y Castillo 21). Cet édifice rose sombre abrite un bar sophistiqué à l'ambiance intimiste.

La Dolorosa BAR
(Calle Párroco Cárdenes 5). L'établissement le plus stylé de la ville, avec bar à cocktails tendance où passent des clips vidéo.

Renseignements

L'**office du tourisme** (Calle León y Castillo 10 ; ⏲9h-17h lun-ven, 10h-13h sam) peut vous aider à trouver un hébergement.

Depuis/vers Arucas

Les bus n°205, 106 et 210 circulent toutes les heures depuis/vers Las Palmas (2,20 €, 25 min). Le bus n°215 se rend toutes les heures à Teror (1,30 €, 15 min).

Environs d'Arucas

Si vous avez un moyen de transport (de préférence motorisé), prenez le chemin pentu et bien signalisé qui rejoint **La Montaña de Arucas**, à 2,5 km au nord de la ville. On a de là une vue splendide sur Las Palmas, la côte nord, des vergers, des bananeraies et, moins agréable, des hectares de serres en plastique. Sur la place, **El Mesón de la Montaña** (plats à partir de 7 €), restaurant touristique mais bon, offre un superbe panorama. Côté plats roboratifs, on a la tarte à l'oignon avec jambon fumé ou le filet de bœuf aux truffes, et côté végétariens, de belles salades et un bon gâteau aux pommes.

Moya

8 300 HABITANTS / ALTITUDE 490 M

La route spectaculaire qui parcourt les 13 km entre Arucas et Moya, à flanc de montagne, offre une vue vertigineuse sur la côte nord. Moya est une ville active sans prétentions, dotée de quelques exemples d'architecture canarienne, dont la jolie **Casa-Museo Tomás Morales** (www.tomasmorales.com ; entrée libre ; ⏲9h-14h et 16h-20h lun-ven, 10h-14h sam), en face de l'église du XVIe siècle sur la Plaza de la Candelaria, avec une belle vue sur le *barranco* (ravin). Ancienne demeure de ce poète canarien décédé en 1922 à 37 ans, ce musée comprend une salle de musique avec un clavicorde vieux de 170 ans, une petite salle où ont lieu des concerts classiques et un charmant jardin clos où poussent cactus et pamplemoussiers.

Les bus n°s 116 et 117 circulent entre Moya et Las Palmas (2,85 €, 1 heure, 15/jour).

Santa María de Guía

8 430 HABITANTS

À la sortie de la route C-810, à 25 km à l'ouest de Las Palmas, Santa María de Guía (Guía pour les intimes) est une petite ville élégante, qui accueillit temporairement le compositeur français Camille Saint-Saëns (1835-1921). Le musicien aimait jouer de l'orgue dans son église néoclassique du XVIIe siècle.

Au XVIIIe siècle, la ville et ses environs furent ravagés par une invasion de sauterelles. Pour s'en débarrasser, les habitants s'en remirent aux bons soins de la Vierge Marie. La tradition est restée, et le troisième dimanche de septembre, Guía fête La Rama de las Marías en dansant jusqu'à l'église pour y déposer des offrandes de fruits. La ville est connue aussi pour son *queso de flor* (fromage de fleur), que l'on peut acheter dans les supermarchés, sur les marchés et dans les épiceries fines.

Les bus n°s 103, 105, 150 et 151 (2,70 €, 50 min) passent ici à peu près toutes les demi-heures en venant de Las Palmas.

Environs de Santa María de Guía

À 3 km à l'est de la ville, le **Cenobio de Valerón** (www.cenobiodevaleron.com ; Cuesta Silva s/n, Santa Maria de Guía ; adulte/enfant 2,50/1 € ; ⏲10h-18h mar-dim ; P) est un fascinant ensemble de plus de 350 grottes, silos et cavités de tailles variées, qui servaient à entreposer les céréales à l'époque préhispanique. Ces grottes, situées à flanc de pentes escarpées, sont reliées entre elles par des marches et des chemins aménagés. Sur tout le site, des panneaux informatifs détaillent l'histoire et l'archéologie des grottes, ainsi que la géologie volcanique de la région.

Gáldar

22 763 HABITANTS / 124 M D'ALTITUDE

Cette charmante ville, qui fut la capitale du *guanartemato* (royaume) de l'époque préhispanique, est réputée à juste titre pour ses sites archéologiques extraordinaires. Son joli centre historique, plein d'animation, se déploie autour de la gracieuse Plaza de Santiago, où se dresse l'église néoclassique de Santiago de Gáldar. La place compte aussi l'un des plus vieux *dragos* (dragonniers) de l'île. Planté en 1718, il se dresse dans le patio de la Casas Consistoriales, édifice du XIXe siècle où est installé l'**office du tourisme** (www.galdarturismo.es ; Casa Consistoriales, Plaza de Santiago 1 ; ⏲10h-14h30 lun-ven).

Les habitants sont très fiers d'Antonio Padrón, enfant du pays qui mourut tragiquement d'une réaction allergique à la pénicilline à l'âge de 48 ans, dans les années 1960, alors qu'il commençait tout juste à être reconnu par le monde de l'art européen. Ses tableaux colorés au style très particulier s'inspirent pour beaucoup des motifs géométriques des Guanches. La **Casa-Museo Antonio Padrón** (Calle Drago 2 ; ⏲9h-14h lun-ven) est aménagée dans l'ancien atelier de l'artiste.

Comment s'y rendre et circuler

BUS Le bus n°105 (2,95 €, 1 heure) prend la direction de l'est et de Las Palmas approximativement toutes les demi-heures. À destination du Sud, le bus n°103 (1,30 €, 20 min, toutes les heures) relie Gáldar à Agaete et à Puerto de las Nieves.

TAXI **Radio Taxi** (928 88 35 38) est une compagnie fiable

VOITURE Il y a deux parkings gratuits dans la Calle Real de San Sebastián, lorsqu'on arrive en ville en venant de Las Palmas.

Agaete et Puerto de las Nieves

5 640 HABITANTS

La bourgade verdoyante d'Agaete, à 10 km au sud-ouest de Gáldar, mérite amplement une petite escale. La Calle de la Concepción, jolie rue principale, est bordée d'édifices typiques de l'architecture canarienne, dont certains s'ornent des traditionnels balcons en bois. Dans le centre se dresse la belle église du bourg.

Située à 1 km de là, Puerto de las Nieves fut jusqu'au XIXe siècle le port principal de l'île. Elle est surtout connue pour être le terminal des ferries rapides qui relient la Grande Canarie et Tenerife. Cette petite localité possède des plages de galets noirs et bénéficie d'un cadre montagneux ravissant et d'une vue splendide au sud le long de l'Andén Verde. On dirait un village de pêcheurs, et l'architecture toute de bleu et de blanc rappelle celle des îles grecques. De nos jours, le port est essentiellement réputé pour ses excellents restaurants de poisson où affluent les habitants le week-end.

De la jetée, on aperçoit le **Dedo de Dios** (doigt de Dieu), monolithe basaltique qui fut une grande attraction touristique avant qu'un ouragan n'en brise un morceau en 2005. Jetez un œil aux photos affichées à l'extérieur du restaurant du même nom.

À voir

Iglesia de Nuestra Señora de la Concepción ÉGLISE

(Plaza Constitución, Agaete ; horaires variables). Érigée en 1874 dans un style éminemment

---

À NE PAS MANQUER

GROTTES PEINTES PRÉHISPANIQUES

Des fonds conséquents ont servi à la création du **musée et parc archéologique de la Cueva Pintada** (902 40 55 04, 928 89 57 46 ; www.cuevapintada.com ; adulte/enfant 6 €/gratuit ; 9h30-19h mar-sam, 11h-18h30 dim ; visites guidées d'une heure et demie 12h30 en anglais, 14h30 en allemand ; 15h en français ;), l'un des sites les plus impressionnants de l'île. S'il est possible de le découvrir en indépendant, les grottes peintes, qui constituent le clou de la visite, ne sont ouvertes qu'à heures fixes (des plages horaires trop nombreuses pour être répertoriées ici !). Il est donc vivement recommandé de participer à une visite guidée (1 heure 30). On peut réserver au préalable par téléphone ou se présenter spontanément à l'heure prévue, sachant que chaque visite compte 20 participants au maximum.

La visite commence par un film en 3D de 30 minutes consacré aux peuples préhispaniques de l'île, à leur mode de vie et à leur culture, puis à l'occupation espagnole. La visite se poursuit sur des passerelles surplombant les 5 000 m² d'excavations où l'on voit clairement les vestiges des habitations troglodytiques creusées dans la roche volcanique.

Avant l'entrée dans la Cueva Pintada, un petit film explique comment on fabriquait et appliquait les pigments, et détaille les différentes théories quant à la signification des symboles géométriques (très probablement liés aux calendriers lunaire et solaire). Pour empêcher que les peintures se détériorent davantage, les grottes ne sont accessibles que quatre minutes au maximum. Il semblerait que pendant les dix années qui ont suivi 1972, les pigments auraient perdu 50% de leur coloration à cause du flot constant de visiteurs. Enfin, la visite s'achève par plusieurs reconstitutions de maisons guanches, et par un petit film sur les constructions, la société et l'économie des peuples autochtones. On peut voir également dans une petite galerie les trouvailles exhumées par les habitants de la région lorsqu'ils ont creusé les fondations de leurs habitations, notamment des poteries, des sceaux et des bijoux.

LA GRANDE CANARIE POUR LES ENFANTS

La Grande Canarie est un paradis pour les plus jeunes, où les attendent une myriade d'activités naturelles ou conçues pour eux et de parcs à thème. On pense d'abord, bien sûr, aux plages, avec en prime dans les stations du Sud un large choix d'excursions en bateau. À Puerto Rico, on peut aller voir les dauphins avec la compagnie **Spirit of the Sea** (p. 67). Plus à l'ouest, **Taurito** (p. 67) est une ville aux airs de parc de loisirs, avec plusieurs piscines et toutes sortes d'activités pour les enfants et les plus grands. Les parcs à thème sont nombreux par ici, notamment autour de **Playa del Inglés** (p. 65), où l'on hésite entre promenades à dos de chameau, zoos, parcs aquatiques, spectacles façon Far West et bien d'autres choses encore. Pour élever le niveau, même le bambin le plus hostile aux musées sera impressionné par les maquettes de galions de la **Casa-Museo de Colón** (p. 44), à Las Palmas, qui retrace la vie de Christophe Colomb. Enfin, pour une visite plus ludique et interactive, suivez les groupes d'écoliers au superbe musée scientifique qu'est le **Museo Elder de la Ciencia y la Tecnología** (p. 47), lui aussi dans la capitale.

méditerranéen, cette ravissante église abrite deux parties du célèbre triptyque flamand de Joos Van Cleve (XVIe siècle). Si ceux-ci ne sont pas toujours visibles, on peut admirer une copie du panneau central dans l'**Ermita de las Nieves** (⌚11h-13h lun-sam, 9h-11h dim), minuscule chapelle en retrait du bord de mer à Puerto de las Nieves.

Museo de la Rama MUSÉE
(Calle Párroco Alonso Luján 5 ; 1,50 € ; ⌚10h-14h mar-ven, jusqu'à 13h sam et dim). À côté de l'église, ce petit musée rend hommage à la fête annuelle la plus importante de la ville, la Rama, à travers des commentaires, une histoire détaillée et des pièces exposées, notamment les personnages en papier mâché à la tête gigantesque censés représenter des personnalités populaires de la ville.

GRATUIT **Huerto de las Flores** JARDIN BOTANIQUE
(Calle Huertas ; ⌚lun-ven 9h-13h). Ce jardin du XIXe siècle abrite plus de 300 plantes tropicales. Une retraite agréablement ombragée les jours de grosse chaleur.

Fêtes et festivals

Fiesta de la Rama FÊTE
Cette fête extraordinaire, qui trouve son origine dans une obscure danse de la pluie guanche, a lieu le 4 août. Aujourd'hui, fanfares et habitants défilent dans les rues en brandissant des branches d'arbres (*ramas*) avant de se livrer corps et âme à la fête.

Où se restaurer

S'il existe une pizzeria, ce sont les poissons et fruits de mer qui tiennent le haut du pavé dans les restaurants de Puerto de las Nieves.

Restaurante Las Nasas POISSON ET FRUITS DE MER €€
(Calle Nuestra Señora Nieves 7 ; plats 8-10 € ; ⌚fermé mar). Une ambiance délicieuse dans ce vieil entrepôt à la déco à l'ancienne en noir et blanc, avec maquettes de bateaux, plafonds hauts et petite terrasse abritée donnant sur la mer. C'est souvent le plus fréquenté des nombreux restaurants de poisson de la rue : bon signe !

Restaurante el Cápita POISSON ET FRUITS DE MER €€
(Calle Nuestra Señora Nieves 37 ; plats 8-10 € ; ⌚fermé lun). Autre adresse fiable proposant un *menú del día* au prix raisonnable de 7,50 €. Les poissons et fruits de mer frais sont excellents, mais il ne faut être pressé, le service est un peu lent en cas d'affluence.

Cofradía de Pescadores POISSON ET FRUITS DE MER €€
(Muelle Puerto Nieves ; plats 8-10 €). Près du port, vous pourrez vous régaler (éventuellement en terrasse) de la prise du jour en compagnie de pêcheurs : que demander de plus ? Goûtez à la spécialité, la *fritura de pescado* (friture de poisson), ou à l'une des 30 tapas *para picar* (à grignoter).

Restaurante Dedo de Dios POISSON ET FRUITS DE MER €€
(Carretera Puerto Nieves s/n ; plats 8-9 € ; ⌚fermé mar). Une charmante demeure ancienne et couverte de fougères, face à la plage et à ce qu'il reste du pauvre Dedo. Avec une longue carte qui fait la part belle aux produits de la mer, l'adresse est prisée pour les réunions de famille le week-end.

VAUT LE DÉTOUR

ARTENARA, UN VILLAGE SUR LES HAUTEURS

Une petite route vers l'est remonte la vallée d'Aldea de San Nicolás à **Artenara**, le village le plus élevé de la Grande Canarie (1 770 m). Depuis le Mirador de Unamuno, la vue sur un immense cratère volcanique est spectaculaire, mais le village compte plusieurs autres miradors bien indiqués. De l'autre côté du bourg, le Mirador de la Atalaya surplombe plusieurs **grottes troglodytiques**, dont certaines sont encore habitées, et permet d'apercevoir au loin le sommet d'El Teide, sur Tenerife.

L'une des grottes qui se trouve dans le village même abrite aujourd'hui l'**office du tourisme** (Calle Parroco Domingo Baez 13 ; ⌚8h-15h lun-ven). Elle fait partie d'un ensemble de grottes, meublées de façon traditionnelle, constituant un musée que l'on peut visiter (panneaux explicatifs en anglais). Dans le centre du village, l'**Iglesia de San Matías** (Plaza San Matías), de la fin du XVIIIe siècle, est une ravissante petite église dotée d'un plafond en bois sculpté, d'un autel orné de fresques et de vitraux Art nouveau. Vous trouverez sur la place quelques restaurants corrects. Sinon, tournez le coin de la rue pour rejoindre le **Bar La Esquina** (Calle Parrocco Dominguez Baez 2) qui sert des plats traditionnels et dont la terrasse bénéficie d'une très belle vue panoramique.

Le bus n°220 circule toutes les heures au départ de Las Palmas (4,90 €, 2 heures). Aucun bus ne relie le village à La Aldea de San Nicolás.

ℹ Renseignements

Pour consulter le site Internet de la ville, allez à l'adresse www.aytoagaete.es.

Office du tourisme (Calle Nuestra Señora Nieves 1, Agaete ; ⌚10h-14h et 17h-19h lun-ven, 10h-14h sam)

ℹ Depuis/vers Agaete et Puerto de las Nieves

BATEAU Au départ de Puerto Nieves, **Fred Olsen** (☎902 10 01 07 ; www.fredolsen.es) assure 6 ferries rapides par jour (adulte/enfant 49/23 €) qui effectuent la traversée d'une heure à destination de Santa Cruz de Tenerife. La correspondance en bus jusqu'à Las Palmas (Parque Santa Catalina) est gratuite. Au retour, le bus quitte Las Palmas 1 heure 30 avant le départ du ferry.

BUS Le bus n°103 relie la ville et le port à Las Palmas (4,05 €, 1 heure 15) au minimum toutes les heures. Le bus n°101 se rend au sud à Aldea de San Nicolás (3,75 €, 50 min, 4/jour).

VOITURE Il y a un parking gratuit à Agaete, en face des jardins botaniques dans la Calle Huertas.

La Aldea de San Nicolás

Plus connue sous le nom de San Nicolás de Tolentino, cette bourgade assez morne n'offre guère d'intérêt, mais comme souvent, le voyage importe plus que la destination : la route d'Agaete à San Nicolás est l'occasion d'un magnifique trajet à flanc de falaise. Si vous partez vers le sud-ouest en fin d'après-midi, le soleil couchant baigne le paysage d'une lumière douce et enveloppe les crêtes successives d'un halo qui s'assombrit. En chemin, de nombreux points de vue vous permettront de vous repaître du panorama.

L'arrivée depuis Mogán et le Sud (voir p. 69), bien qu'on ne voie pas la mer, permet une vue saisissante.

Le bus n°38 (3,65 €, 1 heure, 5/jour) circule entre Puerto de Mogán et La Aldea de San Nicolás. Le bus n°101 (3,75 €, 50 min, 4/jour) relie Agaete et San Nicolás.

Environs de La Aldea de San Nicolás

En quittant le village par le nord, faites un détour par **Puerto de la Aldea**, doté d'un petit port, de quelques restaurants de fruits de mer et, pour les amateurs de pique-nique, du **Parque Ruben Día**, avec tables et bancs en pierre à l'ombre des pins. Après un excellent repas à base de pain, de fromage et de *cerveza* (bière), laissez-vous tenter par une balade sur la promenade pour voir la petite plage de galets noirs.

En sortant de San Nicolás également, dans le hameau d'Artejévez, des panneaux indiquent la **Cactualdea** (entrée adulte/enfant 6/3 €), qui se targue d'être le jardin de cactus le plus grand d'Europe avec plus de 1 200 variétés. Il compte aussi une reconstitution de grotte guanche. L'offre de restauration est aussi insipide que dans les autres parcs à thème : prévoyez votre pique-nique.

PLAYA DEL INGLÉS ET MASPALOMAS

40 000 HABITANTS ENVIRON

C'est la station balnéaire la plus connue de la Grande Canarie, lieu de fête au soleil pour des visiteurs venus surtout d'Europe du Nord. Pourtant, en journée (et hors saison), l'endroit semble plus haut de gamme qu'on ne s'y attend : rien à voir avec Los Cristianos à Tenerife. Dans le centre, vous trouverez davantage d'hôtels chics et de résidences élégantes que de pubs anglais. Reste qu'il n'y pas grand-chose d'espagnol ici : tout s'adresse aux touristes, et on s'en tire très bien en ne parlant qu'allemand ou anglais. Le plan de la ville est par ailleurs sans charme, avec des boulevards et des ronds-points tirés au cordeau.

Le soir, l'animation se concentre au Yumbo Centrum et alentour, notamment dans ses bars gays. L'ambiance familiale disparaît tandis que les clubs (gays ou non) vibrent jusqu'à l'aube, que les boissons coulent à flots dans les bars et que spectacles de drag-queens, saunas et sex-shops tournent à plein régime.

Seul attrait naturel d'intérêt, les dunes impressionnantes de Maspalomas, où sont par ailleurs installés quelques-uns des hôtels les plus luxueux et le plus grand golf de l'île. De la plage, les dunes s'étendent sur 400 ha ; leur zone centrale, à l'intérieur des terres, forme une réserve naturelle où l'accès est réglementé.

À voir et à faire

Dunas de Maspalomas DUNES

Ces dunes magnifiques ont été classées parc national en 1994. C'est du bas de l'Avenida Tirjana qu'on en a la plus belle vue. Déambulez sous les arches de l'Hotel Riu Palace Maspalomas jusqu'au balcon, au milieu d'un jardin botanique où l'on peut voir de nombreux végétaux endémiques aux Canaries. Un petit bureau d'information y est ouvert à des horaires aléatoires. Vous répugnerez peut-être à aller souiller les dunes de vos traces de pieds, mais c'est autorisé, à condition de respecter les panneaux et de rester sur les sentiers. Autre option, vous pouvez vous imaginer au Sahara en montant à dos de chameau avec **Camello Safari** (☎928 76 07 81 ; adulte/enfant 30/15 € ; 9h-16h30).

Centro de Talasoterapia THALASSOTHÉRAPIE

(Centre de thalassothérapie ; ☎928 77 64 04 ; www.gloriapalaceth.com ; Hotel Gloria Palace, Calle Las Margaritas s/n, San Agustín). Immense et luxueux, ce centre de thalassothérapie est le plus grand d'Europe. Il occupe un bâtiment de 7 000 m² attenant à l'Hotel Gloria Palace. L'endroit est époustouflant, et après de fabuleux soins à l'eau de mer, vous aurez une peau de bébé et tous vos soucis se seront envolés. Comptez à partir de 60 € la journée pour fréquenter le centre et ses installations.

Parcs à thème

L'île compte de nombreux parcs de loisirs, qui font l'objet de publicités partout. Voici les plus intéressants du lot. L'office du tourisme vous renseignera sur les bus qui les desservent et sur leurs horaires.

Palmitos Park ZOO

(www.palmitospark.es ; adulte/enfant 28/21 € ; 10-18h). À quelques kilomètres au nord de la station, cette oasis subtropicale déborde de plantes exotiques et abrite quelque 1 500 espèces d'oiseaux. On y trouve aussi un aquarium, une exposition d'orchidées, des reptiles, une ferme et divers animaux dont des wallabies et des orangs-outangs. Un spectacle de dauphins fait partie des attractions depuis 2011.

Mundo Aborigen MONDE DES ABORIGÈNES

(www.mundoaborigen.com ; Carretera Playa del Inglés-Fataga ; adulte/enfant 10/5 € ; 9h-18h). À 6 km vers le nord sur la route de Fataga, une centaine de mannequins de Guanches donnent un aperçu de la vie quotidienne avant l'arrivée des conquistadors (et la construction de parcs à thème). Prenez le bus n°18 depuis San Fernando ou San Bartolomé.

Camel Safari Park La Baranda BALADES EN CHAMEAU

(Carretera Playa del Inglés-Fataga ; promenade 1 heure 25 € ; 9h-18h ;). Ce parc situé au cœur d'un domaine verdoyant planté de palmiers, d'avocatiers et d'agrumes compte 70 chameaux, de même qu'un restaurant, un bar et un petit zoo.

GLOIRE AUX TOUR-OPÉRATEURS

Les noms de rue à Maspalomas sont édifiants : Avenida del Touroperador Saga Tours, Avenida del Touroperador Alpitours, Neckermann, Tui, Thomson, etc. De plus, il n'y a pas ici de bonnes vieilles rues (*calles*) toutes simples : tout est avenue, quelle que soit la taille.

LA SCÈNE HOMOSEXUELLE

La Grande Canarie est La Mecque gay de l'archipel, et Playa del Inglés le terrain de jeu hivernal des Européens. Divers hôtels et résidences s'adressent spécifiquement à la clientèle homosexuelle. Les bars, boîtes et clubs semblent former un chapelet interminable au Yumbo Centrum, qui accueille une scène nocturne à prédominance gay, fréquentée tout de même par une petite clientèle lesbienne et hétéro. Il ne se passe pas grand-chose avant minuit. Après les douze coups et jusqu'à 3h environ, la fête bat son plein dans les bars au 4e niveau du Yumbo Centrum, avant que les clubs du 2e niveau ne prennent le relais.

À l'aube, tout ce petit monde rentre tant bien que mal se reposer. Certains se rendent sur la plage de Maspalomas, de l'autre côté des dunes, qui est aussi un haut lieu de rencontres.

Chaque année, le **Festival del Sol**, festival du film gay et lesbien, attire des cinéastes internationaux. Il se déroule à la mi-février à Playa del Inglés.

Pour en savoir plus sur les clubs, manifestations, adresses et petites annonces de la communauté gay, rendez-vous sur www.colectivogama.com (en espagnol) et www.grancanariagay.com (en espagnol, allemand et anglais).

Aqualand PARC AQUATIQUE
(www.aqualand.es ; Carretera Palmitos Park ; adulte/enfant 25/18 € ; ⏲10h-17h ; 👪). Gigantesque parc aquatique avec des kilomètres de toboggans.

Sports nautiques

La pratique du surf est possible par ici (les meilleures vagues se trouvent à l'extrémité ouest de Maspalomas, près du phare), mais ce n'est pas le meilleur spot du monde. Les véliplanchistes, eux, préféreront l'est de la zone, au-delà de la station touristique, vers Bahía Feliz, Playa Águila et, surtout, pour ce qui est des sportifs expérimentés, le **Pozo Izquierdo**. À l'inverse, beaucoup de noctambules n'auront peut-être que l'énergie d'aller s'allonger sur la plage et piquer une tête entre deux sommes. D'est en ouest se succèdent la Playa de las Burras, la Playa del Inglés ou la Playa de Maspalomas. Il s'agit en réalité d'une seule et même étendue de sable.

Club Mistral SURF ET PLANCHE À VOILE
(☎928 15 71 58 ; www.club-mistral.com ; Carretera General del Sur, km 47, Playa de Tarajalillo ; stage 6 heures de planche à voile débutant adulte/enfant 140/120 €). À Bahía Feliz, ce club loue planches de bodyboard et de surf, kayaks de mer, planches à voile et matériel pour véliplanchistes, et organise des excursions de planche à voile.

Dive Academy Gran Canaria PLONGÉE
(☎928 73 61 96 ; www.diveacademy-grancanaria.com ; Calle La Lajilla s/n, Arguineguín ; baptêmes à partir de 46 €, 5 plongées Advanced Open Water 270 €). Dispose d'une navette gratuite qui prend les plongeurs à leur hôtel et les conduit à l'école de plongée, dans l'ouest de la ville. Plongées du bateau et au bord de l'eau.

Canarias Extreme KAYAK
(☎606 58 01 03 ; www.canariasextreme.com ; Avenida EE UU 43 ; sortie en kayak la journée 75 €). Organise des excursions en kayak monoplace ou biplace sur toute la côte.

Autres sports

Pour une superbe randonnée de 5 km, suivez la promenade qui part vers l'est de la Playa del Inglés : le sentier chemine tantôt au niveau de la mer, tantôt en surplomb.

Happy Biking CYCLOTOURISME
(☎928 76 68 32 ; www.happy-biking.com, en allemand ; Hotel Continental, Avenida Italia 2 ; location de vélo à partir de 7 €/jour ; ⏲8h30-19h lun-sam). En voilà un joli nom ! Happy Biking loue toutes sortes de vélos et organise des circuits, la plupart assez faciles, à partir de 30 € avec location de bicyclette, transport et pique-nique.

Free Motion RANDONNÉE
(☎928 77 74 79 ; www.free-motion.net ; Hotel Sandy Beach, Avenida Alféreces Provisionales s/n ; location de vélo à partir de 9 €/jour, circuits organisés à partir de 45 €/jour). Gérée avec efficacité, cette agence propose un éventail de circuits en petits groupes, et loue des vélos et des quads. Elle propose également 4 randonnées guidées (Roque Nublo, Green North, Lake Tour et Summit Tour) ; chacune coûte environ 45 €. Pour une somme modique, Free Motion organise aussi votre transport depuis/vers plusieurs stations du littoral, dont Puerto Rico et Puerto de Mogán.

Happy Horse RANDONNÉE À CHEVAL
(☎679 86 70 57 ; www.happy-horse.org ; circuit 3 heures 54 €). Tout aussi heureux (mais sans rapport), cet opérateur organise des randonnées à cheval dans l'intérieur des terres, au sud-est de la ville. On vient vous prendre à votre hôtel, c'est compris dans le prix.

Plage

Playa del Inglés PLAGE
Outre les superbes dunes de Maspalomas, le principal atout de l'île aux yeux des milliers de touristes annuels en séjour tout compris est la longue et magnifique plage de sable de la station, qui s'étend sur 2,7 km de San Agustín, à l'est, à Maspalomas, à l'ouest.

Où se restaurer

El Salsete CANARIEN MODERNE €€
(☎928 77 82 55 ; www.elsalsete.com ; Calle Secundino Delgado, Edificio Jovimar Bloque 1, Locales 4-5 ; plats 9-12 € ;). Sautez dans un taxi pour rejoindre cette adresse terriblement difficile à dénicher, dans le nord du quartier de San Fernando. Il ne faut pas se fier à son allure extérieure quelconque, car une fois franchi le seuil, on se retrouve dans un cadre digne d'un nouveau restaurant branché de Barcelone, où la cuisine est tout à fait à la hauteur également. Les plats, qui font preuve d'une belle inventivité, tant dans la présentation que dans les saveurs, sont préparés uniquement avec des produits frais du marché. Réservation recommandée.

Casa Vieja CANARIEN €€
(www.grillrestaurantelacasavieja.com ; Calle El Lomo 139, Carretera de Fataga ; plats 7-15 €). Un peu au nord de la GC-1, sur la route de Fataga, cette "vieille maison" tenue avec passion offre une véritable ambiance *del campo* (campagne). Des plantes ornent le toit bas, les canaris gazouillent et la carte est on ne peut plus authentique (essayez la viande grillée). Des musiciens jouent de la musique traditionnelle, chaque soir à partir de 20h.

Samsara FUSION €€€
(☎928 14 27 36 ; Avenida Oasis 30 ; plats 15-18 € ; 19h-23h30 lun-sam). En face du Palm Beach Hotel, une immense statue de Bouddha donne le ton. Les portions, énormes, sont faites pour être dégustées à plusieurs, et la carte met l'accent sur les classiques de la cuisine asiatique comme le curry rouge thaï aux crevettes et les rouleaux de printemps accompagnés de trois sauces différentes. Les desserts sont d'influence plus occidentale (comprendre : délicieusement caloriques), comme, par exemple, les brownies au chocolat avec glace à la noix de coco et fraises fraîches. Réservation recommandée.

Restaurante La Toja MÉDITERRANÉEN €€
(☎928 76 11 96 ; Edificio Barbados II, Avenida Tirajana 17 ; plats 8-13 € ; fermé dim déj). Adresse de qualité qui fusionne le meilleur des cuisines française et galicienne : goûtez le veau au marsala ou l'étonnante "oreille d'éléphant" avec frites (en réalité, un mince filet de bœuf). Prix raisonnables étant donné le cadre et la cuisine.

Mundo FUSION €€
(☎928 76 10 63 ; Apartamentos Tenesor, Avenida Tirajana s/n ; plats 12 € ; fermé lun ;). Îlot de sophistication branchée, le Mundo a ouvert en 2005 et nettement remonté le niveau gastronomique des environs : sorte de *diner* américain aux influences japonaises, avec salle minimaliste aux carrelages noir et blanc rétro et chaises rouge cerise. Ne manquez pas les pâtes noires aux gambas si elles sont proposées. Réservation recommandée.

Où sortir et prendre un verre

Tous les soirs, le Yumbo Centrum se transforme en paradis du noctambule : le Babylon est la boîte gay la plus exubérante et la plus sympathique du coin. Le centre compte des établissements pour les gays comme pour les hétéros, et plusieurs semaines ne suffisent pas à découvrir l'offre pléthorique faite alentour aux oiseaux de nuit.

Les fêtards ayant un peu plus de bouteille préféreront peut-être le **Boney M** (Avenida Tirajana 11 ; 20h-5h) qui passe des tubes des années 1970, 1980 et 1990. Pas d'inquiétude cependant, ce n'est pas encore un club du troisième âge ! Vous pourrez aussi entendre de la musique irlandaise live aux **Dunes & Tunes** (Beach Blvd s/n, Playa del Inglés ; 20h30-tard), un pub authentique avec Guinness pression de rigueur.

Pour une visite virtuelle des clubs, des discothèques et leur calendrier d'événements, rendez-vous sur www.maspalomas-tonight.com.

Achats

Les principaux centres commerciaux se trouvent au nord du centre-ville, à San Fernando et à Bellavista. On y trouve de tout, des vêtements pour enfants à l'électronique. Un conseil : ne vous précipitez pas (c'est très tentant), mais faites un petit comparatif d'un endroit à l'autre – vous ferez de meilleures affaires encore.

C'EST ENCORE LOIN ?

Un chapelet d'hôtels et d'appartements s'étend depuis la Playa del Inglés, longue de 2,7 km, jusqu'au secteur de San Fernando, à quelque 2 km à l'intérieur des terres. Bien que des bus fassent la navette entre ce quartier et le bord de mer, leurs horaires ne coïncident pas forcément avec les vôtres. Si vous avez réservé dans un hôtel du secteur et que les prix sont presque trop avantageux pour être vrais, vérifiez à deux fois l'emplacement de votre hébergement. Il y a dans l'île des endroits nettement plus agréables pour se loger et s'étendre sur le sable.

Yumbo Centrum CENTRE COMMERCIAL
(www.cc-yumbo.com ; Avenida EE UU ; ⏲24h/24). Plus de 200 établissements sur quatre niveaux : chaussures, maroquinerie, parfums, etc., hors taxes, mais la qualité n'est pas toujours au rendez-vous. Le centre commercial abrite aussi des supermarchés.

Fedac ARTISANAT
(Centro Insular del Turismo, angle Avenida España et Avenida EE UU ; ⏲10h-14h et 16h-19h30 lun-ven). Pour de l'artisanat local, dans l'office du tourisme du Cabildo, cette petite boutique à but non lucratif et soutenue par les autorités canariennes offre des prix et une qualité qui vous permettront de comparer ce que vous voyez ailleurs. Achats assortis d'une garantie.

Renseignements

Free Motion (www.free-motion.net ; Hotel Sandy Beach, Avenida Alféreces Provisionales s/n ; 2 € les 30 min ; ⏲9h-20h lun-ven, jusqu'à 18h dim). Accès Internet.

Office du tourisme principal (www.grancanaria.com ; angle Avenida España et Avenida EE UU ; ⏲9h-20h). À l'extérieur du Yumbo Centrum : cartes, personnel serviable et toilettes publiques.

Office du tourisme de Playa del Inglés (centre commercial Anexo 11, Local 20 ; ⏲9h-20h). Office plus petit à l'emplacement pratique, sur la plage principale.

Depuis/vers Playa del Inglés et Maspalomas

Des bus circulent régulièrement le long de la côte, jusqu'à Puerto de Mogán à l'ouest et Las Palmas à l'est. Pour Las Palmas (5,85 €, environ 50 min), prenez le bus n°5 (bus de nuit), 30 ou 44 (jour et nuit). Les dépliants des *horarios* (un pour le sud de l'île, un pour le nord) sont disponibles à l'office du tourisme.

Comment circuler

Depuis/vers l'aéroport

Le bus n°66 circule depuis/vers l'aéroport de Gando (3,85 €, 1 heure, toutes les heures) jusqu'à 21h15 environ. En taxi, prévoyez 30 € pour Playa del Inglés et 35 € pour Maspalomas.

Bus

Global (www.globalsu.net) assure des bus pour nombre des parcs à thème listés ici. Pour un trajet en ville, comptez 1,10 €.

Voiture

Si vous devez prendre votre voiture pour aller à la plage, vous trouverez un grand parking à côté de la Playa del Inglés. Le prix du stationnement dans la rue est raisonnable, de 0,50 € les 30 minutes à 2,40 € les trois heures (de 10h à 21h).

Taxi

Vous pouvez appeler un **taxi** (☎928 76 67 67) ou vous rendre dans l'une des stations, nombreuses et fiables. De Playa del Inglés, aucune course en zone urbaine ne dépasse 8 €.

ENVIRONS DE PLAYA DEL INGLÉS ET MASPALOMAS

Puerto Rico et Arguineguín

Si Maspalomas conserve quelques beautés, telles ses dunes et une vie nocturne trépidante, les stations similaires plus à l'ouest témoignent des ravages immobiliers infligés à un paysage littoral à l'origine aussi splendide que la côte amalfitaine en Italie. Un nouveau complexe semble surgir à chaque virage et des immeubles de béton s'étendent loin dans l'intérieur des terres. Comment ces malheureux touristes parviennent-ils à rejoindre la plage, souvent éloignée et retranchée derrière une route dangereuse ? Mystère...

Les environs du port d'Arguineguín ont gardé par endroits l'authenticité d'un petit port de pêche dynamique, mais la ville en elle-même et ses mornes plages sont sans grand intérêt. Si vous passez à l'heure du déjeuner, faites un tour à la **Cofradía de Pescadores** (plats à partir de 7 € ; ⏲fermé mer et sept) qui, malgré ses nappes en plastique et sa carte polyglotte désarmante, propose du poisson frais du jour en provenance directe des bateaux. Arguineguín abrite par ailleurs une école de plongée réputée (voir p. 64).

Puerto Rico illustre les erreurs de l'urbanisme : le village de pêcheurs d'origine a disparu sous un océan de béton et d'immeubles en rang d'oignons au pied des montagnes. La plage, quoiqu'agréable, se révèle trop petite pour la capacité hôtelière de l'endroit. Seule échappatoire, une multitude de sorties en mer proposées au départ du port, notamment avec **Spirit of the Sea** (☎928 56 22 29 ; www.dolphin-whale.com ; adulte/enfant 22/12,50 €), pour partir deux heures voir les dauphins à bord d'un catamaran à fond de verre : une partie du billet va à la recherche et à la protection des fonds marins. **Lineas Blue Bird** (☎629 98 96 33 ; aller-retour 10 €) propose des prestations similaires, avec sept bateaux à fond de verre par jour qui partent toutes les heures de/vers Puerto de Mogán de 10h30 à 16h30, et vers l'est et Arguineguín de 10h à 17h.

À l'ouest, les diverses stations, dont Playa del Cura, Playa del Tauro et **Taurito**, sont du même acabit. La dernière a tout de même fait un effort en direction des familles et offre un espace de loisirs paysager avec piscines de style lagune, courts de tennis, minigolf, installations de gym, bars et transats, sur une plage au sable néanmoins gris. Par ici, la mer régulière et tranquille permet de se baigner en sécurité.

Des bus relient Puerto Rico et Arguineguín à Maspalomas et Playa del Inglés (1,60 €, 30 min), ainsi qu'à Puerto de Mogán (1,25 €, 15 min) et Las Palmas (6,15 €, 1 heure 50 min), à peu près toutes les demi-heures.

Puerto de Mogán

Après Taurito, quelques courts kilomètres de littoral accidenté rappellent ce que devait être tout le sud de l'île il y a 45 ans, avant l'arrivée du tourisme de masse.

On atteint ensuite un virage : en contrebas se dessinent une séduisante plage en croissant et un petit port de plaisance et de pêche. Puerto de Mogán, bien que livrée aujourd'hui au tourisme, est à des années-lumière de ses semblables, plus orientales. Les constructions récentes sont esthétiquement mieux pensées, notamment le tout nouveau et luxueux Hotel Cordial Mogán Playa.

Malgré un surnom un peu excessif de "Venise des Canaries", l'architecture et les canaux sont très jolis et la bourgade déborde de charme bourgeois. Dans le port, les immeubles bas aux balcons en fer forgé sont parés de couleurs vives et de magnifiques bougainvillées.

Malheureusement (mais logiquement), Puerto de Mogán attire des foules de touristes envieux venus des stations voisines, surtout le vendredi matin, lorsque le marché envahit une partie de la ville. Les étals proposent les habituels sacs, ceintures et colliers en coquillage à des prix déraisonnables. Si vous séjournez ici, le vendredi est donc le jour idéal pour partir.

À voir et à faire

Cachée dans une enfilade de bars et de restaurants dans la Calle Los Pescadores, la modeste chapelle de l'**Ermita de San Fernando** date de 1955. On peut y entrer lors de la messe de 18h les mardis et samedis.

Les grottes et les épaves qui se trouvent juste au large font de Puerto de Mogán le principal centre de plongée à la Grande Canarie.

Atlantik Diving PLONGÉE
(☎689 35 20 49 ; www.clubdemar.com ; Hotel Club de Mar, Playa de Mogán s/n ; plongée avec équipement complet 40 €). Le club propose des cours tous niveaux, du Discover Scuba (découverte, 3 heures, 90 €) au Dive Master (minimum 20 jours, 570 €).

NO STRESS

Les cadres surbookés chercheraient de plus en plus à passer des vacances qui soient plus que du farniente : des vacances bien-être. Les soins de thalassothérapie, à base d'eau de mer, sont en vogue depuis longtemps pour soigner les maux dus au surmenage, mais aussi les douleurs physiques. Que ces vertus soient ou non avérées (les effets vantés contre la cellulite semblent parfois discutables), la thalassothérapie offre de délicieux moments de détente et peut faire des miracles contre les problèmes de peau. Il existe des centres spécialisés disséminés sur toute l'île, notamment à l'Hotel Puerto de las Nieves, l'Hotel Gloria Palace, près de la Playa del Inglés, et à la superbe Villa del Conde de Maspalomas.

Canary Diving Adventures PLONGÉE
(☎928 56 54 28 ; www.canary-diving.com ; Hotel Taurito Princess, Playa de Taurito). Les deux frères irlandais qui gèrent ce club offrent des plongées du bateau, guidées (à partir de 30 €), des stages (4 heures et plus) de certification PADI à partir de 360 € et une journée d'initiation dans la piscine pour les débutants (75 €).

Où se restaurer

L'endroit compte pléthore de cafés et de restaurants où déguster du poisson frais en *terraza*.

Jack El Negro CANARIEN €€
(Pasage Pescadores 6 ; plats 12 €). Aménagé dans l'une des cabanes de pêcheurs d'origine, ce restaurant baptisé du nom du légendaire pirate des Caraïbes a un charme fou. Tenu depuis 1970 par Claudio, un Italien, il a pour spécialité la viande rouge cuite à la perfection sur une *parrilla* (gril). Mais tout est bon, du *potage canario* (soupe de légumes) aux pizzas.

La Cucina ITALIEN €
(Calle Corriente 8 ; pizzas à partir de 6,50 €). Tenu par des Italiens, ce petit local est destiné surtout à la vente à emporter, avec quelques tables à l'extérieur. À l'heure où nous écrivons, il est question qu'il s'agrandisse sur un étage. Les pizzas sont recommandées, mais on prépare aussi divers plats de pâtes et de salades et l'incontournable tiramisu.

Patio Canario POISSON ET FRUITS DE MER €€€
(www.restaurantemogan.com ; Urbanización Puerto de Mogán ; plats 15 €). Adresse populaire bénéficiant d'un emplacement de premier rang, avec deux immenses terrasses surplombant le petit port. La carte affiche des plats comme les gambas cuites au four avec de la coriandre fraîche. Sinon, optez pour une assiette de sardines grillées. L'unique risque : ne plus jamais vouloir manger de sardines en boîte de votre vie...

La Bodeguilla Juananá MÉDITERRANÉEN €€
(Plaza Mayor s/n ; plats 12 €). Nichée dans un coin de la petite Plaza Mayor, en face du port de plaisance, cette adresse tenue avec passion offre une déco africaine et une cuisine de niveau gastronomique avec des plats du jour comme le boudin noir servi avec de l'avocat et une sauce à l'ail. Seul bémol : le tarif excessif des boissons.

La Tortuga ALLEMAND €€
(50 Front Line, port ; plats 9-12 € ;). Plats d'inspiration allemande bien préparés. Carte végétarienne également.

Comment s'y rendre et circuler

BUS Les bus circulant en direction de l'est vers Puerto Rico et Playa del Inglés (1,50 €, 15 min) ne manquent pas. Le bus n°1 (8,5 €, 2 heures) part toutes les heures pour Las Palmas. Des ferries circulent par ailleurs entre le port et Puerto Rico (voir p. 67).

VOITURE Il y a deux parkings souterrains ; le plus économique, dans la Calle La Mina, est indiqué lorsqu'on arrive en ville (5 € maximum par jour). On y trouve généralement de la place. Le stationnement dans la rue est payant dans tout le centre-ville (3 € les 4 heures).

QUELQUES PLAGES MÉCONNUES

Pour plus d'espace autour de votre serviette de bain, plusieurs plages d'exception sont accessibles depuis la route GC-500 qui longe la côte à l'ouest de la Playa del Inglés. Du centre-ville (en haut de l'Avenida Tirajana), suivez les panneaux vers l'hôpital municipal et Puerto de Mogán en laissant Holiday World sur votre gauche. La route monte ensuite, longeant des palmeraies et le terrain de golf. Au km 7, cherchez le panneau **Pasito Bea** et prenez à gauche la voie rocailleuse qui conduit à une petite crique de sable noir abritée par des rochers, où cohabitent nudistes et "textiles".

Après un bain rafraîchissant, reprenez la route, qui sillonne dans des collines arides avant d'atteindre, à 1,2 km, la **Playa de Carpinteras**. Suivez ensuite le sentier à l'est de la plage principale pour vous garer sur les falaises : vous découvrirez alors un large croissant de plage idyllique, méconnue (jusqu'à maintenant !), bordée par des dunes d'un côté et des eaux peu profondes de l'autre. Il s'agit de la **Playa de Montaña Arenas**. Il est possible de passer par les rochers vers l'est à partir de là pour rejoindre la plage, qui mêle, une fois encore, nudistes et non-nudistes. La troisième plage qui vaut le détour, au km 9,2, est la **Playa de Triana**, une étendue de galets noirs, avec stationnement sur la route principale : attention, ici, pas question de s'étendre en tenue d'Ève et d'Adam.

En poursuivant sur la même route, on atteint 4 km plus loin un rond-point qui rejoint la GC-1 vers les plages bien plus touristiques de Puerto Rico et consorts.

PIQUE-NIQUE UNIQUE

Et pourquoi ne pas échanger les sandwichs grignotés sur le sable de la plage pour un pique-nique avec tables et bancs dans un cadre idyllique, au bord d'un lac ? Pour cela, passé Mogán, continuez sur 2,5 km et empruntez la route GC-605, récemment revêtue et environnée d'un paysage bucolique composé de rochers massifs, de montagnes majestueuses et de bosquets de palmiers et de pins. Au bout de 21,5 km, on atteint le mirador de la **Cruz de San Antonio**, d'où la vue sur le lac et la route qui serpente en contrebas est grandiose. Un joli sentier balisé part de là pour rejoindre Inagua (10 km). La route continue de sinuer à travers les pinèdes de Pinar de Pajonales jusqu'au lac appelé **Presa de las Cuevas de las Niñas** et aux fameuses tables de pique-nique installées au bord de l'eau. Le trajet dure environ 50 minutes (au maximum). Sinon, vous pouvez aussi décider de mettre le cap sur Tejeda, et de pique-niquer au milieu des plus hauts sommets de l'île.

Mogán

Comme Puerto de Mogán est une bouffée d'air frais sur une côte sud envahie par le béton et la Guinness pression, la route GC-200 au nord de la ville offre une échappée loin des hordes de vacanciers. En remontant progressivement une large vallée vers Mogán, à 8 km, vous traverserez un paysage de montagnes et de champs d'avocatiers, culture dominante par ici.

Mogán est une petite ville paisible et préservée, dans un joli cadre montagneux. Si les hébergements sont rares ici, l'endroit est en train de se tailler une réputation de haut lieu de la gastronomie.

Où se restaurer

Les meilleurs bars et restaurants se trouvent dans la Calle San José, sinueuse artère principale.

Art Bodega MÉDITERRANÉEN €€
(Calle San José 17 ; tapas à partir de 2 €, plats à partir de 7,50 € ; fermé sam). Attablez-vous en terrasse pour profiter de la vue ravissante sur le ravin, à l'arrière, où murmure un ruisseau. Les tapas comprennent une bruschetta avec tout un choix de garnitures, de savoureuses pizzas et quelques plats canariens traditionnels. La propriétaire allemande se dit fière de n'utiliser que des produits bio. Également : exposition permanente de belles céramiques.

Gladiatore ITALIEN €€
(Calle San José s/n ; pâtes à partir de 11 €, pizzas à partir de 7,50 €). Restaurant installé dans une maison canarienne typique avec carrelage d'origine et salle intime. Le chef et propriétaire italien, Tonino, concocte une cuisine authentiquement italienne. Il fait les pâtes et pizzas à la demande lui-même, aussi n'hésitez pas à vous mettre en mode Slow Food (après tout, ce mouvement n'est-il pas né en Italie ?). Après le dîner, vous pourrez vous dépenser dans le bar musical de l'étage (à partir de 20h30). Un mariage des plus réussis.

Casa Enrique CANARIEN €€
(Calle San Jose 7 ; plats à partir de 8 €). Bonne cuisine canarienne classique, délicieux café et gâteaux.

Zumo Mix BAR €
(Calle San José 24 ; jus de fruits 3 €). Jus de fruits frais aussi savoureux qu'inhabituels (aloe vera, citron et fraise, par exemple), et petits en-cas.

Environs de Mogán

De Mogán, la GC-200 serpente ensuite vers le nord-ouest et parcourt 26 km jusqu'à La Aldea de San Nicolás dans un superbe paysage montagneux, à la beauté malheureusement gâchée par la mer de serres en plastique à l'approche du village. Faites une halte pour un jus de papaye frais à **Las Cañadas** (www.restaurantelascanadas.com), à environ 8 km de Mogán sur votre gauche : ce bar-restaurant gentiment excentrique offre une vue magnifique, l'attrait exotique de quelques tortues et d'un caméléon, et un petit musée présentant du matériel agricole ancien, des radios et autre bric-à-brac. On peut également y acheter du miel produit localement et des avocats à la taille impressionnante (en saison).

La route sinue ensuite à travers **Los Azulejos**, une formation rocheuse colorée composée de différents minerais verts, jaunes et ocre scintillants. Pour plus de sécurité, prenez vos photos depuis un belvédère indiqué, le **Mirador de la Fuente de los Azulejos**.

Fuerteventura

☎928 / 69 500 HABITANTS

Dans ce chapitre »

Le top des restaurants

- El Cangrejo Colorao (p. 74)
- Casa Santa María (p. 77)
- Frasquita (p. 80)
- Restaurante Avenida (p. 85)
- Casa Rústica (p. 87)

Le top des hébergements

- Hesperia Bristol Playa (p. 214)
- Casa Isaítas (p. 214)
- Hotel Rural Mahoh (p. 214)
- La Gaviota (p. 214)

Pourquoi y aller

Fuerteventura n'est qu'à 100 km de la côte africaine, et certaines ressemblances sont frappantes dans le paysage ainsi que dans les maisons de style nettement nord-africain, dont les toits en terrasse recueillent les eaux pluviales. L'île rappelle aussi sa voisine Lanzarote, en plus colorée. Ses volcans, couleur safran, piment ou coriandre, évoquent, à une autre échelle, les petits tas d'épices coniques des marchés.

La plupart des visiteurs viennent davantage pour profiter du vent et des vagues que pour apprécier ses paysages désertiques à la beauté abstraite. Deuxième île de l'archipel par la taille (après Tenerife), Fuerteventura bénéficie d'un ensoleillement quasi permanent et possède les plus grandes plages, et aussi les plus belles, des Canaries.

Les principales stations balnéaires de Fuerteventura se trouvent aux deux bouts de l'île. Corralejo, à la pointe nord, est appréciée des Anglais en quête de soleil, alors qu'au sud, Morro, plus posée, est surtout fréquentée par les Allemands.

L'île a reçu le statut de réserve de biosphère de l'Unesco en mai 2009.

Quand partir

Toutes les saisons sont favorables à la visite de Fuerteventura car l'île se montre à la hauteur de sa réputation : c'est en effet le printemps toute l'année. Les mois d'hiver, de décembre à février, peuvent être un peu plus frais et venteux, mais restent très agréables. D'avril à mai, la température est idéale, mais les plages sont parfois bondées à Pâques.

Durant les mois d'automne, la température moyenne en journée tourne autour de 20°C, tandis que les nuits se font progressivement plus fraîches. Juillet et août voient affluer en nombre les vacanciers espagnols, ainsi que les familles qui voyagent avec des enfants.

Comment circuler

Tiadhe (www.tiadhe.com) dessert l'île de façon limitée, avec 17 lignes de bus en tout et pour tout.

Conduire est un plaisir ici car l'île est plate et les routes sont en excellent état. **Cicar** (www.cicar.com) est une agence de location fiable.

Le vélo est tout aussi agréable car le terrain n'est presque pas vallonné. Évitez les heures les plus chaudes.

Il est pratique de se déplacer en taxi pour de courts trajets, mais c'est d'autant plus coûteux que l'on va plus loin.

3 JOURNÉES COUP DE CŒUR

Jour 1

En direction du nord au départ de la capitale, empruntez la FV-1 qui longe la côte et le **Parque Natural de Corralejo**, dont les plages de sable doré s'étendent à perte de vue. Après une baignade, poursuivez jusqu'au port de Corralejo et rejoignez l'**Isla de Lobos** en ferry : là, baladez-vous sur les sentiers et le long des calanques. Régalez-vous de sardines grillées au *chiringuito* avant de prendre le ferry du retour, et de continuer le trajet jusqu'à **El Cotillo**. Après un petit moment de détente sur le sable, allez admirer les surfeurs, puis terminez la journée par un apéritif et un en-cas sur le port.

Jour 2

Commencez par la verdoyante **Pájara** et un rapide détour par son extraordinaire église aux motifs d'inspiration aztèque. Suivez la belle route FV-30 qui sinue à flanc de montagne pour rejoindre **Betancuria**. Là, visitez au choix l'un de ses deux musées, puis déjeunez à la **Casa Santa María** – un incontournable. Poursuivez vers le nord et **Tefía**, à travers d'autres paysages splendides, et visitez l'**Ecomuseo la Alcogida**. Enfin, rejoignez **Los Molinos** pour grignoter des tapas et admirer le coucher du soleil sur la grande bleue.

Jour 3

Après un café matinal pris à **La Oliva**, allez admirer l'exposition d'art contemporain du moment à la **Casa de los Coroneles**, superbe exemple de l'architecture du XVIIIe siècle. Des toiles vous attendent aussi juste à côté, au **Centro de Arte Canario**. Prochaine étape : la capitale, **Puerto del Rosario**, pour une balade dans le centre orné de plus d'une centaine de sculptures, et un détour par la **Casa Museo Unamuno**, musée d'histoire dont le style classique date du début du XXe siècle.

S'éloigner des foules

» **Pozo Negro** (p. 81). Fruits de mer et plage tranquille dans un décor de pics déchiquetés.

» **Corralejo** (p. 82). Des dunes évoquant le désert. N'oubliez pas d'emporter de l'eau (et une boussole).

» **Playa de Barlovento de Jandía** (p. 92). L'antithèse des stations balnéaires, au paysage d'une beauté sauvage.

À NE PAS MANQUER

Commandez une assiette de fromage de chèvre dès que possible. Crémeux, avec une saveur de noisette, ce délicieux fromage est souvent servi sous forme de tapas avec des olives.

Le top des plages

» **Playa de la Mujer** (p. 81). Plage de sable sauvage, fréquentée par les surfeurs et les baigneurs.

» **Bubbles** (El Cotillo ; p. 87). Plage sauvage battue par les vents sur la côte nord, rendez-vous favori des surfeurs.

» **Playa del Matorral** (p. 90).Quatre km de sable doré et de nombreuses activités à pratiquer en famille.

Le top des musées

» **Casa de los Coroneles** (p. 82). Superbes expositions historiques et artistiques.

» **Museo Artesanía** (p. 76). Musée de l'artisanat avec films en 3D – et du fromage !

» **Museo de la Pesca Tradicional** (p. 86). Musée consacré à la pêche traditionnelle.

Sites Internet

» Site de l'office du tourisme : www.fuerteventuraturismo.com

» Hébergement et tourisme ruraux : www.acantur.es

» Actualités courantes : www.sunnyfuerteventura.com

Histoire

Fuerteventura a eu plusieurs noms au cours de son histoire : d'abord appelée Planaria par les Romains (Plaines, en raison de son absence de relief), elle fut ensuite rebaptisée Fuerteventura (Grande Aventure) à l'époque des premiers conquérants européens. En 1405, avec à leur tête le noble normand Jean de Béthencourt, les conquérants trouvèrent l'île scindée en deux royaumes tribaux séparés par un muret long de 6 km. Le premier, Jandía, englobait la péninsule sud et remontait au nord jusqu'à La Pared. Le second, Maxorata, occupait le reste de l'île.

Béthencourt établit une base permanente et une chapelle dans la zone montagneuse qui prendra le nom de Betancuria, Santa María de Betancuria devenant la capitale de l'île. L'emplacement fut choisi pour ses ressources en eau, dont la présence demeure visible aujourd'hui encore : il s'agit en effet de l'une des régions les plus luxuriantes de l'île. En outre, le terrain montagneux offrait quelques défenses naturelles contre les raids des pirates.

Après s'être progressivement installés dans toute l'île, les Européens occupèrent El Cotillo, l'ancien siège du royaume guanche Maxorata, au XVIIe siècle. Les familles Arias et Saavedra prirent à cette époque le contrôle du *señorío, le* gouvernement insulaire qui représentait la Couronne espagnole. Au XVIIIe siècle, des officiers de la milice de l'île installèrent un pouvoir rival à La Oliva. Petit à petit, *los coroneles* (les colonels) imposèrent un pouvoir très dur à tous les niveaux, s'enrichissant aussi bien aux dépens des *señores* que des paysans surexploités. Vous en apprendrez davantage sur le règne des colonels en visitant leur extraordinaire ancienne résidence, la Casa de los Coroneles, à La Oliva.

La milice finit par être dispersée en 1834, et, en 1912, à l'instar d'autres îles de l'archipel, Fuerteventura obtint une certaine autonomie administrative avec la mise en place du *cabildo* (autorité locale).

Depuis/vers Fuerteventura

AVION

L'**aéroport de Fuerteventura** (☎928 86 05 00 ; www.aena.es) se situe à 6 km au sud de Puerto del Rosario, à El Matorral. Il accueille de nombreux vols charters et réguliers en provenance de toute l'Europe. Parmi les grandes compagnies opérant depuis les autres îles de l'archipel et l'Espagne continentale, citons :

Iberia (www.iberia.es)

Binter (www.binternet.com)

DISTANCES (KM)

	Puerto del Rosario	Corralejo	El Cotillo	Caleta de Fuste
Corralejo	32			
El Cotillo	58	20		
Caleta de Fuste	10	36	56	
Costa Calma	64	90	87	56

Distances approximatives

Islas Airways (www.islasairways.com)

Ryan Air (www.ryanair.com)

BATEAU

Les ferries des compagnies suivantes desservent Fuerteventura :

Acciona Trasmediterránea (à Puerto del Rosario ☎902 45 46 45 ; www.trasmediterranea.es). Assure une liaison hebdomadaire de Puerto del Rosario à Arrecife, Lanzarote (30 €, 2 heures 30) à 21h le samedi, ainsi qu'un service en semaine à destination de Las Palmas de Gran Canaria (36 €, 4 heures 30) et de Santa Cruz de Tenerife (38 €, 9 heures).

Fred Olsen (www.fredolsen.es) (☎902 53 50 90 ; www.fredolsen.es). Les ferries effectuent six traversées par jour de Corralejo à Playa Blanca (adulte/enfant 21/10 €, 20 min), sur Lanzarote. Possibilité d'acheter les billets au port de Corralejo.

Naviera Armas (www.navieraarmas.com ; Puerto del Rosario ☎902 45 65 00 Corralejo et Morro Jable ☎928 54 21 13). Assure une traversée de Puerto del Rosario à Las Palmas de Gran Canaria (47 €, 6 heures 30) à 11h30 les mardis, mercredis et vendredis. Six ferries partent quotidiennement de Corralejo pour Playa Blanca (adulte/enfant 18/9 €), sur Lanzarote. Au départ de Morro Jable, des ferries lèvent l'ancre chaque jour à 18h30 pour Las Palmas de Gran Canaria (43 €, 3 heures). Deux ferries hebdomadaires desservent Santa Cruz de Tenerife (43 €, 10 heures 30).

PUERTO DEL ROSARIO

35 110 HABITANTS

Puerto del Rosario, capitale de l'île, regroupe plus de la moitié de la population insulaire. C'est une petite ville portuaire assez moderne, qui ne prit vraiment son essor qu'au XIXe siècle. Si vous y arrivez par avion, ou même en bus, vous risquez de la traverser. Elle peut paraître déroutante :

À ne pas manquer

1 Un plat traditionnel de ragoût de chèvre et le fameux fromage *majorero*, les deux grandes spécialités culinaires de l'île

2 L'art moderne d'avant-garde exposé à la **Casa de los Coroneles** (p. 82), à La Oliva

3 Des soins de thalassothérapie au bord de la plage, au **Balneario Thalasso** de Caleta de Fuste (p. 80)

4 Un dîner de poissons pêchés le jour même en contemplant les vagues dans le charmant village de **Corralejo** (p. 82)

5 Le doux sable fin des dunes du **Parque Natural de Corralejo** (p. 83)

6 La charmante **Betancuria** nichée dans une vallée à la végétation luxuriante (p. 76)

7 Les vagues de l'**Isla de Lobos** (p. 83), l'un des meilleurs spots de surf de Fuerteventura

BUS À TARIF RÉDUIT

Si vous comptez circuler régulièrement en bus, il est intéressant d'investir 12 € dans une carte **Tarjeta Dinero**. Annoncez votre destination au chauffeur en lui présentant votre carte et vous économiserez environ 30% à chaque trajet.

Les bus n'acceptent pas les billets de plus de 10 €, faites des réserves de monnaie si vous comptez acheter vos billets à l'unité.

dotée de vastes faubourgs, la ville ne possède pas de véritable centre, ce qui rend la recherche de magasins, de restaurants et de bars assez aléatoire.

Mais, bonne nouvelle, la mairie a récemment rendu la ville plus accueillante pour les touristes en rénovant la promenade du front de mer et en faisant d'une grande avenue du centre-ville une zone piétonne. En l'absence de musée des Beaux-Arts digne de ce nom, la municipalité a installé dans toute la ville plus d'une centaine de sculptures d'artistes locaux et internationaux, qui rehaussent l'image un peu terne de Puerto del Rosario.

Histoire

Puerto del Rosario ne fut longtemps qu'un hameau de pêcheurs. En 1860, la position stratégique de son port lui valut de devenir la capitale de l'île.

Jusqu'à 1956, on surnommait le lieu Puerto de las Cabras, car les chèvres venaient s'y abreuver. Mais les malheureuses ont fini exportées sous forme de côtelettes. Une première tentative de réhabilitation consista à donner au port le nom plus distingué de Puerto del Rosario (port du rosaire).

Quand l'Espagne dut quitter le Sahara en 1975, elle installa environ 5 000 soldats de sa *Legión extranjera* (Légion étrangère) sur Fuerteventura pour surveiller le nord de l'Afrique. S'il n'y reste aujourd'hui que 1 000 hommes à peine, l'immense caserne de Puerto del Rosario est toujours en service.

À voir

Procurez-vous un guide *Puerto on Foot* (Puerto à pied) à l'office du tourisme. Le guide comprend un plan facile à suivre englobant 16 des sculptures les plus centrales. Devenue piétonnière depuis peu, l'Avenida 1 de Mayo part de l'église principale en direction de l'ouest. Elle est bordée de boutiques et de bars.

GRATUIT **Casa-Museo Unamuno** MUSÉE

(Calle Rosario 11 ; ⏲9h-14h lun-ven). Ce petit musée rend hommage au philosophe Miguel de Unamuno, qui vécut ici en 1924 après avoir été exilé d'Espagne. Son crime : avoir critiqué, verbalement et dans ses écrits, la dictature de Primo de Rivera. Il s'enfuit ensuite en France avant de retrouver son poste de maître de conférences et recteur de l'université de Salamanque lorsque les républicains arrivèrent au pouvoir en Espagne en 1931.

Les quatre pièces de la maison sont de plain-pied et remplies de mobilier de l'époque, depuis la chambre (où figure le pot de chambre), jusqu'à la bibliothèque avec son bureau d'origine. Des brochures sont disponibles en anglais.

Fêtes et festivals

Puerto del Rosario se pare de son costume de fête à l'occasion de la **Fiesta de la Virgen del Rosario**, qui se déroule tous les ans le premier dimanche d'octobre en l'honneur de la sainte patronne de la capitale. Des processions accompagnent l'effigie de la Vierge que l'on transporte dans toute la ville.

Où se restaurer

Plusieurs bons restaurants aux prix modiques font de Puerto del Rosario un endroit où se faire plaisir en mangeant à l'extérieur. Le **mercado** (marché ; Calle Garcia Escámez s/n) est idéal pour acheter du *queso artesanal de cabra* (fromage de chèvre artisanal) ou simplement demander à le goûter.

El Cangrejo Colorao ESPAGNOL €€€

(☎928 85 84 77 ; Calle Juan Ramón Jiménez 2 ; plats 12-18 €). Une ambiance d'élégance un peu désuète se dégage de ce restaurant de front de mer aux nappes blanches. Les classiques du menu comprennent des ragoûts de viande aux champignons, et du jambon et des moules préparés de diverses façons, notamment farcies au mouton. Il y a un *menú del día* à 17 €. Réservation recommandée.

Ali Baba's MOYEN-ORIENTAL €

(Avenida Ruperto González Negrin 3 ; kebab 4,50 € ; 🖉). Ici, on mange du kebab haut de gamme (salade très fraîche, émincé de viande rôtie), et des plats intéressants tels le Yufka végétarien (crêpe au blé garnie de falafels, de salade et de feta). Des tables sont installées en terrasse.

AVIS AUX AMATEURS DE FROMAGE

Plus qu'ailleurs dans l'archipel, la cuisine traditionnelle de Fuerteventura est d'une grande simplicité. Elle est basée sur la fraîcheur et la qualité des ingrédients, venus surtout de l'océan. Malheureusement, avec la banalisation de la "cuisine internationale", on voit arriver des plats décongelés sur les tables des restaurants des stations les plus touristiques.

Les chèvres sont nombreuses sur l'île et leur viande est très appréciée. Mais c'est le fromage qui emporte tous les suffrages. Appelé *majorero*, il est si réputé qu'il bénéficie d'une *denominación de origen* (appellation d'origine), certifiant qu'il est véritable et fabriqué sur place. C'est le premier fromage de chèvre des Canaries, et même de toute l'Espagne, à avoir reçu ce label.

Au cœur de ce processus, il y a la très productive chèvre Majorero, importée à l'origine d'Espagne continentale. Dans l'idéal, le fromage s'achète frais, moelleux, et recouvert d'une croûte blanche pulvérulente qui jaunit avec l'âge. Le *majorero*, l'un des meilleurs fromages de chèvre d'Europe (au goût pas trop prononcé), est un fromage riche et crémeux à la saveur de noisette, qui se marie particulièrement bien avec les fruits. Les fromages entiers sont souvent recouverts de farine de maïs, de paprika ou huilés pour une meilleure conservation. Rien ne vaut un marché pour acheter votre *queso* (fromage), car il y a toujours plusieurs *queserías* (étals de fromage). Demandez à goûter avant d'acheter.

La Terraza del Muelle POISSON ET FRUITS DE MER €€€
(☎928 86 16 35 ; Carretera Los Pozos ; plats 15-20 €). C'est l'un des nouveaux restaurants sophistiqués de produits de la mer qui ont ouvert sur la promenade. Faites-vous plaisir avec une succulente langouste de Cantabrie aux fruits secs et aux noix. Réservation recommandée.

Où sortir et prendre un verre

La vie nocturne limitée de Puerto del Rosario s'adresse avant tout aux habitants.

Camelot DISCOTHÈQUE
(Calle Ayose 6 ; 23h-3h lun-sam). Un bar à la déco médiévale, associant vidéos musicales, prestations de DJ et disco. Des concerts, de qualité assez inégale, ont également lieu.

Pata Negra DISCOTHÈQUE
(Calle León y Castilla 3 ; 21h-tard lun-sam). Séduisante petite adresse proposant une bonne liste de cocktails et des concerts réguliers. Le week-end, une foule bruyante et joyeuse s'amuse ici passé minuit.

Renseignements

Office du tourisme municipal (www.puertodelrosario.org, en espagnol ; Avenida Marítimo s/n ; 8h-15h lun-ven). Petit bureau vitré sur le front de mer, en face de l'Hotel Roquemar. Renseignements sur la ville.

Office du tourisme provincial (www.fuerteventuraturismo.com ; Almirante Lallermand 1 ; 8h-15h lun-ven). Renseignements sur la région.

Depuis/vers Puerto del Rosario

Bus

Les bus **Tiadhe** (☎650 53 28 66 ; www.tiadhe.com) partent de l'arrêt principal situé juste après l'angle de l'Avenida León y Castillo et de l'Avenida Constitución. Voici les lignes parmi les plus empruntées au départ de Puerto del Rosario :

BUS N°1 Morro Jable via Costa Calma (9 €, 2 heures, au moins 12/jour)

BUS N°2 Vega del Río de Palmas via Betancuria (3 €, 50 min, 3/jour du lundi au samedi)

BUS N°3 Caleta de Fuste via l'aéroport (2,10 €, 30 min, au moins 18/jour)

BUS N°6 Corralejo (3,10 €, 40 min, au moins 18/jour)

BUS N°7 El Cotillo (4 €, 45 min, 3/jour)

Comment circuler

Un bus municipal fait le tour de la ville toutes les heures. Il part de la gare routière (*Estación de Guaguas*).

Même si la ville est très étendue, le quadrillage de rues rend les déplacements assez faciles. Un grand parking gratuit est aménagé juste après le marché en direction de l'est dans l'Avenida Marítimo. Pour appeler un taxi, composez le ☎928 85 00 59 ou le ☎928 85 02 16.

Depuis/vers l'aéroport

Le bus n°3 se rend à l'aéroport en 10-15 minutes (1,10 €). En taxi, comptez environ 7 €.

À QUELLE HEURE, LE PROCHAIN BUS ?

En 2011, un nouveau service a été mis en place pour faciliter les déplacements en bus dans l'île. On peut donc désormais utiliser son téléphone portable pour connaître l'horaire du prochain bus à l'arrêt de son choix. Il suffit d'envoyer un texto au ☎928 10 01 20 en écrivant le mot "PARADA" suivi d'un espace et du numéro de l'arrêt en question. Quelques secondes plus tard, on reçoit un SMS indiquant le temps approximatif d'attente jusqu'au passage du prochain bus. Le numéro de l'arrêt de bus figure sur un petit panneau à l'arrêt même (et ressemble en principe à quelque chose comme 101000). Le coût de l'appel est identique à celui d'un appel passé sur un téléphone portable. Attention, toutefois, car tous les numéros des arrêts de bus n'apparaissent pas forcément sur place. Consultez le site Internet www.fuerteventuratransportes.com et cliquez sur "Líneas Horarios" afin de télécharger la liste de tous les arrêts de bus de l'île et des numéros qui leur correspondent.

LE CENTRE

Le centre de Fuerteventura offre les paysages les plus variés de cette île par ailleurs quasi désertique. Les reliefs montagneux du Parque Natural de Betancuria contrastent au sud avec les palmiers de l'oasis de Vega del Río de Palmas. Sur les côtes ouest et est, les falaises rocheuses alternent avec de petites plages de galets noirs et de modestes villages de pêcheurs.

L'ensemble tranche aussi avec les plaines centrales aux couleurs cuivrées qui entourent Antigua, ponctuées de moulins à vent séculaires. On trouve ici certaines des plus belles routes panoramiques de l'île, en particulier aux alentours de Betancuria et de Tefía.

Betancuria

688 HABITANTS

Ce petit village très vert, niché dans les replis protecteurs des collines de basalte, est un patchwork de murets de pierre sèche, de palmiers et de modestes maisons aux murs chaulés. Une superbe église du XVIIe siècle et son jardin veillent sur l'ensemble.

Jean de Béthencourt trouva ce lieu idéal et s'y installa en 1405, y faisant bâtir sa résidence et une chapelle. Il donna à l'endroit son propre nom, qui allait évoluer au cours des ans pour devenir Betancuria. Au cours du XVe siècle, des frères franciscains s'y installèrent et agrandirent la ville qui, bien que très modeste, resta la capitale de l'île jusqu'en 1834. La proximité des côtes d'Afrique du Nord faisait de Fuerteventura une proie facile pour les pirates marocains et européens, qui réussirent à plusieurs reprises à vaincre les défenses naturelles de Betancuria et la mirent à sac.

À voir

Si vous arrivez du nord, vous verrez à gauche les ruines du premier **monastère** de l'île, qui fut érigé par les Franciscains. Le village, malgré ses dimensions modestes, offre beaucoup à voir.

Museo Artesania MUSÉE

(adulte/enfant 6/3 € ; ⌚10h-16h ; 👪). Bien que s'adressant ostensiblement aux touristes, ce musée n'en mérite pas moins la visite. Le propriétaire allemand, Reiner Loos, a acheté le vaste édifice d'origine dans les années 1990 et a passé plusieurs années à collecter des objets d'artisanat traditionnel, des outils agricoles et autres objets anciens du même acabit, tout en réalisant dans le même temps un splendide jardin paysager. L'entrée donne accès à plusieurs expositions permanentes, ainsi qu'à un centre artisanal où l'on peut voir les artisans à l'œuvre. On peut aussi goûter le fromage local. Le clou du spectacle reste néanmoins un documentaire en 3D produit avec art, qui traite de la faune marine des côtes de la région, notamment la tortue verte, une espèce rare. Le paysage et l'environnement de Fuerteventura font l'objet d'un second film, plus long. Reiner Loos possède également la Casa Santa María, le meilleur restaurant de la ville.

Museo Arqueológico de Betancuria MUSÉE

(Calle Roberto Roldán s/n ; 2 € ; ⌚10h-17h mar-sam, 11h-14h dim). Les passionnés d'archéologie apprécieront ce petit musée consacré aux tribus guanches, et qui abrite notamment un squelette découvert dans une tombe de la région dont on estime qu'il a entre 600 et 1000 ans. D'autres objets datent de l'occupation romaine. Le droit d'entrée comprend une excellente brochure en anglais.

Iglesia de Santa María ÉGLISE
(Calle Alcalde Carmelo Silvera s/n ; 1,50 € ; ⏲10h-16h lun-sam). Cette église datant de 1620 possède un magnifique sol en pierre, un plafond en bois et un authentique autel baroque. Ne manquez pas la sacristie où sont exposés vêtements sacerdotaux et objets religieux d'autel, et qui comporte un plafond en bois sculpté aux tons rouge et or. La précédente église gothique fut détruite par des pirates en 1593.

Fêtes et festivals

Les habitants rendent hommage au saint patron de la ville le 14 juillet lors du **Día de San Buenaventura**, fête qui remonte à 1456.

Où se restaurer

Casa Santa María CANARIEN MODERNE €€€
(☎928 87 82 82 ; www.restaurantecasasantamaria.com ; Plaza Santa María de Betancuria 1 ; plats 12-22 €). En face de l'église, ce restaurant semble avoir été importé d'Andalousie. Les tables sont installées dans plusieurs cours intérieures agrémentées de fontaines, de plantes et de fleurs, et dans une salle somptueuse aux murs en pierre, décorée d'objets anciens. On y voit aussi une galerie de photos en noir et blanc représentant une *feria* (foire) à Ronda (Málaga). Le menu exploite les chèvres sous toutes leurs formes, des grillades au fromage frit accompagné de chutney aux pommes. Il y a aussi des plats plus copieux tels qu'agneau rôti aux jeunes asperges sauvages, et des salades où une fois encore, le fromage de chèvre a la part belle.

Valtarajal CANARIEN €
(Calle Juan de Béthencourt s/n ; raciónes à partir de 5 €). Adresse douillette proposant un bon choix de *raciónes* (grandes tapas), ainsi que des gâteaux maison.

Comment s'y rendre et circuler

Le bus n°2 (2,50 €, 50 min) passe par le bourg trois fois par jour (sauf le dimanche) sur son trajet entre Puerto del Rosario et Vega del Río de Palmas, à une courte distance au sud.

Un petit parking gratuit est aménagé au sud du centre.

Environs de Betancuria

Ce secteur se distingue par des paysages splendides et une vue panoramique exceptionnelle. Pour commencer, à quelques kilomètres au nord de Betancuria, sur la FV-30, un **belvédère** très pratique, aménagé de part et d'autre de la route, permet d'admirer et d'identifier les divers sommets s'élevant à l'horizon. Plus loin, le **Mirador Morro Velosa** offre une vue envoûtante sur les paysage lunaires, étranges et mélancoliques de l'île. Vous pourrez faire étape au bar installé ici, qui dispose de grandes baies vitrées et d'un espace d'exposition consacré au paysage et à l'environnement.

La vue est presque aussi spectaculaire du col par lequel passe la FV-30 avant de bifurquer au nord pour descendre à Valle de Santa Inés. Au centre de ce minuscule village, arrêtez-vous au **Bar La Pinta** (⏲10h-18h mar-dim), dans le centre, pour acheter un

LE PARADIS DES SPORTIFS

Fuerteventura est une destination de choix toute l'année pour les fanas d'activités sportives. Si chevaucher les vagues avec ou sans voile ou kite est l'activité numéro un, d'autres, moins exigeantes en adrénaline, sont également au menu. Les paysages paisibles mais âpres de Fuerteventura offrent de multiples possibilités de randonnées : cratères volcaniques, haciendas abandonnées et littoral déchiqueté se dévoilent aux intrépides. La réserve naturelle d'Isla de Lobos est aussi un excellent lieu de balades, il suffit de prendre à droite en descendant du ferry pour faire le tour de l'île. L'ascension de la Caldera de la Montaña livre une vue sur les alentours littéralement fantastique.

Quant à la pratique du VTT, l'aventure est tout à fait particulière à Fuerteventura. Selon un adepte, "faire du cyclisme dans l'intérieur, c'est un peu comme rouler sur la lune". La plupart des stations, dont Corralejo, disposent de locations de cycles.

Si vous avez envie de travailler votre swing, Caleta de Fuste s'honore du premier et unique terrain de golf de l'île homologué PGA, le Fuerteventura Golf Club. Ou profitez des alizés pour pratiquer le cerf-volant. Si vous êtes à Corralejo début novembre, vous assisterez peut-être au festival, qui se déroule sur la plage : des centaines de cerfs-volants aux couleurs vives emplissent le ciel bleu pendant trois jours, tel un essaim de papillons multicolores.

morceau de *queso de cabra* que vous pouvez goûter au préalable dans le bar. On y vend également des objets artisanaux.

Dans le joli village de **Casillas del Ángel**, sur la FV-20, la petite **Iglesia de Santa Ana** abrite une sculpture sur bois du XVIIIe siècle représentant la sainte.

Pour faire un excellent repas, faites un tour à **La Era** (928 53 81 80 ; Carretera General de Casillas del Ángel ; plats 12-17 € ; fermé mar), à l'ouest de la ville. La jolie salle à manger de ce long bâtiment ocre attire les hommes d'affaires de toute la région, venus pour ses plats traditionnels locaux magnifiquement préparés. Il est impératif de réserver.

De Betancuria, en partant au sud vers Pájara, on rejoint rapidement la petite oasis de **Vega del Río de Palmas** (plaine fertile de la rivière Palma), dont le nom s'explique à mesure qu'on s'en approche : la route longe un cours d'eau pratiquement à sec en surface mais au sous-sol suffisamment humide pour permettre à une rangée de palmiers de se développer. Pour combler vos envies de viande, poisson et fruits de mer, ou de curry vert au poulet, à la citronnelle et à la noix de coco, consultez la carte aussi appétissante qu'éclectique du **Don Antonio** (928 87 87 57 ; plats 12-14 € ; dim, mer, jeu 11h-17h). Installé à côté de l'église, ce restaurant n'ouvre au dîner que sur réservation.

Antigua

7 000 HABITANTS

Cette bourgade assez importante n'offre pas grand intérêt si ce n'est une petite visite à **Nuestra Señora de Antigua** (10h-14h), une des plus anciennes églises de l'île (XVIIIe siècle), dotée d'un joli autel peint en rose et vert.

À peine 1 km au nord, le **Molino de Antigua** (adulte/enfant 1,80/0,90 € ; 10h-18h mar-ven et dim), est un moulin à vent restauré avec jardin de cactées, projections audiovisuelles, bar et restaurant. Vous trouverez aussi une boutique de cadeaux, dont tous les profits vont directement aux artisans.

Le bus n°1 (2,10 €, 30 min) s'y arrête en chemin entre Puerto del Rosario et Morro Jable.

Environs d'Antigua

Il vous faudra un véhicule pour accéder à ces villages.

LA AMPUYENTA

Si vous pouvez faire coïncider votre visite avec la messe de 17h du samedi, l'**Ermita de San Pedro de Alcántara** du XVIIe siècle mérite une brève halte. L'*ermita* (chapelle) est entourée d'un solide mur protecteur construit par les Normands. À l'intérieur, les murs de la nef sont décorés de grandes fresques naïves datant de 1760. Si la comparaison avec la chapelle Sixtine dont fait état le dépliant touristique est un peu exagérée, il faut convenir que les tons pastel et la simplicité d'exécution des fresques suscitent l'admiration. Ces peintures offrent un contraste saisissant avec les sculptures plus sophistiquées qui ornent l'autel de bois.

TISCAMANITA

260 HABITANTS

Dans ce hameau situé à 9 km au sud d'Antigua, vous verrez fonctionner un moulin à céréales (et réaliserez à quel point le meunier devait être fourbu en fin de journée). Le **Centro de Interpretación Los Molinos** (2 € ; 10h-18h lun-sam) présente ce noble projet de restauration et vous apprend tout sur les moulins à vent ; un guide gratuit en différentes langues est disponible. S'il y a du vent, asseyez-vous sous le très joli grenadier pour goûter le *gofio* tout frais moulu (farine de céréales grillées, traditionnellement utilisée à la place du pain dans la cuisine canarienne).

VAUT LE DÉTOUR

AJUY ET PUERTO DE LA PEÑA

Si vous êtes motorisé, au départ de Pájara un chemin de traverse de 9 km vous conduit au nord-ouest jusqu'à Ajuy et, à côté, à Puerto de la Peña. Le minuscule village de pêcheurs et la plage de sable noir tranchent avec les étendues dorées du sud de la péninsule de Jandía. Ici, les habitants et les bateaux de pêche occupent le devant de la scène, et le front de mer se résume à deux bons petits restaurants qui préparent la pêche du jour.

Un sentier côtier part vers la droite (nord) quand on regarde la mer. Il vous emmène durant quelques minutes le long des rochers battus par les vents et réserve des points de vue superbes.

VAUT LE DÉTOUR

ITINÉRAIRES PANORAMIQUES

Le trajet entre **Betancuria** et **Pájara** par la FV-30 est l'un des plus spectaculaires de l'île, mais risque de ne pas plaire à ceux qui souffrent de vertige. L'étroite route en lacets serpente au milieu d'un paysage de pics volcaniques et de champs de lave, avec, parfois, la mer qui apparaît au loin. Au printemps, les sommets s'ornent d'un vert qui contraste de façon étonnante avec les tons ocre et rouge des sols.

L'itinéraire via **La Pared** en direction du sud et de la **Península de Jandía** est presque aussi grandiose. Fuerteventura est considérée comme relativement plate par rapport à Lanzarote et aux autres îles de l'ouest, mais on ne le devinerait jamais en suivant cette route qui serpente à travers un spectaculaire paysage accidenté.

Pájara

3 100 HABITANTS

Pájara est une oasis de verdure au milieu d'un paysage désertique, dont le grand atout réside dans son **Iglesia de Nuestra Señora de Regla**. Cette superbe église du XVIIe siècle se distingue par son ornementation extérieure aux motifs animaliers d'inspiration aztèque. Les retables sobres derrière l'autel reposent des excès du baroque espagnol que l'on rencontre en Espagne continentale (mettre une pièce dans la machine à droite de l'entrée pour les éclairer). Ils offrent un exemple des influences latino-américaines, ici mexicaines. N'oubliez pas de lever les yeux vers le superbe plafond en bois sculpté.

Où se restaurer

On trouve plusieurs restaurants corrects et un hébergement exceptionnel dans le bourg (voir p. 214).

La Olla de la Bruja ESPAGNOL €€
(☎609 61 32 40 ; Calle Nuestra Señora de Regla 19 ; ⏲11h-19h ; plats 7-10 €). Arrêtez-vous à cette adresse accueillante, tenue par la joyeuse Maike, originaire d'Allemagne et qui témoigne de son amour pour la cuisine à travers des plats comme le *chorizo a la sidra* (chorizo au cidre) et les crêpes salées. L'établissement séduit par son ambiance décontractée, ses jeux de plateau et ses livres. Il est possible de venir dîner avec une réservation effectuée bien à l'avance.

La Fonda ESPAGNOL €€
(Calle Nuestra Señora de Regla 25 ; plats 7-12 €). La Fonda dégage une agréable atmosphère rustique avec ses murs de pierre et ses plafonds de bois où sont accrochés tresses d'ail, jambons et piments. La nourriture est savoureuse et copieuse.

Comment s'y rendre et circuler

Le bus n°18 (3,10 €, 30 min, 3/jour) circule entre Pájara et Gran Tarajal. Aucune liaison ne dessert le Nord.

Vous pourrez laisser votre voiture dans un parking vide au sud du bourg, en face de la Casa Isaítas (hôtel rural).

Caleta De Fuste

L'ambiance de cette jolie station chic rappelle celle des petites villes cossues du sud de la Californie, surtout autour du mini-village de Barceló, qui fait face à la plage principale. Rejoindre Caleta est facile depuis l'aéroport, et si vous voyagez avec de jeunes enfants, le grand arc sablonneux de la plage aux eaux peu profondes est parfait. Mais si vous cherchez un peu d'authenticité, regardez ailleurs : cette station balnéaire a été construite de toutes pièces, même s'il faut reconnaître que c'est un lieu reposant doté de plusieurs bons hôtels et restaurants.

Plages

La plage de sable blanc qui fait face à la station possède un terrain de volley et on peut y faire des **promenades à dos de camélidés** (12 € les 30 minutes). Idéale pour les familles, elle est toutefois bien petite comparée aux dunes et aux étendues infinies de sable de Corralejo et de Jandía.

Activités

Sports nautiques

Deep Blue PLONGÉE
(☎606 27 54 68 ; www.deep-blue-plongée.com ; plongée orientation 20 € ; 👪). D'accès facile, à côté du port. Compter 33 € par plongée (jusqu'à 4) ; le tarif passe à 21 € au-delà

SUR LA CRÊTE DES VAGUES

Les activités sont avant tout nautiques sur Fuerteventura. Caleta de Fuste, Morro Jable et Corralejo attendent plongeurs et véliplanchistes. Les surfeurs taquinent les rouleaux non loin de Corralejo, tandis que la pêche en mer se pratique au large. Le kitesurf gagne aussi des adeptes grâce aux vents forts et réguliers qui balayent la côte.

Pensez aussi à vous procurer la *Surfers' Map*, une carte très pratique disponible dans la plupart des offices du tourisme. Elle répertorie tous les clubs de surf, ainsi que les camps de surfeurs, les boutiques spécialisées, et au moins un cybercafé (pour surfer sur Internet). Enfin, cette carte indique les meilleurs spots de surf de l'île et leur attribue une note.

Les cours et les magasins de location de matériel de sports nautiques sont indiqués tout au long de ce chapitre.

de 12 plongées. Le club propose des cours débutants PADI avec certification, et un grand choix de cours spécialisés, y compris pour les enfants (41 €) ; et de la plongée avec tuba (une heure, 12 €).

Surf School SURF
(☎620 84 64 15 ; www.fuerteventurasurfschool.com ; cours 1-3 jours 40-100 €). École de surf établie de longue date, située derrière l'office du tourisme.

Fuerte Fun Center PLANCHE À VOILE
(⏲10h-17h dim-lun). Tout au bout de la plage, cette adresse fiable propose des cours pour débutants de 4 heures moyennant 80 €, location de matériel comprise. La location du matériel seul coûte 35/60/195 € par demi-journée/journée/semaine.

Excursions en bateau

Oceanarium Explorer EXCURSIONS EN BATEAU
(☎928 16 35 14 ; Puerto Castillo ; 👪). Cet opérateur organise tout un choix d'activités à faire en famille, notamment des sorties de pêche d'une demi-journée (90 €), et des excursions en bateau (adulte/enfant 40/20 €) permettant d'apercevoir des dauphins et des baleines.

Golf

Fuerteventura Golf Club GOLF
(www.fuerteventuragolfclub.com ; 18 trous 52 €). Ce club au green de 1,5 km^2 dispose de tous les équipements haut de gamme, d'un magasin pro et d'un enseignant PGA à demeure.

Vélo

Caleta Cycles CYCLOTOURISME
(☎676 60 01 90 ; Centro Comercial Los Geranios ; circuits 4/6 heures, 35/45 €). Ce prestataire britannique organise des excursions guidées à vélo et loue des vélos (une journée, 8 €).

Thalassothérapie

Balneario Thalasso THALASSO
(☎928 16 09 61 ; www.barcelo.com ; Calle Savila 2). Impossible de ne pas voir l'immeuble vitré derrière la plage et son enseigne “Thalasso” géante. L'heure de massage coûte 60 € (y compris le massage thaïlandais, le massage avec enveloppement de chocolat ou encore les massages chinois antistress avec carillons). Le massage du visage aux huiles essentielles revient à 39 €. Le Barceló Club El Castillo possède aussi son centre de thalassothérapie.

Où se restaurer et prendre un verre

Frasquita POISSON ET FRUITS DE MER €€
(Playa de Caleta de Fuste ; plats 8-10 € ; ⏲fermé lun). Ne vous fiez pas aux apparences. Malgré ses tables et ses chaises en plastique, c'est un des meilleurs restaurants de fruits de mer de l'île. Installez-vous dans la salle à manger vitrée surplombant la plage plutôt que sur la terrasse, qui donne, on ne sait pourquoi, sur le parking à l'arrière.

Puerto Castillo Restaurante ITALIEN €€
(Avenida Castillo s/n ; plats 9-12 € ; ⏲fermé dim). À côté du *castillo* (château), ce restaurant au 1er étage conjugue vue sur la mer depuis la grande terrasse et atmosphère élégante dans la salle à manger. Devenu un restaurant italien début 2011, il sert des pâtes fraîches et des pizzas haut de gamme (normal, le nouveau propriétaire est originaire de Rome).

Beach Cafe BAR €
(Playa de Caleta de Fuste ; cocktails 5,50 €). Pour siroter un cocktail sur la terrasse vitrée surplombant la plage principale. Le week-end, les clients font la queue pour assister aux concerts, en particulier au cours de salsa du samedi soir.

Renseignements

L'**office du tourisme** (Centro Comercial Castillo ; ⌚9h-15h lun-ven), qui partage ses locaux avec le poste de police, est assez pauvre en informations compte tenu de la popularité du lieu.

Environs de Caleta de Fuste

Un peu au sud de Caleta, à Las Salinas, le **Museo de la Sal** (musée du Sel ; adulte/enfant 5 €/gratuit ; ⌚10h-18h mar-sam) projette des documents audiovisuels racontant l'histoire du sel et montrant comment il est extrait de la mer.

À quelques kilomètres au sud, suivez les panneaux jusqu'au **Pozo Negro**. Ce trajet de 5 km est absolument splendide, et vous croiserez probablement de nombreux marcheurs. Le paysage se distingue ici par des palmeraies, de vertes prairies, des troupeaux de chèvres et des pics déchiquetés. Ce minuscule village de pêcheurs est aux antipodes de Caleta de Fuste : il se résume à quelques maisons, des bateaux de pêche aux couleurs vives et deux restaurants de produits de la mer appréciés et très semblables. Spécialisé dans la paella, **Los Pescadores** (plats 9 €) possède une terrasse donnant sur la plage. Pozo Negro est fréquenté par les véliplanchistes, mais il faut apporter son équipement.

LE NORD

Route de La Oliva

De Puerto del Rosario, la FV-10 part plein ouest vers l'intérieur et traverse les paysages typiques de Fuerteventura : la terre ocre et les volcans à distance créent un paysage nu et austère dont les couleurs et les formes changent au gré de la course du soleil. Avant de franchir la chaîne formant l'épine dorsale de l'île, la route traverse les hameaux assoupis de **Tetir** et **La Matilla.** La petite chapelle de ce dernier, datant de 1902, est un bon exemple des constructions rustiques des Canaries : fonctionnelle, sobrement décorée et plaisante sur le plan esthétique.

À 7 km au sud de La Matilla, au bord de la FV-207, et à 1 km après le village de Tefía, l'**Ecomuseo la Alcogida** (adulte/enfant 5 €/gratuit ; ⌚10h-18h mar-sam), est un hameau agricole restauré, avec maisons meublées, dépendances et animaux domestiques (les chiens enchaînés peuvent gêner certaines sensibilités). L'ensemble donne une idée de la dureté de la vie rurale il n'y a pas si longtemps encore. Des artisans installés dans certains bâtiments fabriquent dentelles et vannerie. Il y a des explications en anglais, ainsi qu'une boutique de souvenirs et un bar.

Sortez de Tefía par la grande route et tournez à droite (à l'est) sur la FV-211 vers Los Molinos. Cet autre itinéraire enchanteur emprunte une route qui serpente paresseusement à travers de petites collines avec, çà et là, de majestueux palmiers et des troupeaux de chèvres. En route, vous ne pouvez pas rater le vieux moulin à vent, utilisé pour moudre les céréales servant à faire le *gofio* et installé juste en face d'un observatoire surmonté d'un dôme blanc bien reconnaissable.

La route continue à serpenter vers la crête de la colline avant de redescendre en longeant une gorge spectaculaire pour rejoindre le hameau de **Los Molinos**. Ses quelques maisons sans prétention surplombent une petite plage de galets gris dont partent vers l'est des sentiers de falaise que fréquentent les chèvres, les oies et les chats ensauvagés. Si vous y faites halte, surtout ne manquez pas de déjeuner de produits de la mer au **Restaurante Casa Pon** (plats 8-10 €) en admirant les brisants de l'Atlantique.

À 2 km au nord, le long d'une piste accidentée, s'étend la **Playa de la Mujer**, une jolie plage de sable très appréciée des surfeurs.

C'est à **Tindaya**, localité très étendue, qu'est fabriquée la plus grande partie du *majorero*, le fromage de chèvre local. Mais ici, pas de magasins vendant la spécialité dans la rue principale, d'ailleurs inexistante. Pour en acheter, rendez-vous au **Queson Tindaya** (Calle Salamanca 12 ; ⌚8h30-14h lun-sam). Voir l'encadré p. 75 pour plus de renseignements sur ce fromage.

Le bus n°7 qui circule entre Puerto del Rosario et El Cotillo s'arrête trois fois par jour à Tetir, La Matilla et Tindaya. Le bus n°2 (1,50 €, 20 min, 2/jour), entre Puerto del Rosario et Vega del Río de Palmas, passe par Tefía. Aucun bus ne dessert Los Molinos, mais la route, très belle, est revêtue (et donc aisément praticable en voiture).

La Oliva

2 300 HABITANTS

Un temps capitale de l'île, de fait sinon en titre, La Oliva garde quelques traces de

FUERTEVENTURA POUR LES ENFANTS

Les plages sont le principal attrait de l'île. Beaucoup offrent un sable blanc fin et des eaux peu profondes qui permettent aux petits de patauger gaiement. Pour des plaisirs aquatiques plus sophistiqués, l'énorme **Baku Water Park** (www.bakufuerteventura.com ; adulte/enfant 18/12 € ; ⌚10h-18h), à Corralejo, dispose d'un bowling, d'un golf miniature et d'une piste de conduite, sans parler des bassins à vague, toboggans "kamikaze" et autres circuits aquatiques.

Quantité d'**excursions en bateau** proposées dans les stations balnéaires ciblent un public familial. À Caleta de Fuste, Oceanarium Explorer propose chaque jour un **circuit d'observation des baleines et des dauphins** ; à Corralejo, El Majorero appareille pour l'**Isla de Lobos**, dotée d'une jolie plage déserte à la Robinson Crusoë. On peut ensuite explorer cette île à la force des mollets. Si vous n'avez rien contre les zoos, mettez le cap sur l'**Oasis Park**, à La Lajita, pour une visite aux mammifères, oiseaux et animaux marins. L'établissement propose aussi des spectacles et des balades à dos de dromadaire.

jours plus glorieux. Le massif campanile du XVIIIe siècle de l'**Iglesia de Nuestra Señora de la Candelaria** est le point focal de la ville, sa masse volcanique noire contrastant fortement avec les murs chaulés immaculés de l'église.

À voir

Cette bourgade a de quoi combler les amateurs d'art et d'histoire.

Casa de los Coroneles MUSÉE
(⌚10h-18h mar-dim). Cet édifice du XVIIIe siècle ressemble plus à un gros jouet d'enfant qu'à une véritable *casa* (maison). Dès le début du siècle, les officiers qui occupaient cette "maison des colonels" contrôlaient virtuellement l'île. Accumulant pouvoir et fortune, ils pressurèrent à tel point les paysans que Madrid, confrontée à de multiples jacqueries sanglantes, dut dissoudre la milice en 1834.

L'édifice, restauré avec soin, a conservé son patio central traditionnel et ses balcons en bois. Le rez-de-chaussée accueille maintenant des expositions temporaires d'art moderne internationalement réputées. Il s'agit entre autres d'installations audiovisuelles, de peintures et de photographies. Le 1er étage, consacré à l'histoire de l'édifice, propose notamment une présentation audiovisuelle d'interviews de plusieurs personnes âgées de La Oliva, comme l'ancien domestique de la dernière famille d'aristocrates qui vécut ici. Ne manquez pas la modeste chapelle et son carrelage d'origine. Adjacent à la *casa*, un cône volcanique parfait témoigne du talent de la nature. Pour venir, suivez les panneaux depuis le centre de l'agglomération.

Centro de Arte Canario GALERIE D'ART
(Calle Salvador Manrique de Lara s/n ; entrée 4 € ; ⌚10h-17h lun-sam). Autre point d'intérêt, ce musée d'art comporte un jardin de sculptures et des galeries emplies d'œuvres d'artistes canariens comme César Manrique, Ruben Dario et Alberto Agullo. Deux galeries sont consacrées à l'aquarelliste Alberto Manrique (sans lien avec César), artiste dont les paysages et les scènes d'intérieur, plus nombreuses, ont été primés en Espagne. La galerie est proche de la Casa de los Coroneles ; suivez les panneaux depuis le centre-ville.

Casa Cilla Museo del Grano MUSÉE
(adulte/enfant 1,20 €/gratuit ; ⌚9h30-17h30 mar-ven et dim. Situé à 250 m au nord de l'église, sur la route d'El Cotillo, ce petit musée est consacré aux céréales, à leur production et, plus généralement, à la rude vie des fermiers.

Depuis/vers La Oliva

Le bus n°7 (2,20 €, 35 min) entre Puerto del Rosario et El Cotillo passe ici trois fois par jour.

Corralejo

12 000 HABITANTS

L'opinion que vous aurez de ce lieu dépendra de l'endroit où vous vous trouvez. L'ancien village de pêcheurs près du port, ses rues étroites et inégales, ses bons restaurants de produits de la mer et même quelques maisons de pêcheurs, tout comme la plage principale, conservent leur charme malgré l'afflux de touristes. Deux rues plus loin dans l'intérieur, on se retrouve dans une station balnéaire anonyme typique, avec ses sandwicheries et ses rues en damier. Ça pourrait être pire : les bâtiments sont bas et il reste encore quelques vrais bars espagnols.

Ce qui caractérise Corralejo, ce sont les dunes de sable blanc aveuglant au sud de la ville, ondulant nonchalamment depuis le rivage, et ses immenses et fabuleuses plages. Personne ne peut construire dans ou près de cette zone, parc naturel protégé... pour l'instant. Malheureusement la chaîne hôtelière Riu y a érigé deux hideux monolithes de béton avant la mise en place de la réglementation.

Plages

Parque Natural de Corralejo PLAGE

Ce parc naturel protégé longe la côte est sur une dizaine de kilomètres depuis Corralejo. Le lieu est souvent très venté, d'où sa popularité auprès des véliplanchistes et des kitesurfeurs. Les habitants ont fait la preuve de leur ingéniosité pour résoudre le problème du sable collant à la crème solaire. Ils ont érigé des petits remparts de pierres sèches en haut de monticules couverts de buissons pour protéger du vent les adorateurs du dieu soleil. Le parc, aussi appelé **Grandes Playas**, est gratuit. Transats et parasols sont disponibles à la location devant les deux hôtels de luxe (qui, soit dit en passant, gâchent le paysage).

Playa Corralejo Viejo et Playa Muelle Chico PLAGE

Les petites plages de sable entourant le port sont baignées d'eaux peu profondes. Toute l'année, des sculpteurs de sable viennent y laisser libre cours à leur imagination.

À voir et à faire

Les sports nautiques constituent l'essentiel des activités, et les principales plages où surfer sont accessibles en taxi. Les marins d'eau douce se rabattront sur la marche et le cyclotourisme, ou encore sur le golf de 9 trous inauguré en 2009.

Sports nautiques

Dive Center Corralejo PLONGÉE

(☎928 53 59 06 ; www.divecentercorralejo.com ; Calle Nuestra Señora del Pino 22 ; plongée à partir de 30 €). Ce club de plongée réputé fonctionne depuis 1979. Installé juste derrière le front de mer, il propose des cours pour débutants. Les plongeurs expérimentés opteront pour une plongée nocturne ou une sortie de photo sous-marine.

Fuerte Snorkelling SNORKELING

(☎680 85 61 22 ; www.fuerteservices.com ; Paseo Marítimo Bristol s/n ; adulte/enfant 35/30 € ; 👪). Ce prestataire établi de longue date vous emmènera plonger avec masque et tuba sur deux sites de l'Isla de Lobos (8 pers maximum par sortie).

VAUT LE DÉTOUR

ISLA DE LOBOS

Les 4,4 km^2 dénudés de l'Isla de Lobos doivent leur nom aux *lobos marinos* (loups de mer) qui y vivaient jadis. Il s'agissait en fait de *focas monje* (phoques moines), disparus depuis que l'équipage affamé de l'explorateur français, le sieur de la Salle, les consomma pour survivre au début du XVe siècle. Par chance, ceux-ci sont peu à peu réintroduits dans l'île. Pour davantage de précisions, consultez le site Internet www.gobiernodecanarias.org/medioambiente (en espagnol).

Prenez part à une excursion sur l'île au départ de Corralejo, cela en vaut la peine. Une fois sur place, vous pouvez faire une courte balade, commander votre déjeuner sur le quai au *chiringuito* (restaurant de poisson et fruits de mer ; réservez en arrivant si vous comptez y manger) et vous rendre sur la jolie petite plage.

Emportez vos jumelles car l'île est une destination propice à l'observation des oiseaux, sans compter que vous pourriez bien apercevoir un requin ou deux. Ceux-ci fréquentent en effet les eaux de Lobos. L'Isla de Lobos est également idéale pour faire du surf, aussi apportez votre planche et ne vous inquiétez pas des requins : ce sont des requins-marteaux, une espèce inoffensive. Enfin, l'île est appréciée des plongeurs et des amateurs de snorkeling.

Le moyen le plus rapide et le plus économique de s'y rendre est de prendre le **ferry Isla de Lobos** (adulte/enfant aller-retour 15/7,50 €) d'El Majorero. Il part de Corralejo à 10h, 12h, 13h, 15h15 et 16h30 ; en sens inverse, il quitte l'île à 10h15, 12h15, 13h45, 16h et 17h. El Majorero propose aussi des mini-croisières en bateau à fond transparent à destination de l'île.

À VÉLO SUR LA ROUTE CÔTIÈRE

Certes, on peut parcourir en voiture la route côtière accidentée qui va de **Corralejo** à **El Cotillo**, mais elle se prête tout particulièrement au vélo (ou à la marche) car elle est quasiment sans relief. Empruntez la piste au nord de la gare routière de Corralejo située dans l'Avenida Juan Carlos 1. Cette piste en terre aplanie serpente entre des champs de lave, puis passe au bout de 5 km à un paysage plus évocateur du désert. Au bout de 8 km, on atteint le petit village de pêcheurs de **Majanicho**, dont les maisons se serrent au bord d'un bras de mer où dansent les bateaux, et qui possède la plus petite chapelle qu'on ait jamais vue. De là, vous pouvez faire un détour par la FV-101, route asphaltée qui conduit à **Lajares** (7 km), pour une pause gourmande dans l'une des fabuleuses boulangeries du coin (voir p. 88), ou bien poursuivre jusqu'à El Cotillo. Vous découvrirez en chemin des plages de sable blanc émaillées de criques de roches noires, ainsi que quelques-uns des spots de kitesurf et de planche à voile les plus courus. En venant directement de Corralejo, on rejoint au bout de 20 km le phare d'El Cotillo, appelé Faro de Tostón. Là, vous pourrez en profiter pour visiter le Museo de la Pesca Tradicional. Sinon, continuez votre chemin jusqu'au centre d'El Cotillo (4,5 km) à travers le paysage de désert et de broussailles de Los Lagos.

Pro Surf Fuerte Billabong SURF
(☎639 50 17 77 ; www.prosurfuerte.com ; plage de Galera s/n ; cours 1 journée 45 €, cours avancé 3 jours 120 €). Appréciée à juste titre des surfeurs, Corralejo a été surnommée la "Hawaï espagnole". Ce club organise des cours avec matériel, assurance et transport jusqu'aux vagues.

Flag Beach Windsurf Center SURF
(☎928 86 63 89 ; www.flagbeach.com ; Calle General Linares 31 ; 👪). À Grandes Playas, Flag Beach loue des planches (à partir de 12 €/jour), des bodyboards (à partir de 10 €/jour), et propose un excellent cours d'initiation moyennant 45 €. Au programme également, tout un choix de sports nautiques. Renseignez-vous aussi sur place au sujet de l'hébergement et des cours pour enfants.

Flag Beach Windsurf Center PLANCHE À VOILE
(☎928 86 63 89 ; www.flagbeach.com ; Calle General Linares 31 ; 👪). Ce club propose des cours d'initiation à la planche à voile (270 € les 3 jours), et la location de planche à voile (25 € l'heure). Les moniteurs sont aussi très doués en kitesurf et dispensent un cours d'initiation de 2 jours moyennant 220 €.

Ventura Surf Center PLANCHE À VOILE
(☎928 86 62 95 ; www.ventura-surf.com ; Calle Fragata s/n ; cours 1 heure 30 à partir de 45 €, location de matériel à partir de 25 €/heure). Sur la plus grande partie de la côte et dans le détroit entre Corralejo et Lanzarote – l'Estrecho de la Bocaina – les conditions sont idéales autant pour la planche à voile que pour le kitesurf. Ce club est installé sur la plage, au bout de la Calle Fragata, au sud du centre.

Excursions en bateau

El Majorero EXCURSIONS EN BATEAU
(☎616 986982 ; Estacíon Marítimo ; adulte/enfant 18/9 € ; 👪). Des mini-croisières d'une heure en bateau à fond transparent à destination de l'Isla de Lobos partent chaque jour à 13h, ainsi qu'à 16h15 et 17h15 en fonction de la demande. Autre possibilité : prendre le service régulier assuré par la compagnie pour gagner la petite île (5 traversées quotidiennes de 10h à 16h30 ; adulte/enfant aller-retour 15/7,50 €). Le dernier bateau repart à 17h. Achetez vos billets au kiosque sur le port.

Siña Maria 111 PÊCHE
(☎617 78 22 49 ; Estacíon Marítimo ; pêcheur/spectateur 60/50 €). Sorties en haute mer de 8h à 13h30 du lundi au samedi. Le skippeur grillera vos prises pour le déjeuner et la bière est à discrétion.

Vélo et randonnée

Easy Riders Bikecenter CYCLOTOURISME
(☎928 53 53 62 ; www.extreme-animals.com ; Calle Las Dunas s/n ; excursion de 4 heures 32 € ; ⌚10h-17h). Organise des circuits guidés toute l'année ; horaires flexibles en fonction de la demande.

Natoural Adventure RANDONNÉE
(☎664 84 94 11 ; www.natouraladventure.com ; trek de 4/6 heures 40 €). Propose plusieurs treks plus ou moins longs (de 6 km à 12 km), de niveau de difficulté variable.

Où se restaurer

La zone piétonnière autour du petit port de Corralejo regroupe quantité de restaurants avec terrasses d'où regarder passer... les gens.

Restaurante Avenida ESPAGNOL €
(Calle General Prim 11 ; plats 5,50-12 € ;). Malgré son emplacement, juste derrière l'hôtel Hesperia Bristol Playa, cet établissement ne désemplit pas d'une clientèle canarienne enjouée qui apprécie sa cuisine sans chichis. Les poutres apparentes et les meubles massifs en bois sombre lui confèrent une ambiance rustique. Comptez à partir de 5,50 € seulement pour du poulpe grillé. Côté viandes grillées, vous vous régalerez d'agneau, de poulet, de lapin ou de porc.

La Factoria ITALIEN €
(Avenida Marítimo 9 ; pizzas à partir de 6,50 €, pâtes à partir de 8 € ;). Sur la plage dans le vieux port. Originaire de Bologne, le chef connaît son affaire. Ses pâtes, confectionnées tous les jours, sont aussi délicieuses que ses pizzas bien garnies à la pâte fine et croustillante – même sa *mama* vous le dirait. Le capuccino est bien sûr le meilleur de la ville.

El Andaluz ESPAGNOL €€
(Calle La Ballena 5 ; plats 10-14 € ; 18h30-22h lun-sam). Cet établissement continue de s'attirer les faveurs de nos lecteurs. L'intérieur aux couleurs vives abrite quelques tables seulement, aussi, venez tôt pour être sûr d'avoir une place. Le *menú degustación* (18,50 €), avec viande et poisson, est une bonne affaire. Les recettes font beaucoup plus appel aux herbes aromatiques et aux légumes que d'ordinaire dans la gastronomie espagnole, et les végétariens pourront se régaler d'une savoureuse tarte aux poireaux.

La Cabaña Asturiana ESPAGNOL €€
(Avenida Marítimo 3 ; plats 8-12 €). Un emplacement de rêve sur le front de mer et une carte, originale, de cuisine traditionnelle des Asturies. Ragoût asturien, lapin au cidre et thon farci aux oignons sont plus savoureux qu'on se l'imagine – promis !

The Lemon Tree BRITANNIQUE €€
(Calle Crucero Baleares ; plats 7,50-10 € ; fermé mar soir et mer). Poulet cajun, épaisse tranche de jambon fumé à l'ananas, scampi, pommes de terre en robe des champs et poulet à la Kiev, le fameux classique des sixties. Buzz et Maureen proposent une carte british nostalgique à une clientèle de fidèles habitués. Et, oui, il y a du banana split au dessert.

Cafe Latino MÉDITERRANÉEN €
(Calle La Ballena ; sandwichs 4,50 €, plats 6-7 €). Cet établissement du front de mer, avec ses parasols rayés et son allure élégante, évoque la Côte d'Azur. Pourtant, les plats sont étonnamment simples, bon marché et tout à fait corrects, à condition de ne pas s'attendre à des recettes de haute volée.

Antiguo Café del Puerto ESPAGNOL €
(Calle La Ballena 10 ; tapas à partir de 2 €). Un lieu accueillant aux murs peints au chiffon, qui sert de bons vins et plus d'une cinquantaine de tapas (dont certaines ont l'air meilleures qu'elles ne le sont en réalité).

Où sortir et prendre un verre

Boire un verre à Corralejo n'est pas un problème. Les bars, les discothèques et (si vraiment on vous y oblige), les clubs de karaoké occupent la plus grande partie du **Centro Comercial Atlántico** (Avenida Nuestro Señora del Carmen) comme celle du centre commercial couleur crème situé plus loin dans la rue, à l'angle de la Calle Anguila.

Rock Island Bar DISCOTHÈQUE
(www.rockislandbar.com ; Calle Crucero Baleares s/n ; 19h30-tard ;). Durant ces 21 dernières années, Mandy et son mari musicien Gary ont fait de ce bar l'un des plus appréciés de la ville. Des concerts acoustiques ont lieu tous les soirs, pour le plus grand plaisir des amateurs.

Waikiki DISCOTHÈQUE
(Calle Arístides Hernández Morán 11 ; 10h-tard). Bien que l'établissement fasse également office de restaurant en journée, mieux vaut venir s'y amuser le soir, lorsque surfeurs, clubbeurs, familles et amis se retrouvent en bord de plage dans un décor où s'épanouissent les hibiscus, pour siroter des cocktails et profiter de la musique qui joue jusque très tard. Les *piñas coladas* sont sublimes.

Zazamira CAFÉ
(Calle La Iglesia 7 ; mer-lun 10h-23h). Niché au bout d'une rue étroite proche du port, ce café sert des jus de fruits frais (orange/papaye, par exemple) et du café épicé au ginseng. Boissons alcoolisées également.

Mojito Beach Club BAR
(Avenida Marítimo s/n ; 11h-tard). Nouvelle adresse tendance inaugurée en 2011 sur le front de mer, avec carte de mojitos exotiques, et musique live à partir de 21h30.

Achats

À moins de vouloir faire emplette de sets de table souvenirs ou de casquettes Kiss-me-Quick, vous avez tout intérêt à faire votre shopping (y compris dans les magasins de chaînes nationales) dans la partie de l'Avenida Nuestra Señora del Carmen, qui part de l'office du tourisme vers l'ouest pour rejoindre la Calle Crucero Baleares.

No Work Team VÊTEMENTS DE PLEIN AIR
(Avenida Nuestro Señora del Carmen 46). La marque de surfwear local est No Work Team. Cette boutique propose des vêtements confortables et de bonne qualité à l'esprit surf pour hommes, femmes et enfants.

Renseignements

Locutorio Francis (Calle Acorazado España 1 ; 2 €/heure ; 10h-22h). Accès Internet.

Office du tourisme (www.corralejograndesplayas.com ; Avenida Marítimo 2 ; 8h-14h lun-ven, 9h-14h sam, dim et jours fériés). Sur le front de mer, près du port. Nombreux dépliants et brochures.

Depuis/vers Corralejo

Bus

La gare routière se trouve sur l'Avenida Juan Carlos I. Le bus n°6 (3,10 €, 40 min) relie régulièrement la gare routière à Puerto del Rosario.

Le bus n°8 (2,90 €, 40 min, 13/jour) rejoint à l'ouest El Cotillo via La Oliva.

Voiture et moto

Cicar (928 82 29 00 ; www.cicar.com) possède une agence à l'entrée du Centro Comercial Atlántico. Celle-ci pratique des tarifs très corrects (petite voiture lowcost à partir de 150 € environ la semaine de location).

Si deux roues et un moteur vous suffisent, arrêtez-vous au bien nommé **Rent A Bike Club** (928 86 62 33 ; Avenida Juan Carlos I 21 ; 9h-13h et 17h-20h lun-sam, 9h-13h dim), face à la gare routière. Scooters et motos reviennent respectivement à 40 € et 65 € la journée, assurance comprise.

Comment circuler

Il est très facile de se déplacer en ville, et les places de stationnement gratuit sont nombreuses, surtout dans les petites rues proches de la grande Avenida Nuestro Señora del Carmen.

Faites le 928 86 61 08 ou le 928 53 74 41 pour avoir un taxi. La course entre le centre et les principales plages vous coûtera environ 7 €. Il y a une station de taxis pratique près du Centro Comercial Atlantico.

El Cotillo

4 400 HABITANTS

Cet ancien village de pêcheurs a beaucoup de personnalité. Si certains endroits sont un peu délabrés, cela fait partie de son charme. Malheureusement, les grues l'ont investi – et il ne s'agit pas des oiseaux. Au moins les constructions restent-elles basses et l'architecture, particulièrement autour de Las Lagos, plus imaginative qu'ailleurs.

Ancien siège du pouvoir des chefs tribaux de Maxorata (royaume guanche du nord de Fuerteventura), El Cotillo est restée pratiquement ignorée depuis la Reconquista chrétienne. Seules exceptions : les pirates qui tentèrent d'y accoster de temps à autre, et la lente invasion moins sanguinaire des amateurs de bronzette, qui apprécient la simplicité tranquille des lieux.

À voir

Museo de la Pesca Tradicional MUSÉE
(Musée de la Pêche traditionnelle ; Faro de Tostón ; adulte/enfant 3/1,50 €) ; mar-sam 10h-18h). Cet intéressant musée inauguré en 2008 est installé dans le fameux phare rayé de la ville, à côté du phare d'origine (fermé au public). Grimpez les 64 marches afin de profiter de la vue panoramique, puis visitez les différentes galeries. Renseignements en anglais à disposition, ainsi que plusieurs vidéos très instructives sur les méthodes de pêche traditionnelle.

PROTECTION DU LITTORAL

À l'initiative du *cabildo* (autorité gouvernementale), le projet de classer parc national l'essentiel de la côte nord de Fuerteventura (comme le Parque Nacional de Timanfaya de Lanzarote) a été lancé en 2011. Ce statut, qui concernerait une zone allant approximativement de Los Molinos à Playa del Majanicho, protégerait cette région sauvage contre des constructions qui la défigureraient. Cela permettrait aussi de réglementer la pratique des sports nautiques, en veillant par exemple à ce que la planche à voile, le kitesurf et le surf soient cantonnés à certaines zones – une solution de bon sens qui renforcerait également la sécurité.

INTERVIEW

WIM GEIMAERT, ÉCOLOGISTE

Wim Geimaert est le fondateur du **Clean Ocean Project** (www.cleanoceanproject.org), créé en 2002 dans le but de protéger et de préserver les plages. Il organise régulièrement des campagnes de nettoyage des plages de Fuerteventura, mais également ailleurs dans l'archipel et en Espagne continentale. Il a aussi ouvert trois boutiques (à Corralejo, El Cotillo et Lajares) qui vendent du matériel de surf respectant l'environnement, afin de lever des fonds servant à sensibiliser l'opinion à la pollution des océans. Enfin, Wim Geimaert est un passionné de planche à voile et de kitesurf.

Plages préférées Mes plages préférées se trouvent principalement sur la côte nord-ouest, et j'aime tout particulièrement la Playa de la Mujer. Les Grandes Playas de Corralejo sont également splendides. Ici, je vais souvent à El Burro, car les conditions sont idéales pour la planche à voile et le surf.

Endroit secret J'aime passer la journée à la Playa Esquinzo, située sur la côte nord-ouest à 5 km au sud d'El Cotillo. Cette plage d'une beauté sauvage est peu connue.

Jour de congé J'adore partir pour de longues randonnées lorsque j'en ai l'occasion. L'une de mes balades favorites démarre immédiatement au sortir de la boutique Clean Ocean Project de Lajares. C'est un sentier balisé qui conduit à La Oliva (9,5 km) à travers des paysages sensationnels. À Fuerteventura, il existe aussi de nombreuses plages secrètes sur la côte nord-ouest.

GRATUIT **Castillo de Tostón** CHÂTEAU
(⏲9h-12h et 13h-16h lun-ven, 9h-13h sam et 9h-15h dim). Ce *castillo* n'est pas vraiment un château, mais plutôt une grosse tour. Au programme : son et lumière, exposition d'armements et vue panoramique sur la plage de surf depuis le sommet.

Activités

Les sports nautiques sont la principale activité ici. Les autorités locales prévoient de classer les régions côtières occidentales au sud d'El Cotillo comme parc national ; voir l'encadré *Protection du littoral* (p. 86).

Seuls les pratiquants expérimentés s'attaqueront au spot appelé **Bubbles**, au nord du centre, moins innocent que son nom le laisse penser. Les vagues se brisent sur des récifs et des rochers, et l'on croise leurs dégâts collatéraux dans les rues d'El Cotillo et de Corralejo. Pour vous y rendre, vous devrez disposer d'un véhicule.

Dive Inn PLONGÉE
(☎928 86 82 63 ; Calle Felix de Vera Guerra s/n ; plongée simple 35 €). Les moniteurs sympathiques de ce club vous emmèneront sur tous les meilleurs sites de plongée avec bouteille (cours et location de matériel possibles) et vous conseilleront sur la région. Le club loue aussi du matériel de snorkeling pour ceux qui préfèrent rester près de la surface, et propose même un cours à 35 €, tout aussi sympa.

Où se restaurer

La ville abrite certains des restaurants les plus raffinés de la côte nord, où la prise du jour tient le haut du pavé.

♥ **Casa Rústica** MÉDITERRANÉEN €€
(Calle Constitución 1 ; plats 7,50 €). Adresse prisée de longue date des touristes comme des habitants. On se régale d'un choix varié de plats préparés avec art dans une confortable salle rustique, ou aux quelques tables en terrasse. La cuisine, espagnole, est mâtinée d'influences italiennes, comme en témoignent les gnocchis au mascarpone et au *jamón serrano*. Formule du jour bon marché à 9 €.

El Mirador POISSON ET FRUITS DE MER €€
(Calle Muelle de los Pescadores 19 ; ⏲fermé jeu). Surplombant le port pittoresque, cet établissement tenu par un personnel exceptionnellement aimable sert une cuisine délicieuse. La carte fait la part belle aux plats de riz avec plusieurs paellas (notamment végétarienne, valencienne et aux fruits de mer), des plats de riz noir et un riz crémeux aux gambas.

Restaurante La Vaca Azul ESPAGNOL €€
(Vieux port ; plats 10-12 € ; ⏲fermé mar). S'il bénéficie d'une position royale au-dessus de la plage de galets, c'est la vache surréaliste installée sur le toit (éclairée la nuit d'un bleu... électrique) qui a la meilleure vue. Au menu, paella, assortiment de poissons

VAUT LE DÉTOUR

LAJARES : LA DOUCEUR DE VIVRE

Située à 13 km au sud-ouest de Corralejo par la FV-101 et la FV-109, Lajares possède une modeste artère principale à l'ambiance paisible et décontractée. Quelques étrangers ont ouvert ici des restaurants, des commerces, des bars de surf et de délicieuses boulangeries formant un ensemble des plus sympathiques. Envie d'une portion de tarte au chocolat, de cheese-cake crémeux parsemé de baies ou d'un petit-déjeuner scandinave avec œufs durs et fromage ? Rendez-vous chez **Pastelo**. Si vous préférez une délicieuse part de tarte aux fruits et à la crème pâtissière, faites un tour de l'autre côté de la rue chez le minuscule **El Goloso**. Pour manger quelque chose de plus substantiel, installez-vous au **Canela Café**, café très cool dont le menu varié comprend entre autres un curry de potiron (7,50 €) et le choix classique de viande rouge et de crevettes au beurre d'ail (15,50 €). Des concerts de musique acoustique ont lieu le vendredi soir.

L'un des meilleurs marchés d'artisanat se tient également ici le samedi matin. Si vous le manquez, vous pourrez toujours rendre visite à l'unique friperie de l'île, **Pandora**, qui vend aussi des vêtements neufs et tendance. Non loin, **La Vaca Loca** propose des pulls tricotés main. Si vous poursuivez jusqu'à El Cotillo, empruntez la petite route immédiatement à l'est du centre, direction nord jusqu'à Majanicho, puis suivez la route côtière menant à El Cotillo (voir l'encadré p. 84).

grillés (minimum 2 pers) et des plats d'accompagnement plus inhabituels, comme la courge au miel.

Aguayre FUSION €€
(Calle La Caleta 5 ; plats 7,50 € ; ✎). Établissement tendance italo-végétaro-texmex. Allez-y quand vous avez vraiment faim et jetez-vous sur une des énormes salades, les *California wraps* ou une brûlante pizza Diavola aux piments, au salami et aux oignons rouges.

La Marisma POISSON ET FRUITS DE MER €€
(Calle Santo Tomás ; plats 12 €). Intérieur à thème nautique, comme de juste, et carte de poisson et fruits de mer superbement préparés.

Mare Alta TAPAS €
(Calle 3 Abril 1978 s/n ; tapas à partir de 2,50 €). Bar à tapas dont les propriétaires belges servent un choix de recettes inventives dans une cour ravissante.

Azzurro MÉDITERRANÉEN €€
(Carretera Al Faro ; plats 12 € ; ⏲fermé lun). Donnant sur la plage de Los Lagos, ce restaurant sert des pâtes et des plats de produits de la mer de qualité.

Achats

Clean Ocean Project VÊTEMENTS
(www.cleanoceanproject.org ; 11 Calle del Muelle de Pescadores). Faites un saut dans cette boutique soucieuse d'écologie pour sa gamme de surfwear aux verts et aux bleus tendres. La société reverse une partie de ses profits aux opérations de nettoyage des plages et d'alerte antipollution, et possède des boutiques à Lajares et à Corralejo. Allez sur son site Internet pour plus d'infos et reportez-vous à l'encadré consacré à son propriétaire, Wim Geimaert (p. 87).

Cycle & Surf Shop PLANCHES DE SURF
(☎610 31 69 86 ; Calle 3 Abril 1978 s/n ; planche de surf 12,50 €/jour, bodyboard 7,50 €/jour, combinaison 5 €/jour ; ⏲10h-14h et 17h-19h). Boutique de gérance anglaise installée en face du stade. Loue aussi des vélos (10 €/jour).

Depuis/vers El Cotillo

Le bus n°7 (4 €, 45 min) pour Puerto del Rosario part tous les jours à 6h45, 12h et 17h. Le bus n°8 (2,90 €, 40 min, 13/jour) dessert Corralejo. Les places de stationnement dans la rue sont très nombreuses, mais le système de voies à sens unique peut désorienter les conducteurs. Il y a aussi amplement la place de se garer près du *castillo*.

LE SUD-EST

Tarajalejo et Giniginamar

Ces deux paisibles hameaux de pêcheurs sont peu perturbés par les touristes, bien que Tarajalejo possède un tout nouveau quatre-étoiles, l'hôtel Bahia Playa. Les petites plages grises n'y ont rien de spectaculaire, mais ne sont pas trop surpeuplées. Arrêtez-vous pour boire un verre à l'ombre des parasols du modeste **Beach Bar Tarajalejo** installés sur la plage. L'établissement est apprécié des véliplanchistes.

À l'ouest de la FV-2, la grande route passant à proximité de Tarajalejo, **El Brasero** (☎638 74 81 67 ; Carretera Gral Tarajalejo) se compose d'un vaste **restaurant** (plats 12 €) où l'on est assuré de bien manger, d'une piscine (gratuite pour les clients) et d'un modeste **aquarium** (adulte/enfant 5/2,50 € ; ⌚10h-19h) peuplé d'environ 120 espèces de poissons. L'établissement gère aussi le **Centro Hípica** (☎699 24 46 23 ; 20 €/heure) qui propose équitation et trekking.

Le bus n°1 (5,50 €, 1 heure 20, toutes les heures) reliant Puerto del Rosario et Morro Jable s'arrête à Tarajalejo (mais pas à Giniginamar).

La Lajita

Un autre petit village de pêcheurs, avec une plage de sable noir et de galets, une anse émaillée de bateaux de pêche colorés et un front de mer intact. Malheureusement, des immeubles sans grâce s'élèvent ensuite sans interruption jusqu'à la route principale. À la sortie sud se trouve un des plus grands parcs à thème de l'île, **Oasis Park** (www.fuerteventuraoasispark.com ; Carretera General de Jandía s/n ; adulte/enfant 18/10 € ; ⌚9h-18h ; 👪). On peut se promener autour du petit zoo, peuplé de singes, d'oiseaux exotiques et d'autres animaux, et assister à différents spectacles mettant en scène des phoques, des oiseaux de proie et des perroquets. On peut aussi faire un **tour à dos de dromadaire** (35 min adulte/enfant 8/4 €). Si vous préférez les plantes, visitez le jardin botanique du parc et ses 2 300 variétés de cactées.

Le bus n°1 (5,75 €, 1 heure 20, toutes les heures) s'arrête à la bretelle d'accès à la ville sur la route principale. Il suffit de poursuivre à pied jusqu'au complexe tout proche.

PENÍNSULA DE JANDÍA

Classée parc naturel, la plus grande partie de la péninsule de Jandía est protégée. Le sud-ouest est une succession de collines rocheuses et de plaines dénudées jusqu'aux falaises de l'ouest de Morro Jable. Buissons, dunes et plages se partagent le reste de la péninsule.

La voiture est l'unique véritable moyen de locomotion pour explorer la péninsule. Les routes ne sont par ailleurs qu'en partie revêtues : il est recommandé de rouler en 4x4 dans le secteur de la Playa de Barlovento et des plages alentour.

Costa Calma

Costa Calma, à 25 km au nord-est de Morro Jable, est un enchevêtrement de rues en sens unique parsemées d'immeubles d'habitation, de centres commerciaux (au moins huit !) et, à l'occasion, d'hôtels. La longue plage de sable est superbe, mais l'endroit n'a ni âme ni passé, son unique vocation étant de satisfaire les touristes (essentiellement) allemands.

Activités

Fuerte Fun Centre PLANCHE À VOILE
(☎928 53 59 99 ; www.fuerte-surf.com ; ⌚9h30-18h). Si vous avez plaisir à effleurer les vagues, porté par le vent debout sur une planche, ce club installé sur la plage propose des cours de planche à voile, et notamment un stage d'initiation de 4 heures (80 €), et loue aussi du matériel (à partir de 20 € l'heure). On y parle anglais et allemand.

Acuarios Jandia PLONGÉE
(☎928 87 60 69 ; www.acuarios-jandia.com ; 👪). Ce club ayant pignon sur rue propose un large éventail de cours, des plongées en piscine s'adressant aux tout-petits (25 €) aux plongées en open-water de niveau avancé (241 €).

Où se restaurer et prendre un verre

Rapa Nui CAFÉ €
(centre commercial Bahia Calma ; sandwichs 2 € ; ⌚fermé dim). Bon choix les jours ensoleillés (et ils sont nombreux), cet établissement offre une très jolie terrasse avec vue sur la mer. Géré de concert avec la boutique et école de surf attenante, il propose des sandwichs, des en-cas, des glaces (faites sur place), des cocktails et des cafés à une clientèle essentiellement constituée de jeunes surfeurs bronzés.

Bar Synergy BAR
(Centro Comercial Costa Calma ; ⌚19h-3h lun-sam). Venez donc boire ici un mojito à l'apéritif ; avec sa déco rose sombre et son fond musical consensuel, ce bar est ce qui se fait de plus tendance à Costa Calma.

La Pared

Situé sur la côte ouest, La Pared est un autre spot de surf réputé. À l'approche des blocs de basalte noir tacheté et de la plage, cherchez le panneau *queso artesano* à droite. C'est l'endroit où acheter le fromage de chèvre bio local. Pour les cours de surf

ARTISANAT DE QUALITÉ

Partout en Europe, les magasins d'artisanat d'État pratiquent des tarifs très élevés. Mieux vaut donc les éviter si l'on a un budget serré. À Fuerteventura cependant, les *Tiendas de Artesanía* ont une politique différente, et plus juste : les artisans déterminent leurs tarifs et reçoivent 100% des profits.

Le gouvernement a seulement pour rôle de vérifier l'authenticité des objets artisanaux – un rôle, hélas, de plus en plus important de nos jours étant donné les importations prolifiques de dentelles et autres produits de fabrication chinoise. Vous pourrez vous repérer grâce au sceau de garantie, à liseré vert pour les créations originales, et à liseré brun pour l'artisanat traditionnel. Toutes les étiquettes doivent être numérotées et indiquer les coordonnées de l'artisan. Vous trouverez ces fameuses boutiques au Molino de Antigua, à Betancuria, à Puerto del Rosario et même à l'aéroport.

et la location de planches, il y a ce qu'il faut à **Adrenalin Surf School** (☎928 94 90 34 ; www.adrenalin-surfschool.com ; cours débutant 4h 40 €).Spécialisé dans le poisson frais et la paella aux fruits de mer, le **Restaurante Bahía La Pared** (☎928 54 90 30 ; plats à partir de 13 €) surplombe la plage. Il gère la piscine adjacente, avec toboggan pour enfants, gratuite pour les clients.

Playa de Sotavento de Jandía

Cette dénomination englobe l'ensemble des plages magnifiques qui s'étendent sur la côte est de la péninsule. Ce véritable paradis côtier pour adeptes de la baignade, de la bronzette et de la planche à voile déroule kilomètre après kilomètre un sable blanc et fin, qui s'enfonce presque imperceptiblement dans l'immensité turquoise de l'océan.

Chaque année en juillet, pendant les dix jours hyperactifs d'une manche du **Windsurfing World Championship** (www.fuerteventura-worldcup.org), fini le calme somnolent des lieux. L'intense activité sportive diurne n'a d'égale que l'animation nocturne. Ce championnat du monde de planche à voile, qui a fêté son vingt-cinquième anniversaire en 2010, attire en effet véliplanchistes et kitesurfeurs du monde entier.

Divers chemins carrossables quittent la FV-2 vers des belvédères proches de la plage, dont l'immensité implique que vous n'aurez aucun mal à trouver un coin tranquille sur le sable.

Si vous voulez faire un peu de navigation sur le Net avant de partir, essayez le site www.playasdejandia.com (en espagnol).

Morro Jable

9 040 HABITANTS

Plus tranquille que Corralejo, son homologue du nord, Morro Jable est une station pratiquement exclusivement allemande. Son point fort est sa plage de sable blond, bordée de résidences et d'hôtels s'intégrant merveilleusement dans le paysage. Elle s'étend sur environ 4 km depuis la partie ancienne de la ville. Le charme s'estompe quelque peu quand on s'en éloigne pour emprunter le grand axe à chaussées séparées, bordé de centres commerciaux et d'hôtels beaucoup plus hauts. Plus ancien, le centre-ville, en haut de la colline, offre un aperçu de ce à quoi ressemblait l'endroit avant le début du ballet incessant des vols charters.

Plage

La magnifique **Playa del Matorral**, la plage principale, part de Morro Jable et s'étend sur plus de 4 km en direction de l'est. Idéale pour les familles, elle permet de se faire plaisir en pratiquant sports nautiques, pédalo, ou en s'écroulant simplement sur le sable. La plage étant rarement déserte, les amateurs de vraie solitude disposant d'un véhicule iront 7 km plus à l'est.

Activités

Naturellement, la plupart des activités se pratiquent dans, sur ou au bord de la mer.

Centro de Buceo Felix PLONGÉE
(☎928 54 14 18 ; www.tauchen-fuerteventura.com ; Avenida Sakvadir 27 ; plongée 1 heure 26 €). Organise une plongée quotidienne à 13h.

Mark Robinson's Wasser Sports PLANCHE À VOILE
(☎928 16 80 00 ; www.robinson.de, en allemand ; stage débutant 10-12 heures 170 €, location de planche 25 €/heure). Fait partie du luxueux

complexe hôtelier Robinson installé sur la Playa del Matorral.

Magic SORTIES EN BATEAU
(☎900 50 62 60 ; www.magic-paradise.eu ; croisière de 5h adulte/enfant 54/28 €). Cet opérateur dispose de deux beaux catamarans mouillés au port. Ils larguent les amarres à 10h ou 10h30 (et à 16h de mai à octobre), et la balade comprend repas-barbecue et tout le temps nécessaire pour se baigner et pratiquer la plongée libre.

Orlando Rent a Car CYCLOTOURISME
(☎928 54 00 65 ; Apartamentos El Matorral bajo, Avenida Jandía ; vélo 8 €/jour). Très commode car située près du Cosmo Centro Comercial, l'agence loue des vélos pour une journée et plus avec assurance.

Où se restaurer

Attention, fast-foods et cuisine internationale insipide cernent les appartements, résidences et centres commerciaux de l'Avenida Saladar. Cherchez les établissements authentiques qui servent des produits de la mer du côté de la vieille ville.

Restaurante Posada San Borondón ESPAGNOL €€
(Plazoleta Cirilo López 1 ; plats 8-16 €). Un lieu un peu plus intéressant proposant une variété de plats espagnols, en particulier une délicieuse sole grillée. Facile à trouver : juste à côté du paquebot à vapeur, avec cheminées et manches à air, du Bar Barco.

La Gaviota POISSON ET FRUITS DE MER €€
(Calle Tomas Grau s/n ; plats 8-12 €). L'un des meilleurs restaurants de ce front de mer. Commencez par un plat de *pimientos padron* (petits poivrons verts), suivi par du thon grillé.

La Laja POISSON ET FRUITS DE MER €
(Calle Tomas Grau s/n ; plats 12 €). Bonne adresse pour les produits de la mer, à l'angle de la promenade en bois (possibilité de descendre les marches à côté de l'église).

Où sortir et prendre un verre

La vie nocturne se concentre sur le front de mer de la station. Le Cosmo Centro Comercial regroupe plusieurs pubs. Rien ne vous empêche ensuite de continuer sur 450 m pour rejoindre la **Stella Discoteque** (Avenida Saladar s/n). Guettez les lions de bronze et vous y êtes presque.

Surf Inn BAR
(Cosmo Centro Comercial ; ⏲19h-3h lun-sam). Rouvert en 2011 après une rénovation de fond en comble, ce lieu vise une clientèle jeune et noctambule appréciant de regarder des vidéos de surf et de snowboard en sirotant des cocktails.

Olympia BAR
(Centro Comercial Playa Paradiso, Avenida Saladar s/n ; ⏲10h-1h). Son confortable

LA NAISSANCE DES TORTUES

Morro Jable est le berceau de la **Sodabe Turtle Reserve**, qui tente de réintroduire des tortues caouannes disparues depuis une centaine d'années.

Le programme date de janvier 2007, année où 145 tortues sont sorties de leur œuf sur la plage voisine de Cofete, sur la côte ouest, dans le Parque Natural de Jandía.

Les plages de Fuerteventura sont le deuxième site au monde retenu pour cette expérience, le premier se trouvant au Mexique. Les œufs ont été prélevés dans une colonie des îles du sud du Cap-Vert, dont l'environnement et les plages ressemblent à ceux de Cofete, particulièrement par la qualité de l'eau, du sable et surtout du climat suffisamment chaud. Les œufs de tortues sont élevés dans des nids artificiels et, avant que les bébés tortues traversent la plage en rampant vers leur avenir incertain, ils sont transférés dans les aquariums de la "nurserie". Là, on attend qu'ils soient assez forts pour nager. À ce stade, on leur implante une puce pour pouvoir les suivre et on les relâche dans la mer.

On espère qu'une fois adultes, ces tortues reviendront pondre leurs œufs à Cofete et qu'ainsi, l'espèce se reproduira de nouveau spontanément sur l'île. Les organisateurs du projet comptent répéter l'opération au moins tous les cinq ans afin d'enrayer la disparition de cette espèce de tortue marine.

Un autre projet important de protection sur l'île concerne le phoque moine méditerranéen, une espèce menacée que l'on réintroduit progressivement sur l'Isla de Lobos, au large de Corralejo. Pour plus de précisions, consultez le site Internet www.gobiernodecanarias.org/medioambiente (en espagnol).

mobilier en osier, son bar central et ses baies vitrées donnant sur le front de mer rendent ce lieu idéal pour un cocktail postdînatoire. La musique est également relaxante.

Achats

Un petit **marché** (Avenida Saladar ; 9h-13h30) a lieu le jeudi sur un parking à l'ouest de l'office du tourisme. La plupart des étalages étant tenus par des Marocains et des Africains, pas facile d'y trouver des produits ayant un soupçon de parfum des Canaries.

Cosmo Centro Comercial CENTRE COMMERCIAL (Avenida Saladar). Ce vaste centre regroupe quantité de boutiques vendant des produits détaxés.

Renseignements

Bureau Cosmo (Cosmo Centro Comercial, Avenida Saladar ; 4 €/heure ; 9h-13h et 17h-22h lun-ven, 17h-22h dim). Connexion Internet haut débit.

Office du tourisme (www.pajara.es, en espagnol ; Cosmo Centro Comercial, Avenida Saladar ; 8h-15h lun-ven). Nombreuses brochures et personnel serviable.

Depuis/vers Morro Jable

Le port, Puerto de Morro Jable, est à 3 km du centre-ville par la route.

Le bus n°1 dessert Puerto del Rosario (9 €, 2 heures, au moins 12/jour) entre 5h45 (en semaine) et 22h30. Le bus n°10 (8,80 €, 1 heure 45, 3/jour), plus rapide, passe par l'aéroport. Le bus n°5 (2,45 €, 40 min) pour Costa Calma circule fréquemment.

Comment circuler

Un grand parking gratuit est aménagé à côté de l'office du tourisme dans le Cosmo Centro Comercial. Trouver une place de stationnement dans la vieille ville est plus problématique. Pour appeler un taxi, composez le 928 54 12 57.

Depuis/vers l'aéroport

Le bus n°10 (7,50 €, 1 heure 30, 3/jour) relie la ville et l'aéroport ; en taxi, comptez environ 75 €.

Environs de Morro Jable

Plus sauvages que leurs homologues sous le vent, les longues plages de la péninsule de Jandía sont également plus difficiles d'accès. Il vous faut impérativement un 4x4 pour pouvoir circuler en sécurité sur les pistes de la région.

PUNTA DE JANDÍA

Bien que le revêtement de la route soit progressivement remplacé, lors de notre recherche, seuls les deux premiers kilomètres étaient goudronnés. Mais la piste est suffisamment empruntée pour être bien aplanie. Au départ de Morro Jable, elle sinue le long de la côte sud de la péninsule jusqu'au phare isolé de la Punta de Jandía.

Puerto de la Cruz, 2 km à l'est du phare, est un petit village de pêcheurs et une retraite de week-end pour les habitants du coin. Deux modestes *chiringuitos* (restaurants de plage), ouverts uniquement le midi, y servent la pêche locale aux touristes de passage en route vers la pointe ouest de l'île. Les deux se valent.

COFETE

Sur la même route, à environ 10 km de Morro Jable, un embranchement partant au nord-est franchit un col et redescend jusqu'à Cofete (à 7 km du carrefour), petit hameau marquant l'extrémité sud de la plage de Barlovento de Jandía. Des pistes sablonneuses, franchissables à pied ou en 4x4, sinuent jusqu'à cette bande de sable battue par les vents. Le **Restaurante Cofete** (928 17 42 43 ; plats 6-12 € ; 11h-19h) y propose des boissons et des en-cas, et une carte plus sophistiquée qu'on ne l'attendrait de ce lieu littéralement au bout du monde. On y trouve notamment du poisson frais et de la *carne de cabra en salsa* (chèvre en sauce).

PLAYA DE BARLOVENTO DE JANDÍA

Cette grande étendue de littoral peut être extrêmement ventée, bien que le sable soulevé par le vent ne semble pas gêner les naturistes. Faites attention en vous baignant : les vagues et les courants sont bien plus forts que dans les eaux plus calmes de l'autre côté de l'île.

Lanzarote

☎928 / 141 940 HABITANTS

Dans ce chapitre »

Le top des restaurants

» Lilium (p. 98)

» La Bodega de Santiago (p. 110)

» La Cantina (p. 102)

» El Risco (p. 107)

Le top des hébergements

» Hotel Diamar (p. 215)

» Finca de Arrieta (p. 216)

» Casíero de Mozaga (p. 216)

Pourquoi y aller

Hérissée de 300 cônes volcaniques, Lanzarote fascine par sa géologie exceptionnelle, qui lui vaut d'être classée au patrimoine mondial de l'Unesco. Son paysage revêt un aspect rude et lunaire, émaillé çà et là de vallées bucoliques plantées de palmiers qui contrastent avec des champs de lave noire à l'aspect irréel. Longtemps apparentée aux groupes de touristes et aux stations balnéaires, l'île connaît toutefois des changements et accueille maintenant un nombre croissant de voyageurs indépendants. En réponse à cela, le gouvernement a lancé une grande mesure de signalisation de l'île pour indiquer les chemins de randonnée, tout en augmentant le nombre d'hébergements.

Le développement des sites touristiques majeurs de Lanzarote a été orchestré par l'artiste César Manrique, originaire de l'île. Il jouit encore d'une sérieuse influence, grâce à une fondation culturelle qui promeut la conservation de l'intégrité culturelle et architecturale de Lanzarote.

Quand partir

Grâce à son climat agréable constant, on peut se rendre à Lanzarote toute l'année. Les mois de juillet et d'août sont toutefois les plus chargés, les Espagnols prenant leurs vacances à ce moment-là. On trouve généralement les billets d'avion les moins chers en provenance du reste de l'Europe en automne et au printemps (mis à part la période de Pâques).

Le carnaval annuel de l'île qui a lieu en février-mars est certes moins important que celui de Tenerife ou de la Grande Canarie, mais il est célébré avec beaucoup d'enthousiasme, en processions et en musique.

Comment circuler

Il est très facile de se déplacer en voiture à Lanzarote. Nous vous conseillons l'agence de location **Cabrera Medina** (www.cabreramedina.com), implantée sur toute l'île. Autrement, le service de bus est correct dans les grandes villes.

3 JOURNÉES COUP DE CŒUR

Jour 1

Admirez les superbes paysages du **Parque Nacional de Timanfaya** lors d'un circuit en bus. Ensuite, savourez les bienfaits de la nature à **El Golfo** en déjeunant de fruits de mer, installé face à l'océan. Longez la route côtière du sud, avec ses criques et piscines naturelles vert émeraude, jusqu'à la moderne **Marina Rubicón** ponctuée de boutiques de designers, de bars chics et de restaurants donnant sur les bateaux amarrés.

Jour 2

Admirez les extraordinaires cavités creusées dans un champ de lave à la **Fundación César Manrique**. Puis, rendez-vous au **Jardín de cactus** qui regroupe une multitude de cactées. Beaucoup considèrent les **Jameos del Agua** comme la réalisation la plus accomplie de Manrique. Quant à la **Cueva de los Verdes**, ce n'est autre qu'une merveille de la nature. Après avoir contemplé la vue splendide du **Mirador del Río**, mettez le cap plein sud sur Arrecife pour dîner dans un château au **MIAC Restaurant**, voisin d'une galerie d'art contemporain (autre projet de Manrique).

Jour 3

Dûment motorisé, commencez votre parcours de dégustation au **Monumento al Campesino restaurant**, servant des plats et des vins locaux. Non loin, la **Bodega Mozaga**, fondée en 1880, a remporté plusieurs prix pour sa *malvasía* délicieusement fruitée. Autre excellente cave à vins, la **Bodega Tinache** possède 20 ha de vignes sur la route de Timanfaya : goûtez le malvoisie sec et le *moscatel*. Puis, une fois arrivé à **La Geria** rendez-vous à la **Bodega Stratvs**, un nouvel établissement proposant d'excellents rouges fruités. Finissez votre voyage juste à côté, au petit musée de la viticulture de la **Bodega Rubicón**, qui propose aussi des dégustations gratuites.

S'éloigner des foules

» **Puerto Calero** (p. 113). Laissez-vous aller au farniente sur la plage isolée de Playa Quemada.

» **Explorez l'intérieur des terres** (p. 113). Mettez de côté les cartes et roulez à l'intérieur des terres pour découvrir des hameaux préservés et des paysages superbes.

» **Orzola** (p. 105). Fuyez les stations balnéaires et profitez des criques de sable blanc de la côte nord-est.

À NE PAS MANQUER

Ne manquez pas de faire une randonnée, ou juste une balade sur les terres volcaniques de l'île, où des panneaux de signalisation vous guideront vers la découverte.

Le top des plages

» **Playa Quemada** (p. 113). Plage noire volcanique pittoresque et délicieux restaurants de fruits de mer.

» **Playa Mujeres** (p. 115). Plage de sable doré, appréciée des surfeurs.

» **Playas Caletones** (p. 105). Série de criques et de plages sauvages à l'extrême nord-est.

Le top des marchés

» **Mercado de La Recova** (p. 99). Marché quotidien de produits et artisanat (*artisanía*).

» **Mercado de Haría** (p. 107). Marché hebdomadaire de produits et artisanat.

» **Marina Rubicón** (p. 114). Marché bihebdomadaire de souvenirs et artisanat donnant sur le port.

Sites Internet

» Restaurants : www.eatlanzarote.com

» Événements sportifs annuels : www.clublasanta.com

» Hébergement rural écologique : www.stayecochic.com

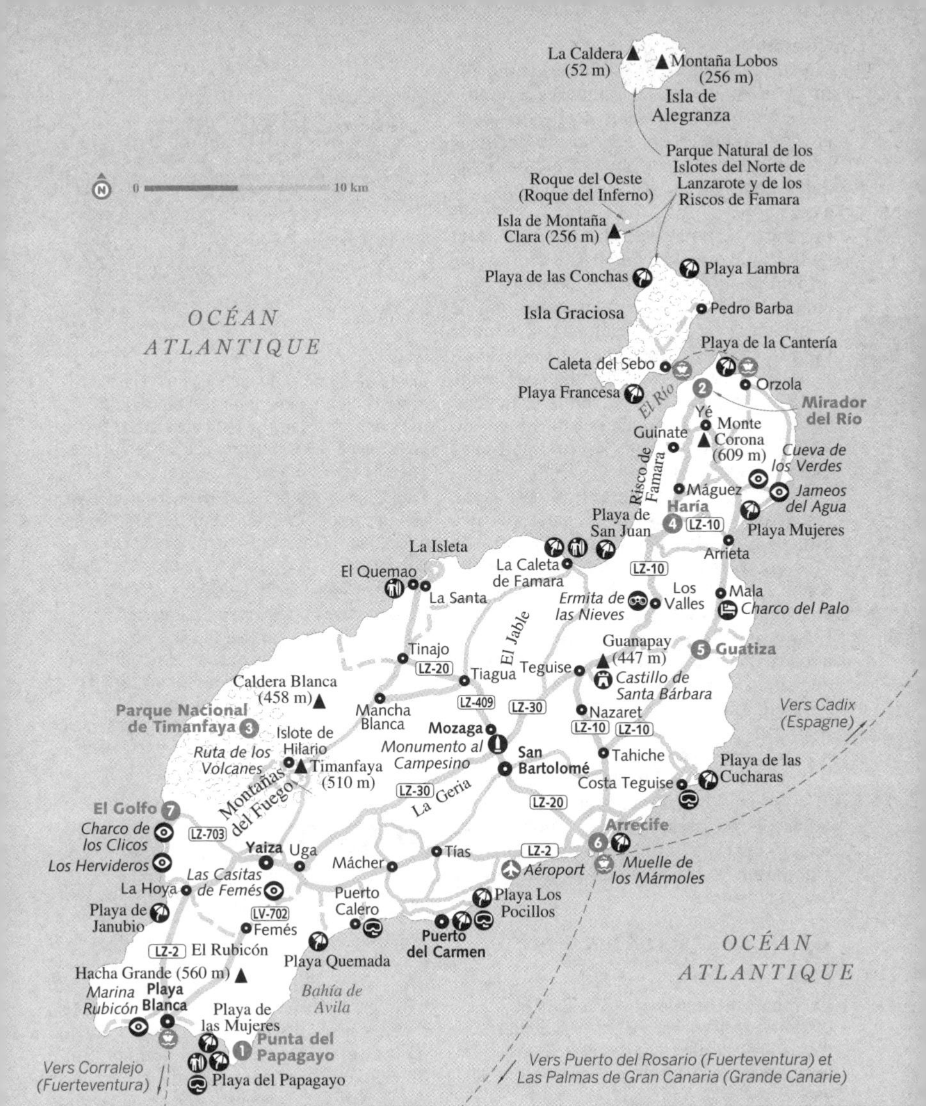

À ne pas manquer

1. Séance de farniente sur les plages de sable doré de **Punta del Papagayo**, sur la côte sauvage du sud (p. 115)
2. La vue imprenable depuis les hauteurs du **Mirador del Río** (p. 106)
3. Une randonnée à travers l'impressionant paysage volcanique du **Parque Nacional de Timanfaya** (p. 109)
4. L'oasis de verdure et de palmiers de **Haría** (p. 107)
5. Le remarquable et épineux **Jardín de cactus** (p. 104) conçu par César Manrique
6. La piste de danse de la discothèque **Star's City** d'Arrecife (p. 99)
7. Le plaisir de savourer des sardines grillées dans un restaurant du front de mer d'**El Golfo** (p. 110)

Histoire

Lanzarote a connu son lot de malheurs. Elle fut la première des îles Canaries à tomber entre les mains de Jean de Béthencourt, en 1402, dans ce qui marqua le début de la conquête de l'archipel. De nombreux autochtones furent vendus comme esclaves, alors que les autres durent subir les attaques de pirates originaires de la côte nord-ouest de l'Afrique. Aujourd'hui, le site touristique le plus populaire, la Cueva de los Verdes, constituait un refuge pour ceux qui ne pouvaient pas se réfugier sur la Grande Canarie et protéger leur maison des pillages massifs. Des corsaires britanniques, comme sir Walter Raleigh, pillèrent également le territoire, au point qu'au milieu du XVIIe siècle, Lanzarote ne comptait plus que 300 habitants.

Un malheur ne venant jamais seul, les éruptions volcaniques massives des années 1730 détruisirent une douzaine de villes et certaines des meilleures terres arables. Le drame permit paradoxalement aux insulaires d'exploiter la grande fertilité du sol volcanique, notamment pour la culture de la vigne. Grâce à cette nouvelle activité, les descendants de ceux qui s'étaient réfugiés sur la Grande Canarie pour fuir les coulées de lave connurent une certaine prospérité.

Aujourd'hui, quelque 142 000 personnes vivent sur Lanzarote, profitant d'une industrie touristique florissante et d'un secteur agricole limité mais rentable. Cette population va jusqu'à doubler avec l'afflux des vacanciers.

Depuis/vers Lanzarote

AVION

L'aéroport de Guasimeta (☎928 84 60 00 ; www.aena.es) est à 6 km au sud-ouest d'Arrecife. Voici une liste des principales compagnies sur d'autres îles des Canaries et en Espagne :

Iberia (www.iberia.es)

Air Europa (www.aireuropa.com)

Air Berlin (www.airberlin.com)

Binter Canarias (www.bintercanarias.com)

Islas Airways (www.islasairways.com)

BATEAU

Les ferries suivant desservent Lanzarote :

Acciona Trasmediterránea (à Arrecife ☎902 45 46 45 ; www.trasmediterranea.es). Propose un ferry hebdomadaire le mercredi à minuit (33 €, 8 heures) au départ d'Arrecife jusqu'à Las Palmas de Gran Canaria. Achetez vos billets au terminal du ferry jusqu'à une heure avant l'embarquement ou sur Internet. Un ferry hebdomadaire se rend aussi à Santa Cruz de la Palma (28 €,8 heures) et Santa Cruz de Tenerife (29 €, 6 heures).

Fred Olsen (☎902 53 50 90 ; www.fredolsen.es). Des ferries (adulte/enfant 21/10 €, 20 min, 6 fois/jour tlj) relient Playa Blanca et Corralejo à Fuerteventura. Un service de bus gratuit roule entre Playa Blanca et Puerto del Carmen.

Naviera Armas (www.navieraarmas.com). Propose 5 ferries par jour (43 €, 7 heures, 30 min) entre Arrecife et Las Palmas de Gran Canaria et 6 par jour (adulte/enfant 18/9 €, 25 min) entre Playa Blanca et Corralejo à Fuerteventura. Il y a aussi 4 ferries par semaine pour Santa Cruz de Tenerife (36 €, 11 heures, mar, mer, jeu et sam) à 11h.

DISTANCES (KM)

	Yaiza	Playa Blanca	Puerto del Carmen	Arrecife
Playa Blanca	14			
Puerto del Carmen	13	29		
Arrecife	23	39	38	
La Caleta de Famara	25	40	25	16

Distances approximatives

ARRECIFE

53 920 HABITANTS

Arrecife est une agglomération de taille raisonnable, dotée d'une agréable promenade de type méditerranéen, d'une plage de sable engageante et – il faut bien le dire – de petites rues bordées pêle-mêle de bâtiments défraîchis, de boutiques élégantes, de bars bruyants et de restaurants plus ou moins bons. Elle compte un nombre limité de lieux dignes d'intérêt, parmi lesquels deux châteaux, un centre culturel à la mode et une jolie lagune. Surtout, Arrecife a l'avantage d'être une vraie ville qui ne vit pas exclusivement du tourisme.

Histoire

Le manque d'allure d'Arrecife vient essentiellement du fait qu'elle ne devint la capitale de l'île qu'en 1852, remplaçant alors Teguise. Le Castillo de San Gabriel fut édifié en 1574 pour défendre le port, puis reconstruit à la suite d'une attaque. Son voisin plus petit et plus trapu, le Castillo de San José, situé plus haut sur la côte, a été construit entre 1776 et 1779.

Arrecife

Arrecife

À voir

1 Castillo de San Gabriel D3
2 Centro Insular de Cultura El Almacén C2
3 Charco de San Ginés D1
4 Iglesia de San Ginés D2

Où se loger

5 Hotel Diamar A2
6 Hotel Lancelot B2
7 Hotel Miramar D2

Où se restaurer

8 Café Nizar C2
9 Domus Pompeii C2
10 La Tavernetta C2
11 Lilium A2

Où prendre un verre

12 Bar Andalucía D2
13 La Tentacion D2
14 Star's City B2

Où sortir

15 Ococo B2

Achats

16 Marché de La Recova D1

Vers la fin du XVIIIe siècle, un semblant de ville avait commencé à prendre forme autour du port. La croissance commerciale et la fin de la piraterie au XIXe siècle permirent à Arrecife de prospérer. Les menaces ayant disparu, Lanzarote n'avait plus besoin d'une capitale protégée à l'intérieur des terres, d'où le changement de statut de la ville.

À voir

Arrecife ne pose pas de problèmes d'orientation. À l'exception notable du Castillo de San José et du port, tous les lieux à visiter se trouvent dans une zone étroite autour du centre-ville.

Museo de Arte Contemporáneo — MUSÉE

(MIAC ; Carretera de Puerto Naos ; adulte/enfant 2,50 €/gratuit ; 11h-21h). Transformé en 1994 par la Fondation César Manrique pour accueillir un musée d'art contemporain et un restaurant, le **Castillo de San José** fut bâti au XVIIIe siècle pour lutter contre les pirates et fournir du travail aux habitants de l'île. Il accueille aujourd'hui la principale collection d'art moderne des Canaries, où quelques œuvres de jeunesse de Manrique côtoient celles de Miró, Millares, Rivera, Sempere et Tàpies.

LANZAROTE EN MARCHANT

L'aspect irréel des paysages volcaniques de Lanzarote s'apprécie davantage à pied. Le gouvernement local a récemment redoublé d'efforts pour nettoyer, signaliser et améliorer les dix chemins de randonnées historiques dans le cadre d'un important projet connu sous le nom de "Red de Diez Senderos Turísticos y Recreativos" (Dix chemins de randonnée touristiques). Vous ne pourrez pas manquer les panneaux écrits en espagnol parsemant l'île. Y figurent des cartes détaillées indiquant l'état des routes, la longueur des marches, le type de terrain, le niveau de difficulté, la flore, la faune et les sites d'intérêt.

Consultez aussi le site Internet : www.cabildodelanzarote.com. On espère voir un jour les cartes rassemblées dans une brochure. Renseignez-vous auprès des offices du tourisme.

Charco de San Ginés LAGUNE
(Avenida César Manrique). Ce très joli lac, parcouru de bateaux survolés de mouettes, a tout d'un cadre de carte postale. Les bâtiments et les restaurants voisins forment un séduisant mélange de légère décrépitude et de façades fraîchement blanchies à la chaux rehaussées de bleu.

GRATUIT **Centro Insular de Cultura El Almacén** CENTRE CULTUREL
(928 81 01 21 ; Calle José Betancourt 33 ; 8h-15h lun-ven). Un autre centre culturel dynamique installé dans un ancien entrepôt aménagé avec style dans l'esprit de Manrique. Il est actuellement remis à neuf, mais proposera dès sa réouverture des expositions régulières, un cinéma et un bar-restaurant programmant des concerts le week-end.

Castillo de San Gabriel CHÂTEAU
Situé sur un petit îlot à quelques pas du front de mer, ce château devrait rouvrir ses portes en tant que musée d'histoire, mais la date n'est pas encore fixée. Renseignements auprès de l'office du tourisme.

Iglesia de San Ginés ÉGLISE
(Plaza de San Ginés ; avant et après la messe). Cette église, datant de 1665, renferme une statue du saint patron de l'île originaire de Cuba.

Plages

La plage principale de la ville, **Playa del Reducto**, est idéale pour la baignade. Joli croissant de sable blanc planté de palmiers et bordé d'une promenade, elle est sûre pour les enfants, plutôt propre et étonnamment vide. Il est possible de poursuivre à pied vers le sud, le long de la mer, jusqu'à Puerto del Carmen (12 km, environ 3 heures).

Fêtes et festivals

Carnaval CARNAVAL
Le carnaval a lieu sur toute l'île en février ou en mars, mais plus particulièrement à Arrecife. Les festivités démarrent la semaine précédant le mercredi des Cendres.

Día de San Ginés SAINT PATRON
Le 25 août, jour du saint patron de l'île, est une fête majeure jusque dans le moindre village. À Arrecife, les rues aux abords de l'Iglesia de San Ginés accueillent les manifestations les plus festives.

Où se restaurer

Les amateurs des produits de la mer devraient se rendre au Charco de San Ginés, où les restaurants de fruits de mer et de poisson ne manquent pas. Ailleurs, quelques cafés et restaurants en plein air se dressent le long de la Calle Ruperto González Negrín et à La Marina.

Café Nizar MOYEN-ORIENTAL €€
(Calle Luis Morote 19 ; plats 8-12 € ; fermé dim ;). Le propriétaire et chef syrien propose des plats du Moyen-Orient délicieusement authentiques. Essayez les mezze composés de 7 plats (15 €), comprenant houmous, *moutabel* (caviar d'aubergine épicé) et taboulé. Des plats de viande sont aussi proposés.

Lilium CANARIEN MODERNE €€
(www.restaurantelilium.com ; Calle José Antonio 103 ; plats 7-9 €). Ne faites pas attention à l'emplacement et savourez la cuisine de ce petit établissement : de nombreuses surprises culinaires, comme le homard et sa salade de papaye, que vous pouvez accompagner de fromage avec du pain au paprika.

MIAC Restaurant MÉDITERRANÉEN €€€
(928 81 23 21 ; Castillo de San José ; plats 15-30 €). Installé dans le Castillo de San

BONO BUS

Si vous prévoyez d'effectuer plusieurs trajets en bus, la carte Bono Bus permet d'économiser jusqu'à 30%. En vente dans les gares routières, elle coûte 12 ou 22 € (tout dépend du nombre de trajets que vous comptez effectuer). Insérez-la dans le lecteur du bus et indiquez au chauffeur votre destination. Le prix du trajet est automatiquement débité de la carte.

José, cet établissement offre une expérience gastronomique et visuelle inégalable à Arrecife. Un escalier en colimaçon descend dans une salle très tendance, où vous pourrez déguster de remarquables plats de viande et de poisson. D'immenses fenêtres donnent sur le port et le décor de style Manrique associe espace et inventivité. Les serveurs portant des nœuds papillons participent au côté chic du lieu.

Domus Pompeii ITALIEN €€
(Calle José Betancourt 19 ; pizza à partir de 7 €, pâtes à partir de 8 € ;). Le propriétaire de cette trattoria est originaire de Pompéi, d'où un décor à l'antique, de délicieuses pizzas napolitaines à pâte fine et des pâtes maison accommodées de sauces fraîches. Finissez sur un *limoncello* plus que bienvenu !

La Tavernetta MÉDITERRANÉEN €€
(angle La Marina et Calle Tresguerra ; plats 6-9 € ;). La Tavernetta remporte la mise auprès des familles, avec sa carte étendue comprenant des œufs au bacon au petit-déjeuner, des salades, des viandes juteuses et un soufflé au chocolat à se damner.

Où prendre un verre

Star's City BAR
(Arrecife Gran Hotel, Avenida Fred Olsen). Nul ne saurait manquer ce gratte-ciel vert, érigé avant que Manrique ne revienne sur l'île et instaure des règles strictes de construction. Qu'il plaise ou non, cet immeuble de 17 étages tire avantage d'une vue panoramique sans égale. Ouvert tous les jours pour un café ou un cocktail. Discothèque le vendredi et le samedi dès 22h.

Bar Andalucía BAR
(Calle Luis Martín 5 ; fermé dim). Ouvert depuis 1960, ce bar arbore des carreaux de style andalou et des tableaux à vendre. Les poivrons farcis, les *patatas alioli* (pommes de terre frites à l'aïoli) et autres tapas semblent venus tout droit de Séville.

La Tentacion BAR
(Plaza de las Palmas ; fermé dim). En face de l'Iglesia de San Ginés. Bons vins et tapas, dont des recettes d'inspiration cubaine comme le *yucca frita* (manioc frit).

Où sortir

Les lieux de sortie ne manquent pas en ville, qu'il s'agisse de bars traditionnels ou de cafés à l'ambiance feutrée. Les discothèques les plus animées occupent une petite partie de la Calle José Antonio. Elles sont ouvertes entre 22h et environ 4h.

Ococo DISCOTHÈQUE
(Calle José Antonio 62). Ococo est un établissement qui se distingue par son éclectisme : tables de billard, diffusions sportives, jeux de fléchettes, canapés de cuir blanc et délicieux cocktails, comme celui à base de sorbet de mangue. Discothèque le vendredi et le samedi à partir de 23h30.

Achats

Pour un maximum de boutiques, rendez-vous sur l'artère piétonne Avenida León y Castillo.

Mercado de La Recova MARCHÉ
(9h-14h lun-sam). Situés entre Avenida León y Castillo et Charco de San Ginés, les étals de ce marché vendent aussi bien de l'artisanat que du formage bio. Des objets d'occasion sont en vente le samedi.

Renseignements

Office du tourisme principal (928 81 31 74 ; La Marina s/n ; 8h-14h lun-ven). Situé dans un superbe bâtiment avec kiosque sur la promenade.

Office du tourisme (928 84 60 73 ; 9h-19h lun et mer, 9h30-21h30 mar et jeu, 9h-21h30 ven et sam, 10h30-21h30 dim). Une seconde adresse plus petite située dans le hall des arrivées de l'aéroport.

Redes Servicios Informática (Calle Coronel Bens 17 ; 1,80 €/h ; 9h-13h30 et 17h-20h lun-ven, 9h-13h sam). Accès Internet.

Depuis/vers Arrecife

Arrecife Bus (928 81 15 22 ; www.arrecifebus.com) couvre fréquemment le secteur d'Arrecife, au départ de la gare routière et propose les itinéraires indiqués ci-dessous. Autrement, le service est minimum. Trois bus en semaine (2/jour le week-end) desservent le nord vers Orzola (3,25 €, 1 heure 30), où vous pouvez prendre un bateau pour l'Isla Graciosa.

BUS 1 Costa Teguise (1,20 €, 20 min, toutes les 20 min)

BUS 2 Puerto del Carmen (1,60 €, 40 min, toutes les 20 min)

BUS 6 Playa Blanca (3,25 €, 1 heure 30, 12/jour)

Voiture et moto

Il existe de nombreuses agences de location, en particulier aux abords de l'Avenida Mancomunidad et de la Calle Dr Rafael González Negrín.

Comment circuler

Deux ou trois *guaguas municipales* (bus locaux) suivent des itinéraires en ville, mais il y a peu de chances que vous en ayez besoin. Le stationnement est limité. Des emplacements de parking gratuits sont disponibles à El Charco de San Ginés. Autrement, rendez-vous au Gran Hotel sur le front de mer, bénéficiant d'un parking souterrain. Une station de taxis jouxte l'office du tourisme dans La Marina et une autre se tient dans la Calle José Antonio. Sinon, composez le ☎928 80 31 04.

Depuis/vers l'aéroport

L'aéroport de Lanzarote se trouve à 6 km au sud d'Arrecife. Les bus n[os]22 et 23 (1,20 €, 20 min) assurent la liaison avec le centre-ville environ toutes les 30 minutes de 7h10 à 22h40 en semaine et de 8h40 à 22h40 le week-end. La course en taxi tourne autour de 11 €.

Depuis/vers le port

Puerto de los Mármoles se situe à 4 km au nord-est du centre-ville. Le bus n°1 s'y arrête. La course en taxi vous reviendra à 4,50 € environ.

ENVIRONS D'ARRECIFE

Costa Teguise

Au nord-est d'Arrecife, Costa Teguise est parfaitement agréable à condition de ne pas s'attendre à des ruelles pavées et une quelconque architecture ancienne. Il s'agit en effet d'une station balnéaire construite de toutes pièces selon un plan en damier, qui regroupe des centres commerciaux animés, des plages familiales, des sports nautiques et une profusion de bars et de restaurants souvent médiocres. Bref, cette station manque un peu d'âme, d'autant qu'elle ne s'articule même pas autour d'un village de pêcheurs.

La plage la plus attrayante est Playa de las Cucharas. Les plages plus au sud pâtissent d'une vue sur le port et les usines proches d'Arrecife. Le centre commercial Las Cucharas forme l'épicentre de la localité.

À voir et à faire

Lanzarote Aquarium AQUARIUM
(www.aquariumlanzarote.com ; Centro Comercial El Trébol ; adulte/enfant 12/8 € ;). Le plus grand aquarium des îles Canaries fait la plus grande joie des enfants. Il compte 3 bassins de manipulation, un aquarium à requins et un tunnel immergé donnant à voir des poissons colorés et autres créatures des mers.

Olita Treks RANDONNÉE
(☎619 16 99 89; www.olita-treks.com ; Centro Comercial Mareta ; à partir de 35 €). Ce centre organise d'excellentes randonnées d'une journée ou d'une demi-journée dans des endroits comme la Isla Graciosa, les volcans de l'île et divers points du littoral. Le prix comprend le transfert et le transport.

Calipso Diving PLONGÉE
(☎928 59 08 79 ; www.calipso-diving.com ; Centro Comercial Calipso ; 30 €/plongée). Établi de longue date, Calipso propose des cours et des plongées de qualité. Possibilité pour les plongeurs expérimentés de louer du matériel.

Aquatis Diving Center PLONGÉE
(☎928 59 04 07 ; www.diving-lanzarote.net ; Playa de las Cucharas ; 1 plongée 28 €, plongée en aquarium 149 €). Offre des prestations similaires à Calipso Diving. Possibilité de plonger au milieu des requins dans l'aquarium de Lanzarote.

Zoo Park Famara KITESURF
(☎634 88 40 68 ; www.zooparkfamara.com ; Avenida Marinero 5 ; cours de 3 h 25 €). Profitez des vents constants de la région. Les prix comprennent l'équipement.

Bike Station CYCLOTOURISME
(☎628 10 21 77 ; www.bikelanzarote.com ; CC Maretas s/n ; location de vélo par jour/semaine 14/70 €). Loue des vélos et organise des circuits (à partir de 30 €) sur l'île.

Où se restaurer

Les restaurants ne manquent pas, bien que les pubs anglais semblent plus répandus que les adresses de cuisine traditionnelle canarienne.

Patio Canario FRUITS DE MER ET POISSON €€
(Plaza del Pueblo, Avenida Islas Canarias ; plats 9-14 €). Un spécialiste du poisson et des fruits de mer frais d'Isla de la Graciosa et de Galice. La terrasse occupe une jolie cour, entourée de restaurants internationaux, dont un mexicain, un suisse et un indien.

LANZAROTE AVEC DES ENFANTS

Lanzarote possède de nombreux attraits pour les enfants. Plusieurs sites imaginés par Manrique devraient leur plaire et les distractions spécialement conçues pour eux sont nombreuses dans les stations balnéaires du sud. L'attraction la plus courue de l'île est le **parc tropical Guinate**, qui abrite oiseaux, aquarium, jardin botanique et spectacles. En plus des bateaux à fond vitré présents partout, les activités liées à la mer ne manquent pas. **Submarine Safaris** à Puerto Calero vous immerge dans les fonds marins, alors que les amoureux du ciel choisiront **Paracraft** (☎619 06 86 80 ; www.lanzarote.com/paracraft ; Playa Chica, Puerto del Carmen ; ⏲10h-18h), qui propose du parachutisme ascensionnel (10 min, 80 €). Si vous êtes lassé de la mer, l'**Aquapark** (☎928 59 21 28 ; Avenida Teguise s/n ; adulte/enfant 21/15 € ; ⏲10h-18h) de Costa Teguise saura vous divertir.

☆ Où sortir

Jazz Mi Madre! CONCERTS
(Calipso Centre, Local 1 ; ⏲mar-dim 21h30-15h30). Enfin un établissement où on ne passe pas de la techno ou de la mauvaise pop. Attendez-vous à des concerts de jazz et de blues et à un public aussi mûr qu'enthousiaste.

ℹ Renseignements

Office du tourisme (☎928 59 25 42 ; Avenida Islas Canarias s/n ; ⏲10h-17h). Demandez la brochure pour en savoir plus sur les 3 randonnées autour de la ville et au-delà (entre 4,6 km et 10 km).

ℹ Depuis/vers Costa Teguise

Le bus n°1 circule entre Arrecife et Costa Teguise via Puerto de los Mármoles de 7h à minuit (1,20 €, 20 min, toutes les 20 min environ).

Tahiche

La **Fundación César Manrique** (☎928 84 31 38 ; adulte/enfant 8 €/gratuit ; ⏲10h-18h), musée d'art et centre de la vie culturelle de Lanzarote, se trouve à 6 km au nord d'Arrecife. César Manrique, grand homme de l'île, fit construire sa maison, Taro de Tahiche, au milieu des champs de lave à la sortie de la ville. Avec leurs fauteuils en cuir et leur piscine encastrée, ses pièces souterraines formées par les immenses bulles d'air issues de la matière en fusion ont l'air d'un repaire à la James Bond. Une galerie entière est consacrée à l'artiste et à quelques œuvres mineures de ses contemporains, dont Picasso, Chillida, Miró, Sempere et Tàpies. En septembre 1992, six mois à peine après l'inauguration de sa fondation, César Manrique mourut tragiquement dans un accident de voiture à quelques mètres de là.

De la Sala 10, jetez un œil à travers la baie vitrée sur l'impressionnant bâtiment moderne semi-enfoncé dans la lave et surmonté d'une série de dômes. Ancienne propriété d'un riche architecte originaire de Tenerife, il a été racheté par la fondation au début de 2011.

Au moins sept bus Arrecife-Teguise desservent quotidiennement l'endroit. Repérez l'énorme structure mobile de Manrique qui domine le rond-point et descendez sur 200 m la route de San Bartolomé.

Teguise

15 825 HABITANTS

Teguise, à 12 km au nord d'Arrecife, a des allures de *pueblo* espagnol et de médina nord-africaine. Formée de constructions basses autour d'une place, la ville s'inscrit comme une petite oasis au milieu des plaines centrales dénudées de Lanzarote. Plusieurs boutiques de vêtements légers et de bijoux artisanaux, des bars et des restaurants témoignent de son orientation résolument touristique. Une poignée de monuments rappellent que Teguise fut la capitale de l'île, avant de céder la place à Arrecife en 1852.

Maciot, un neveu du conquérant normand Jean de Béthencourt, s'installa dans cette ancienne cité guanche et épousa Teguise, fille du potentat local. S'ensuivirent la fondation de plusieurs couvents et une certaine prospérité qui suscita bientôt la convoitise. Après maintes attaques de pirates, la violence atteignit son paroxysme en 1618, lorsqu'une armada de 5 000 boucaniers algériens envahit la ville... Ce n'est pas un hasard si l'une de ses rues se nomme Calle de la Sangre (rue du sang).

Teguise est totalement prise en otage par un immense marché touristique le dimanche matin, agrémenté d'étals à hamburgers et de statues humaines. Allez-y un autre jour si vous voulez éviter cette cohue. Teguise manque curieusement de lieux d'hébergement.

Á voir

Plusieurs couvents émaillent la ville et la promenade dans les rues piétonnières constitue un plaisir en soi. Ne manquez pas le **Convento de Miraflores**, franciscain, le **Convento de Santo Domingo** et le **Palacio de Herrera y Rojas**.

Museo de la Piratería MUSÉE
(Castillo de Santa Bárbara ; www.teguise.es ; adulte/enfant 3/1,50 € ; 9h-16h lun-sam ;). Ouvert au printemps 2011, ce modeste mais fascinant musée est installé dans l'imposant **Castillo de Santa Bárbara**, datant du XVIe siècle. Plus ancien château des Canaries, il remplit parfaitement son rôle de musée de la piraterie, perché au sommet de Guanapay face à un paysage saisissant. Les expositions illustrent les nombreuses attaques menées sur Lanzarote par les pirates venus d'Europe et d'Afrique au fil du XVIe siècle, tandis que Teguise était la capitale de l'île.

Palacio Spínola ÉDIFICE HISTORIQUE
(Plaza de la Constitución ; adulte/enfant 3/1,50 € ; 9h-15h lun-ven). Édifié entre 1730 et 1780, ce palais passa aux mains des Spínola, une illustre famille de Lanzarote, en 1895. Il fait désormais office de musée et de résidence officielle du gouverneur des îles Canaries. Il possède une impressionnante façade et une jolie cour intérieure qui méritent la visite, même si la plus grande partie du mobilier est clairement postérieure au bâtiment.

Fêtes et festivals

La **Fiesta de Nuestra Señora del Carmen** se déroule chaque année le 16 juillet, avec force danses et réjouissances, en l'honneur de la sainte patronne de la ville.

Où se restaurer

La Cantina FUSION €€
(928 84 55 36 ; Calle Leon y Castillo 8 ; plats 8-10 € ; mar-dim ;). Tenu par Benn et Zoe, un charmant couple de jeunes Anglais, ce restaurant occupe l'une des plus

CÉSAR MANRIQUE

César Manrique est la personnalité originaire de l'île la plus connue et on retrouve sa patte partout : qu'il s'agisse de ses sculptures mobiles ornant les ronds-points ou de l'absence de gratte-ciel ou de panneaux publicitaires.

Né le 24 avril 1919, Manrique est surtout connu pour son travail en tant qu'artiste contemporain. Influencé par Picasso et Matisse, il présente sa première exposition d'art abstrait en 1954. Mais ce n'est que 10 ans plus tard que sa carrière artistique atteint son apogée avec une exposition au musée Guggenheim de New York. Mais Manrique n'oublie pas Lanzarote. En 1968, après son succès américain, il revient chez lui avec une foule d'idées destinées à mettre en valeur la beauté de l'île, pour lui, incomparable.

Manrique s'emploie d'abord à promouvoir la protection des méthodes traditionnelles de construction et l'interdiction des panneaux publicitaires. Artiste aux multiples facettes, il se lance ensuite dans une série de projets, Lanzarote devenant son support de création. Il réalise en tout sept projets majeurs sur l'île, ainsi que de nombreux autres dans l'archipel des Canaries et au-delà. L'itinéraire *Sur les traces de Manrique* (p. 94) regroupe ces sites.

Aujourd'hui, on peut dire que c'est essentiellement sa campagne pour la protection de l'architecture typique et de l'environnement qui a obligé le gouvernement à promulguer des lois limitant l'urbanisation de l'île. Au début des années 1980, lorsque l'essor du tourisme menace de détruire ces avancées, l'opposition acharnée de Manrique trouve un écho chez nombre de Canariens et conduit à la création du groupe écologiste El Guincho. Ce dernier, dont l'artiste a été nommé président à titre posthume, a connu quelques succès dans la lutte contre les promoteurs.

En traversant les villages de Lanzarote, on constate que le style traditionnel – des maisons blanchies à la chaux avec des portes vertes, des volets aux fenêtres et de curieuses cheminées en forme d'oignon – demeure la norme, suivant fidèlement l'esprit de Manrique.

VAUT LE DÉTOUR

LAGOMAR

Dans le centre du bourg assoupi de **Nazaret**, sur la route de Tahiche à Teguise, un panneau conduit jusqu'à **Lagomar** (adulte/enfant 5/2 € ; ⏲10h-19h30 mar-dim). Construit dans la roche et agrémenté de cheminées fantasques, de dômes, de miradors et d'escaliers en colimaçon, ce restaurant-bar-musée-galerie évoque à la fois le Mexique et le Maroc. Des expositions sont régulièrement organisées et un petit musée retrace l'histoire de la bâtisse – laquelle fut conçue pour Omar Sharif par Jesus Soto, un architecte reconnu de Lanzarote. L'acteur l'aurait perdue au bridge. Vous pouvez vous contenter de prendre un verre au bar entouré de galeries rocheuses avec, au centre, un bassin blanc, ou alors y goûter l'excellente cuisine moyen-orientale et méditerranéenne du restaurant.

anciennes bâtisses de l'île, vieille de quelque 500 ans. Hauts plafonds, mobilier en bois chaleureux, et patio central d'origine. Au menu : cuisine canarienne et d'inspiration asiatique. Goûtez aux entrées thaïes (poulet au satay et croquettes de poisson) ou à un tagine d'agneau épicé. Alors que le brownie de Zoe est particulièrement encensé, la passion de Benn pour le vin local explique la présence sur la carte de bouteilles de choix. Réservation recommandée.

Casa Leon MÉDITERRANÉEN €€
(Calle Leon y Castillo s/n ; plats 8-10 € ; ⏲mar-dim ; 🖉). Ce petit restaurant partage ses locaux avec un magasin d'aliments diététiques et un centre de thérapies alternatives. La cuisine est plutôt d'inspiration méditerranéenne et propose entre autres une soupe de lentilles et de tomate, du risotto au tofu ou cabillaud. Un copieux buffet est proposé le dimanche. Ambiance décontractée et cadre cosy, agrémenté de lampes marocaines et œuvres d'art provocatrices.

ℹ Depuis/vers Teguise

De nombreux bus, dont les n^{os}7 et 9 (1,20 €, 30 min) en provenance d'Arrecife, s'arrêtent à Teguise sur le chemin d'Orzola et de Haría. Des bus et des circuits organisés vous emmènent au marché du dimanche au départ de Costa Teguise, Puerto del Carmen et Playa Blanca.

San Bartolomé et ses environs

Anciennement baptisée Ajei par les Guanches, San Bartolomé (17 452 habitants) devint au XVIIIe siècle le fief du chef militaire Francisco Guerra Clavijo y Perdomo et de ses descendants. Le **Museo del Tanit** (www.museotanit.com ; Calle Constitución 1 ; adulte/enfant 6/3 € ; ⏲10h-14h lun-sam), dans une maison canarienne du XVIIIe siècle, s'intéresse au mode de vie local des deux derniers siècles à travers des collections permanentes et des expositions (explications en anglais).

À quelques kilomètres au nord-ouest de la ville, sur la route de Tinajo, se dresse la silhouette blanche du **Monumento al Campesino** (monument au paysan), sculpture contemporaine élevée en 1968 par César Manrique en hommage au travail agricole ingrat qu'endurèrent les insulaires pendant des décennies. À côté, le **Museo del Campesino** (entrée libre ; ⏲10h-18h) se compose d'ateliers d'artisans, notamment de tissage et de céramique.

Ironie du sort dans un lieu dédié à ceux qui connurent souvent la faim, la majorité des gens viennent ici pour le **restaurant** (plats 7-12 € ; ⏲12h30-16h), doté d'une grande salle circulaire en sous-sol et d'un tunnel. Sa cuisine locale, bien préparée, s'accompagne d'un bon choix de vins et de rhums. Goûtez en particulier le mérou accommodé d'une sauce à la coriandre ou le poulet en cocotte aux pommes de terre et à l'ail.

Goûtez l'entrée traditionnelle de *papas, queso y gofio* (pommes de terre, fromage et *gofio* – aliment à base de céréales grillées consommé à la place du pain aux Canaries), suivie d'un poulet en cocotte aux pommes de terre et à l'ail.

À 3 km au sud-ouest, sur le chemin de Yaiza, le **Museo del Vino El Grifo** (www.elgrifo.com ; entrée + verre de vin 4 € ; ⏲10h30-18h) a élu domicile dans l'ancienne bodega (bar à vins à l'ancienne) et entreprise vinicole El Grifo. Certains équipements vinicoles datent de 1775. Vous pouvez y acheter le nécessaire du parfait amateur ou vous adonner à la dégustation. Juste à côté, **Bodegas Baretto** est une autre entreprise vinicole renommée et établie de longue date proposant des dégustations gratuites, vendant des fromages locaux et de la *mojo* (sauce des Canaries à base de piments rouges, de coriandre ou de basilic).

La région jouit de plusieurs routes des vins. Celle qui relie San Bartolomé à Tinajo englobe les excellentes **Bodega La Vegueta** (⌚8h-15h), **Bodega Tinache** (⌚9h-14h et 16h-20h), **Bodega Vega de Yuco** (⌚7h30-15h30) et **Bodega Mozaga** (⌚8h30-15h lun-ven). Elles sont toutes clairement signalées.

LE NORD

Les localités du nord de Lanzarote se présentent comme des grappes de constructions blanchies à la chaux, cernées d'étendues de lichens et de champs de lave. Les principaux sites de la région associent l'œuvre de César Manrique à celle de la nature. Parmi eux figurent la maison de l'artiste transformée en musée, deux grottes de lave étonnantes, des jardins de cactus et un superbe point de vue, où trônait jadis un canon.

Guatiza et Charco del Palo

Juste au nord de la petite Guatiza, le **Jardín de cactus** (jardin de cactus ; adulte/enfant 5/2,50 € ; ⌚10h-18h), signalé par un cactus en métal de 8 m de haut hérissé d'épines, aurait été, à en croire certains, le lieu favori de César Manrique. De fait, aménagé dans une ancienne carrière, il tient davantage de l'œuvre d'art géante que du jardin botanique, et cela malgré la présence d'environ 1 500 espèces, toutes soigneusement étiquetées. Il y a un bar-restaurant sur place.

Si vous voulez piquer une tête (ou faire des emplettes) dans le plus simple appareil, rendez-vous à quelques kilomètres au nord de Guatiza, dans la station naturiste de **Charco del Palo**, aux plages de sable et criques rocheuses. Prenez la route étroite en direction de la plage au sud de Mala.

VILLÉGIATURE ÉCOLOGIQUE

Séjournez dans une authentique yourte mongole, totalement écologique et alimentée par les énergies solaire et éolienne. Fruits, légumes et vin bio pourront vous être proposés en guise de bienvenue et les poules résidentes vous approvisionneront en œufs. Les propriétaires Tila et Michelle mettent aussi à disposition une voiture hybride pour les personnes qui séjournent dans la yourte de luxe. Autres avantages : les leçons de planche à voile et de surf (un de leurs trois fils est un champion de surf local) et les conseils sur les randonnées possibles. Les yourtes, à la décoration juste ce qu'il faut d'ethnique, sont magnifiquement aménagées et idéales pour se relaxer. Pour plus d'informations, voir p. 216.

Arrieta

1929 HABITANTS

L'attrait majeur du village de pêcheurs d'Arrieta réside dans la petite **Playa de la Garita**, mélange de roche volcanique et de sable, qui abrite un bar-restaurant convivial, parfait pour se détendre devant une bière et des tapas.

On trouve aussi en ville de bons restaurants de fruits de mer et de poisson, où affluent les habitants le week-end. Juste sur la route principale, l'**Almanecer** (La Garita 46 ; plats 8-10 €) jouit d'une terrasse avec vue sur la mer particulièrement appréciée. Sans artifices, le menu change en fonction des prises du moment (souvent du bar, de l'espadon ou du mérou).

Le bus 9 (3,25 €, 1 heure 30, 3/jour en semaine et 2/jour le week-end) qui relie Arrecife à Orzola s'arrête ici.

Malpaís de la Corona

Les “mauvaises terres de la Couronne” témoignent des éruptions volcaniques qui secouèrent le nord de l'île il y a plusieurs siècles, même si la flore reprend lentement et patiemment le dessus. C'est là que se cachent deux des grottes les plus connues de Lanzarote.

Davantage encore que sur les autres îles, la lave est l'élément emblématique de Lanzarote. Rien d'étonnant, donc, que cette ancienne coulée qui se répandit dans la mer soit le site volcanique le plus fréquenté après les splendeurs lunaires du Parque National de Timanfaya. La Cueva de los Verdes et, plus bas, les Jameos del Agua – des cavités rocheuses aménagées par César Manrique comme une sorte de retraite new age avec bar – se situent à 1 km l'une de l'autre.

Ces deux sites sont bien indiqués, à environ 4 kilomètres au nord-ouest d'Arrieta.

Cueva de los Verdes GROTTE
(☎928 84 84 84 ; adulte/enfant 8 €/gratuit ; ⌚10h-18h). Ce gouffre béant de 1 km de long est la partie la plus spectaculaire d'un tunnel de lave de plus de 8 km, généré par une éruption volcanique 5 000 ans auparavant. En creusant un sillon vers la mer (plus de 6 km de galeries se trouvent désormais au-dessus du niveau de la mer et 1,5 km sous l'eau), les couches supérieures se refroidirent et formèrent une croûte sous laquelle le magna en fusion continua à couler jusqu'à la fin de l'éruption.

Vous serez guidé à travers deux chambres superposées, dont le plafond présente ce qui ressemble à des mini-stalactites, bien qu'aucune eau ne pénètre à l'intérieur de la grotte. Ces étranges excroissances pointues furent en réalité formées par la projection de bulles d'air et de lave sous l'effet des gaz libérés par la coulée. La matière se figea ensuite au contact de l'air en dégoulinant du plafond.

La grotte doit son nom à une famille de bergers, les Verdes, qui en était propriétaire il y a deux siècles. À d'autres époques, elle servit de refuge lors des attaques de pirates.

Si vous souffrez du dos, sachez que certains passages nécessitent de se courber à 90°. De même, l'endroit ne convient guère aux claustrophobes.

La visite vaut le coup pour le gag visuel qui vous attend dans les profondeurs de la grotte. Mais non, vous n'en saurez pas davantage et nous vous demandons de ne rien dévoiler ensuite à vos amis. Des circuits guidés de 45 minutes, en anglais, ont lieu dès que 50 personnes sont réunies, ce qui ne prend généralement pas longtemps. De septembre à avril, **Musical Candelaria** (☎649 99 09 56) programme des concerts, essentiellement de jazz et de blues.

Jameos del Agua GROTTE
(☎928 84 80 20 ; adulte/enfant 8 €/gratuit). La première grotte de cet ensemble évoque la nef d'une vaste basilique marine. La lave en fusion coula par ici en se dirigeant vers la mer, mais l'eau s'infiltra pour former l'étonnant lac bleu au cœur du site. Manrique eut l'idée géniale d'y installer des bars et un **restaurant** (⌚7h30-11h30) autour du lac, puis une piscine, une salle de concerts de 600 places, à l'acoustique remarquable, et une Casa de los Volcanos, didactique sans en avoir l'air.

En regardant de près, vous verrez au fond de l'eau de minuscules crabes blancs aveugles (*Munidopsis polymorpha*), seuls représentants de l'espèce vivant en dehors des profondeurs océanes. Tenez compte des panneaux et résistez à la tentation de jeter des pièces dans le lac, car leur corrosion pourrait tuer ces créatures uniques. Comme pour la Cueva de los Verdes, l'accès des personnes à mobilité réduite n'est pas vraiment possible vu le nombre d'escaliers.

Orzola

La plupart des gens se contentent de traverser cette ville de pêche du nord de Lanzarote sur le chemin de l'Isla Graciosa. C'est bien dommage, car la région compte de magnifiques plages de sable, ainsi que de très bons restaurants de poisson au bord du port, ce qui vous garantit des produits de première fraîcheur.

Le bus n°9 en provenance d'Arrecife s'y arrête (1 heure) ; son horaire correspond à celui du ferry en partance pour Isla Graciosa.

Plages

Les **Playas Caletones** tiennent en une série de plages et de criques rarement bondées, connues sous le nom de Caletones. Elles se trouvent à l'est de la ville et tirent avantage d'une beauté naturelle et sauvage agrémentée de sable blanc et de lagons peu profonds.

Au nord d'Orzola, la **Playa de la Cantería** est une autre superbe plage de sable, encadrée par des falaises et célèbre pour ses grosses vagues, parfois dangereuses.

Petites Canaries

Chapelet d'îles minuscules au nord de Lanzarote, les Petites Canaries font partie avec l'Isla Garciosa d'une réserve naturelle. À l'exception de cette dernière, l'accès aux plus petites îles est habituellement limité aux seuls chercheurs.

ISLA GRACIOSA

L'île est un lieu de délassement idéal. Un jour suffit à la découvrir, mais les amateurs de surf auront envie d'y rester plus longtemps pour ses spots de premier ordre. Quiconque aspire à une longue cure de détente fera de même.

Environ 600 personnes vivent sur l'île, et presque toutes dans le village de Caleta del Sebo, où mouillent les bateaux pour Orzola dans le port récemment rénové. Derrière se déploient 27,5 km² de garrigue largement aride, interrompus par cinq sommets volcaniques mineurs alignés du nord au sud.

SAVEURS DE LANZAROTE

Bien que la cuisine de Lanzarote diffère peu de celle des îles voisines, on note quelques particularités. Les *papas arrugadas* (pommes de terre ridées) sont généralement accompagnées d'une sauce *mojo*, laquelle se décline en *mojo verde* (au persil), en *mojo de cilantro* (à la coriandre fraîche) et classique *mojo picón* (au paprika très relevé).

Les influences latino-américaines se retrouvent aussi dans de nombreux plats. Les amoureux de la viande apprécieront le bœuf argentin de premier choix ou encore la chèvre et le lapin. De même apprécie-t-on le classique *puchero*, traditionnellement à base de morceaux variés de viande, de légumes et pois chiches.

Les amateurs de fruits de mer se régaleront d'un coquillage endémique, la *lapa*, sorte de bernique grillée (pour détacher la chair de la coquille) accompagnée de *mojo verde*. Malgré leur aspect peu engageant, les *lapas* à chair noire se révèlent plus savoureuses que celles à chair orange.

Profitez aussi de votre séjour sur place pour goûter les vins locaux (voir l'itinéraire p. 94), surtout le malvoisie sec (*malvasía*). Les vignes, qui prospèrent sur le sol volcanique, sont plantées dans de petits cratères pour les protéger du vent. Les insulaires plantent et récoltent le raisin à la main, ce qui implique un coût de main-d'œuvre élevé. En achetant du vin de Lanzarote, vous contribuez activement à la préservation d'une méthode de viticulture traditionnelle menacée.

À environ 30 minutes de marche au sud-ouest du village s'étend la ravissante Playa Francesa. Les jolies plages de sable, Playa de las Conchas et Playa Lambra, bordent l'extrémité nord de l'île.

Lorsqu'il vente, Caleta del Sebo semble le fruit du croisement entre un village marocain et un avant-poste du Far West balayé par les vents de sable. À mille lieues du tourisme de masse, l'endroit ne possède aucune route goudronnée et de vieilles Land Rover bringuebalantes constituent le principal mode de transport.

Le restaurant au rez-de-chaussée de la **Pensíon Enriqueta** (Calle Mar de Barlovento 6 ; plats 6 €) propose un menu du jour économique et d'excellents plats de fruits de mer.

Si l'envie d'accélérer le rythme vous prend, allez vous trémousser à **Las Arenas** (Calle Mar de Barlovento s/n ; ⌚à partir de 0h30 ven et sam), le pub-discothèque à l'arrière de la pension Enriqueta, qui n'ouvre ses portes aux fêtards qu'après minuit.

Biosfera Express (☎928 84 25 85 ; www.biosferaexpress.com ; port d'Orzola) effectue cinq traversées quotidiennes entre Orzola et La Graciosa (adulte/enfant 11/7 €, 20 min, 8h, 10h30, 13h, 16h30 et 18h30). Prévoyez des cachets contre le mal des transports, car la mer peut être fort agitée entre Orzola et Punta Fariones. Prenez le bateau de 8h ou 10h30, ce qui vous laissera le temps d'explorer les lieux avant d'embarquer sur le dernier bateau de retour (heures de départ de l'île : 7h, 9h30, 11h30, 15h30 et 17h30). Une option moins chère et plus flexible consiste à voyager en dehors de ces horaires en contactant **Danny Romero Toledo** (☎676 90 18 45 ; adulte/enfant 7,50/4 €), qui possède un petit ferry privé. Vous pouvez louer un pédalo pour faire le tour de l'île. Vous pouvez aussi rejoindre des plages retirées à vélo – quelques boutiques de location de vélo bien indiquées vous attendent.

LE NORD-OUEST

Avec ses jolies villes préservées et ses paysages étonnants, le nord-ouest de Lanzarote constitue sans doute le meilleur lieu d'escapade pour apprécier les beautés naturelles de l'île.

Mirador del Río

À environ 2 km au nord de Yé, l'armée espagnole installa à la fin du XIXe siècle des batteries d'artillerie sur un site stratégique dominant El Río, le détroit qui sépare Lanzarote de l'Isla Graciosa. Le pays était entré en guerre contre les États-Unis à propos de Cuba et mieux valait être prudent. En 1973, César Manrique transforma l'emplacement des canons en un point de vue spectaculaire.

Le **Mirador del Río** (☎928 52 65 51 ; adulte/enfant 4,50 €/2,25 € ; ⌚10h-18h) comporte une boutique de souvenirs et un bar. Le panorama vertigineux embrasse les flots de lave qui coulèrent jusqu'à l'océan avant de se figer, ainsi que l'Isla Graciosa et les îlots volcaniques alentour.

Guinate

L'intérêt de ce village, à 5 km au sud du Mirador del Río, réside dans son **parc tropical de Guinate** (www.guinatepark.com ; adulte/enfant 14/6 € ; ⏲10h-17h), qui regroupe environ 1 300 espèces d'oiseaux exotiques rares, un bassin à pingouins et quelques animaux, dont des singes et des suricates. Évitez toutefois le spectacle des perroquets, à moins d'aimer voir des volatiles à bicyclette et d'autres fadaises de ce genre.

Juste après le parc se trouve un autre **point de vue** sur El Río et les îlots, cette fois entièrement gratuit.

Haría

4 894 HABITANTS

Le célèbre auteur originaire des Canaries Alberto Vázquez-Figueroa a décrit Haría comme "certainement le plus beau village de l'île, si ce n'est du monde". Bien que l'assertion demeure subjective, le lieu tire sans conteste avantage d'un charmant cadre bucolique, au milieu d'une vallée plantée de palmiers et ponctuée de bougainvillées et de poinsettias aux couleurs éclatantes. Aux XVIIe et XVIIIe siècles, les habitants plantaient traditionnellement un palmier pour célébrer la naissance d'un enfant (plus exactement, 2 pour un garçon et 1 pour une fille !). Plus tard, cette oasis de style nord-africain devint une destination thermale fréquentée par des Canariens fortunés.

L'avenue piétonnière centrale, la Plaza León y Castillo, s'étire à l'ombre des eucalyptus et accueille le samedi matin un superbe marché d'artisanat.

Pour une cuisine et une atmosphère de choix, rendez-vous à l'établissement familial **El Cortijo de Haría** (Calle El Palmeral 6 ; plats 7-9 € ; ⏲déj ven-mer), installé dans une maison traditionnelle canarienne et comprenant plusieurs salles décorées de poutres. Personnel sympathique et bonne cuisine plus adaptée au palais local qu'à celui des touristes. Le *mojo* et la soupe canarienne (lentilles ou pois chiches) sont excellents et le menu propose surtout des viandes rôties, dont le cochon de lait. La famille vend plusieurs de ses produits, comme la *licor de la Abuela* (la liqueur de grand-mère), connue pour être un puissant aphrodisiaque... Vous pouvez toujours opter pour une simple confiture de figues.

Le bus n°7 (2,90 €, 45 min) relie Haría à Arrecife via Teguise et Tahiche quatre fois par jour en semaine et trois le week-end.

La Caleta de Famara

Bien avant de connaître la célébrité, Manrique passa nombre d'étés dans son enfance sur la **plage** sauvage de la Caleta de Famara, une des plus belles de Lanzarote, aujourd'hui encore peu fréquentée. Le discret village en bord de mer, donnant sur des falaises spectaculaires, revêt une atmosphère bohème et fait peu de concessions aux touristes lambda, hormis quelques restaurants face au rivage.

Famara offre des vagues parmi les meilleures d'Europe, à l'instar de **El Quemao**, à environ 15 km au sud (uniquement pour les surfeurs très expérimentés). Si vous ne souhaitez pas tâter de la planche, allez-y pour observer les surfeurs. Pedro Urrastarazu de **Famara Surf Shop** (☎928 52 86 76 ; www.famarasurf.com ; El Marinero 39 ; journée de cours 39 € ; ⏲10h-20h) loue des planches et dispense des cours de différents niveaux.

Où se restaurer

♥ **El Risco** CANARIEN MODERNE €€
(Calle Montaña Blanca 30 ; plats 6-12 €). Un superbe emplacement, une terrasse face

ÉVÉNEMENTS SPORTIFS

» **Ironman Lanzarote** (www.ironmanlanzarote.com). La course *Ironman* (triathlon) la plus vieille d'Europe. Mai.

» **Volcano Triathlon** (www.clublasanta.com). Triathlon pour tous. Mai.

» **Wine Run Lanzarote** (www.clublasanta.com). Demi-marathon à travers la région des vins comprenant une dégustation de vin. Juin.

» **Open water swims** (www.clubvulcano.org). Couvrant les 2,6 km séparant Lanzarote et Fuerteventura, cette course est ouverte à tous. Octobre.

» **Music Marathon Festival** (www.musicmarathonfestival.com). Marathon permettant aussi l'emploi de rollers. Musique live sur tout le trajet. Octobre.

INTERVIEW

KIRSTY JONES : CHAMPIONNE DU MONDE DE KITESURF

Je vais en vacances à Lanzarote depuis mes 15 ans, époque à laquelle est née ma passion pour le surf et la planche à voile. À 16 ans, un jour de grand vent, j'ai décidé d'essayer la planche à voile sur la plage de Puerto del Carmen. Je suis, depuis, accro à l'énergie et à la puissance du vent et des vagues. Il y a quatre ans, après avoir voyagé partout dans le monde en tant que kitesurfeuse professionnelle, j'ai décidé d'acheter une maison à Lanzarote.

Meilleures plages pour le kitesurf Mis à part Famara, j'adore kitesurfer sur la Playa del Risco, méconnue des touristes. Elle se trouve au pied des falaises de l'immense Mirador del Río dans le nord. Elle est difficile d'accès (surtout avec le matériel), mais la vue est incroyable et l'expédition en vaut la peine.

Endroit secret L'un de mes endroits préférés se trouve en fait juste en face de ma maison à Charco del Palo, mais sous l'eau ! Dès que le vent cesse, il y a un emplacement près des rochers où je peux passer des heures à pratiquer la plongée libre, le snorkeling et explorer les fonds marins. On y trouve des grottes et des formations rocheuses étonnantes et une multitude de poissons dans une eau limpide.

Et sur terre ? J'aime explorer le littoral rocheux du Nord-Est et du Nord-Ouest à la recherche de bois flotté et d'autres objets que la marée et les vagues ramènent. Je les utilise ensuite pour décorer mon arrière-cour.

à la mer et un intérieur bleu et blanc sur le thème marin. Gustavo, le propriétaire, recommande ses spécialités de poisson et de chèvre, mais propose aussi pizzas et crêpes salées. De quoi ravir tous les palais ! Ambiance agréablement décontractée.

Restaurante Sol FRUITS DE MER ET POISSON €€ (Calle Salvavidas 48 ; plats 6-13 € ; fermé lun). Aménagé dans un bâtiment bleu et blanc tout simple devant la mer, il accueille le week-end nombre de familles du cru, ce qui est toujours bon signe. Goûtez en particulier le poisson grillé ou les petits calmars frits.

Depuis/vers la Caleta de Famara

Le bus n°20 (1,95 €, 50 min) part d'Arrecife pour La Caleta de Famara à 7h30, 9h et 17h30, en semaine uniquement, et le retour s'effectue à 7h, 8h30, 14h et 17h.

Tiagua

À 10 km au sud de La Caleta et 8 km au nord-ouest de San Bartolomé, le **Museo Agrícola El Patio** (www.museodelpatio.com ; Calle Echedey 18 ; adulte/enfant 6/3 € ; 10h-17h30 lun-ven, 10h-14h30 sam ;) recrée en plein air une ferme du XIXe siècle dotée d'une cave à vins et donne un aperçu de la culture traditionnelle de l'île. Les panneaux explicatifs, dont certains textes édifiants et agaçants, sont en anglais. On peut y voir du matériel agricole, un moulin, et, à l'occasion, un chameau ou un âne qui ruminent. Sont également proposés une dégustation de fromage de chèvre local et un choix de *malvasía* et de muscats.

Tiagua se situe sur la ligne du bus n°16 (1,30 €, 30 min) reliant Arrecife à La Santa. Le bus n°20 (1,30 €, 25 min) pour La Caleta de Famara marque aussi l'arrêt.

L'INTÉRIEUR DES TERRES ET LA CÔTE OUEST

Bien qu'aisément accessibles depuis les destinations touristiques fréquentées du Sud, l'arrière-pays et la côte ouest de Lanzarote semblent à des années-lumière de ces dernières en termes d'affluence, d'infrastructures et d'activités. Raison de plus pour explorer cette région au paysage abstrait saisissant, émaillée de hautes montagnes noires et de curieux cercles de pierre en rapport avec la culture de la vigne.

Pour qui n'est pas véhiculé, des circuits organisés conduisent dans les propriétés vinicoles de la région. Les bus sont rares dans cette partie de l'île.

DÉLICES DE SHAKESPEARE

On dit que Shakespeare aimait particulièrement le vin blanc sec ou *malvasía* (malvoisie). On en trouve de nombreuses références dans ses ouvrages. Peut-être s'intéressait-il particulièrement à promouvoir le "nectar des dieux" (comme on l'appelait à l'époque). Dans son rôle de poète lauréat, la reine lui avait accordé une généreuse indemnité spiritueuse de 268 gallons de vin annuels.

La Geria

Près de San Bartolomé, la LZ-30 est la route la plus intéressante et la plus agréable de l'île. Plantée de bien curieux vignobles, elle serpente à travers la région du Sud-Ouest. De fait, le sol de lave noire, enrichi par les séismes successifs, convient parfaitement à la vigne, que l'on cultive ici dans de petits creux, derrière des murets en demi-lune appelés *zocos*.

À voir

Le long de la route, une demi-douzaine de bodegas vendent la bonne *malvasía* (malvoisie) du cru au prix de gros. Parmi elles, quelques nouvelles adresses valent la peine d'être découvertes.

Bodega Rubicón PROPRIÉTÉ VINICOLE
(☎928 17 37 08 ; www.vinosrubicon.com ; Ctra La Geria, km 2 ; ⌚9h-18h). Installée dans une ancienne ferme (*cortijo*) du XVIIe siècle, cette bodega comprend aussi un très bon restaurant, où vous pouvez déguster du fromage local avec un verre de vin. Il vous en coûtera 1,50 € pour goûter 3 vins, dont l'exceptionnel muscat primé.

Bodega La Geria PROPRIÉTÉ VINICOLE
(☎928 17 31 78 ; www.lageria.com ; Ctra La Geria, km 5 ; ⌚10h-20h lun-sam, 11h-19h dim). La Geria, établie à la fin du XIXe siècle, est la première bodega de l'île à avoir proposé des visites guidées et à avoir vendu du vin aux visiteurs. Vous pouvez y acheter des bouteilles de malvoisie sec ou *semi-dulce* (mi-sucré) autour de 6,50 €. Bon bar/café sur place.

♥ **Bodega Stratvs** PROPRIÉTÉ VINICOLE
(☎928 80 99 77 ; www.stratvs.com ; Ctra La Geria, km 18 ; circuit 10 € ; ⌚9h-20h). Ouvert en 2008, Stratvs propose d'excellents circuits d'une heure pour les œnophiles, qui comprennent une dégustation de vin et de fromage. Boutique et restaurant gastronomiques à la décoration sophistiquée. La famille tient aussi une ferme et élève des chèvres, dont certaines finissent dans les assiettes. Réservez par téléphone ou sur Internet pour les circuits.

Fêtes et festivals

Fiesta de la Vendimia cette joyeuse fête des vendanges a lieu à la mi-août à la Bodega La Geria. Le raisin fraîchement cueilli est déversé dans de grands bacs pour être foulé au pied par les participants.

Où se restaurer

♥ **El Chupadero** ESPAGNOL €
(☎659 59 61 78 ; www.el-chupadero.com ; tapas 4-8,50 €). À 4 km au nord d'Uga sur la LZ-30, ce restaurant tenu par un Allemand mérite le détour. Soupes maison, délicieuses tapas comme, les crevettes à l'ail, à déguster avec un malvoisie sec sur une terrasse face aux vignes. L'intérieur, blanchi à la chaux, est agrémenté de poutres au plafond, de plantes et d'œuvres d'art. Concerts de jazz le dimanche.

Parque Nacional de Timanfaya

L'éruption qui débuta le 1er septembre 1730 et secoua l'extrémité sud de Lanzarote fut l'un des phénomènes volcaniques les plus impressionnants de l'histoire, se traduisant chaque jour par le jaillissement et la coulée de 48 millions de m^3 de lave, tandis que des pluies de roches en fusion s'abattaient sur la campagne et la mer. Lorsqu'elle cessa enfin au bout de six longues années, plus de 200 km^2 avaient été dévastés, dont 50 villages et hameaux.

Les **Montañas del Fuego** (montagnes de feu), au cœur des 51 km^2 de ce sombre **parc national** (☎928 84 00 57 ; adulte/enfant 8/4 € ; ⌚9h-17h45, dernier circuit en bus à 17h), portent bien leur nom. Quand vous atteindrez le point de vue conçu par Manrique sur une éminence appelée l'Islote de Hilario, grattez la terre pour en extraire quelques cailloux et voyez combien de temps vous pouvez les garder dans la main. La température atteint déjà 100°C à quelques centimètres à peine et dépasse 600°C à 10 m de profondeur. Cette chaleur intense est provoquée par la chambre de magma qui bouillonne à 4 km de la surface.

Quelques maigres végétaux particulièrement résistants, parmi lesquels 200 espèces de lichens, poussent çà et là sur ce paysage sans vie dont les formes fantastiques déclinent des nuances de noir, de gris, de brun et de rouge. Une fine terre couleur cuivre dévale les cônes volcaniques, arrêtée par des amas de lave solidifiée à la silhouette tourmentée. Surtout, n'oubliez pas votre appareil photo.

À l'Islote de Hilario, près du restaurant, de la boutique de souvenirs et du parking, des animateurs présentent une série de trucs amusants : une touffe de brindilles enfoncée dans le sol s'enflamme instantanément et de l'eau versée dans un trou jaillit tel un geyser ; vous avez alors trois secondes exactement pour prendre la photo du siècle !

Également dessiné par Manrique, le **Restaurant del Diablo** (☎928 84 00 56 ; menú del día 15 € ; ⌚12h-15h30 ; P) fait cuire ses viandes sur un barbecue cent pour cent naturel alimenté par l'activité volcanique. Remarquez aussi les superbes luminaires de Manrique en forme de grandes poêles à frire. La nourriture elle-même n'a rien d'exceptionnel, mais l'endroit vaut pour son originalité. Devant cette débauche de lapins, de steaks et de poulets, les végétariens risquent toutefois de se sentir un peu oubliés. Une bonne carte des vins, certains vendus en demi-bouteille, accompagne le repas. Réservation recommandée.

Inclus dans le droit d'entrée du parc national, des bus brun clair empruntent la **Ruta de los Volcánes**, un itinéraire passionnant de 14 km à travers des paysages volcaniques des plus spectaculaires. Le commentaire enregistré en trois langues comprend un intéressant témoignage du prêtre Don Agustín Cabrera : "La terre s'ouvrit soudainement près de Timanfaya. La première nuit, une énorme montagne s'éleva des profondeurs de la terre, émettant des flammes qui continuèrent à brûler 19 jours durant."

Les bus partent environ toutes les heures et le trajet dure une trentaine de minutes. Vers 10h, la file d'attente peut-être longue pour entrer dans le parc et participer au circuit.

Au nord, sur la même route, le **centre d'accueil de Mancha Blanca** (☎928 84 08 39 ; www.mma.es ; Carretera de Yaiza a Tinajo, km 11,5 ; ⌚9h-17h) présente des vidéos et des expositions instructives sur le parc, dont une simulation d'éruption volcanique. Il est possible de **monter à dos de chameau** (12 €, 20 min) juste à côté.

Yaiza

9 664 HABITANTS

Blanchie à la chaux et parfaitement tenue, Yaiza a déjà remporté de nombreux prix de propreté. L'**Iglesia Nuestra Señora de los Remedios**, construite au XVIIIe siècle, renferme un joli retable bleu, blanc et or ainsi qu'un plafond en bois peint de motifs folkloriques.

Il n'y a guère lieu de s'attarder ici, mais, pour qui arrive à l'heure du déjeuner avec un petit creux, la ville possède plusieurs restaurants assez agréables, ainsi que **La Bodega de Santiago** (☎928 83 62 04 ; Calle Garcia Escámez 23 ; plats 15-17 € ; ⌚fermé lun), excellente. Situé à l'entrée de Yaiza et décoré d'un grand ficus, cet établissement, recommandé par le prêtre de la paroisse, mérite ses éloges. La bâtisse est vieille de quelque 200 ans et constitue le décor idéal pour les couples désireux de profiter des espaces intimistes et de la musique classique. Le menu est plutôt traditionnel et privilégie la viande, comme le porc à l'orange ou les côtelettes de veau. Réservation recommandée.

El Golfo et ses environs

Cet ancien village de pêcheurs à l'architecture traditionnelle se distingue par son atmosphère bohème et décontractée, où les

RANDONNÉES DANS LE PARQUE NACIONAL DE TIMANFAYA

Il est possible de marcher dans le parc national de Timanfaya, à condition de s'organiser à l'avance pour participer à un circuit guidé de sept personnes. Celui de **Tremesana** (3,5 km, 2 heures ; en espagnol et en anglais) part du centre d'accueil de la Mancha Blanca à 10h les lundis, mercredis et vendredis. Réservez par téléphone ou sur place, au moins six mois à l'avance pour la haute saison. Autrement, appelez un jour ou deux avant la marche pour profiter de l'éventuelle annulation d'un participant. Beaucoup plus exigeante, la **Ruta del Litoral** (9 km, 6 heures) fait l'objet d'un circuit une fois par mois (date variable). Elle implique de réserver en personne et d'être jugé physiquement apte. Les deux itinéraires sont gratuits.

"kitscheries" pour touristes n'ont guère leur place. Plusieurs bars en bordure de mer se prêtent à merveille à la contemplation du coucher de soleil. Les restaurants ne manquent pas non plus. Le front de mer égrène son chapelet d'établissements de fruits de mer, dont le **Restaurante Placido** (Avenida Marítima 39), le **Lago Verde** (Avenida Marítima 46), où vous pouvez aussi vous renseigner pour louer un appartement, et le **Costa Azul** (Avenida Marítima 7), qui jouit d'un fabuleux emplacement à côté de la plage et accueille tous les dimanches des familles locales enthousiastes.

Au sud d'El Golfo s'étire la route la plus pittoresque de l'île : la LZ-703, entourée par les sommets volcaniques d'un côté et par la mer et les plages de sable noir de l'autre côté.

La plage se situant en face de **Charco de los Clicos** est à voir. Le Charco, petite piscine vert émeraude située en face de la plage, tire sa couleur de l'algue qui s'y trouve. Il a constitué la toile de fond de l'affiche du film *Un million d'années avant J.-C.*, sur laquelle Raquel Welch s'expose dans un bikini en fourrure. Sa couleur est rehaussée par les roches volcaniques environnantes. La baignade comporte des risques, car la mer peut devenir très agitée.

Sur la route côtière qui conduit à La Hoya, vous pourrez admirer les deux grottes de **Los Hervideros**, où la mer s'engouffre dans un flot d'écume. À 6 km de là, les **Salinas de Janubio**, dont on extrait quelque 15 000 tonnes de sel marin à l'année, s'étendent derrière la longue Playa de Janubio.

LE SUD

C'est dans le sud de Lanzarote que se trouvent les stations balnéaires les plus fréquentées qui attirent une clientèle familiale rêvant de farniente au soleil, ponctué de pêches en mer et de sorties nocturnes dans les bars.

SAUMON FUMÉ CANARIEN

Non loin de Yaiza, le petit village d'**Uga** est connu pour son saumon frais fumé, proposé dans les meilleurs restaurants de l'île. Vous pouvez en acheter à l'**Ahumaderia de Uga** (☎928 83 01 32 ; Carretera Uga-Yaiza 1 ; ⏲10h-13h30 et 14h-18h30 lun-ven, 10h-14h sam ; 32 € le kilo) dans la rue principale (cherchez le panneau).

Puerto del Carmen

Avec sa plage à quatre rangées de parasols, il s'agit de la station balnéaire la plus fréquentée de l'île et de la plus ancienne conçue de toutes pièces. Si vous recherchez une once d'authenticité, mieux vaut mettre le cap sur le port d'El Varadero, à l'extrémité ouest du front de mer. L'endroit a en effet vaguement gardé son côté village de pêcheurs et rien ne vient interrompre la vue sur l'océan. Sinon, le centre-ville s'adresse surtout à une clientèle de touristes britanniques, ses restaurants et ses bars rivalisant pour les œufs au bacon les moins chers ou la diffusion d'événements sportifs sur grand écran. Son artère principale, la clinquante Avenida Playas jalonnée de boutiques, de bars et de restaurant, longe la plage.

Plages

Bien qu'elle soit bondée et couverte de chaises longues et de parasols, **Playa Grande** n'en demeure pas moins spectaculaire, avec ses 1 200 m de long. Elle se révèle idéale pour les familles (eau peu profonde, bons équipements, toilettes et glaces).

À quelques kilomètres au nord de Playa Grande, le croissant de sable de **Playa Los Pocillos** s'étire sur 1 km ; il est connu pour sa mer calme et ses vents favorables à la pratique de la planche à voile.

Activités

Si se délasser avec une bière ou faire la sieste sur la plage semble être l'activité de prédilection de la plupart des vacanciers, les options plus dynamiques abondent. Hormis la plongée, on peut citer le jet-ski, le banana boat et le paracraft. Il est également possible d'arpenter les 6 km de plage ou de pratiquer le vélo sur les pistes prévues à cet effet.

Sports nautiques

Les prestataires suivants ont été testés et approuvés. En ce qui concerne la plongée, les tarifs débutent à environ 32 €/plongée avec votre équipement ou 39 € avec la location du matériel. Il est possible de louer des planches de surf pour environ 6 €/heure.

Safari Diving PLONGÉE
(☎928 51 19 92 ; www.safaridiving.nl ; Playa de la Barrilla 4). Offre un choix de cours comprenant une leçon d'initiation à la plongée (60 €).

Canary Island Divers PLONGÉE
(☎928 51 54 67 ; www.canaryislanddivers.com ; Calle Alemania 1 ; une plongée 35 €). Propose

ROUTES PITTORESQUES

Lanzarote compte maintes superbes routes, notamment celles qui serpentent dans la région des vins. La moins connue est la LZ-702, que peut rejoindre, juste avant Uga, quiconque vient de l'ouest (Arrecife, Puerto del Carmen, etc.). La route monte et tourne entre les pâturages des chèvres, et les vallées luxuriantes se détachent sur la mer à l'ouest et les montagnes à l'est.

Traversez le hameau de Las Casitas de Femés (2,3 km), puis continuez vers **Femés** (8 km). Cherchez le panneau indiquant **Femés Quesería Rubicón** (Plaza San Marcial 3 ; ⏲10h-20h lun-sam, 10h-15h dim), une des meilleures adresses pour faire le plein de fromage de chèvre local (goûtez-le avant). Au prix de 6 €/kilo, vous aurez le choix entre le fumé, le frais, le mi-séché ou celui recouvert de paprika ou encore le *gofio* (aliment à base de céréales moulues et grillées utilisées à la place du pain aux Canaries). Ensuite, filez vers **Balcón de Femés** (Plaza de Femés) pour un café avec vue panoramique sur la côte. Suivez le sentier pittoresque qui relie Plaza de Femés à Playa Quemada (11 km). Comptez environ 4 heures.

Plein sud, continuez votre route vers **Playa Blanca** (8,3 km), entourée de larges vallées et de paysages marins.

aussi un cours d'une heure de plongée pour enfants (bubblemaker ; 40 €).

Manta Dive Centre PLONGÉE
(☎928 51 68 15 ; www.manta-diving-lanzarote.com ; Calle Juan Carlos I 6). Un des plus vieux centres, qui propose des plongées pour 32 € et d'autres offres plus complètes.

El Niño SURF
(☎928 59 60 54 ; CC La Hoya). Bonne adresse pour les surfeurs.

Cyclotourisme

Renner Bikes VÉLO
(☎629 99 07 55 ; www.mountainbike-lanzarote.com ; Centro Comercial Marítimo, Avenida Playas s/n ; location de vélo 24 €/jour). Une bonne adresse centrale pour louer un vélo.

Équitation

Lanzarote a Caballo ÉQUITATION
(☎928 83 03 38 ; www.lanzaroteacaballo.com ; Carretera Arrecife-Yaiza ; 2 h d'excursion 50 € ; ⏲10h-18h ; 👪). Les treks guidés permettent de découvrir agréablement le paysage. Vous pouvez aussi vous balader 20 minutes à dos de chameau et de poney ou en chariot pour les petits.

Où se restaurer

Au milieu de la choucroute, des *fish and chips* et d'autres plats étrangers offerts dans la zone de divertissement de l'Avenida Playas, vous tomberez à l'occasion sur quelques tables de spécialités locales. Pour trouver des restaurants servant de la cuisine espagnole, dirigez-vous à pied vers le vieux port.

Casa Roja ESPAGNOL €€€
(Avenida Varadero s/n ; plats 12-15 €). Cette adresse discrète donnant sur le joli port jouit sans doute du plus bel emplacement en ville. La carte met le poisson à l'honneur, votre futur repas nageant dans l'aquarium à l'entrée.

Blooming Cactus VÉGÉTARIEN €€
(Calle Teide ; plats 7-10 € ; ⏲jeu-dim ; 🖉). Une rareté à Lanzarote que ce restaurant végétarien. On peut y manger des *keftedes* (boulettes de légumes), de la moussaka, des curries et du *stefado* (ragoût de légumes). Il est également possible de goûter aux tapas, en-cas, gâteaux et préparations sans gluten comme végétaliennes. Des cours de ours de cuisine.

Restaurante La Cañada CANARIEN €€€
(Calle César Manrique 3 ; plats 12-15 € ; ⏲fermé dim). Tout près de l'Avenida Playas, il prépare avec amour des spécialités des Canaries comme les huîtres (à partir de 3,50 € pièce), la chèvre rôtie, le bar en croûte de sel et les délicieuses *papas arrugadas* (pommes de terre ridées). Finissez votre repas par une crêpe Suzette.

Où prendre un verre et sortir

La majorité des bars, discothèques et night-clubs s'égrènent le long de l'Avenida Playas, sur le front de mer. On y trouve notamment des pubs irlandais, des bars-karaoké et les quelques inévitables établissements interlopes. Si vous voulez vraiment partir en bordée, essayez le Centro Comercial Atlántico, qui renferme des bars et des pubsdiscothèques comme le Waikiki, le Paradise et le Dreams.

Cervecería San Miguel BAR
(Avenida Varadero s/n ; ⏲10h30-3h). Bel emplacement à côté du port où il fait bon déguster une assiette de moules arrosée d'une bière à la pression (Guinness, Fosters, John Smith's Bitter…).

César's DISCOTHÈQUE
(www.cesars.net ; Avenida Playas 14 ; ⏲22h-6h). Un night-club très prisé qui draine une foule de jeunes hédonistes enjoués.

Buddy's DISCOTHÈQUE
(Calle Tenerife 18 ; ⏲22h-3h30). Les concerts de jazz et de blues programmés chaque soir par ce club informel lui valent des clients de tous âges.

Renseignements

Network Xpress (Centro Comercial Marítimo, Avenida Playas ; 2 €/heure). Accès Internet.

Office du tourisme (www.puertodelcarmen.com; Avenida Playas s/n ; ⏲10h-21h lun-ven, 10h-13h sam). Á mi-chemin le long de la Playa Grande.

Depuis/vers Puerto del Carmen

BUS Les bus qui parcourent l'Avenida Playas marquent des arrêts fréquents et poursuivent leur route jusqu'à Arrecife (1,80 €). Ils circulent environ toutes les 20 minutes de 7h à minuit.

Un bus **Fred Olsen** (☎901 10 01 07 ; www.fredolsen.es) gratuit part d'El Varadero (la jetée du port) à Puerto del Carmen à 9h et à 17h pour rejoindre le ferry qui relie Playa Blanca à Corralejo sur Fuerteventura. En sens inverse, le bus pour Puerto del Carmen coïncide avec les ferries qui arrivent à Playa Blanca à 9h et à 17h. Le service du matin continue jusqu'à l'aéroport de Lanzarote.

VOITURE Le stationnement est un cauchemar ici, surtout l'été. Garez-vous dans le parking payant de la Calle Juan Carlos ou du Biosfera Shopping Centre (Calle Juan Carlos), qui dispose de nombreuses places.

Puerto Calero

À quelques kilomètres à l'ouest de Puerto del Carmen, Puerto Calero constitue sa parfaite antithèse. Il s'agit en effet d'un port de plaisance agréable et relativement paisible, bordé de joyeux cafés et restaurants au style marin et où de nombreux habitants portent des chaussures de bateau. Un bateau-bus part de Puerto del Carmen cinq fois par jour (5 € ; ⏲10h30, 12h, 13h30, 15h et 17h ; 15 min).

Plages

À environ une demi-heure de marche du port (1,5 km), plein sud, entourée d'un superbe paysage de montagnes et de mer, se dresse la **Playa Quemada**, une plage de sable noir préservée et isolée ponctuée de superbes restaurants de fruits de mer.

À voir et à faire

Museo de Cetáceos MUSÉE
(www.museodecetaceos.org ; adulte/enfant 8/5 € ; ⏲10h-18h mar-sam ; 👪). Dominé par le squelette d'une baleine, long de 12 mètres, trouvé dans les eaux bordant l'île de Tenerife, ce Muséum d'histoire naturelle est consacré aux dauphins et aux baleines, notamment aux 24 espèces de cétacés qui peuplent les eaux environnantes. Il comporte des présentations audiovisuelles, des reconstitutions grandeur nature, des photos et des enregistrements de chants de baleines.

Squalo Diving Center PLONGÉE
(☎928 84 95 78 ; www.squalodiving.com). Tenu par des Anglais, le centre dispense des cours pour l'obtention du PADI – dont un concerne la plongée de nuit (270 €), et la photographie numérique sous-marine (190 €).

Karolines Cruceros EXCURSIONS EN BATEAU
(☎928 84 96 22 ; www.karolinescruceros.com ; adulte/enfant 56/28 €). Chacun peut faire du snorkeling, nager ou siroter du champagne (inclus dans le prix) à la faveur de cette croisière d'une journée comprenant le déjeuner.

Submarine Safaris BALADES EN BATEAU
(☎928 51 28 98 ; www.submarinesafaris.com ; adulte/enfant 52/30 € ; ⏲10h, 12h et 14h). Le sous-marin jaune propose des plongées d'une heure à une profondeur de 30 m.

Mizu I PÊCHE
(☎928 51 43 22 ; www.sportfishinglanzarote.com ; pêcheur/accompagnant 85/60 €). Emmené par le renommé Tino García, vous irez pêcher à bord de son bateau le requin mako et d'autres gros poissons. Le prix comprend l'équipement complet et le transfert à Puerto Calero depuis votre hôtel.

Fêtes et festivals

La **César Manrique-Puerto Calero International Regatta** est une prestigieuse régate qui a lieu à la mi-octobre près de Puerto Calero. Elle comprend le TP 52 – la Formule 1 des régates internationales.

Où se restaurer

Amura MÉDITERRANÉEN €€€

(☎928 51 31 81 ; plats 14-18 €). Passez outre les bars et restaurants anglo-saxons jusqu'à repérer cette vaste terrasse avec vue panoramique sur la mer. La carte inclut des valeurs sûres gastronomiques, tels les raviolis de champignons sauvages, homard et oursins, ou le cochon de lait aux gnocchis et à la mousse de pomme verte.

La Cabaña MÉDITERRANÉEN €€€

(☎650 68 56 62 ; Mácher ; plats 13-16 € ; ⊙mar-sam 19h-tard). La Cabaña se trouve à 15 minutes en voiture, dans le hameau de Mácher. Tenu par un couple d'Anglais aussi enthousiastes qu'expérimentés, l'endroit jouit d'une belle réputation de par ses plats innovants d'inspiration méditerranéenne. Le menu change toutes les semaines, mais on peut y goûter un carpaccio de saumon sauvage accompagné de gâteaux au crabe et d'une sauce à la betterave et à la vanille.

Playa Blanca

Si vous préférez le sable à la vie nocturne débridée, la paisible station balnéaire de Playa Blanca a des chances de vous plaire car elle conserve, malgré la présence de fast-foods américains, une certaine dignité. La plage principale, à drapeau bleu, tire avantage de son sable, d'une couleur très pâle (d'où son nom de plage blanche), et de bonnes infrastructures. Cela dit, vous serez mieux à Corralejo, sur l'île de Fuerteventura, dont les plages et les dunes surpassent largement celles du coin. Faites un tour dans le nouveau port huppé de l'île, la Marina Rubicón. Un marché d'art et d'artisanat s'y tient les mercredis et samedis matin.

Activités

Il existe plusieurs activités à faire ici. Demandez de la documentation à l'office du tourisme.

Catlanza BALADES EN BATEAU

(☎928 51 30 22 ; adulte/enfant 59/39 €). Ce bateau de plus de 20 m de long se rend sur les Playa del Papagayo, où il mouille et où vous déjeunerez tout en profitant du bar, du jet-ski, du snorkeling et du pont ensoleillé.

Rubicat BALADES EN BATEAU

(☎928 51 90 12 ; Marina Rubicón ; adulte/enfant 55/33 €). Offre des voyages similaires, des cours de voile et des voyages pour Isla de Lobos.

Cala Blanca PLONGÉE

(☎928 51 90 40 ; www.calablancasub.com ; Centro Comercial el Papagayo). Cette agence propose des cours individuels ainsi qu'un baptême de plongée (60 €) pour les grands débutants.

Rubicon Diving Center PLONGÉE

(☎928 34 93 46 ; www.rubicondiving.com). Offres similaires à celles de Cala Blanca ; 6 plongées pour 225 €.

Où se restaurer

Restaurante Casa José ESPAGNOL €€

(Plaza Nuestra Señora del Carmen 8 ; plats 7-11 € ; ⊙fermé dim midi). Installé en face de l'église, cet humble restaurant rehaussé de vert à la manière traditionnelle sert d'excellents plats de fruits de mer dans une atmosphère comme à la maison.

El Maño ESPAGNOL €€

(Marina Rubicón ; plats 10-15 €). Un long pont de bois mène à ce restaurant espagnol unique, qui prépare des spécialités de tout le pays, parmi lesquelles du gaspacho d'Andalousie, du *cochinillo a la segoviana* (cochon de lait à la Ségovienne) et de la paella à la Valencienne.

El Almacen de la Sal FRUITS DE MER ET POISSON €€€

(Paseo Marítimo 12 ; plats 12-35 € ; ⊙fermé mar). Installée dans un ancien entrepôt à sel, cette excellente adresse du front de mer, a le double attrait d'une belle décoration et d'une terrasse à mi-chemin entre le port et la plage principale. Les plats de poisson sortent du lot et l'on distingue le colin en croûte de sel et son *cod pil pil* (une sauce épicée à la tomate et aux piments). Il y a aussi des plats de viande, des pâtes végétariennes et un menu moins cher à midi.

Casa Pedro ESPAGNOL €€

(Paseo Marítimo 77 ; plats 7-12 €). Emplacement superbe sur le front de mer et bons plats régionaux et de fruits de mer.

Renseignements

Office du tourisme (☎8h30-12h30 et 14h-17h lun-ven, 8h30-12h30 sam). Installé dans un kiosque dans la rue piétonne Calle Limoner.

Depuis/vers Playa Blanca

Le bus n°6 (3,15 €, 1 heure) relie au moins 6 fois par jour Playa Blanca à Arrecife via Puerto del Carmen. Le bus gratuit **Fred Olsen** (☎902 53 50 90 ; www.fredolsen.es) part de Puerto del Carmen (9h et 17h) et arrive pour les départs du ferry à 10h et 18h vers Corralejo, sur l'île de Fuerteventura. Le service est aussi en adéquation avec les ferries arrivant de Corralejo à 9h et 17h. Le service du matin se rend jusqu'à l'aéroport de Lanzarote.

Punta del Papagayo

De charmantes criques de sable doré parsèment la côte sud-est qui aboutit à Punta del Papagayo. Le promontoire lui-même a le statut de réserve naturelle protégée. La route au-delà de la barrière de péage branlante (3 € par véhicule) n'est plus goudronnée mais reste praticable, même à bord d'une petite voiture. Sinon, optez pour la solution de facilité et prenez le **bateau-taxi Papagayo Beach** (☎928 59 61 07 ; aller-retour adulte/enfant 15/7,50 € ; ⏲10h-17h), qui part de Playa Blanca 4 fois par jour et fait une halte à la Marina Rubicón.

La côte sud-est, qui mène à Punta del Papagayo, est ponctuée d'une série de jolies criques de sable doré et de plages, dont la Playa del Papagayo et la **Playa Mujeres**, aussi pittoresque qu'isolée, s'étirant sur 90 m, à l'ouest de *punta*. Elle est particulièrement appréciée des plongeurs et des surfeurs.

Tenerife

☎922 / 906 854 HABITANTS

Dans ce chapitre »

Le top des restaurants

- » Tasca (p. 124)
- » Bar El Peton (p. 130)
- » Restaurante Mil Sabores (p. 134)
- » Casa Rural la Asomada del Gata (p. 129)

Le top des hébergements

- » Hotel Alhambra (p. 219)
- » Hotel la Quinta Roja (p. 219)
- » Senderos de Abono (p. 220)
- » Hotel Aguere (p. 218)

Pourquoi y aller

Tenerife, la plus grande et la plus connue des îles Canaries, reçoit plus de 10 millions de visiteurs par an, qui, pour la plupart, mettent directement le cap sur les stations balnéaires du Sud. Pourtant, au-delà des transats rouges, des soirées mousse et de l'excellente bière pression, on découvre une île à la culture authentique et d'une extraordinaire diversité.

Toutes les expériences sont ainsi à portée de main : balades dans des forêts tropicales, boutiques de créateurs, sombres paysages de champs de lave, carnaval dont la sensualité n'a rien à envier à celui de Rio, musées, temples érigés à l'art moderne et vieilles cités coloniales. Mais avant tout, Tenerife est l'île des paysages spectaculaires, grâce au Pico del Teide. Ce sommet couronné de neige, le plus haut d'Espagne, offre aux marcheurs les plus belles opportunités de randonnée du pays.

Quand partir

Tenerife est réputée pour son climat évocateur d'un éternel printemps. Elle se visite donc toute l'année, mais il existe des moments plus agréables que d'autres. Les amateurs de soleil et de bronzage trouveront plus particulièrement leur bonheur en mai, juin et septembre, quand le soleil est chaud et les foules moins denses. Les surfeurs profiteront quant à eux des plus belles vagues entre décembre et mars, et les adeptes de plongée sous-marine apprécieront les eaux calmes qui caractérisent les mois de juillet et août. En principe, on peut randonner sur le Teide toute l'année. Cependant, au cœur de l'hiver, il arrive que les chutes de neige en barrent l'accès. En plein été, la température peut se révéler parfois torride.

Comment circuler

TITSA (Transportes Interurbanos de Tenerife SA ; www.titsa.com) exploite un réseau fourni de lignes qui desservent toute l'île, ainsi que des lignes urbaines dans Santa Cruz et diverses villes.

Il existe presque autant d'agences de location de voitures dans l'île que de pubs anglais, c'est dire que vous ne devriez pas avoir de problème, y compris pour le jour-même. Les loueurs internationaux, généralement fiables, sont présents dans toutes les grandes stations balnéaires et les aéroports.

On trouve des taxis partout dans l'île, mais ils reviennent cher. Il vaut nettement mieux louer un véhicule.

3 JOURNÉES COUP DE CŒUR

Jour 1

Commencez votre séjour par **Santa Cruz**, en admirant les œuvres classiques de son **Museo de Bellas Artes**. Après quoi, profitez des beautés de la nature au **Parque García Sanabria**. Découvrez la créativité de l'Espagne contemporaine au **TEA**, une galerie d'art moderne. Ensuite, retour dans le passé lointain grâce au **Museo de la Naturaleza y El Hombre**, avant de terminer la journée par une balade jusqu'à l'**Auditorio de Tenerife**.

Jour 2

Le lendemain matin, partez à la découverte des rues ravissantes de **Garachico**, sur la côte nord-ouest, avant de faire route à l'ouest pour rallier **Punto de Teno**, pointe sauvage située tout au bout de Tenerife. Accrochez-vous bien à votre siège pendant le trajet spectaculaire qui mène à **Masca**, puis redescendez vers la mer pour passer un moment sur le sable à **Los Gigantes** et **Puerto de Santiago**.

Jour 3

Reprenez de la hauteur et dépassez les nuages dans le splendide **Parque Nacional del Teide**. Vous êtes courageux et en excellente condition physique ? Partez en randonnée toute la journée à l'assaut du sommet. Vous êtes courageux mais un peu moins sportif ? Prenez le téléphérique qui vous déposera juste en dessous. Enfin, la marche facile aux alentours des **Roques de García** est à la portée de tous.

S'éloigner des foules

» **Monts Anaga** (p. 130). Une forêt dense et des sentiers de randonnée peu fréquentés.

» **Porís de Abona** (p. 149). Minuscule et paisible plage de la côte est ; notre chouchoute.

» **Las Américas** (p. 150). On n'est pas vraiment loin de tout ici (doux euphémisme !) mais l'endroit se prête au farniente total. Avis aux amateurs.

À NE PAS MANQUER

Culminant à 3 718 m, le Teide est le plus haut sommet d'Espagne et l'une de ses plus belles merveilles naturelles.

Centres historiques

» **La Laguna** (p. 127). Marie l'élégance à l'ancienne et un dynamisme juvénile.

» **La Orotava** (p. 137). La plus belle architecture coloniale de Tenerife.

» **Garachico** (p. 140). Port de pêche pittoresque dans un magnifique écrin naturel.

Le top des randonnées

» **Teide** (p. 141). La plus spectaculaire des Canaries.

» **Barranco de Masca** (p. 146). Une superbe descente dans une gorge très encaissée.

» **Pico Viejo** (p. 143). Le pic injustement oublié du Teide.

» **Llano de los Loros** (p. 131). Splendide balade en forêt, idéale pour les familles.

Sites Internet

» Site de l'office du tourisme : www.todotenerife.es

» Infos actualisées sur l'ascension d'El Teide : www.reservasparquesnacionales.es

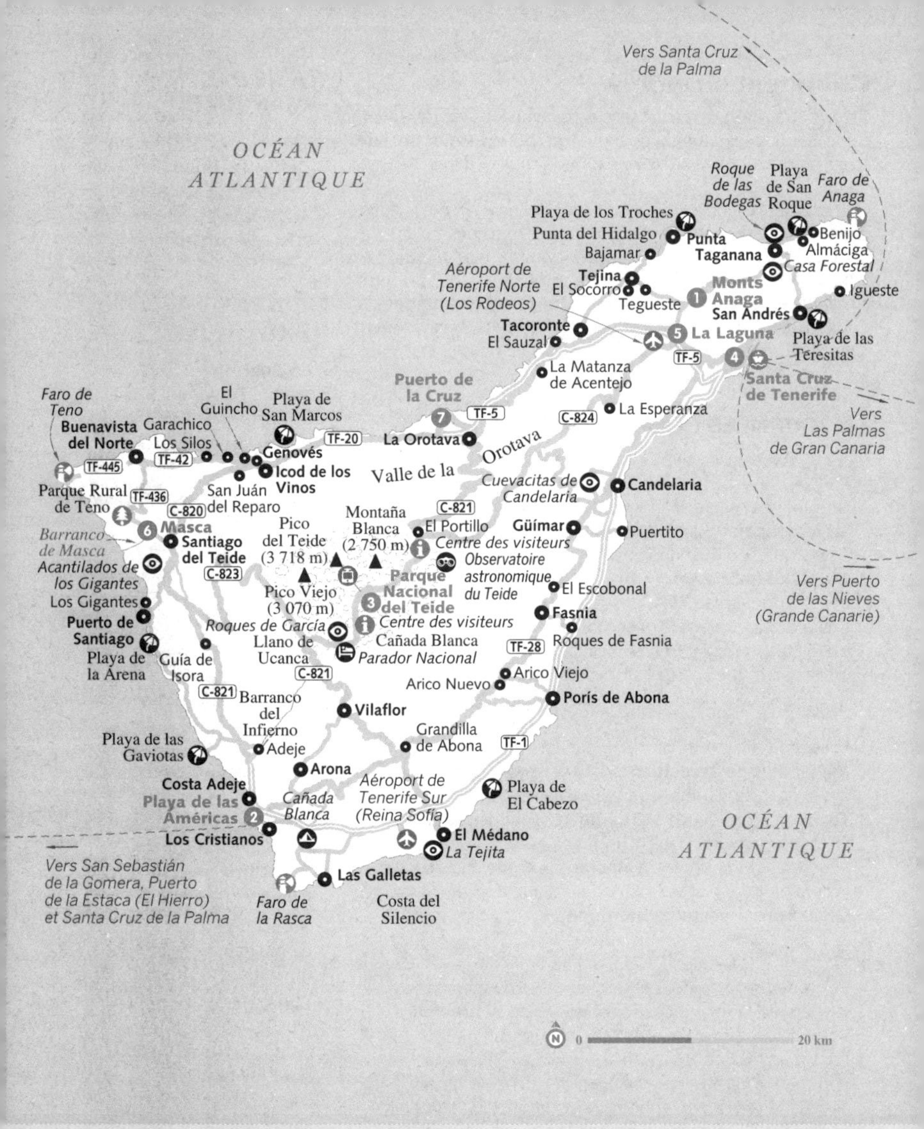

À ne pas manquer

❶ Les magnifiques **monts Anaga** (p. 130), la région géologique la plus ancienne de l'île

❷ La vie nocturne et ses néons à **Playa de las Américas** (p. 150)

❸ Les fabuleux paysages lunaires d'**El Teide** pour une randonnée (p. 141)

❹ La grande vague de l'**Auditorio de Tenerife** (p. 122) à Santa Cruz de Tenerife

❺ **La Laguna** (p. 127), qui recèle le quartier historique le mieux préservé de l'île

❻ Le charme fou de la minuscule **Masca** (p. 145) et son cadre sensationnel

❼ La pittoresque station de **Puerto de la Cruz** (p. 132), où souffle une douce brise marine

Histoire

Appelés Guanches et habitant des grottes, les premiers occupants de Tenerife seraient arrivés d'Afrique du Nord vers 200 av. J.-C. Dernière à tomber lors de la conquête espagnole (en 1496), l'île devint ensuite une importante escale commerciale. Cela lui valut de subir les assauts des pirates et d'être envahie par les Britanniques en 1797 lors de la bataille de Santa Cruz, qui coûta un bras à l'amiral Nelson.

En 1821, Madrid faisait officiellement du principal port de l'île, Santa Cruz de Tenerife, la capitale de l'archipel, au grand dam des élites de Las Palmas, sur la Grande Canarie. Il fallut attendre un peu plus d'un siècle pour que Madrid décide en 1927 de créer deux provinces, Santa Cruz restant la capitale provinciale des îles de Tenerife, La Palma, La Gomera et El Hierro. À mesure que se renforçaient les liens économiques entre les Canaries et les Amériques, bon nombre d'insulaires franchirent l'océan pour rejoindre notamment le Venezuela et Cuba. Ces dernières décennies, le mouvement s'est inversé et les anciens émigrés ou leurs descendants sont de retour. Aujourd'hui, la musique et la cuisine de Tenerife dénotent une forte influence culturelle de l'Amérique latine.

Depuis/vers Tenerife

AVION

Deux aéroports desservent l'île. **Tenerife Sur** (Reina Sofía ; ☎922 75 95 10 ; www.aena.es), à 20 km à l'est de Playa de las Américas, accueille les vols internationaux, tandis que presque tous les vols interîles, (plus quelques vols internationaux et liaisons avec l'Espagne), se posent sur l'**aéroport Tenerife Norte** (Los Rodeos ; ☎922 63 56 35), plus petit et plus ancien. Vous y trouverez un guichet de change, plusieurs agences de location de voitures, un bar, et un comptoir d'information moyennement utile.

BATEAU

FERRIES DEPUIS SANTA CRUZ Les billets, toutes compagnies confondues, s'achètent dans les agences de voyage, ou dans le bâtiment principal de l'Estación Marítima Muelle Ribera, à Santa Cruz (à l'embarcadère des bateaux Fred Olsen). Le siège de Naviera Armas est plus loin au sud.

Acciona Trasmediterránea (☎902 45 46 45 à Madrid ; www.trasmediterranea.com ; Estación Marítima Muelle Ribera) assure une liaison hebdomadaire à 23h chaque vendredi au départ de Santa Cruz de Tenerife, avec les escales suivantes :

» Las Palmas de Gran Canaria (à partir de 24 €, 4 heures, 1 à 2 fois/jour)

DISTANCES (KM)

	Santa Cruz de la Tenerife	Puerto de la Cruz	Los Cristianos	Puerto de Santiago
Puerto de la Cruz	74			
Los Cristianos	158	140		
Puerto de Santiago	73	40	27	
Parador Nacional de Teide	128	90	64	40

Distances approximatives

» Puerto de Rosario, Fuerteventura (à partir de 28 €, 21 heures, 23h30 vendredi)

» Arrecife, Lanzarote (à partir de 28 €, 24 heures, 23h30 vendredi)

Naviera Armas (☎902 45 65 00 ; www.navieraarmas.com) couvre un grand nombre d'itinéraires dans tout l'archipel au départ de Santa Cruz :

» Las Palmas de Gran Canaria, Grande Canarie (41,90 €, 2 heures 45, 20/sem)

» Morro Jable, Fuerteventura (17,85 €, 7 heures, 20h dimanche)

» Puerto del Rosario, Fuerteventura (12,50 €, 11 heures 30, 15h lundi, mardi et jeudi)

» Gran Tarajal, Fuerteventura (5,65 €, 10 heures, 2/sem)

» Arrecife, Lanzarote (27,17 €, 11 heures, 6/sem)

» Santa Cruz de la Palma, La Palma (13,40 €, 6 heures, 18h30 mardi et jeudi)

» Valverde, El Hierro (à partir de 6,71 €, 8 heures 15, 15h30 lundi, mercredi et vendredi)

La compagnie **Fred Olsen** (☎902 10 01 07 ; www.fredolsen.es) fait circuler 4 à 6 ferries rapides par jour de Santa Cruz à Agaete, dans le nord-ouest de la Grande Canarie (64 €, 1 heure 15), d'où elle assure la correspondance gratuite en bus jusqu'à Las Palmas (35 min).

FERRIES DEPUIS LOS CRISTIANOS Le ballet des ferries est incessant de nuit comme de jour dans le port de Los Cristianos. Deux compagnies assurent le transport : Naviera Armas et Fred Olsen, dont les bateaux sont plus rapides et plus chers. Les billets de toutes les compagnies s'achètent dans les agences de voyages ou dans le bâtiment principal de l'Estación Marítima au port de Los Cristianos. Les tarifs s'entendent par personne.

Les destinations desservies par **Naviera Armas** au départ de Los Cristianos comprennent notamment :

» San Sebastián de la Gomera, La Gomera (à partir de 26,67 €, 1 heure, 3/jour du lundi au vendredi, 1 le samedi, 2 le dimanche)

» Santa Cruz de la Palma, La Palma (43 €, 3 heures 30, 1/jour du dimanche au vendredi)

» Valverde, El Hierro (23,85 €, 6 heures, mercredi)

(Note : le bateau à destination d'El Hierro transporte principalement des marchandises ; le confort n'est donc pas garanti, loin de là.)

Les bateaux **Fred Olsen** au départ de Los Cristianos desservent notamment :

» San Sebastián de la Gomera, La Gomera (à partir de 28,76 €, 40 min, 3/jour du lundi au vendredi, 2/jour samedi et dimanche)

» Santa Cruz de la Palma, La Palma (51,70 €, 2 heures 15, 1/jour du dimanche au vendredi)

SANTA CRUZ DE TENERIFE

200 000 HABITANTS

Les raisons de tomber sous le charme de Santa Cruz de Tenerife ne manquent pas. Cette cité portuaire pittoresque possède en effet des immeubles aux couleurs vives, des boutiques étonnantes ou sophistiquées, d'intéressantes galeries d'art, un excellent musée et un parc municipal, véritable oasis tropicale emplie de chants d'oiseaux, de fontaines et de verdure. Mais surtout, Santa Cruz est essentiellement une cité espagnole animée typique, à mille lieues des stations balnéaires touristiques du Sud. La commune dispose aussi d'un excellent réseau de bus, ce qui en fait une base pratique pour explorer le nord-est de Tenerife.

Histoire

Alonso Fernández de Lugo mit le pied sur Tenerife en 1494 pour entamer la conquête de la dernière île de l'archipel, qui offrait une forte résistance aux Espagnols. La Laguna, à quelques kilomètres dans les terres, devint la première capitale de l'île. Santa Cruz de Santiago (ancien nom de Santa Cruz de Tenerife) stagna jusqu'à l'essor de son port aux XVIIIe et XIXe siècles. Ce n'est qu'en 1803 qu'un décret royal libéra Santa Cruz du contrôle municipal de La Laguna. Elle ne devint officiellement une ville qu'en 1859.

À voir

La majorité des sites à visiter sont à une courte distance à pied de la **Plaza España**, place du front de mer ornée d'un mémorial aux victimes de la guerre civile de 1936-1939 encore controversé. Si les monuments ne sont pas pléthoriques, on appréciera certains bâtiments superbes et les expositions bien conçues.

Santa Cruz de Tenerife

Les incontournables

Iglesia de Nuestra Señora de la Concepción ... C5
Museo de la Naturaleza y el Hombre ... C5
Parque Garcia Sanabría ... B2
TEA Tenerife Espacio de las Artes ... C5

À voir

1 Castillo de San Cristóbal ... D4
2 Centro de Arte La Recova ... C4
3 Iglesia de San Francisco ... C3
4 Museo de Bellas Artes ... C3
5 Museo Militar de Almeyda ... D1
6 Teatro Guimerá ... C4

Où se loger

7 Aecan Turismo Rural ... D3
8 Hotel Contemporáneo ... B1
9 Hotel Santa Cruz Plaza ... D4
10 Hotel Taburiente ... B1
11 Pensión Casablanca ... B3

Où se restaurer

12 Da Canio III ... C1
13 El Marqués de la Noria ... C4
14 Gom ... B1
15 La Cazuela ... A2
16 Mercado de Nuestra Señora de África ... B5
17 Romana ... C3
18 Tasca ... B1
19 Tasca el Caminito ... B3

Où prendre un verre

20 Bar Imperfecto ... B1
21 Bar Zumería Doña Papaya ... A3
22 Murphy's ... D4

Où sortir

23 CD Tenerife ... B3
24 Honky Tonk Xpress ... D1
25 La Nuit ... D1
Teatro Guimerá ... (voir 6)

Achats

26 Rastro ... C5

Santa Cruz de Tenerife

Museo de la Naturaleza y el Hombre

MUSÉE

(www.museosdetenerife.org, en espagnol ; Calle Fuente Morales s/n ; adulte/moins de 12 ans 3/1,50 € ; 9h-19h mar-dim). Attraction phare de la ville, et l'un des meilleurs de l'archipel, ce musée mélange sciences de la nature et archéologie dans un ancien hôpital civil. Ses momies et crânes guanches constituent indéniablement le clou de la visite. La géologie, la faune et la flore des îles font l'objet d'expositions instructives, et les installations interactives séduisent avec leurs boutons qui clignotent et les grands écrans. Hélas, la signalétique est exclusivement en espagnol et les traductions que l'on vous confie à l'entrée peinent à insuffler un peu de vie aux expositions (des audioguides plus informatifs sont toutefois disponibles en anglais et en allemand). Il y a aussi un café et une boutique de cadeaux.

Castillo de San Juan

FORT

La zone centrale du front de mer était en pleins travaux de rénovation lors de notre passage et, à l'exception des quais eux-mêmes, se trouvait en grande partie cachée à la vue. Sachez toutefois qu'il suffit de marcher 10 minutes au sud-ouest de la Plaza España, le long du front de mer, pour rejoindre le Castillo de San Juan (XVIIe siècle). À l'ombre de cet ouvrage défensif, on pratiquait autrefois un actif trafic d'esclaves africains.

Auditorio de Tenerife BÂTIMENT D'INTÉRÊT
(www.auditoriodetenerife.com ; Avenida Constitución s/n). Aujourd'hui, la massive structure rectangulaire en basalte de ce fort est dominée par la magnifique vague blanche de l'Auditorio de Tenerife, auditorium dû à l'architecte espagnol de réputation internationale Santiago Calatrava, dont la silhouette est aussi caractéristique que celle de l'opéra de Sydney et qui bénéficie d'une excellente acoustique. Des **visites guidées** (12h30 lun-sam oct-juin, 12h30 et 17h30 lun-sam juil-sept) vous feront découvrir les coulisses de ce remarquable édifice. Ces visites s'effectuent uniquement en espagnol et se réservent bien à l'avance. Venir à l'improviste dans l'espoir de jeter un coup d'œil est une perte de temps, dans la mesure où il est fort probable que vous ne trouviez personne sur place. Les autorités municipales semblent ignorer pour l'instant (sacrilège !) le potentiel touristique du bâtiment.

Parque Marítimo César Manrique PARC
(Avenida Constitución s/n ; tarif plein/senior/enfant 2,50/1/1,20 € ; ⏲10h-19h). Juste derrière le fort et l'auditorium, à l'architecture contrastée, ce parc permet de se plonger dans un des superbes bassins design, ou de s'écrouler sur un transat au soleil tout en appréciant la vue magnifique et les boissons fraîches. Adapté à tous les âges, les enfants l'adorent. Pour en savoir plus sur César Manrique, voir p. 102.

TEA
Tenerife Espacio de las Artes GALERIE D'ART
(www.teatenerife.es, en espagnol ; Avenida San Sebastián 10 ; adulte/moins de 12 ans 5 €/gratuit ; ⏲10h-20h mar-dim). Cet élégant espace d'exposition municipal (inauguré en 2008) met particulièrement l'accent sur la photographie, l'art moderne et le documentaire à sujet sociétal. Les principales salles d'exposition se trouvent à l'étage. Dans les galeries du rez-de-chaussée, on peut voir travailler les artistes en résidence. Lors de notre dernière visite, les expositions portaient sur la maltraitance des enfants et la déchéance du corps humain. Certaines œuvres sont à caractère ouvertement politique ou sexuel. Le centre abrite également une bibliothèque et un café-restaurant.

♥ **Parque Garcia Sanabría** PARC
(Près de Calle Méndez Núñez). À la périphérie nord du centre-ville, le parc municipal rassemble une belle collection de fleurs et d'arbres méditerranéens et subtropicaux avec, çà et là, des fontaines et des bassins. C'est l'endroit idéal pour pique-niquer à l'ombre d'un banian indien et passer tranquillement l'après-midi à écouter le chant des oiseaux (tâchez de repérer les perruches à collier, qui se sont échappées de leurs cages et ont fait du parc leur nouvelle résidence).

Iglesia de Nuestra Señora de la Concepción ÉGLISE
(Plaza Iglesia ; ⏲messes 9h et 19h30). Ne ratez pas l'impressionnant campanile de la plus ancienne église de la ville, au toit de tuiles, qui comporte des plafonds en céramiques de style mudéjar. L'église actuelle date des XVIIe et XVIIIe siècles, mais le bâtiment d'origine fut bâti en 1498 juste après la conquête de l'île. La *Santa Cruz de la Conquista* (la *Sainte Croix de la conquête*), qui a donné son nom à la ville, occupe le cœur de l'autel en argent étincelant. Selon la tradition, le commandant espagnol Alonso Fernández de Lugo l'aurait plantée dans son camp en remerciement de sa victoire sur les Guanches en 1494.

Jetez un œil à l'**antichambre** conduisant à la sacristie. L'autel de la chapelle sur l'arrière fut sculpté dans le cèdre sur ordre de Don Matías Carta, un homme de pouvoir qui mourut avant son achèvement. Il est inhumé dessous et le portrait blafard sur le mur fut réalisé après sa mort. On peut voir aussi une belle toile de Juan de Miranda, *La Adoración de los Pastores* (*L'Adoration des bergers*). La **Plaza Iglesia**, sur laquelle se dresse l'église, était autrefois mal famée. Elle a bénéficié d'une rénovation qui a donné des couleurs joyeuses à ses façades. Quelques bars à la mode s'y sont ouverts.

Iglesia de San Francisco ÉGLISE
(Calle José Murphy). Si vous aimez visiter les églises, ne manquez pas ce joli spécimen baroque des XVIIe et XVIIIe siècles.

NOMS DES RUES

Les noms de certaines rues de Santa Cruz sont en train de changer progressivement. Or, les cartes fournies par l'office du tourisme mentionnent des noms de rues qui ne correspondent pas toujours à ceux indiqués sur les panneaux. Nous avons utilisé les noms de rue réels, mais attendez-vous à une certaine confusion, car le processus de changement est toujours en cours.

TENERIFE POUR LES ENFANTS

La multitude de lieux et d'activités permettant d'occuper les enfants font de Tenerife une destination appréciée des familles. À moins que votre rejeton appartienne à cette minorité qui déteste avoir du sable entre les orteils (ça existe), les **plages** des stations du Sud (ainsi que Puerto de la Cruz) sont parfaites pour faire châteaux et pâtés et se baigner dans des eaux peu profondes. Les plus grands auront le choix entre divers sports nautiques, allant du **surf** à la **plongée**, à moins d'affronter la haute mer lors d'une **excursion d'observation des baleines ou des dauphins**.

Si les jeux d'eau deviennent lassants, c'est le moment d'aller vers les stations du Sud, Los Cristianos et Playa de las Américas, dont les parcs à thème sont des paradis pour les plus jeunes. Les étagères des offices du tourisme débordent de dépliants vantant leurs mérites. Les animaux tiennent la vedette, mais ne vous attendez pas à voir de véritable zoo ; le **Jungle Park** est de loin le parc animalier le plus populaire du Sud, mais dans la catégorie des "incontournables", le **Siam Park**, un fantastique parc aquatique, lui vole la vedette. Moins grisantes, les nombreuses piscines d'hôtel, ou celles du **Parque Marítimo César Manrique**, à Santa Cruz, n'en offrent pas moins la possibilité de bien s'amuser.

Pour stimuler un peu aussi leurs neurones, essayez le **Museo de la Ciencia y el Cosmos**, à La Laguna. La sortie familiale la plus populaire est la visite du **Loro Parque**, à Puerto de Santa Cruz ; leur publicité, omniprésente, semble recouvrir toutes les surfaces de l'île.

GRATUIT **Museo de Bellas Artes** MUSÉE
(Calle José Murphy 12 ; ⏲10h-20h lun-ven, 10h-15h sam et dim). Ses collections offrent un choix éclectique de peintures d'artistes essentiellement espagnols, canariens et flamands, dont Ribera, Sorolla et Bruegel, ainsi que des sculptures, dont une de Rodin, et des expositions temporaires.

GRATUIT **Museo Militar de Almeyda** MUSÉE
(Calle San Isidro 1 ; ⏲10h-14h mar-sam). Ce musée, qui retrace l'histoire militaire de l'archipel, abrite une foule de "merveilles technologiques" vieilles de plusieurs siècles et conçues pour tuer... Il évoque de façon appuyée la résistance victorieuse de la cité, qu'incarne une superbe maquette longue de 30 m du navire amiral *Theseus*.

GRATUIT **Centro de Arte La Recova** GALERIE
(Plaza Isla de la Madera s/n ; ⏲11h-13h et 18h-21h lun-ven). Aménagée dans un ancien marché, cette galerie accueille les expositions temporaires d'artistes contemporains originaires des Canaries et de l'Espagne continentale.

Teatro Guimerá BÂTIMENT D'INTÉRÊT
(www.teatroguimera.es ; Plaza Isla Madera s/n ; ⏲11h-13h et 18h-20h mar-ven). Datant du XIXe siècle, ce théâtre, devant lequel se dresse une grande sculpture représentant un masque très théâtral, est le joyau architectural de la ville. L'intérieur somptueux, surchargé de dorures aux balcons semi-circulaires, rappelle celui du Teatro Real de Madrid.

GRATUIT **Castillo de San Cristóbal** CHÂTEAU
(Plaza España ; ⏲10h-18h lun-sam). Sous la Plaza España se trouvent les vestiges encore debout du château qui se dressait anciennement à cet endroit. On y accède par une entrée située sur le côté mer de la place. Un petit musée retrace l'histoire du château. El Tigre, le canon supposé avoir arraché le bras de l'amiral Nelson lorsqu'il attaqua Santa Cruz en 1797, est le clou de l'exposition.

Fêtes et festivals

Outre le carnaval (voir p. 126), Santa Cruz accueille d'autres fêtes :

Festival de Música de Canarias FESTIVAL DE MUSIQUE
Les mélomanes ne ratent pour rien au monde cette manifestation consacrée à la "grande" musique, qui a lieu en janvier et en février à Santa Cruz de Tenerife et à Las Palmas de Gran Canaria, sur la Grande Canarie. Pour plus de renseignements, voir www.socaem.com.

Día de la Cruz FÊTE RELIGIEUSE
Cette journée est célébrée le 3 mai dans toute l'île, mais surtout à Santa Cruz (et à Puerto de la Cruz), où croix et chapelles sont décorées de fleurs en l'honneur de la fondation de la ville.

Où se restaurer

Les terrasses fleurissent sur les places, conséquence de l'habitude locale d'aimer se retrouver entre amis et de l'ensoleillement généreux. Parmi les agréables *terrazas* (terrasses), citons celle de la Plaza Candelaria, et celle installée à l'ombre, en lisière du Parque Garcia Sanabría, où l'on peut se détendre pendant que les enfants s'amusent sur le terrain de jeux voisin.

Tasca CANARIEN TRADITIONNEL €
(922 28 07 64 ; Calle Dr Guigou 18 ; *menú del día* 6,67 € ; fermé dim). Aux antipodes culturels et gastronomiques des stations balnéaires du Sud où le breakfast à l'anglaise servi toute la journée est roi, cette institution de quartier ne fait aucune concession aux visiteurs étrangers. Les serveurs ont l'air d'être là depuis des lustres et le sourire ne fait à l'évidence pas partie de leurs obligations professionnelles. Mais, les formules déjeuner affichent un prix si dérisoire que la clientèle locale fait souvent la queue en attendant qu'une table se libère. La cuisine, aux portions gargantuesques, consiste pour l'essentiel en classiques canariens à l'ancienne. Tout à côté, et faisant partie du même établissement, le restaurant un peu plus élégant (plats 7-10 €) s'anime en soirée.

Da Canio III ITALIEN €
(Calle San Martín 76 ; plats 6,50-8 € ; fermé dim ;). Tenu par des Italiens, ce restaurant sert pizzas et pâtes de qualité dans une salle à manger en pierre et terre cuite décorée avec goût. Le choix étourdissant de pizzas (une bonne vingtaine) est parfait pour les familles les plus difficiles, et les pâtes et risottos sont aussi très réussis.

Gom CANARIEN MODERNE €€
(922 27 60 58 ; Calle Dr Guigou 27 ; plats 10-15 € ; fermé dim et lun). Le menu moderne de ce restaurant sophistiqué s'inspire avec originalité de plats classiques des Canaries et d'Espagne continentale. C'est l'un des restaurants les plus huppés du centre-ville, le genre d'endroit où l'on dîne lors d'une occasion spéciale, mais où l'ambiance et la clientèle sont nettement plus informelles au déjeuner.

Rasoi Restaurante INDIEN €€
(Calle Perdón 5 ; menus 12-15 € ;). Ce restaurant indien, une rareté qui se caractérise par les épices et *rotis* de rigueur, change agréablement de la viande omniprésente dans la gastronomie espagnole. Il est apprécié de la petite communauté indienne locale, signe qu'il sert une nourriture assez authentique. Curieusement, il est plus guindé que ne le sont habituellement les restaurants indiens. La Calle Perdón est une rue située sur la droite juste après l'arène de la Rambla General Franco.

Centro Gallego Taberna Restaurante ESPAGNOL €€
(Calle Sueños 27 ; menú del día 8,50 € ; fermé dim et lun). La Galice, province verte et arrosée dans l'angle nord-ouest de la péninsule Ibérique, donne sur l'Atlantique. Ce centre culturel galicien couleur bleu ciel abrite un restaurant qui prépare d'authentiques repas typiques à base de poisson et de fruits de mer. En outre, le centre accueille diverses manifestations culturelles galiciennes, et organise des cours de flamenco et de tango (beaucoup moins galiciens, pour le coup). Attention : sur certains plans de la ville, cette rue porte le nom de Calle del General Sanjurjo. Le centre se trouve dans une rue sur la droite, juste après l'arène de la Rambla General Franco.

La Cazuela CANARIEN TRADITIONNEL €€
(Calle Robayna 34 ; plats 7,50-14,50 € ; fermé sam déj et dim). Sur fond jaune canari, cet établissement à la jolie terrasse fleurie est chaudement recommandé par les habitants pour ses plats traditionnels. Installez-vous pour un long et copieux déjeuner et essayez la *cazuela* (cassolette de poisson frais ou salé).

Tasca el Caminito CANARIEN TRADITIONNEL €€
(922 29 18 34 ; Callejon del Combate 10 ; plats 10-14 €). La petite ruelle dans laquelle se trouve ce restaurant abonde en adresses correctes et pleines de charme. Notre préférence va néanmoins à celui-ci et à son *secreto Iberico* (porc en sauce à l'orange et aux pommes). Si vous comptez faire sensation sur la plage, il faudra vous passer du flan nappé de chocolat et de crème.

El Marqués de la Noria INTERNATIONAL €€
(Callejon Combate 10 ; plats 10-12 €). On trouve plusieurs restaurants à la mode dans cette rue, dont El Marqués de la Noria, qui sert un choix de plats internationaux, notamment une sensationnelle crêpe aux fruits de mer nappée de sauce au roquefort. Service décontracté et sympathique.

Romana CAFÉ €
(Calle Villaiba Hervas 19). Prenez place dans la queue pour déguster les meilleures glaces en ville. Essayez le légendaire *ice-cream sandwich*.

Faire ses courses

Mercado de Nuestra Señora de África MARCHÉ €
(Calle San Sebastián ; 11h-23h30 lun-sam). Ce marché a un air d'Amérique centrale avec son arche d'entrée, son campanile et

SAVEURS DE TENERIFE

Ne confondez pas la cuisine traditionnelle des îles avec celle de l'Espagne continentale ; les différences sont réelles, même si les tapas espagnoles sont omniprésentes. Plus épicés (cumin, paprika et piments, entre autres), les plats locaux témoignent des influences arabes et latino-américaines.

Comme dans le reste de l'archipel, la spécialité locale par excellence est le *gofio*, céréales grillées moulues qui remplacent le pain et peuvent être mélangées avec des amandes et des figues pour faire des pâtisseries. *Cabra* (chèvre) et *cabrito* (chevreau) sont les principales sources de protéines animales. Le *conejo en salmorejo* (lapin mariné dans un mélange à base de boudin noir et d'avocat) est courant, tout comme les soupes roboratives (*potaje, rancho canario* ou *puchero*), mélanges de viande et de légumes savamment mijotés. Les poissons sont aussi rois, tels les fameux chinchards (*chicharros*) de Santa Cruz de Tenerife, qui ont valu aux habitants leur surnom de *Chicharreros*. Également recommandé, le *sancocho canario*, un plat de poisson salé accompagné de *mojo* (sauce relevée à base d'ail et de piments). Les *mojos* accompagnent en général les *papas arrugadas* (pommes de terre ridées), petites pommes de terre nouvelles bouillies avec leur peau et salées. Le dessert le plus typique est le *bienmesabe* (littéralement le "goût me plaît"), mélange de miel, de crème d'amandes et de rhum.

Si vous faites vos courses, c'est sur les marchés que vous trouverez fruits et légumes de qualité. Les étals sont regroupés par produits. Le **Mercado de Nuestra Señora de África**, à Santa Cruz de Tenerife, est un des meilleurs.

ses vendeurs de fleurs. Petit au regard des standards espagnols, il n'en est pas moins tentant avec ses montagnes de fruits et de légumes frais et ses nombreux poissons, sans compter les pains, les fabuleux fromages locaux et la viande.

Où prendre un verre

Bar Zumería Doña Papaya BAR À JUS

(Calle Callao de Lima 3 ; jus 1,80-3,40 € ; fermé dim). De délicieux jus frais de fraises, mangues, papayes, avocats... et différents cocktails aux noms prometteurs. Les employés s'y pressent à l'heure du déjeuner pour avaler un repas simple et rapide.

Bar Imperfecto CAFÉ, BAR

(Calle San Antonio 69 ; 21h-2h30 lun-sam). L'animation ne commence que tard dans la nuit, mais l'ambiance vaut l'attente. Musique alternative et rock'n'roll emplissent les oreilles dans un décor aux boiseries sombres éclairées par les images noir et blanc venues de l'écran argenté.

Murphy's PUB

(Plaza Concepción s/n ; 17h-2h30 lun-jeu, 17h-3h30 ven et sam, 18h30-2h30 dim). Atmosphère animée sans surprise et Guinness pression dans ce pub irlandais plus classe que beaucoup de ses confrères. Musique live presque tout les week-ends.

Où sortir

Discothèques

L'essentiel de la vie nocturne gravite autour de l'extrémité nord de l'Avenida Anaga, et les endroits où écouter de la musique live se multiplient à quelques pas de la Plaza España. Les établissements changent de nom, de gérance et de style aussi fréquemment que leurs clients changent de chemise. Actuellement, les lieux les plus tendance sont le **Honky Tonk Xpress** (Avenida Anaga 31 ; 18h-3h30 lun-sam) et **La Nuit** (Avenida Anaga 37 ; 18h-3h30 lun-sam).

Théâtre et musique classique

Auditorio de Tenerife CONCERTS

(922 27 06 11 ; www.auditoriodetenerife.com ; Avenida Constitución s/n ;). C'est le tout nouvel espace culturel de Tenerife, aux coquilles de béton blanc arrondies surmontées d'un toit évoquant la crête d'une vague prête à s'abattre. L'auditorium occupe et embellit considérablement 2 ha de terre face à l'océan. Il accueille des spectacles d'opéra, de danse et de musique classique.

Teatro Guimerá THÉÂTRE

(billetterie 902 33 33 38 ; www.teatroguimera.es ; Plaza Isla Madera s/n ; billets 12-18 € ; billetterie 11h-13h et 17h-20h). L'autre salle de spectacles culturels, musicaux et théâtraux.

Sport

Santa Cruz a son club de foot, le **CD Tenerife** (www.clubdeportivotenerife.es, en espagnol ; Callejón Combate 1), qui joue en Ligue II dans le championnat espagnol (mais à l'heure où nous écrivons, celui-ci risque bien d'être relégué). Les billets pour les matchs s'achètent à la *taquilla* (billetterie) du stade, l'**Estadio Heliodoro Rodríguez López** (Calle La Mutine s/n), ou par téléphone au siège du club.

Achats

La Calle Castillo, piétonne, et les rues environnantes forment la zone commerçante. Il y en a pour tous les goûts. Les produits d'horlogerie et l'électronique peuvent être intéressants, et vous trouverez aussi de belles petites boutiques pleines de vêtements de créateurs espagnols et internationaux.

El Corte Inglés GRAND MAGASIN

(Avenida Tres de Mayo 7). On trouve tout dans cet énorme grand magasin, y compris un restaurant et un supermarché, excellent, mais cher, qui vend d'intéressants produits d'importation.

Rastro MARCHÉ

(Calle José Manuel Guimerá ; ⏲dim matin). Ce marché aux puces s'installe dans deux rues parallèles entre le marché couvert et la côte. Dans une ambiance décontractée et animée, les étals présentent l'habituel mélange de CD pirates, de sous-vêtements à bas prix ou de bijoux artisanaux. N'exhibez pas vos liasses d'euros.

Librairie La Isla LIVRES

(Calle Robayna 2). On y trouve des livres en anglais, quelques guides sur les Canaries et des titres Lonely Planet.

Renseignements

INFORMATION TOURISTIQUE Des bornes informatiques à écran tactile réparties dans les lieux publics fournissent des infos sur les centres d'intérêt et les sites de la ville. L'**office du tourisme** (☎922 23 95 92 ; www.webtenerife.com ; Plaza España s/n ; ⏲8h-18h lun-ven, 9h-13h sam) est installé dans l'immeuble du Cabildo Insular de Tenerife. À ne pas confondre avec le kiosque d'information situé en face de la poste attenante.

INTERNET (ACCÈS) **Ciber Scout** (Centro Castillo, Calle Castillo s/n ; 2 €/heure ; ⏲8h-23h lun-sam, 10h-23h dim). On peut aussi y passer des appels téléphoniques bon marché, et des en-cas sont proposés.

POSTE **Bureau de poste principal** (Plaza España 2)

SERVICES MÉDICAUX **Hospital Rambla** (☎922 29 16 00 ; Rambla General Franco 115)

URGENCES **Poste de police** (☎922 84 95 00 ; Avenida Tres de Mayo 32)

Depuis/vers Santa Cruz de Tenerife

Bus

Le réseau des bus TITSA part de la **gare routière** (www.titsa.com), à côté de l'Avenida Constitución. Principales lignes :

Bus n°102 Puerto de la Cruz (4,40 €, 55 min, toutes les 30 min) via La Laguna et Tenerife Norte

À NE PAS MANQUER

CARNAVALERIES

En deuxième position derrière celui de Rio de Janeiro, le **carnaval** de Santa Cruz (www.carnavaltenerife.com) est une fête orgiaque ininterrompue 24h/24. Les festivités commencent généralement début février et durent au moins trois semaines. Défilés et concours de costumes ont lieu sur le *Recinto Ferial* (champ de foire), et les rues, particulièrement autour de la Plaza España, débordent jusqu'à l'aube d'une animation festive.

Ne croyez pourtant pas que le carnaval soit juste une excuse pour faire la bringue et se déguiser. Ce n'est pas toujours manifeste, mais l'événement comporte un message politique implicite. Durant la dictature de Franco, le carnaval fut interdit et, de toute façon, il n'y avait pas grand-chose à célébrer. La complicité de l'église catholique avec les fascistes n'arrangeait rien, et quand le carnaval fut relancé après la mort de Franco, les habitants de Santa Cruz en profitèrent pour dénoncer et ridiculiser l'hypocrisie morale et sexuelle des deux pouvoirs. Aujourd'hui encore, bien des participants se déguisent en religieuses aguichantes et en prêtres pervers, et les drag-queens sont légion. Réservez votre hébergement longtemps à l'avance, du moins si vous avez l'intention de dormir.

CARTE BONO BUS

Si vous comptez effectuer l'essentiel de vos déplacements par les transports en commun, cela vaut la peine d'investir dans une carte BonVia ou Bono Bus. Valable dans tous les bus TITSA à travers toute l'île, ainsi que dans les tramways des villes, ces cartes donnent droit à 30% de réduction sur le prix d'un billet standard, et à des ristournes sur le droit d'entrée de certains sites touristiques. Elles coûtent 12 € ou 30 € (selon le nombre de trajets prévus) et s'achètent dans n'importe quelle gare routière ou station de tramway, ainsi que dans certains kiosques à journaux. Ces cartes sont valables un an.

Bus n°103 Puerto de la Cruz direct (4,40 €, 40 min, plus de 15/jour)

Bus n°110 Los Cristianos et Playa de las Américas direct (7,55 €, 1 heure, toutes les 30 min)

Bus n°111 Los Cristianos et Playa de las Américas (7,55 €, 1 heure 20, toutes les 30 min) via Candelaria et Güímar

Bus n°341 Tenerife Sur (6,20 €, 50 min, 20/jour)

Bus n^os^014 et 015 La Laguna (1,30 €, 20 min, toutes les 10 min)

Tramway

Une toute nouvelle ligne de tram relie le centre de Santa Cruz et La Laguna. Le billet coûte 1,30 € et le trajet dure 40 minutes – c'est de loin le moyen le plus agréable de circuler entre les deux villes.

Voiture et moto

Les agences de location de voitures (certaines louent aussi des motos) sont très nombreuses. Les plus importantes possèdent un comptoir à la *estación marítima* (gare maritime).

Comment circuler

Depuis/vers l'aéroport

De Tenerife Norte, les bus TITSA n^os^102, 107 et 108 (1,35 €, 20 min) vont à Santa Cruz. Le n°102 (3,15 €, 1 heure) continue sur Puerto de la Cruz via La Laguna, qui n'est qu'à 3 km de l'aéroport.

La course en taxi jusqu'à Tenerife Norte coûte autour de 15 €. Compter 26 € pour Tenerife Sur.

Bus

TITSA gère le réseau des bus urbains à Santa Cruz. Depuis la gare routière, plusieurs lignes desservent régulièrement le centre (Plaza General Weyler et Plaza España), dont les n^os^910 et 914. Les lignes n^os^920 et 921 effectuent, elles, des trajets circulaires. Le billet coûte 1,05 €.

Taxi

Les principales stations de taxis se trouvent Plaza España et à la gare routière.

Voiture

Il y a des parkings payants sous la Plaza España et dans le Mercado de Nuestra Señora de África.

LE NORD-EST

La Laguna

130 000 HABITANTS

Souvent mésestimée par les visiteurs de Tenerife, La Laguna est pourtant l'un des joyaux urbains des Canaries. Si les faubourgs bétonnés de San Cristóbal de la Laguna, facile à rejoindre depuis Santa Cruz ou Puerto de la Cruz, sont assez laids, la ville basse est surprenante : rues étroites bordées de maisons colorées, de villas anciennes et de petites boutiques typiques. Première cité-territoire non fortifiée, son plan a servi de modèle à plusieurs capitales et villes coloniales d'Amérique latine. Depuis 1999, elle fait partie des sites du patrimoine mondial de l'Unesco. Débordant de l'énergie de la jeunesse, c'est probablement la ville à la *marcha* (vie nocturne) la plus intense.

À voir

Demeures canariennes BÂTIMENTS HISTORIQUES

La Laguna permet d'apprécier à sa juste valeur la beauté et l'originalité de l'architecture urbaine canarienne : façades lumineuses avec double portail, balcons sculptés et ornements de pierre grise. De belles fenêtres aux persiennes de bois cachent de frais patios ombragés qui, pour les plus beaux d'entre eux, sont entourés au 1er étage de galeries soutenues par des colonnes de bois élancées. Chaque fois que vous verrez un portail ouvert, n'hésitez surtout pas à jeter un coup œil discret à l'intérieur – avec un peu de chance, le patio sera également ouvert, mais n'oubliez pas que, souvent, il s'agit d'habitations privées ou de bureaux.

La Calle San Agustín et les rues avoisinantes sont bordées de beaux bâtiments anciens. Admirez l'intérieur de la **Casa del**

Montañés (Calle San Agustín 16). Détruits par un incendie en 2006, les paisibles patios de la **Casa Salazar** (Calle San Agustín 28) ont été magnifiquement restaurés. La demeure est aujourd'hui celle de l'évêque de La Laguna. L'imposante **Casa de los Capitanes** (Calle Carrera) derrière l'*ayuntamiento* (mairie) abrite l'office du tourisme. La façade bleue dans la **Calle Carrera 66** est celle de l'ancienne demeure du peintre surréaliste Óscar Dominguez.

La façade et l'intérieur du **Teatro Leal** (Théâtre royal ; Calle Obispo Rey Redondo 54), édifice du XIXe siècle, affichent une exubérante opulence. Hélas, le théâtre n'est ouvert au public que pendant les représentations.

Museo de la Historia de Tenerife MUSÉE
(Casa Lecarno ; Calle San Agustín 22 ; adulte/moins de 18 ans 3/1,50 €, entrée libre dim ; ⌚10h-20h mar-dim). Les documents, cartes, objets et descriptions présentés dans ce musée sont dignes d'intérêt, tout comme le bâtiment du XVIe siècle lui-même restauré avec goût. Remarquez les parements de brique aux motifs Renaissance de chaque côté du portique d'entrée du musée.

Iglesia de Nuestra Señora de la Concepción ÉGLISE
(Plaza Concepción ; ⌚8h30-13h30 et 18h-19h30 lun-ven, 8h30-13h30 et 18h-20h30 sam, 7h30-14h et 16h30-20h dim). Première église de l'île, elle fut bâtie en 1502 et remaniée plusieurs fois. L'édifice conserve néanmoins des éléments gothiques et plateresques. Les plafonds de bois sculptés de style mudéjar sont superbes, tout comme la vue depuis le sommet de la tour (1 €).

Catedral San Cristóbal CATHÉDRALE
(Plaza Catedral). À quelques minutes à pied vers l'est, la cathédrale fut entièrement reconstruite en 1913. Dans la chapelle, un joli retable baroque est dédié à la Virgen de los Remedios. Lors de notre passage, la cathédrale était fermée pour travaux de rénovation. Lorsqu'elle rouvrira (impossible encore de savoir quand), vous y verrez notamment de belles peintures de Cristóbal Hernández de Quintana, l'un des plus grands peintres insulaires du XVIIIe siècle.

Iglesia de Santo Domingo ÉGLISE
(Calle Santo Domingo). Ancien ermitage agrandi au XVIIe siècle, cette église renferme également des peintures de Quintana. Ne ratez pas les fresques pleines de vie réalisées au XXe siècle par Mariano Cossío et Antonio González Suárez. Sur place également vous pourrez voir des expositions d'art temporaires, et le petit musée expose les trésors de l'église.

Santuario del Cristo ÉGLISE
(Santuario del Santísimo Cristo de La Laguna ; Plaza San Francisco s/n ; ⌚8h-13h et 16h-20h45 lun-jeu et sam, 8h-21h ven et dim). Au nord du vieux quartier, cette église abrite un christ en croix en bois noirci qui est le plus vénéré de l'île. La plupart des personnes présentes dans ce lieu de culte viennent se recueillir et prier, aussi la plus grande discrétion est-elle de rigueur.

Iglesia y ex-convento de San Agustín ÉGLISE
(Calle San Agustín s/n ; ⌚10h-20h mar-ven, 10h-15h sam et dim). Cette église en ruine n'est pas accessible, mais l'on peut toutefois

À NE PAS MANQUER

DANS LES COULISSES DE LA LAGUNA

Tout ce qui fait l'intérêt et la beauté de La Laguna se trouve en grande partie caché derrière de lourdes portes et des murs épais, à l'abri du regard des touristes un peu trop curieux. Si vous avez envie de découvrir les coulisses de la ville, n'hésitez pas à participer à l'une des fréquentes visites organisées par l'office du tourisme. Celles-ci ont lieu à 10h30, 12h et 16h du lundi au vendredi, ainsi qu'à 10h30 et 12h les samedis et dimanches. Gratuites, elles se font en espagnol (en français, en anglais ou en allemand à condition de prévenir l'office du tourisme 48 heures à l'avance). Les visites partent de l'office du tourisme et englobent la plupart des édifices et églises mentionnés ici, ainsi que d'autres bâtiments historiques impossibles à visiter en indépendant.

Les circuits se concentrant exclusivement sur les églises et couvents coûtent 3 € par personne et durent environ 1 heure 30. Ceux qui couvrent un éventail plus large s'effectuent uniquement en espagnol, à moins de demander une visite dans une autre langue 48 heures à l'avance. On peut également faire cette balade sans guide, mais le tarif reste identique. Les billets de ces deux visites s'achètent aussi à l'Iglesia de Nuestra Señora de la Concepción.

regarder à travers le trou du mur ce qu'il reste de l'édifice, envahi progressivement par les cactus et autres plantes. Les cloîtres, emplis de plantes et de fleurs tropicales, sont ouverts au public. Ce sont sans doute les plus beaux de la ville. Quant aux salles qui entourent les cloîtres, elles abritent une galerie d'art où se tiennent des expositions souvent renouvelées d'œuvres d'art, disons très... locales.

Convento de Santa Clara COUVENT
(angle Calle Anchieta et Calle Viana ; ⌚16h-19h lun-sam et 11h30-19h dim). Ce couvent, le plus intéressant de tous, est réputé pour ses superbes balcons en bois ouvragés. Lors de notre passage, il était fermé pour rénovation, mais dès sa réouverture, ne manquez pas de visiter aussi sa ravissante chapelle du XVIe siècle.

Convento de Santa Catalina COUVENT
(Plaza Adelantado ; 3 € ; ⌚10h-17h). La chapelle de Santa Clara et l'ordre monastique clôturé occupant ce couvent sont toujours en activité. Chaque année, le 15 février, la dépouille remarquablement conservée de sœur María de Jesús de León Delgado, morte en 1731, est exposée. Le couvent abrite aussi un intéressant musée religieux.

Museo de la Ciencia y el Cosmos MUSÉE
(www.museosdetenerife.org, en espagnol ; Calle Vía Láctea s/n ; adulte/enfant 3 €/gratuit ; ⌚9h-19h mar-dim). Ceux qui aiment appuyer sur des boutons et faire joujou avec les forces naturelles apprécieront ce musée scientifique, même s'ils ne parlent pas espagnol. À 1,5 km au sud de Plaza Adelantado, il comporte aussi un planétarium où observer les étoiles en plein jour. La visite stimulera les enfants et les changera des zoos.

Fundación Cristino de Vera GALERIE D'ART
(www.fundacioncristinodevera.com ; Calle San Agustín 18 ; adulte/enfant 5 €/gratuit ; ⌚11h-13h et 17h-21h lun-ven, jusqu'à 20h sam). La grande salle d'exposition de la ville accueille à la fois des expos temporaires et une collection permanente d'œuvres du célèbre artiste canarien Cristino de Vera.

Fêtes et festivals

Corpus Christi FÊTE RELIGIEUSE
Fête célébrée avec faste à La Laguna (la date change chaque année, mais toujours en juin) et La Orotava. D'immenses tapis floraux composés de pétales, de feuilles, de branches et de tonnes de poussière volcanique reproduisent des scènes bibliques élaborées dans les rues et sur les places.

Romería de San Benito Abad FÊTE RELIGIEUSE
Cette fête, l'une des plus importantes de La Laguna, a lieu le premier dimanche de juillet, en l'honneur du saint patron des paysans et des récoltes.

Fiesta del Santísimo Cristo FÊTE RELIGIEUSE
Du 7 au 15 septembre, des processions religieuses se déroulent dans la ville sur fond de musique traditionnelle. Un feu d'artifice impressionnant clôt les réjouissances.

Où se restaurer

Casa Rural la Asomada del Gata CANARIEN TRADITIONNEL €€
(☎922 26 39 37 ; Calle Anchieta 45 ; plats 10-14 € ; ⌚fermé lun et mar). Nichée dans une rue à l'écart, cette *casa rural* est aussi l'un des restaurants les plus prisés de la ville, et de loin. La cuisine maison est servie dans une salle à manger évoquant la grande salle d'une ferme (avec feu de cheminée en hiver). La carte, peu fournie, se concentre sur des plats canariens raffinés. Excellente carte des vins également.

El Tonique CANARIEN TRADITIONNEL €€
(☎922 26 15 29 ; Calle Heraclio Sánchez 23 ; plats 8-12 € ; ⌚fermé lun déj et dim). Descendez l'escalier pour accéder à ce restaurant douillet, aux murs dissimulés par des rangées de bouteilles poussiéreuses. Plus de 250 crus vieillissent dans les caves. La qualité de la cuisine fait oublier l'attente (il y a beaucoup de monde le midi). Essayez les *pimientos del piquillo rellenos de merluza* (poivrons farcis au merlu).

La Folie CAFÉ €
(Calle Santo Domingo 10 ; en-cas 2,50-6 €). Un endroit fantastique aux airs de grotte et à l'ambiance San Francisco années 1960 : mobilier en "peau de léopard", peintures murales et déco de la même eau. Conseillé pour ses petits-déjeuners, ses crêpes salées et ses mojitos.

Où prendre un verre

Sa population estudiantine assure à La Laguna une vie nocturne animée. Les bars occupent un petit rectangle, surnommé El Cuadrilátero, au nord-est de l'université. Au milieu, la Plaza Zurita, piétonne, se résume à deux rangées parallèles de bars et de pubs : vous n'aurez que l'embarras du choix.

Renseignements

Office du tourisme (☎922 63 11 94 ; www.visitlalaguna.es ; Calle Carrera 7 ; ⌚9h-20h

LE TOP DES PLAGES

» **Playa de las Teresitas** (San Andrés). La plage de choix des habitants de Santa Cruz. Sable fin du Sahara, baignade sûre, bons restaurants de poisson et fruits de mer à proximité, et une ambiance authentiquement espagnole.

» **Porís de Abona** Notre plage préférée de la côte est : un ravissant mouchoir de poche de sable noir dans un village de pêcheurs encore largement préservé de l'urbanisation.

» **El Médano** Endroit parfait pour la planche à voile et de longues balades sur le sable, mais bien trop venté pour s'installer au soleil. Ambiance "surfeurs" cool et internationale.

» **Los Cristianos, Playa de las Américas et Costa Adeje** Plusieurs plages de sable noir où la baignade est sûre et les activités nombreuses. Du monde partout, tout le temps.

» **Los Gigantes** Bel ensemble de criques, sablonneuses pour certaines, rocheuses pour d'autres, toutes reliées par une promenade qui sinue le long des falaises. Ambiance paisible et agréable.

» **Puerto de la Cruz** Superbes piscines naturelles sur le front de mer et quelques plages de sable calmes dans la station la plus chic de Tenerife.

lun-ven, 9h-14h sam et dim juin-sept, 9h-17h lun-ven oct-mai). Dans une vieille demeure ravissante avec cour intérieure. Procurez-vous la brochure du patrimoine mondial, consacrée à la fascinante San Cristóbal de La Laguna.

Police (☎922 31 46 05 ; Calle Nava y Grimón 66)

Poste (Calle Santo Domingo)

ℹ Depuis/vers La Laguna

De nombreux bus rejoignent Santa Cruz. Le plus pratique est le n°015 (1,30 €, 20 min), qui vous amène directement à la Plaza España. La nouvelle ligne de tram relie les deux villes. L'aller simple coûte 1,30 €. Les bus n[os]101, 102 et 103 desservent aussi régulièrement Puerto de la Cruz (3,45 €, 1 heure). Si vous allez à La Orotava (2,65 €, 1 heure 30), prenez le bus n°108.

Se garer dans les rues est un cauchemar, autant aller tout de suite au parking payant sous la Plaza San Cristóbal. Mais dans la mesure du possible, mieux vaut opter pour les transports en commun.

San Andrés et ses environs

Le village de San Andrés, tout en rues étroites et ombragées bordées de maisons de pêcheurs aux couleurs vives, est à 6 km au nord-est de Santa Cruz. Il est intéressant pour les vestiges de sa tour ronde qui protégeait autrefois la ville, et plusieurs bons restaurants de produits de la mer qui justifient, à eux seuls, le trajet. Le **Bar El Peton** (Calle Aparejo ; plats 7-9 €), ravissant petit établissement animé, se trouve juste à côté de la tour. Les trois ou quatre tables disparaissent généralement sous de nombreux plats de poisson et fruits de mer, tous plus délicieux les uns que les autres. On trouve plusieurs établissements plus clinquants, mais en aucune façon meilleurs, dans la rue qui longe le front de mer.

Derrière le village, la **Playa de las Teresitas**, constituée de sable importé du Sahara, est essentiellement fréquentée par des Espagnols, insulaires et continentaux. Les enfants peuvent s'y baigner sans danger. Le parking est petit.

Le bus n°910 (1,30 €, 20 min), qui relie fréquemment Santa Cruz à San Andrés, continue jusqu'à Playa de las Teresitas. Partant de San Andrés vers le nord-est, le n°245 longe 6 km d'une côte superbe avant d'arriver à Igueste, où la route se termine.

Taganana et les monts Anaga

Les monts Anaga aux contours accidentés (géologiquement la partie la plus ancienne de Tenerife) s'étendent à travers l'extrémité nord-est de l'île. Ils offrent l'un de ses paysages les plus spectaculaires, et des sentiers de randonnée sillonnent tout le secteur. Si la marche n'est pas votre tasse de thé, vous pouvez néanmoins découvrir ces montagnes en parcourant en voiture la TF-12, route aux nombreux lacets qui serpente entre La Laguna et San Andrés. Le trajet court et escarpé jusqu'à Taganana par la TF-134 mérite aussi le détour. Si vous prenez les transports en commun, le bus n°246 va de Santa Cruz à Taganana via San Andrés au moins six fois par jour (départ de Santa Cruz, 1,30 €, 50 min).

Principal intérêt de la petite ville de Taganana, sa situation, à quelques kilomètres de la côte et de **Roque de las Bodegas**, au nord, qui compte quantité de petits restaurants et de buvettes. Les surfeurs apprécient cette plage et encore davantage la côte rocheuse d'**Almáciga**, à 1,25 km à l'est, accessible par le même bus.

Toutefois, si vous voulez véritablement explorer ces pics enveloppés de brume, il faut quitter la route et poursuivre à pied. Le principal centre des visiteurs est la **Cruz del Carmen**, situé à peu près à mi-chemin entre La Laguna et Taganana, sur la TF-12. Peuplée d'oiseaux que l'on entend gazouiller sans jamais les voir, la forêt de lauriers entourant le centre des visiteurs est une jungle d'arbres aux branches noueuses festonnées de lichens. Plusieurs sentiers bien balisés sillonnent cette forêt, notamment un petit sentier à parcourir en cinq minutes, accessible aux fauteuils roulants et aux poussettes. Autre sentier facile : la marche d'une demi-heure aller-retour jusqu'au **Llano de los Loros**, un belvédère sensationnel. Le centre des visiteurs vous renseignera sur d'autres sentiers bien plus exigeants des environs.

Punta del Hidalgo et ses environs

Autrefois, les plages de galets et les piscines naturelles de la Punta del Hidalgo et de Bajamar étaient une station balnéaire très populaire. Aujourd'hui, en revanche, elles sont quelque peu négligées, et leurs seuls visiteurs sont des Allemands, venus chercher du soleil en hiver, et des gens du coin attirés par la brise marine. Certes, un tel tableau ne séduit guère, mais l'endroit change néanmoins agréablement de Santa Cruz et de La Laguna, et le paysage montagneux environnant est tout à fait splendide. Si l'heure du déjeuner approche, rejoignez le village paisible d'El Socorro et le **Restaurante Bar San Gonzalo** (Carretera General del Socorro 179 ; menú del día 7 € ; fermé dim après-midi et lun). On y sert d'excellents steaks et la salle à manger donne sur les vignes. En continuant au nord-ouest d'El Socorro, on atteint la station balnéaire de **Bajamar** (via Tejina), à l'allure assez anarchique. Les nageurs pourront s'ébattre en compagnie des gens du cru dans de grandes piscines taillées dans le roc qu'éclaboussent les vagues de l'Atlantique.

Trois kilomètres au nord-est, **Punta del Hidalgo** est plus intéressante, même s'il ne faut pas s'attendre à des ruines pittoresques ou de merveilleux bâtiments médiévaux. Punta est une ville moderne, comme la plupart de celles de la région. Son charme tient à sa situation au bord de l'océan, à l'ombre de sommets imposants. Flânez sur la promenade longeant le rivage et buvez un café ou une *cerveza* (bière), à moins que vous ne dégustiez un plat de poisson, chez **Angelo** (Altagay Apartments ; plats 8-15 €), face à la plage. Dans ce secteur, tout le littoral est idéal pour surfer. Quelques-uns des meilleurs spots de la côte nord sont d'ailleurs rassemblés dans une toute petite zone. À savoir toutefois : les surfeurs nouveaux venus ne sont pas accueillis à bras ouverts par les habitants.

Depuis Santa Cruz, le bus n°105 rejoint toutes les 30 minutes Bajamar (1,30 €, 1 heure) et Punta del Hidalgo (1,30 €, 1 heure 15) via La Laguna.

Tacoronte et El Sauzal

Tacoronte se trouve au cœur de l'un des plus beaux vignobles de l'île. L'**Iglesia de Santa Catalina**, petit bâtiment immaculé de style colonial canarien au pied du centre-ville moderne, est signalée. La ville compte quelques belles maisons traditionnelles anciennes, mais pas de véritable monument. **Cristo de los Dolores**, la grande fête de Tacoronte, a lieu le premier dimanche après le 15 septembre, avec célébration des moissons et dégustation de vins.
Juste derrière la sortie El Sauzal de la voie rapide, la **Casa del Vino La Baranda** (922 57 25 35 ; Autopista del Norte ; entrée libre ; 10h30-18h30 mar, 9h-21h mer-sam, 11h-18h dim) est un musée consacré au vin et à sa fabrication, installé dans une maison rustique traditionnelle, à côté d'une salle de dégustation des crus locaux. Ce lieu très agréable permet d'admirer El Teide quand la visibilité est bonne. Le musée compte aussi un restaurant bien noté. En juillet et août, le patio est un lieu très prisé des amateurs de concerts classiques (un mardi sur deux à 20h30). Le musée propose régulièrement des cours de dégustation.

Le bus n°101 relie ces villes à Puerto de la Cruz (2,25 €, 20 min) et Santa Cruz (2,15 €, 40 min) toutes les 30 à 60 minutes selon l'heure.

Puerto de la Cruz

31 100 HABITANTS

Puerto de la Cruz est la doyenne des villes touristiques de Tenerife. Sa tradition d'accueil des visiteurs étrangers remonte au XIXe siècle, lorsque la station était un lieu de villégiature prisé des ladies victoriennes. De nos jours, celle qui attire les vacanciers fuyant la foule des buveurs de bière/mangeurs de sandwichs entassés plus au sud demeure une station balnéaire agréable et pleine de charme. Nous irions même jusqu'à dire que c'est la plus charmante de Tenerife. Elle est dotée d'élégantes promenades en bois, de plages où la baignade est sûre, de restaurants traditionnels, d'une place centrale ombragée, de nombreux parcs et jardins ravissants, et il y a mille choses à voir et à faire.

Histoire

Avant d'accèder au statut de ville indépendante au début du XXe siècle, Puerto de la Cruz n'était que le port de la riche région de La Orotava. On y exporta tour à tour bananes, vin, sucre et cochenilles (parasites produisant une teinture rouge), et une bourgeoisie prospère s'y développa au XVIIIe siècle. Les Anglais arrivèrent au XIXe siècle : d'abord les marchands, puis les premiers visiteurs en quête de soleil, marquant le début de la vocation touristique de la ville.

À voir

Vieille ville SITE HISTORIQUE

Bâtie en 1992, la Plaza Europa, grand espace architectural moderne en bord de mer, s'intègre bien au cadre historique alentour. C'est un bon point de départ pour visiter la ville. La **Casa de la Aduana** (1620), ancienne douane où sont exposés et vendus de beaux objets artisanaux, abrite aussi l'office du tourisme. En face, l'**ayuntamiento** (mairie) fut un entrepôt où l'on conditionnait les bananes jusqu'en 1973. Non loin, le **Museo Arqueológico** (Musée archéologique ; Calle Lomo 9 ; adulte/moins de 6 ans 1 €/gratuit ; 10h-13h et 17h-20h mar-sam, 10h-13h dim, fermé en août) offre un aperçu du mode de vie guanche. Des reproductions d'habitats troglodytiques typiques et de grotte funéraire ou d'urnes mortuaires côtoient des ornements d'argile sur le même site.
La pièce la plus intéressante est une minuscule idole en argile – l'une des rares jamais découvertes.

Rejoignez ensuite au sud-est la **Plaza Charco**, toujours animée. Son nom de “place de la flaque” vient du fait qu'elle était inondée par la mer à chaque grosse tempête (ce n'est plus le cas). Tout près, l'**Iglesia de San Francisco** est accolée à la petite **Ermita de San Juan**, l'édifice le plus ancien de la ville (1599). Trois pâtés de maisons plus loin, l'**Iglesia de Nuestra Señora de la Peña de Francia**, église du XVIIe siècle, comporte trois nefs, un plafond de bois mudéjar et l'effigie du Gran Poder de Dios, un des saints les plus vénérés de la ville.

ACTIVITÉS SPORTIVES

Aucune autre île de l'archipel ne semble offrir autant d'occasions de se dépenser que Tenerife. Planche à voile, plongée, randonnée, pêche, surf, golf et vélo sont autant d'activités quasiment incontournables. Pour ce qui est des sports nautiques, la plupart des infrastructures sont concentrées dans les stations du Sud-Ouest et leurs environs ; la côte nord possède toutefois un vaste éventail de spots de surf.

Aussi idéale pour les marcheurs que pour les grimpeurs, Tenerife offre des itinéraires adaptés à tous, des simples promenades aux courses en montagne. Les paysages les plus spectaculaires sont ceux que parcourent les nombreux itinéraires du Parque Nacional del Teide. Les montagnes Anaga, dans le Nord-Est, et les alentours de la Valle de la Orotava sont également superbes. Nombre d'agences proposent des circuits guidés, tout comme les gardes forestiers à El Teide. Consultez les sites suivants et renseignez-vous en détail auprès de n'importe quel office du tourisme :

» www.pateatusmontes.com

» www.gregorio-teneriffa.de, en allemand

» www.gaiatours.es

» www.caminantesdeaguere.com

Plusieurs hôtels particuliers canariens, souvent peu entretenus, sont dispersés dans le centre. Habitée autrefois par l'intellectuel Tomás de Iriarte et siège de meetings politiques clandestins, la **Casa Iriarte** (Calle San Juan), du milieu du XVIIIe siècle, a connu des jours meilleurs. Le **Torreon de Ventoso** (Calle Valois) est un des bâtiments historiques les mieux préservés. La tour, autrefois partie du couvent des Augustins, servait à surveiller le port.

Certains sites intéressants se trouvent hors du centre-ville, comme le **Castillo de San Felipe** (⏲11h-13h et 17h-20h mar-sam) à côté de la Playa Jardín, qui accueille tout un ensemble d'expositions temporaires, ainsi que des représentations théâtrales et des spectacles de danse fréquents. Au-dessus de la ville, le **Mirador de la Paz** offre un panorama superbe qui aurait inspiré à Agatha Christie son recueil de nouvelles *Le Mystérieux Mr Quinn.*

Loro Parque ZOO

(☎922 37 38 41 ; www.loroparque.com ; Calle Avenida Loro Parque ; adulte/moins de 12 ans 32/21 € ; ⏲8h30-18h45). En se promenant à Tenerife, on voit si souvent des affiches, drapeaux et autres autocollants faisant la publicité du Loro Parque qu'on croirait presque que ce parc finance toute la vie de l'île ! Mais quel autre endroit permet de voir en une seule fois 350 espèces (et sous-espèces) de perroquets, soit la plus grande collection du monde ? Si ces oiseaux sont la raison d'être du parc, on y voit aussi des tigres, des gorilles et des chimpanzés. Pour nombre de visiteurs cependant, le plus intéressant, ce sont la maison des pingouins (et sa "vraie" neige), l'aquarium souterrain au tunnel le plus long du monde et les spectacles de dauphins et d'orques. Parmi les autres attractions figurent également un nouveau cinéma HD. S'il faut reconnaître que ce parc est impressionnant, il tient plus à notre avis du parc à thème que d'un véritable parc censé protéger les espèces (même si la Loro Parque Fundación soutient des projets de protection dans le monde entier). Le parc est accessible à pied, mais il est bien plus facile de monter dans le train gratuit qui part toutes les 20 minutes devant le McDonald's de la Plaza Reyes Católicos.

Parcs et jardins JARDIN

Ne manquez pas la visite du **Jardín Botánico** (Calle Retama 2 ; 3 € ; ⏲9h-18h oct-avr, 9h-19h mai-sept), sur la route à la sortie de la ville. Créé en 1788, ce jardin botanique réunit des milliers de variétés de plantes du monde entier – l'endroit parfait où passer l'après-midi à humer le parfum des roses. Plus proche du centre d'à peine un kilomètre, le **jardin Sitio Litre** (Carretera del Botánico ; adulte/moins de 12 ans 4,75 €/gratuit ; ⏲9h30-17h) s'enorgueillit d'une somptueuse collection d'orchidées et possède le plus vieux *drago* (dragonnier) de la ville. Autre oasis tropicale : les **jardins aquatiques Risco Belle** (adulte/moins de 12 ans 4/2 € ; ⏲9h30-18h), installés au cœur du **Parque Taoro**, au sud du centre-ville. On y trouve un sympathique café, dont les tables et chaises sont disposées sur la pelouse. En bordure du Parque Taoro, le **Parque de la Sortija**, nouvellement réaménagé, est un autre espace vert doté de bassins, d'aires de jeux pour les enfants et de jardins à la française, dont les joggeurs aiment fouler les allées. Pour l'instant, le lieu manque un peu de cachet, mais avec le temps, une fois que les plantes et les arbres auront poussé, il aura autant de charme que ses homologues.

Lago Martiánez PARC À THÈME

(Avenida Colón ; adulte/moins de 12 ans 3,50/1,20 € ; ⏲10h-coucher du soleil, dernier accès 17h oct-avr, 18h mai-sept). Œuvre du Canarien César Manrique, le terrain de jeux aquatique du Lago Martiánez, au nord-est du centre, comporte quatre bassins d'eau de mer et un grand "lac" central. Il est parfois aussi bondé que les petites plages volcaniques. On y nage, bronze et l'on se sustente dans de nombreux restaurants et bars.

Plages

Puerto de la Cruz compte plusieurs plages qui sont toutes en grande partie à l'abri des vagues, et donc idéales pour se baigner avec de jeunes enfants. Au cœur de la ville, de jolies **criques** rocheuses entourent le petit port, en contrebas du Paseo San Telmo. Mais la plupart des gens préfèrent se rendre tout droit à la **Playa Martiánez**, longue plage de sable à l'extrémité est de la ville. Une grande jetée se charge de dompter les puissants rouleaux de l'Atlantique pour en faire des vagues plus tranquilles, idéales pour apprendre à surfer. La plage elle-même est une étendue de sable noir. À l'autre bout de la ville, la **Playa Jardín** est plus appréciée des habitants et pourtant, elle est loin d'être aussi jolie que les autres plages.

Les vrais surfeurs iront plusieurs kilomètres à l'ouest jusqu'à la **Playa del Socorro**, où la vague se brise sur un fond sablonneux. Facilement saturée, elle est aussi très exposée au vent.

Puerto de la Cruz

À voir

1 Ayuntamiento F1
2 Casa de la Aduana E1
3 Casa Iriarte E2
4 Castillo de San Felipe A3
Ermita de San Juan (voir 6)
5 Iglesia de Nuestra Señora de la Peña de Francia F2
6 Iglesia de San Francisco E2
7 Museo Arqueológico D2
8 Jardins aquatiques Risco Belle F4
9 Sitio Litre Garden G4
10 Torreon de Ventoso E3

Activités

11 El Cardumen B4
12 Mountain Bike Active C3

Où se loger

13 Hotel Monopol E2
14 Hotel Tigaiga F4
15 Pensión Los Geranios D2

Où se restaurer

16 El Limón F2
17 La Papaya D2
18 La Rosa di Bari C2
19 Meson Los Gemelos D3
20 Rancho Grande F2
21 Restaurante Mil Sabores D1
22 Restaurante Rustico F2
23 Tapas Arcón E3

Où prendre un verre

24 Colours Café D2
25 Ebano Café F2

Où sortir

26 Salsa Bar G2

Activités

Der Wanderstab RANDONNÉE NATURE
(922 37 60 07 ; www.derwanderstab.de, en allemand). Les guides locaux retrouvent les randonneurs à la gare routière, d'où partent plusieurs randonnées, notamment sur le Teide et dans le nord-ouest. Le public visé est essentiellement allemand, ce qui complique un peu les choses pour qui n'est pas germanophone.

El Cardumen PLONGÉE
(670 38 30 07 ; www.elcardumen.com, en espagnol ; Avenida Melchor Luz 3). Choix de cours de plongée, notamment une "plongée d'essai" pour ceux qui n'en ont jamais fait. Propose aussi du parapente.

Mountain Bike Active CYCLOTOURISME
(Edificio Daniela 26, Calle Mazaroco ; location de vélo à partir de 25 €/jour ; 9h30-13h30 et 17h-19h). En face de la gare routière ; organise des circuits à vélo à destination d'El Teide et alentour.

Fêtes et festivals

Désireuse de ne pas se laisser dépasser par Santa Cruz, Puerto de la Cruz a aussi son **carnaval**, tout aussi débridé. Autres manifestations :

San Juan FÊTE DE LA SAINT-JEAN
La veille de la Saint-Jean (23 juin) à Puerto de la Cruz, les feux de bois éclairent le ciel et, souvenir de l'époque guanche, on fait prendre un bain de mer aux chèvres près de Playa Jardín.

Fiesta de Los Cacharros FÊTE RELIGIEUSE
Lors de cette fête insolite, célébrée à Taganana et à Puerto de la Cruz le 29 novembre, les enfants courent dans les rues en traînant derrière eux vieilles casseroles, poêles, bouilloires, pièces de voiture, boîtes de conserve... bref, tout ce qui peut faire un maximum de bruit.

Où se restaurer

Restaurante Mil Sabores MÉDITERRANÉEN €€€
(922 36 81 72 ; Calle Cruz Verde 5 ; plats 10-16 € ; dîner lun-sam, déj et dîner dim). Temple autoproclamé de la cuisine méditerranéenne moderne, ce restaurant clinquant a élevé la déco (murs citron vert ornés de couvercles de casseroles bleus !) et le goût au rang d'œuvre d'art. Le service est excellent et, vu les prix, la nourriture est absolument succulente. Quid de la carte ? Que diriez-vous d'un canard à l'ananas et à la semoule de couscous, de toutes sortes de plats de poisson et fruits de mer, et d'un mariage parfait de porc, de pomme et de bacon ? Le lieu est assez chic, mais pas guindé.

El Limón VÉGÉTARIEN €
(Calle Esquivel 4 ; en-cas 4-6 € ;). Pimpant établissement végétarien proposant surtout des plats de restauration rapide : hamburgers végétariens, kebabs au seitan,

Puerto de la Cruz

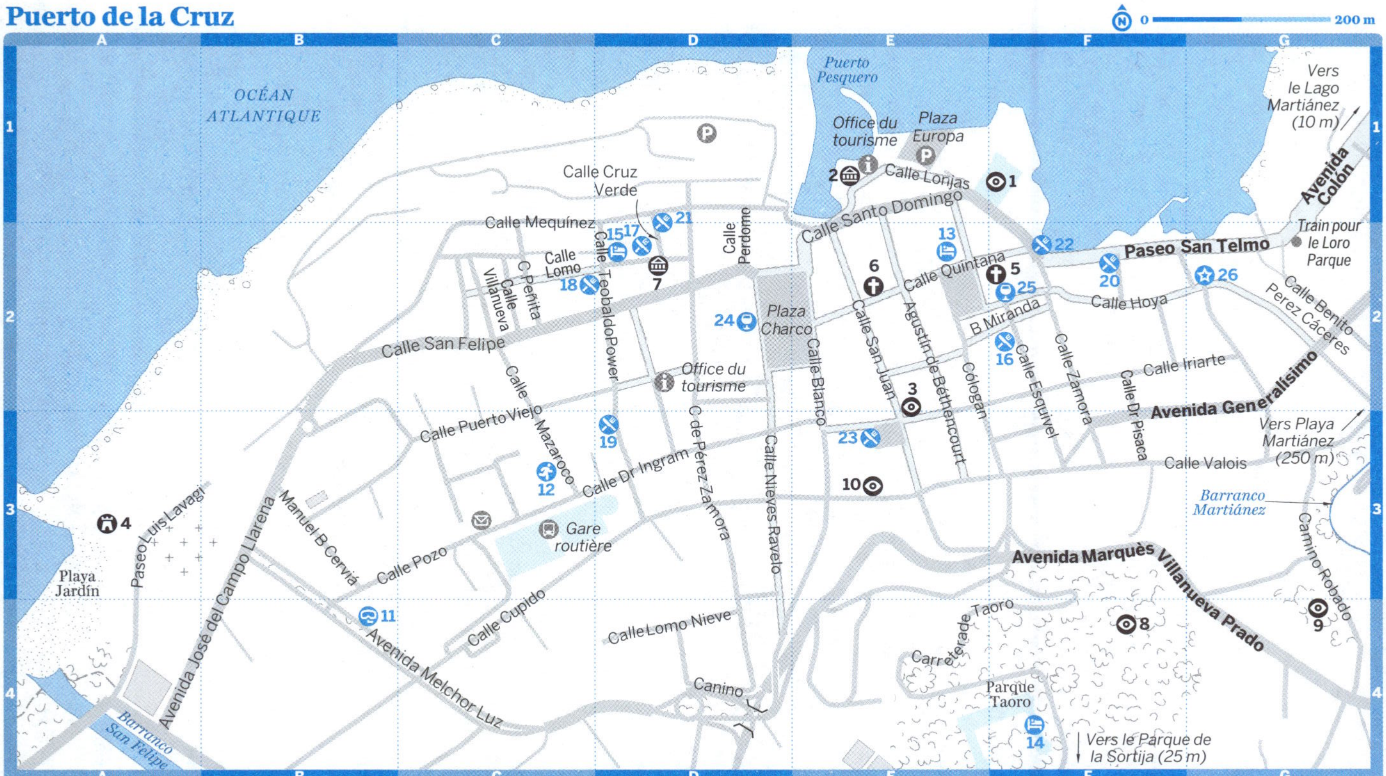

salades et jus de fruits frais, entre autres. Sert aussi une formule déjeuner d'un bon rapport qualité/prix (10 €), qui change agréablement des plats de viande ou de poisson que l'on mange partout ailleurs. La clientèle est presque exclusivement locale.

Restaurante Magnolia ESPAGNOL €€
(☎922 38 56 14 ; Avenida Marqués de Villanueva del Prado s/n ; plats 6-12 € ; ⏲fermé mar). Proche des jardins botaniques, ce restaurant très réputé occupe un bâtiment ressemblant à un jardin d'hiver. Il apporte aux Canaries les sublimes saveurs de la Catalogne, considérée comme l'une des meilleures régions gastronomiques d'Espagne. Lorsque vous vous serez régalé d'une cocotte aux fruits de mer, ou de saucisse catalane aux haricots, vous vous rangerez à cet avis, c'est certain.

La Rosa di Bari CANARIEN MODERNE €€€
(☎922 36 85 23 ; Calle Lomo 23 ; plats 11-17 € ; ⏲fermé dim après-midi et lun). Dans une charmante vieille bâtisse aux multiples salles à manger romantiques, ce modeste restaurant est en fait l'un des plus chics de la ville. On y déguste des plats originaux comme les raviolis aux truffes et à la sauce au foie gras, ou le poisson en croûte de moutarde.

La Papaya CANARIEN TRADITIONNEL €€
(☎922 38 28 11 ; Calle Lomo 10 ; plats 8-12 € ; ⏲fermé mer). Ce favori de longue date comporte une série de petites salles à manger aux murs de pierre, et un charmant patio adossé à un jardin verdoyant. La carte a un petit air canarien, grâce, entre autres, au succulent saumon à la *malvasía* (malvoisie).

Meson los Gemelos CANARIEN TRADITIONNEL €€
(Calle El Peñón 4 ; plats 7-8 €). Juste à côté de la gare routière, un restaurant chaleureux à la bonne ambiance, spécialisé dans les viandes grillées. Il possède un patio intérieur couvert, et une clientèle nombreuse constituée d'habitants.

Rancho Grande INTERNATIONAL €€
(☎922 38 37 52 ; Paseo San Telmo 10 ; plats 8-10 €, gâteaux 2-3 €, glaces 5-6 €). Si le service laisse parfois à désirer, comment résister à cette institution du front de mer qui sert d'extravagantes coupes glacées et de somptueux gâteaux ? Les plats ne sont pas mal non plus, et comprennent des recettes inhabituelles, comme le curry de poulet et le chili con carne.

Tapas Arcón TAPAS €
(Calle Blanco 8 ; tapas environ 4 € ; 🖉). Les *papas arrugadas* (pommes de terre ridées) au *mojo* (sauce épicée), ou les sauces spéciales Arcón (amande et piment doux, ou persil et coriandre) sont des tapas incontournables ici.

Restaurante Rustico ESPAGNOL €€
(Punta Viento ; plats 8-12 €). Très honnêtement, la cuisine n'a rien d'exceptionnel, mais l'emplacement, dans une grotte sous la promenade du bord de mer, est splendide, et les clients jouissent d'une vue fantastique sur le littoral rocheux. La carte fait le tour de tous les classiques canariens et d'Espagne continentale, avec en sus quelques plats de pâtes et des pizzas.

Où prendre un verre

La plupart des lieux nocturnes sont installés autour de la Plaza Charco et le long de l'Avenida Generalísimo.

Ebano Café CAFÉ
(Calle Hoya 2 ; ⏲10h-minuit). Dans un bâtiment superbe ayant conservé une bonne part de sa décoration d'origine, l'établissement propose des gâteaux maison tout aussi magnifiques, à savourer en terrasse, dans un fauteuil d'osier, avec vue sur l'église. Sert également des tapas.

Colours Café BAR
(Plaza Charco ; ⏲20h-2h mer-lun). Un bar à cocktails conjuguant décor douillet et musique afro-latino. Trouvez-vous un siège près d'une fenêtre donnant sur la place dans ce lieu qui surplombe une pizzeria et d'autres bars.

Où sortir

Il y a plusieurs bars et discothèques dans la Calle Obispo Pérez Cacéres, dont les noms et les styles changent au rythme de la marée.

Salsa Bar DISCOTHÈQUE
(Calle Hoya 27 ; ⏲23h-6h lun-sam). Discothèque latino : chaleur torride et danses sexy de rigueur.

Renseignements

Office du tourisme (☎922 38 60 00 ; Casa de la Aduana, Calle Lonjas s/n ; ⏲9h-20h lun-ven, 9h-17h sam et dim). On trouve un autre office plus petit dans la **vieille ville** (☎922 38 08 70 ; Calle Puerto Viejo 13 ; ⏲9h-13h et 16h30-19h).

Police (☎922 37 84 48 ; Plaza Europa)

Poste principale (Calle Pozo)

Depuis/vers Puerto de la Cruz

La gare routière est située dans la Calle Pozo, à l'ouest de la ville. Les liaisons avec Santa Cruz (4,40 €, 55 min) sont fréquentes. Le bus n°103 est direct alors que le n°102 passe par l'aéroport Tenerife Norte et La Laguna. Le n°348 (5,20 €, 1 heure 30, 9h15) dessert El Teide (retour à 16h). Le n°343 (12,25 €, 2 heures, 6/jour) rejoint Playa de las Américas. Le n°363 part toutes les heures de 6h à 22h pour Icod de los Vinos (2,65 €, 45 min) et continue jusqu'à Garachico (3,15 €, 1 heure).

Comment circuler

Pour plus de renseignements sur les locations de cycles, voir p. 134.

Les bus assurant de longs trajets au départ de (ou passant par) Puerto de la Cruz s'arrêtent souvent aux arrêts des bus urbains.

Les nombreux taxis sont relativement abordables pour circuler en ville (un trajet de 15 min coûte moins de 5 €).

La Orotava

40 000 HABITANTS

Cette ville coloniale a tout pour plaire : rues pavées, places fleuries et plus d'hôtels particuliers castillans que dans toute l'île. Avec La Laguna, La Orotava est l'une des plus jolies villes de Tenerife, et l'une des plus authentiquement canariennes.

Elle se trouve au cœur d'une riche vallée, prospère depuis le XVIe siècle. La plupart des églises et maisons de maîtres furent érigées au XVIIe siècle (certaines datent toutefois du siècle précédent). Produisant en quantité bananes, châtaignes et vins, c'est aussi une région pleine de possibilités pour les marcheurs. Un réseau de chemins (informations à l'office du tourisme) la parcourt, traversant les forêts de pins des Canaries et regardant de haut (1 200 m) la plaine côtière ; voir l'encadré ci-dessous.

À voir

Vieille ville SITE HISTORIQUE

La Orotava a su préserver son héritage du passé. Les hôtels particuliers aux balcons de bois ornementés comme des figures de proue y sont entourés de jardins impeccables. Une demi-journée suffit pour visiter le centre.

Vaste et ombragée, la **Plaza Constitución** est un bon endroit d'où démarrer. Au nord-est de la place, l'**Iglesia de San Agustín** est un modeste bâtiment au joli plafond de bois. À quelques portes, le **Liceo de Taoro** (www.liceodetaoro.es, en espagnol), bâtiment privé aux airs de palais érigé en 1928, est ouvert au public. Un joli jardin sépare de la rue cet édifice un peu austère dans lequel on peut entrer boire un verre au café, se nourrir au restaurant et voir d'éventuelles expositions.

Toujours sur la place, les **Jardínes del Marquesado de la Quinta Roja** (9h-minuit), du XIXe siècle, une série de jardins à la française fleuris, étagés en cascade sur la colline, sont dominés par un petit temple du XVIIIe siècle en marbre. Aussi appelés Jardín Victoria.

Moins fatigant pour les genoux, le petit jardin botanique **Hijuela del Botánico** (9h-14h lun-ven), de l'autre côté de la Calle León, est une extension du grand Jardín Botánico de Puerto de la Cruz. Il rassemble environ 3 000 variétés de plantes, ainsi que des oiseaux et des papillons.

En revenant vers le centre, l'**Iglesia de la Concepción** (Plaza Patricia García ; 11h-13h et 17h-20h) est un des plus beaux exemples d'architecture baroque de l'archipel. Derrière elle, prenez la Calle Colegio, qui devient ensuite la Calle San Francisco.

VAUT LE DÉTOUR

BALADES EN FAMILLE

En allant de La Orotava au massif du Teide, on traverse, aux environs de la borne kilométrique installée à mi-parcours, le petit village d'Aguamansa. Juste après, un peu plus haut sur le flanc des montagnes, la route passe devant plusieurs aires de stationnement d'où partent des sentiers de promenade parfaitement balisés. Se balader dans ce coin est un vrai plaisir car les pentes sont faibles et les distances courtes (même s'il est très simple de rejoindre des itinéraires situés plus haut afin de rallonger la randonnée). On l'aura compris : c'est l'endroit rêvé pour se promener en famille. La plupart des chemins sinuent à travers de fantastiques forêts de lauriers qui ont tout des forêts de contes de fées. Les fourrés sont si épais que si les fées, les elfes et les lutins ont jamais vécu en Europe, c'est certainement ici... Dans d'autres secteurs, les forêts de lauriers cèdent la place à de magnifiques bosquets de pins si anciens qu'il faudrait deux ou trois hommes adultes pour embrasser la circonférence de leurs troncs.

Chaque parking est pourvu d'un panneau détaillant les différents itinéraires qui en partent.

La Orotava

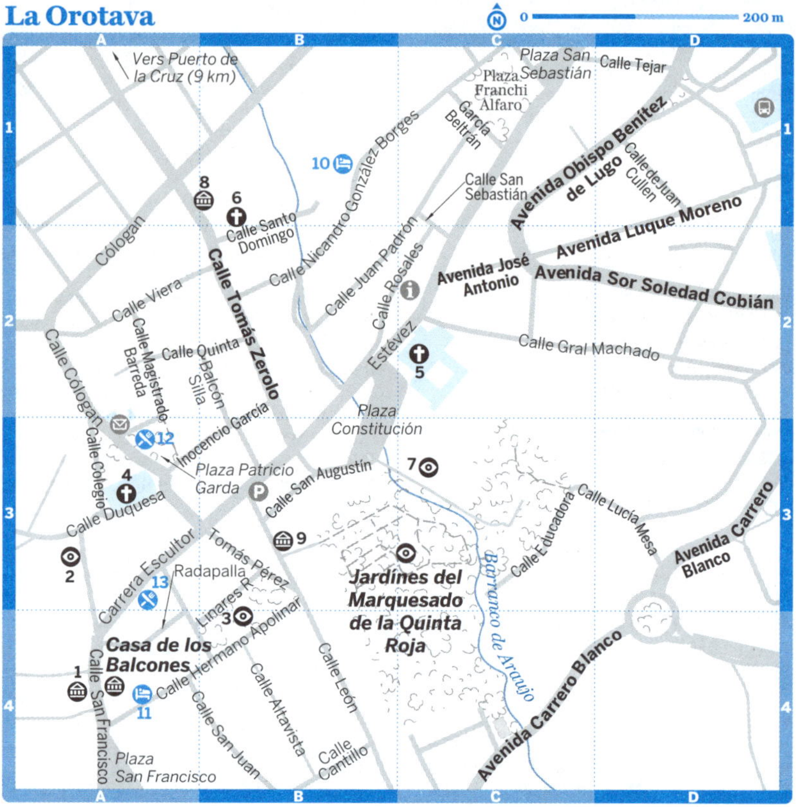

Elle regroupe plusieurs des **Doce Casas**, les 12 hôtels particuliers canariens typiques qui sont l'un des principaux centres d'intérêt de la ville. La **Casa Lercaro** (Calle Colegio 5-7 ; ⏱10h30-20h30) du XVIIe siècle est aujourd'hui un complexe restaurant, café et *cervecería* (brasserie) haut de gamme.

Au bout de la rue, la **Casa de los Balcones** (Casa Fonesca, Calle San Francisco 3 ; ⏱8h30-19h30 lun-sam, 8h30-18h30 dim), datant de 1692, arbore des balcons extérieurs et intérieurs richement sculptés. Un petit musée séparé rassemble mobilier et costumes de l'époque, mais il s'agit avant tout d'un espace d'exposition consacré aux artisanats locaux. De l'autre côté de la rue, la **Casa del Turista** (⏱8h30-19h30 lun-sam, 8h30-18h30 dim), assez semblable, est moins exceptionnelle.

Museo de Cerámica MUSÉE
(Musée de la Céramique ; Calle León 3 ; 2 € ; ⏱10h-18h lun-ven, 10h-14h sam et dim). Ce musée concentre la plus grande collection de poteries d'Espagne. L'installation est bien faite, et les explications en plusieurs langues, détaillées. Les dimensions des récipients de la *Sala de Vino* sont impressionnantes, et les photos sépia amusantes, mais après quelques bonnes douzaines de pots, l'ensemble peut paraître un peu monotone.

Museo de Artesania Iberoamericana MUSÉE
(Musée d'Artisanat ibéro-américain ; Calle Tomás Zerolo 34 ; 2 € ; ⏱9h-18h lun-ven, 9h30-14h sam). Rejoignez la Calle Tomás Zerolo pour visiter ce musée, installé dans l'ancien Convento de Santo Domingo, consacré aux relations culturelles entre les Canaries et les Amériques. Instruments de musique, céramiques et objets variés y sont exposés.

Iglesia de Santo Domingo ÉGLISE
Jouxtant le musée de l'artisanat, cette église possède de superbes portes sculptées et un magnifique plafond mudéjar.

La Orotava

Les incontournables

Casa de los Balcones A4
Jardínes del Marquesado de la Quinta Roja C3

À voir

1 Casa del Turista A4
2 Casa Lercaro A3
3 Hijuela del Botánico B4
4 Iglesia de la Concepción A3
5 Iglesia de San Agustín C2
6 Iglesia de Santo Domingo B1
7 Liceo de Taoro C3
8 Museo de Artesania Iberoamericana B1
9 Museo de Cerámica B3

Où se loger

10 Hotel Alhambra B1
11 Hotel Victoria A4

Où se restaurer

12 Bar la Duquesa A3
13 Sabor Canario A3
Zona Kiú .... (voir 2)

Fêtes et festivals

Corpus Christi FÊTE RELIGIEUSE

Fête célébrée avec faste à La Orotava (la date change tous les ans, mais la fête a toujours lieu en juin). D'immenses tapis floraux composés de pétales, feuilles et branches sont disposés dans les rues. Sur la Plaza del Ayuntamiento, on recrée un parterre de scènes bibliques en utilisant du sable coloré provenant d'El Teide.

Où se restaurer

Sabor Canario CANARIEN TRADITIONNEL €€

(www.hotelorotava.com ; Hotel Rural Orotava, Calle Carrera 17 ; plats 8-10 € ; fermé dim). Exercez vos papilles avec une cuisine traditionnelle réconfortante dans ce fabuleux restaurant installé dans le patio verdoyant de l'Hotel Rural Orotava. L'édifice est une splendide maison canarienne emplie d'objets anciens et de souvenirs.

Zona Kiú CANARIEN MODERNE €€

(Casa Lercaro, Calle Colegio 7 ; plats 8-12 € ; fermé dim soir et lun). Cet espace attrayant est *le* lieu où venir se détendre en soirée, prendre un café matinal ou déjeuner avec style. La carte de pâtisseries du café est à perdre la tête ; la *cervecería* a des bières pression et accueille des concerts les week-ends, et l'élégant restaurant tape dans le mille avec des plats créatifs, tels les rouleaux de sole et crevettes sauce à l'aneth. Si vous avez encore de la place pour le dessert, pourquoi ne pas goûter à une tortilla à la banane ?

Renseignements

Bureau de poste (Calle Cólogan s/n)

Office du tourisme (922 32 30 41 ; www.villadelaorotava.com in espagnol ; Calle Calvario 4 ; 9h-17h lun-ven). Un itinéraire touristique bien signalisé des principaux monuments de la ville part de là.

Police (922 33 01 04 ; Calle Cólogan 2)

Depuis/vers La Orotava

Se garer à La Orotava est un vrai cauchemar. Si vous ne logez pas sur place, vous avez vraiment tout intérêt à venir en bus de Puerto de la Cruz, qui n'est qu'à 9 km. Les bus (1,30 €, 20 min) circulent approximativement toutes les demi-heures entre 7h et 23h. Le bus n°104 (3,65 €, 50 min), entre autres, vient de Santa Cruz.

Icod de los Vinos

22 200 HABITANTS

Une plante arborescente ressemblant à un immense parasol, le *drago*, fait la réputation de la ville. Il mérite effectivement le coup d'œil, et la place principale ombragée, la Plaza San Marcos, est un joli endroit verdoyant, idéal pour se poser et admirer l'église aux murs blanchis à la chaux. Hormis cette place et le minuscule entrelacs de ruelles qui en partent, la ville n'a rien de très séduisant. Pour vous restaurer et passer la nuit, dirigez-vous vers sa voisine Garachico, nettement au-dessus dans la catégorie jolie carte postale.

L'**office du tourisme** (922 81 21 23; Calle San Sebastian 6 ; 9h-19h lun-ven) se trouve à deux pas de la grand-place.

À voir

La ville se flatte de posséder le **dragonnier** le plus grand et le plus vieux du monde, un arbre qui aurait plus de mille ans. En réalité, ces affirmations sont un tantinet optimistes : il serait plus vrai de parler du plus grand dragonnier et du plus ancien des Canaries (où l'on dénombre 40 espèces et sous-espèces différentes de *dragos*). Après la **Plaza Constitución** (ou Plaza Pila), bordée de demeures historiques, on arrive au **Parque del Drago** (adulte/enfant 4/2 € ; 9h30-18h30), où il faut payer pour approcher de près cet arbre célèbre.

C'est pourtant du mur ouest de la Plaza de la Iglesia que l'on a, gratuitement, la plus belle vue sur cet arbre superbe. Dans le centre, sur la **Plaza San Marcos**, l'**Iglesia de San Marcos** comporte un grand autel d'argent ornementé.

Le deuxième site important est le **Mariposario del Drago** (www.mariposario.com ; Avenida Canarias ; adulte/enfant 8,50/5 € ; ⊙10h-18h oct-avr, 10h-19h mai-sept), une serre chaude et humide pleine de papillons exotiques. Elle se trouve un peu en contrebas de la Plaza San Marcos.

Depuis/vers Icod de los Vinos

Les automobilistes s'éviteront des maux de tête en suivant la signalisation jusqu'au parking payant. En bus, pas de problème : le n°106 (6,30 €, 1 heure 15) vient directement de Santa Cruz toutes les deux heures entre 6h45 et 22h45, le n°354 (3,05 €, 45 min) de Puerto de la Cruz toutes les demi-heures de 7h30 à 22h30, et le n°460 (5,90 €, 1 heure 35, 8/jour) fait le trajet depuis Playa de las Américas. La gare routière est située au nord-est du centre-ville.

Garachico

6 800 HABITANTS

Charmante bourgade tranquille au fond d'une profonde vallée bordée de pentes boisées et d'une côte rocheuse, Garachico a réussi à conserver son identité. C'est une des rares cités de la côte où il faut encore parfois parler espagnol pour commander une bière. L'absence de véritable plage fait qu'il n'y a pas de grands hôtels, même si la baignade dans les petites anses rocheuses volcaniques de la côte est un plaisir rare.

Tenant son nom de l'îlot rocheux proche de la grève (*gara* veut dire "île" en guanche, et *chico* "petit" en espagnol), Garachico est un lieu paisible, où les maisons blanches bordent d'étroites rues pavées. Difficile d'imaginer les calamités que durent subir dans l'histoire les malheureux habitants de cet ancien port de commerce important : tempêtes, inondations, incendies, épidémies et, en 1706, une éruption volcanique qui engloutit le port et la moitié de la cité sous la lave.

À la sortie de la ville, des chemins de randonnée suivent l'itinéraire de la désastreuse coulée de lave.

À voir et à faire

L'âme de Garachico est la Plaza Libertad, avec ses grands palmiers, ses terrasses de cafés et son animation. Au coucher du soleil, les anciens coiffés de casquettes plates y jouent aux cartes, entourés de couples qui flânent, d'enfants poussant le ballon et de familles. L'**église** et le **Convento de San Francisco** (1524) sont à proximité. À côté de la place, l'**Iglesia de Santa Ana** conserve son imposant campanile blanc et ses portes d'origine (XVIe siècle).

Un autre des rares monuments ayant survécu à l'éruption se trouve dans le très joli **Parque de la Puerta de Tierra**, tout près de la Plaza Juan González (aussi appelée Plaza Pila) : la **Puerta de Tierra** (porte de la Terre) est en effet tout ce qu'il reste de l'ancien port prospère de Garachico. Autrefois en bord de mer, elle s'est retrouvée au centre de la ville après la catastrophe.

Surplombant la mer, le **Castillo de San Miguel**, massive forteresse de pierre bâtie au XVIe siècle, est ouvert à la visite : on y trouve des photos et des explications sur la flore et la faune des environs, ainsi qu'une histoire chronologique de la ville. Hélas, les heures d'ouverture sont totalement anarchiques.

Fêtes et festivals

Romería de San Roque FÊTE RELIGIEUSE

La plus grande fête annuelle de Garachico a lieu le 16 août. Pèlerins (et fêtards) affluent de toute l'île pour rendre hommage à San Roque (saint Roc), patron de la ville, qui l'aurait sauvée de la "mort noire" (peste) en 1601.

DU VIN ET DE LA BIÈRE

Le vin de Tenerife (et des Canaries plus généralement) ne jouit pas d'une grande renommée internationale. Cependant, il commence tout de même à se forger un nom. Ainsi, le Tacoronte Acentejo, vin rouge le plus connu, a été le premier vin canarien à obtenir une DO (*denominación de origen*), appellation d'origine contrôlée – AOC – attestant de sa qualité de fabrication et de son origine locale. Les vins produits à Icod de los Vinos et à Güímar se distinguent également.

La Casa del Vino La Baranda, à El Sauzal, organise des cours de dégustation réguliers. En matière de bière, la Dorada, bière légère brassée à Santa Cruz de Tenerife, vaut bien les marques d'importation.

LE JOUR OÙ EL TEIDE AVALA LE SOLEIL

De nos jours, les scientifiques savent expliquer comment se produit une éruption volcanique : l'explosion de magma provenant de l'intérieur de la terre finit par percer la croûte terrestre et propulser cendres, roches, gaz et flots de lave. Les Guanches, qui vivaient à Tenerife avant la conquête espagnole, ont une version plus romantique du phénomène. Selon leur mythe, l'éruption du XIIIe siècle se produisit quand El Teide avala le soleil. Les Guanches croyaient que Guyotal, le diable, vivait dans El Cheide (ancien nom d'El Teide). Un jour, quittant sa tanière souterraine, ce dernier vit le soleil. Jaloux de sa lumière, il s'en empara et le cacha dans son antre, provoquant la mort, la destruction et l'obscurité sur l'île. Les Guanches prièrent alors Chaman, le dieu du ciel, de les aider, et ce dernier engagea un combat avec Guyota dans le volcan. Les Guanches surent que Chaman avait gagné quand ils se levèrent un matin pour voir le soleil de nouveau dans le ciel et le volcan coiffé d'un couvercle de roc enfermant le démon pour toujours.

Cette légende coïncide parfaitement avec ce qui se produisit après l'éruption médiévale. Un nuage de cendres cacha le soleil, et la seule lumière que virent les Guanches venait de la bouche du volcan en activité, ce qui les amena à penser que le soleil y était enfermé. Les cendres toxiques durent tuer des quantités de plantes et d'animaux, et les grondements qui suivirent l'éruption furent probablement le signe du "combat" qui se déroula à l'intérieur du volcan. Quant au "couvercle" qui enferma Guyota dans El Cheide, il était formé de nouvelles roches volcaniques.

Où se restaurer

Casa Ramón CANARIEN TRADITIONNEL €
(Calle Esteban Ponte 4 ; plats 5-7 €). La salle lambrissée de ce petit restaurant, tenu par une vieille dame qui refuse toute concession à la modernité, vous transporte dans un autre temps. On mange au son d'une musique sortant d'un vieux magnétophone, l'addition est griffonnée sur un coin de nappe, les desserts sont présentés dans le vieux tiroir d'une commode transformé en chariot, le café est une vue de l'esprit et les toilettes sont à la turque. Quant à la nouvelle loi interdisant de fumer dans les lieux publics... de quoi s'agit-il, déjà ? La nourriture, composée à 100% de produits de la mer (mais ne comptez pas qu'on vous donne une carte) est bonne mais les portions ne sont pas très copieuses.

El Caletón CANARIEN TRADITIONNEL €€
(Avenida Tomé Cano 1 ; plats 7-18 €). Le meilleur emplacement de la ville, dont la grande terrasse surplombe les piscines volcaniques dans les rochers. On peut y prendre un verre, une glace ou quelque chose de plus substantiel. La carte affiche notamment de savoureuses *setas con gambas* (champignons aux crevettes).

Renseignements

L'**office du tourisme** (☎922 13 34 61 ; Calle Esteban de Ponte 5 ; ⏲10h-15h lun-ven) dispose de plans de la ville et d'informations sur les *casas rurales*.

Depuis/vers Garachico

Le bus n°107 relie la ville à Santa Cruz (6,85 €, 1 heure 55), La Laguna, La Orotava et Icod de los Vinos ; le n°363 (3,15 €, 1 heure, jusqu'à 20/jour) fait la navette avec Puerto de la Cruz.

LE CENTRE

Parque Nacional del Teide

Véritable sentinelle de Tenerife, le spectaculaire El Teide (Pico del Teide) n'est pas seulement le point culminant des Canaries. Avec ses 3 718 m d'altitude, c'est aussi le plus haut sommet d'Espagne, et le point d'orgue de toute visite à Tenerife. Le Parque Nacional del Teide, qui couvre 189,9 km² englobant le volcan et l'arrière-pays environnant, est à la fois un site classé au patrimoine mondial de l'Unesco et le parc national le plus fréquenté d'Espagne – il attire en effet quelque quatre millions de visiteurs par an. La plupart des amateurs de randonnée ont entendu parler d'El Teide, pourtant, rares sont ceux qui mesurent véritablement la beauté spectaculaire de la montagne et du parc national avant de les voir. Et l'on pourrait aisément passer une semaine à sillonner les sentiers du parc et alentour sans se lasser. La plupart des gens arrivent en bus ou en voiture et s'éloignent très peu de la route qui serpente dans le centre du parc, ce qui laisse aux autres davantage d'espace pour l'explorer.

De nombreux chemins pédestres tracés sur des terrains volcaniques longent des formations rocheuses uniques et rejoignent le sommet du Teide.

La région fut déclarée parc national en 1954 pour protéger ses paysages, qui comptent 14 plantes endémiques à l'île. Sur le plan géologique, le parc est tout à fait fascinant puisqu'il rassemble des exemples de plus de 80% des types de formations volcaniques répertoriées dans le monde, dont des badlands (désert de collines volcaniques très érodées), des coulées de lave lisses de type *pahoehoe* ou *lajial* et des lapilli. On peut voir aussi des formations volcaniques complexes, comme des orgues et des cônes. Le parc protège presque un millier de sites archéologiques guanches, non signalisés pour éviter que les visiteurs curieux n'emportent des "souvenirs" et, pour beaucoup, encore inexplorés.

Le site offre un panorama sensationnel à n'importe quelle saison de l'année. La plupart des visiteurs entament l'ascension du sommet en été (et cela se comprend car les conditions climatiques sont alors les plus stables). Cependant, pour vraiment découvrir le parc dans toute sa splendeur, nul meilleur moment que le début du printemps : les pentes inférieures commencent à se couvrir de fleurs et, avec un peu de chance, le sommet est encore couronné de neige. Nombre de visiteurs venus en voiture des plaines côtières, où il fait chaud, sont surpris par les basses températures en arrivant dans le parc. En plein hiver, il arrive que la neige bloque les principales routes qui le traversent. De même, l'accès au sommet peut rester fermé plusieurs semaines de suite.

Le Teide domine le nord du parc. Si cinq heures d'ascension très difficiles (l'aller) ne vous tentent pas, il vous reste le téléphérique. Le pic est entouré de *cañadas*, des dépressions plates probablement causées par un énorme affaissement du terrain il y a 180 000 ans.

À voir

Pico del Teide SITE D'INTÉRÊT

Le **téléphérique** (☎922 69 40 38 ; adulte/moins de 14 ans 25/12,50 € ; ⏲9h-16h) est le moyen le plus simple, le plus pratique et le plus cher de grimper au sommet d'El Teide. Si vous êtes prêt à payer pour voir, le paysage est superbe, sauf si un gros nuage est accroché au sommet, auquel cas on ne voit rien du tout. Quand le temps est dégagé, la vallée volcanique s'étale majestueusement en contrebas, et on peut voir les îles de La Gomera, de La Palma et d'El Hierro émergeant de l'Atlantique. Il ne faut que huit minutes pour s'élever de 1 200 m.

Quelques mots d'avertissement : l'ascension est déconseillée aux personnes ayant des problèmes cardiaques ou respiratoires, l'oxygène est rare là-haut dans les nuages. Il fait froid, aussi, et quel que soit le temps en bas, emportez un vêtement chaud. Les cabines du téléphérique acceptent environ 35 passagers. Elles partent toutes les 10 minutes, mais venez tôt (avant 12h), car en période de pointe, il peut y avoir deux heures de queue ! La dernière descente est à 17h. Sachez aussi qu'à cause du mauvais temps, le téléphérique est souvent contraint de s'arrêter de circuler tôt (les vents forts se lèvent parfois sans prévenir, et le téléphérique cesse de fonctionner sans prévenir non plus). Cela ne pose en principe pas de gros problème aux visiteurs qui ont pris le téléphérique pour gagner le sommet puisqu'un gardien du parc, installé à la station du haut, les prévient que celui-ci est sur le point de s'arrêter. En revanche, la situation est beaucoup plus délicate pour les randonneurs qui sont montés à pied et comptaient redescendre en téléphérique.

Voir la rubrique *Randonnée* (p. 143) si vous voulez affronter la montagne à pied.

Roques de García SITE D'INTÉRÊT

À quelques kilomètres au sud du sommet, en face du *parador*, on arrive à une curiosité géologique extrêmement spectaculaire,

C'EST ASTRONOMIQUE !

Un des sites de l'hémisphère Nord les plus favorables à l'observation des étoiles est l'**Observatorio del Teide** (observatoire du Teide) situé tout près de la voie rapide C-824, qui relie La Laguna et le centre des visiteurs d'El Portillo. Les scientifiques du monde entier viennent étudier ici et dans l'observatoire frère de La Palma. Pour ajouter votre nom à la liste des privilégiés ayant vu le ciel de près dans les télescopes géants installés ici, il faut prendre rendez-vous à l'avance pour un des vendredis de décembre à mars, entre 10h et 12h. Pour plus de renseignements, voir www.iac.es.

ASCENSION : LA PARTIE ADMINISTRATIVE

Atteindre le sommet depuis l'arrivée du téléphérique exige une préparation. Le nombre de visiteurs autorisés à le faire est limité à 150 par jour et ils doivent avoir un permis. Pour cela, il fallait encore, il y a peu, se rendre au bureau du parc national à Santa Cruz. Désormais, les autorités du parc sont entrées dans l'ère des nouvelles technologies, et l'on peut enfin réserver sa place en ligne. À l'adresse www.reservasparquesnacionales.es (suivez les liens jusqu'à celui du Parque Nacional del Teide), il est possible de réserver jusqu'à 14h la veille de l'ascension (du moins, dans la mesure des places disponibles).

Au cas où vous auriez vraiment envie de vous compliquer la vie, il est aussi possible de faire la demande en personne ou de l'adresser par courrier aux **bureaux de l'administration** (☎922 92 23 71 ; Calle Sixto Perera González 25 ; ⏲9h-14h lun-ven) du parc national à La Orotava.

On a le choix entre plusieurs créneaux de 2 heures par jour au cours desquels effectuer l'ascension finale jusqu'au sommet. Prenez avec vous votre pièce d'identité en plus de votre permis, on vous la demandera certainement. Ne manquez pas votre créneau, sans quoi vous ne serez pas autorisé à franchir la barrière.

Attention : en raison du mauvais temps, il arrive que l'accès au sommet soit fermé plusieurs semaines d'affilée. Des informations plus précises à ce sujet figurent sur le site Internet, et notamment la date estimée de la réouverture aux randonneurs.

De la gare supérieure du téléphérique, le sommet est à environ une heure de marche.

les **colonnes de lave**, aux noms évocateurs, comme le "doigt de dieu" ou la "cathédrale". Les formes anthropomorphes de ces Roques de García sont le résultat de l'érosion sur de vieilles coulées de lave et des cheminées verticales emplies de magma. Ces matériaux résistants ont été mis à nu quand la terre et les roches tendres alentour se sont progressivement érodées. La plus curieuse de ces formations, le **Roque Cinchado**, s'use plus vite à la base qu'au sommet, et finira un jour par s'écrouler (faites attention !). Vers l'ouest, le Llano de Ucancas étend ses étranges plaines nues.

L'ensemble constitue l'endroit le plus fréquenté du parc et 90% des visiteurs y passent. Le parking est toujours surchargé, mais la plupart des gens ne descendent de leur voiture ou de leur bus d'excursion que pour jeter un coup d'œil d'un quart d'heure. Si vous projetez de suivre le circuit pédestre (1 heure 30) relativement facile qui fait le tour des colonnes, vous serez probablement tout seul.

Pico Viejo SITE D'INTÉRÊT

Le nom de "vieux pic" est en quelque sorte impropre, car ce volcan est le dernier de Tenerife à avoir connu une forte éruption. En 1798, son flanc sud-ouest s'est complètement fendu en formant une ouverture large de 700 m. Aujourd'hui, on voit parfaitement où sont retombés les fragments pyroclastiques envoyés à 1 km dans les airs. Les torrents de lave qui se sont écoulés depuis une bouche secondaire plus basse pour se figer sur les pentes sont encore à ce jour dénués de la moindre trace d'herbe ou du plus petit lichen. Pressés qu'ils sont de se retrouver sur le toit de l'Espagne, la plupart des visiteurs négligent ce sommet. Pourtant, les plus connaisseurs trouvent souvent son ascension plus impressionnante que celle du Teide, et en tout cas, il y a bien moins de monde (la dernière fois que nous l'avons effectuée, nous étions seuls sur la montagne). Autre avantage : on n'a pas besoin de permis spécial.

Randonnée

Pour les petites balades à faire en famille autour des Roques de García, vous n'aurez besoin de rien d'autre que de chaussures confortables et de vêtements chauds. En revanche, toute autre randonnée plus ambitieuse nécessite de vraies chaussures de marche, des bâtons de marche, des vêtements chauds, des provisions d'eau et de nourriture, une carte et une boussole. Si vous comptez faire l'ascension du Teide ou du Pico Viejo en hiver, sachez qu'ils sont souvent couverts d'un épais manteau neigeux. Vous aurez besoin d'un équipement d'hiver complet (polaires épais, blouson imperméable, gants, chapeau et lunettes de soleil). Les bâtons de marche sont indispensables et, sur certains itinéraires, des chaussures à crampons sont nécessaires. Les règles concernant les endroits accessibles et ceux qui ne le sont pas sont très strictes. Il faut impérativement rester à tout moment sur les sentiers balisés (même si le tracé des sentiers peu fréquentés de haute altitude est parfois très flou). Mais surtout, ne sous-estimez pas la difficulté de l'ascension du Teide : nous ne sommes certes pas dans l'Himalaya, mais pour autant, il ne faut pas prendre cette montagne à la légère, surtout en hiver. En outre, sa proximité avec l'océan entraîne des changements météorologiques d'une incroyable rapidité (pensez à notre avertissement concernant le téléphérique mentionné p. 142).

Promenades accompagnées

Les gardes forestiers du parc organisent des promenades gratuites, en espagnol et en anglais. Le rythme est tranquille et les pauses renseignements fréquentes. Même si l'on s'essouffle plus vite que d'habitude à cause de l'altitude, ces petites randonnées sont accessibles à toute personne en bonne condition physique, y compris les enfants de plus de 10 ans.

Les groupes partent à 9h15 et 13h30 du centre des visiteurs d'El Portillo, et à 9h30 et 13h de celui de Cañada Blanca. Les circuits durent environ deux heures. Les groupes étant réduits, il est indispensable d'appeler à l'avance pour réserver. Téléphonez au ☎922 92 37 71 entre 9h et 14h du lundi au vendredi.

Randonnées individuelles

Le guide des visites du parc décrit 21 itinéraires allant de 600 m à 17,6 km, certains étant signalisés par des panneaux. Chacun est noté selon son niveau de difficulté, de faible à extrême. Il est interdit de s'éloigner des sentiers balisés, restriction compréhensible dans un environnement où le plus petit brin d'herbe doit se battre pour survivre.

Inutile de souffrir pour apprécier l'exercice que représente l'ascension de la route jusqu'à **La Rambleta** en haut du téléphérique, et la redescente dans la cabine. Mais là encore, ne prenez pas cette randonnée à la légère. Les personnes qui ne sont pas habituées au trekking trouveront cette marche vraiment épuisante.

Descendez du bus (demandez si nécessaire au chauffeur) au petit parking en bord de route (signalisé "Montaña Blanca" et "Refugio de Altavista"), à 8 km au sud du centre des visiteurs d'El Portillo ou laissez-y votre voiture et suivez la piste de 4x4 qui monte la colline. En route, on peut faire un court détour (une demi-heure au plus), pratiquement plat, jusqu'au sommet arrondi de la **Montaña Blanca** (2 750 m), d'où la vue est magnifique sur Las Cañadas et, au-delà, sur la sierra. Comptez cinq heures pour l'ascension complète jusqu'à La Rambleta (l'aller). Si vous comptez redescendre en téléphérique, il est impératif de prévoir suffisamment de temps (et de provisions également) pour pouvoir descendre à pied au cas où le téléphérique fermerait plus tôt, de façon inopinée. Rejoindre la Montaña Blanca et revenir est une balade en soi, moins exigeante (environ 2 heures 30 en tout).

Autre itinéraire long mais relativement facile, le chemin de 16 km de **Las Siete Cañadas**, qui relie les deux centres des visiteurs et vous prendra quatre à cinq heures selon votre pas (vous devrez prévoir un transport qui vous attendra à la fin de cet itinéraire-ci).

La randonnée sans doute la plus spectaculaire, mais aussi la plus difficile du parc, est l'ascension jusqu'au sommet du **Pico Viejo**, puis le long de la crête qui le relie au Teide, et enfin jusqu'au sommet du Teide lui-même. Comptez neuf heures au minimum (l'aller) et soyez préparé à redescendre à pied si jamais le téléphérique ferme. En fait, on a tout intérêt à marcher le premier jour jusqu'au Refugio de Altavista (3 270 m), à passer la nuit sur place, puis à continuer l'ascension jusqu'au sommet du Teide le lendemain matin. Ainsi, vous aurez presque tout le deuxième jour pour redescendre le Teide à pied si nécessaire.

ℹ Renseignements

Le parc compte deux excellents centres des visiteurs : **El Portillo** (☎922 92 37 71 ; www.mma.es ;Carretera La Orotava-Granadilla ; ⊙9h-16h) au nord-est, jouxtant un jardin botanique, et **Cañada Blanca** (Carretera La Orotava-Granadilla ; ⊙9h-16h) au sud, qui propose une présentation vidéo instructive de 15 minutes sur l'histoire, l'écologie, la flore et la faune du parc. Les deux centres fournissent cartes et renseignements sur les randonnées ainsi qu'un très bon guide sur le parc. Lors de notre passage toutefois, le centre de Cañada Blanca était fermé pour rénovation.

ℹ Depuis/vers le Parque Nacional del Teide

Étonnamment, deux bus seulement desservent le parc chaque jour : le n°348 (5,20 €, 1 heure), en provenance de Puerto de la Cruz, et le n°342 (4,60 €, 1 heure 30) venant de Los Cristianos. Tous deux partent pour le parc à 9h15 et arrivent au *parador*, d'où ils repartent à 16h. Cela ravit les innombrables tour-opérateurs qui organisent des excursions en bus, mais beaucoup moins les voyageurs indépendants. Avoir son propre véhicule est le meilleur moyen de visiter le parc. Quatre itinéraires signalisés y mènent. Les deux plus jolis empruntent la C-824 depuis La Laguna et la C-821 depuis La Orotava (et Puerto de la Cruz). Seule route traversant le parc, la C-821 dessert le *parador*, le téléphérique, les centres des visiteurs et comporte plusieurs *miradores* où l'on peut s'arrêter pour prendre *la* photo qui impressionnera les amis au retour. Pour voir autre chose, il faut marcher. La C-821 continue jusqu'à Vilaflor, et la voie rapide C-823 relie le parc à Chío et à Los Gigantes.

Vilaflor

La jolie bourgade de Vilaflor, située sur les versants sud ensoleillés du Teide, est le plus haut village de Tenerife et constitue une base de choix pour explorer le parc national. Le village compte plusieurs hébergements et restaurants, en particulier le **Restaurante La Fuente** (Plaza Vilaflor ; plats 7-10 €), un établissement tout simple dont les tables sont installées sur la place. Sa carte propose entre autres des plats, copieusement servis, de sardines et de viande de chèvre.

LIVRES ET CARTES

On trouve partout des cartes de l'île. Celles d'Editorial Everest sont parmi les meilleures. Quant aux guides de randonnée à Tenerife, ils sont eux aussi pléthoriques. Parmi les plus intéressants, citons *Walk Tenerife* et sa carte de randonnée intitulée *Tenerife Hiking Map*, de David Brawn, publiés par Discovery Walking Guides ; *Tenerife Landscapes*, de Noel Rochford, publié par Sunflower (qui publie aussi *Southern Tenerife Landscapes* et *La Gomera Landscapes*) ; et enfin, *Tenerife – Les plus belles randonnées entre mer et montagne* de Klaus et Annette Wolsperger (chez Rother Walking Guides). *Tenerife & its Six Satellites*, d'Olivia M Stone, offre un aperçu de l'île vue par quelqu'un ayant vécu à la fin du XVIIIe siècle.

Punta de Teno

Si Platon confondit les Canaries avec l'Atlantide, c'est probablement en raison d'endroits comme Punta de Teno. Le lieu paraît imaginaire avec ses vagues s'écrasant sur une plage volcanique noire, ses montagnes solitaires s'élevant tels des géants à l'arrière-plan, et le murmure constant des lézards s'activant dans les broussailles... Bien que très connu, cet espace magnifique, à l'extrémité nord-ouest de l'île, a toujours un charme sauvage qui ne laisse pas les visiteurs insensibles. On peut y pêcher depuis la pointe, sentir les embruns le long de la côte rocheuse ou simplement contempler le paysage.

Avant de vous y rendre, demandez s'il y a eu récemment de fortes pluies, car les glissements de terrain et les chutes de pierres sont fréquents.

Depuis Garachico, prenez la voie rapide vers Buenavista del Norte et suivez la signalisation vers la pointe, 7 km plus loin environ. Le bus n°107 (7,85 €, 1 heure 30) vient de Santa Cruz et s'arrête à Buena Vista del Norte. Il vous faudra donc un véhicule individuel pour rejoindre la pointe.

Santiago del Teide

Cette petite agglomération, située immédiatement au nord-ouest de la lisière du parc national et au croisement des routes menant à Los Gigantes et Garachico, fait une excellente base pour visiter ces divers endroits. En outre, Masca et les monts Teno sont à quelques minutes au nord-ouest, et les alentours immédiats du bourg comptent de superbes sentiers de randonnée, qui ne sont jamais plus beaux qu'au début du printemps, quand les cerisiers sont en fleur. Le petit **office du tourisme** (☎922 86 03 48 ; Avenida Marítima 34 ; ⏲9h-16h mar-sam) installé sur la place, à côté de l'église, vous renseignera sur les belles balades à faire dans le coin. Le bourg possède aussi l'un des meilleurs hébergements de Tenerife (voir p. 220).

Masca

Le minuscule village de Masca est à n'en pas douter le plus spectaculaire de Tenerife. Comme perché en équilibre précaire au bord d'une crête, il donne l'impression qu'un simple souffle de vent suffirait à le faire basculer dans le vide, au fond de la

VAUT LE DÉTOUR

À LA POINTE DE TENERIFE

La pointe nord-ouest de Tenerife offre de spectaculaires paysages vierges. De Garachico, prendre la voie rapide TF-42 vers l'ouest après Buenavista del Norte, puis la TF-445 jusqu'à la solitaire **Punta de Teno**.

Il faut repasser par Buenavista pour emprunter la voie rapide de montagne TF-436 vers Santiago del Teide. Virages et épingles à cheveux imposent une lenteur propice à l'admiration du paysage. Les terrasses des vallées s'imbriquent dans les élévations rocheuses, et **Masca** est une halte-ravitaillement idéale. En arrivant à Santiago, la TF-28 part au nord vers Garachico et au sud vers Los Gigantes, où des panneaux vous indiquent la descente sur **Playa de la Arena**, une plage sans sable presque aussi jolie que Punta de Teno, bien que plus construite.

Prévoir la matinée pour effectuer cet itinéraire.

vallée. Lors de la **Fiesta de la Consolación**, la première semaine de décembre, les villageois en costumes traditionnels sortent leurs *timples* (sorte de ukulélés) et autres instruments pour une soirée de musique des Canaries. Le magnifique et âpre Parque Rural de Teno qui entoure le village est apprécié des marcheurs. Si vous ne voulez pas y aller seul, **El Cardón** (☎922 12 79 38 ; www.elcardon.com) propose des guides qui partent le mercredi et le samedi de Garachico, Los Silos ou Buenavista del Norte. Le **Hans Wander-Club** (☎629 24 49 70 ; Avenida Marítima 25 ; circuits 20-38 €/pers), basé à Los Gigantes, organise des circuits semblables.

Une randonnée appréciée, mais exigeante, descend le **Barranco de Masca** jusqu'à la mer. Comptez six heures pour l'aller-retour, ou jouez-la finement et prenez le bus de Santiago del Teide à Masca à 10h35 (bus n°355), descendez la gorge à pied, puis empruntez le ferry d'**Excursions Marítimas** (☎922 86 19 18) pour rentrer à Los Gigantes (10 €, 13h30, 15h30 et 16h30 tlj) à la fin de la randonnée. Si vous devez vous rendre de Los Gigantes à Santiago del Teide afin de prendre le bus qui poursuit jusqu'à Masca, sachez que le bus n°325 quitte Los Gigantes à 8h40 (il y en a un autre à 17h15). Tenez compte du panneau d'avertissement au début de cette randonnée : il prévient que cet itinéraire n'est pas totalement sûr, et que vous l'effectuez à vos risques et périls. Ne vous lancez surtout pas dans cette randonnée s'il existe le moindre risque de pluie ou de vents forts, car la chute de rochers et les glissements de terrain sont très fréquents. Si vous prévoyez de prendre le bateau-taxi pour rentrer à Los Gigantes à la fin de l'itinéraire, il est conseillé d'emporter votre téléphone portable pour prévenir la compagnie en cas de retard : le bateau vous attendra. Certains tronçons de cette randonnée sont quasiment infranchissables si l'on est sujet au vertige.

Deux bus n°355 (1,30 €, 30 min) font l'aller-retour quotidiennement de Santiago del Teide. Le trajet jusqu'à Masca est si spectaculaire qu'il donne le vertige… et des frissons ! L'envie est parfois forte de fermer les yeux, mais il serait vraiment dommage de manquer un tel paysage.

Los Gigantes et Puerto de Santiago

5 750 HABITANTS

Ces deux villes se sont fondues en une, et à en juger par le nombre inquiétant de grues de chantier, l'urbanisation ne va pas s'arrêter là. Pour le moment du moins, les édifices bas et discrets s'étendent le long du littoral rocheux dentelé de criques. On est à des années-lumière de Las Américas et l'agglomération reste encore l'une des plus jolies stations balnéaires de Tenerife. Tout de suite au nord de la ville se dressent les impressionnants **Acantilados de los Gigantes** (falaises des Géants), des murailles rocheuses hautes de 600 m qui jaillissent de l'océan. La base sous-marine de ces falaises est un paradis pour la vie marine, ce qui en fait un des plus merveilleux sites de plongée de l'île.

C'est de la mer que l'on a la plus belle vue sur ces falaises (il ne manque pas de compagnies proposant des sorties en bateau) et de la Playa de los Gigantes, minuscule plage volcanique proche du port de Los Gigantes, où le paysage est à couper le souffle. Si vous cherchez un lieu plus propice au farniente, allez à Playa de la Arena. Une plage volcanique plus grande se trouve à Puerto de Santiago. Les deux stations possèdent une importante communauté d'expatriés britanniques.

HABITATION BIOCLIMATIQUE

Comme pour compenser les possibles dégâts environnementaux causés par le port (voir p. 149), Granadilla s'est dotée d'un nouvel ensemble d'habitations bioclimatiques dernier cri. Ces 25 maisons, disponibles à la location, ont été construites avec des matériaux recyclés et recyclables, elles utilisent des énergies renouvelables (électricité, eau, traitement des déchets) et ne dégagent aucune émission de dioxyde de carbone.

Activités

L'abondante vie marine en fait le meilleur site de l'île pour la plongée. **Los Gigantes Diving Centre** (☎922 86 04 31 ; www.divingtenerife.co.uk ; port de Los Gigantes ; plongée avec location d'équipement 45 €, plongée d'initiation 50 € ; ⏲9h30-17h lun-sam), tenu par des Anglais, organise des plongées depuis plus de dix ans. Les sorties plongée partent à 10h et 14h. Il propose aussi des plongées nocturnes et des sorties permettant de nourrir les raies à la main.

Les sorties observation de baleines et de dauphins sont tout aussi appréciées. Les eaux séparant l'ouest de Tenerife et La Gomera sont parmi les meilleures au monde pour observer ces animaux fascinants. Une entreprise réputée, **Katrin** (☎922 86 03 32 ; www.dolphinwhalewatch.com ; port de Los Gigantes ; safari 2 heures 25 € ; ⏲11h30-13h35), qui organise des recherches en biologie marine, emmène aussi les groupes aux besoins particuliers. **Nashíra Uno** (☎922 86 19 18 ; www.maritimaacantilados.com ; port de Los Gigantes ; croisière d'observation des baleines et dauphins 2/3 heures 25/35 € ; ⏲11h, 14h et 18h) organise chaque jour plusieurs croisières d'observation des baleines et des dauphins, et assure aussi un service de bateau-taxi pour rentrer de Masca à Los Gigantes (10 €).

Pour des informations sur les tour-opérateurs du secteur spécialisés dans la randonnée, reportez-vous à la rubrique *Masca*.

Où se restaurer

Il est facile de trouver un restaurant (la plupart se trouvent vers la marina Los Gigantes et le long de l'Avenida Marítima), mais peu sont vraiment bons.

El Mesón CANARIEN TRADITIONNEL €€
(☎922 86 04 76 ; Calle La Vigilia ; plats 10-14 €). Pour la clientèle locale, ce grand restaurant dont les murs disparaissent derrière des rangées de bouteilles de vin est l'un des meilleurs de la ville. Quant au propriétaire – un personnage ! –, il n'est pas avare de paroles. L'établissement sert un excellent choix de plats de poisson et fruits de mer, de recettes canariennes traditionnelles et de plats de viande typiques d'Espagne continentale (prévenez 48 heures à l'avance et vous pourrez déguster un cochon de lait rôti).

El Baco de Nino POISSON ET FRUITS DE MER €€
(Paseo Marítimo, Puerto Santiago ; plats 10-15 €). Ce restaurant installé face à la mer est un peu plus onéreux que les autres, mais ses recettes à base de produits de la mer remportent les suffrages de la clientèle locale. La salle est assez formelle ; la terrasse ensoleillée l'est moins. Mention spéciale pour les petites seiches.

El Rincón de Juan Carlos CANARIEN MODERNE €€€
(☎922 86 80 40 ; Pasaje de Jacaranda 2 ; *menús* à partir de 27 € ; ⏲dîner lun-sam). Si vous voulez faire une folie, ce "grand" restaurant est juste à côté de la place principale de Los Gigantes. Essayez l'un des somptueux *menús* (vraiment royaux), ou le burger de canard à la moutarde et au fromage local. Vous serez inspiré de réserver bien à l'avance.

Renseignements

Vous trouverez l'**office du tourisme** (☎922 86 03 48 ; Avenida Marítima, local 34 ; ⏲9h30-16h30 lun-ven, 9h30-12h30 sam) au 2e niveau du centre commercial, en face de Playa de la Arena.

Depuis/vers Los Gigantes

Le bus n°473 (3,75 €, 1 heure 15) fait l'aller-retour depuis Los Cristianos, et le n°325 (6 €, 1 heure 45, 6/jour) depuis Puerto de la Cruz. Le trajet de 40 km depuis Los Cristianos est bien indiqué.

L'EST

La côte est de Tenerife est un peu la côte oubliée de l'île, ce dont on ne s'étonnera guère à première vue : le paysage de l'est est aride, poussiéreux et infertile, mais émaillé de coquets petits villages qui donnent de la vie à cet environnement par ailleurs austère. Si vous avez du temps, la région mérite d'être davantage explorée. On y trouve quelques stations balnéaires tranquilles, et une ambiance bien plus "couleur locale" que dans les grandes stations internationales de la côte sud. Si toutefois vous tenez absolument à filer sans vous arrêter, faites-vous au moins plaisir en empruntant la sinueuse voie rapide TF-28, l'ancien axe principal, qui serpente au-dessus de la côte le long de la crête montagneuse. L'alternative à cet itinéraire est la TF-1, autoroute très fréquentée qui parcourt la côte est de Tenerife, reliant en 40 minutes Santa Cruz aux stations du Sud.

Candelaria

16 000 HABITANTS

À 18 km au sud de Santa Cruz, Candelaria est une ville animée dont l'unique titre de gloire est la basilique élevée en l'honneur de la sainte patronne de tout l'archipel des Canaries. Cette **Basílica de Nuestra Señora de Candelaria** (⌚7h30-13h et 15h-19h30), datant des années 1950, surplombe une plage rocheuse, à la limite du centre-ville. Elle est flanquée d'une place où neuf grandes statues de guerriers guanches montent la garde. Le 15 août, durant les festivités officielles de la célébration de la **Virgen de la Candelaria**, cette *plaza* se remplit de pèlerins et d'amateurs de fête venus de toutes les îles. Le centre-ville, à une courte distance de la basilique, forme une petite ville de bord de mer pimpante surplombant une plage de sable volcanique noir. L'endroit est bien plus prisé des gens du coin qui viennent de Santa Cruz en excursion pour la journée que des touristes étrangers.

À deux kilomètres au nord de la basilique, **Las Caletillas** forme une commune séparée, même si cela ne se voit pas. Vous y trouverez une poignée d'hôtels et de restaurants ainsi que la plage la plus adaptée à la baignade. À l'extrémité nord de la plage de Las Caletillas, le **Meson Las Ruedas** (Avenida Generalismo s/n, Las Caletillas ; plats 7 €) est un établissement plein de gaieté apprécié de la clientèle locale pour ses portions copieuses de poisson frais, de crevettes, de calmars, de poulpe et autres délices de la mer.

L'**office du tourisme** (☎922 50 04 15 ; Plaza CIT ; ⌚9h-14h et 16h30-19h lun-ven) est tout au nord de la ville, à côté de l'Hotel Tenerife Tour. Un second **office du tourisme** (⌚9h-14h et 15h-17h lun-ven), plus petit, est situé immédiatement au nord de la basilique.

En voiture, prenez la sortie 9 sur l'autoroute TF-1. Les bus n[os]122, 123, 124 et 131 (1,95 €, 30 min) relient la ville à Santa Cruz.

Güímar et ses environs

16 000 HABITANTS

Cité rurale regardant le bleu vaporeux de l'océan d'une certaine distance, Güímar offre un centre-ville agréable et coquet, plaisant pour se promener. La plupart des visiteurs viennent ici voir les **Pirámides de Güímar** (☎922 51 45 10 ; www.piramidesdeguimar.net ; Calle Chacona ; adulte/moins de 8 ans/9-12 ans 10,50 €/gratuit/5,55 € ; ⌚9h30-18h), vestiges archirestaurés de pyramides soulevant cette question intéressante : les Canariens ont-ils eu des contacts avec l'Amérique avant le fameux voyage de Christophe Colomb ? Cette théorie fut développée par le scientifique norvégien Thor Heyerdahl, qui vécut à Tenerife jusqu'à sa mort en 2002. Il se fondait sur la similitude ente les pyramides de Güímar et celles des Mayas. Si les pyramides et le musée sont intéressants à visiter, ce genre d'après-midi en famille revient assez cher.

Les bus n[os]120 et 121 (2,85 €, 50 min) en provenance de Santa Cruz s'arrêtent à la

LA VIERGE DE CANDELARIA

En 1392, un siècle avant la conquête chrétienne de Tenerife, une statue de la Vierge tenant une *candela* (chandelle) s'échoua sur le rivage près de l'actuelle Candelaria. Les bergers guanches qui trouvèrent la statue l'apportèrent à leur roi et, selon la légende, elle fut adorée par la population. Quand les Espagnols conquirent l'île un siècle plus tard, ils considérèrent la statue comme miraculeuse, et, en 1526, le commandant Pedro Fernández de Lugo ordonna la construction d'un sanctuaire. L'explication logique de ce "miracle" est que la statue était la figure de proue d'un navire naufragé, ou une Vierge apportée par des navigateurs français ou portugais qui accostèrent sur l'île avant la conquête espagnole. Quoi qu'il en soit, elle fut emportée par une violente tempête en 1826 et jamais retrouvée. La très belle statue actuelle, somptueusement vêtue, qui orne la Basílica de Nuestra Señora de Candelaria fut sculptée peu après par l'artiste local Fernando Estévenez. Le 15 août, jour où elle aurait été trouvée par les Guanches, la Vierge est honorée par des processions, des messes et un spectacle kitsch évoquant son adoration par des "Guanches" costumés.

gare routière de Güímar, à quelques rues des pyramides.

Environ 12 km au sud, El Escobonal abrite le **Musée archéologique et ethnographique d'Agache** (Plaza El Escobonal ; ⏲17h-20h lun-ven), qui regroupe toutes sortes d'objets ayant trait aux Guanches et à la culture de l'île. Les heures d'ouverture sont très anarchiques. Continuez jusqu'à Fasnia et la petite **Ermita de la Virgen de los Dolores**, chapelle perchée sur une colline aux limites de la ville (à côté de la voie rapide TF-620). C'est en général fermé, mais la vue sur le paysage âpre et aride justifie le court déplacement.

Restez sur la TF-620 après l'*ermita* pour rejoindre **Roques de Fasnia**, village creusé dans la falaise volcanique. Vous trouverez une tranquille plage de sable noir rarement très fréquentée. Un peu plus au sud, **Porís de Abona** est un charmant petit village de pêcheurs aujourd'hui entouré d'habitations neuves. Une jolie anse où l'on peut se baigner vous attend avec tout ce qu'il faut, bateaux de pêche et plage sablonneuse. Pour nous, c'est l'une des plus jolies plages de la côte est. La patronne allemande du **Café al Mar** (☎626 39 00 96) profite de son emplacement idéal et assure des sandwichs au pain pita et autres casse-croûte. Elle propose aussi des appartements en location.

El Médano

Pas encore écrasé par le rouleau compresseur du développement de masse, El Médano est un spot de niveau international pour les véliplanchistes et les kitesurfeurs. Ils y créent leur habituelle ambiance cool et décontractée et, dans l'ensemble, il fait bien meilleur séjourner ici qu'à Las Américas, située à proximité. La station dispose de la plus longue plage de Tenerife (2 km), que longe une promenade en planches, idéale pour les balades digestives (ou apéritives) ; mais le vent qui en fait un spot idéal pour la planche à voile rend justement les séances de bronzage sur cette plage bien moins agréables qu'ailleurs.

Activités

Les voiles des véliplanchistes et les ailes des kitesurfeurs parsèment l'horizon de taches chatoyantes. Différentes enseignes proposent des cours et la location d'équipement, mais les débutants doivent savoir que les vents sont très forts et posent des problèmes même aux pros. On peut louer du matériel de planche à voile ou s'inscrire à des cours au **Surf Center Playa Sur** (☎922 17 66 88 ; www.surfcenter.info ; cours à partir de 60 € ; ⏲10h30-19h), juste derrière l'Hotel Playa Sur Tenerife.

LA CONTROVERSE SUR LE PORT DE GRANADILLA

Le statut doublement menacé de Santa Cruz de Tenerife, principal port de l'île et capitale, risque de se voir encore fragilisé par le projet, très controversé, de nouveau port à Granadilla, au sud-est de l'île. Si le projet se réalise, Granadilla sera le cinquième port d'Espagne. D'une surface totale de 150 ha, il devrait notamment comporter une digue brise-lames de 2,5 km de longueur et 55 m de profondeur.

Malgré l'opposition de Greenpeace et des écologistes locaux, dont l'organisation **Ben Magec** (www.benmagec.org), la Commission européenne a approuvé ce projet fin 2006 après quatre ans de débat. Selon le commissaire européen Stavros Dimas, la petite île de Tenerife a besoin d'un système de transport maritime efficace ; le port principal de Santa Cruz n'étant plus en mesure d'accueillir le flux croissant de conteneurs, la construction du port industriel de Granadilla serait essentielle pour assurer la viabilité économique à long terme de l'île.

Les écologistes affirment pour leur part que le projet va détruire 5 km de côte et gravement nuire aux plages emblématiques de l'île, El Médano et La Tejita. Le nouveau port porterait également atteinte à la biodiversité de l'île, à la faune et la flore, autant qu'à la pêche côtière et aux vestiges archéologiques. Selon Ben Magec, le port actuel est assez grand pour répondre aux besoins de l'île et est déjà intégré dans l'infrastructure de la ville. L'organisation soupçonne les politiciens de vouloir transformer Santa Cruz en port de loisirs pour navires de croisière.

Depuis que l'Union européenne a donné son accord au projet, les arguments pour et contre ont fusé de toutes parts dans toutes sortes de tribunaux. À l'heure où nous écrivons, les écologistes ont la main, ce qui signifie que le projet est pour l'instant à l'arrêt. Mais ses partisans se jurent, bien évidemment, de poursuivre la lutte.

Autre possibilité, des cours de kitesurf à l'**Azul Kite School** (☎922 17 83 14 ; www.azulkiteboarding.com ; Paseo Mercedes Roja 26 ; cours à partir de 145 € ; ⊙11h-13h et 16h-19h mar-sam, 11h-20h mar-sam l'été).

Si vous préférez plonger sous les vagues plutôt que rester à la surface, **Descubare Atlantico** (☎659 19 03 68 ; www.descubare-atlantico.com ; Calle Pescadores) propose des plongées-découverte (55 €) ainsi que des stages complets (240-355 €).

Où se restaurer

Timón POISSON ET FRUITS DE MER €
(☎666 27 90 50 ; Calle Marcial García s/n ; tapas 2 €). Les plus chanceux arriveront à s'installer à l'une des deux tables de la minuscule terrasse surplombant le fracas des vagues. Et pas besoin de tenir le gouvernail pour y déguster les délicieuses tapas de produits de la mer. C'est également l'adresse idéale pour siroter quelques mojitos (2,50 €) au soleil couchant.

Café M INTERNATIONAL €
(☎699 94 73 94 ; Paseo Mercedes Roja 14 ; plats 4-8 €). Joyeux restaurant à la direction allemande, préparant de copieuses salades, pâtes et galettes, doté d'une terrasse donnant sur la mer.

Renseignements

Office du tourisme (☎922 17 60 02 ; Plaza Príncipes España ; ⊙9h-15h lun-ven, 9h-13h sam)

Depuis/vers El Médano

El Médano est situé un peu à l'est de l'aéroport Tenerife Sur, à la sortie 22 de la TF-1. Le bus n°470 (3,05 €, 1 heure 35) part toutes les heures pour Los Cristianos, et le n°116 (6,20 €, 1 heure 10) toutes les deux heures de Santa Cruz.

LE SUD

Los Cristianos, Playa de las Américas et Costa Adeje

ENVIRON 150 000 HABITANTS

Portez bien vos lunettes de soleil quand vous arriverez à la pointe sud-ouest de Tenerife. Elles vous protégeront non seulement du soleil aveuglant, mais aussi de la multitude d'enseignes au néon et du sable blanc étincelant. Les gigantesques villages de vacances offrant multiples piscines et buffets à volonté ont fait de cette région de pêche somnolente une zone balnéaire méga-lucrative. Ses immenses plages de sable sont parmi les plus animées et les mieux adaptées aux enfants de toute l'île. La vie nocturne comblera les noctambules les plus motivés et les restaurants sont légion. Où pourrait-on déjeuner dans une "authentique *cantina* mexicaine", dîner dans un "vrai café parisien" et finir par un verre dans un "véritable pub irlandais" ? Cette diversité, naturellement, ne laisse guère de place aux cultures canarienne et espagnole.

Los Cristianos, dont la vieille ville conserve encore un peu de son charme passé de village de pêcheurs, est la station la plus méridionale. Juste après, c'est Playa de las Américas, avec ses tours d'hôtels, ses centres commerciaux rutilants, ses fausses statues romaines et ses pyramides évoquant le toc de Las Vegas. La partie nord de Las Américas est de loin la plus tape-à-l'œil et la plus glauque de tout le secteur. Costa Adeje s'étend au nord sans

Playa de las Américas

Activités
1 Aqua Marina C5
2 Fun Dive Tenerife B5
3 K-16 Surf B4
4 Mare Nostrum C5

Où se loger
5 Anyka Sur D5
6 Hacienda del Sol C2
7 Marcus Management D4
8 Tenerife Holiday Rent C5
9 Villa Cortés B4

Où se restaurer
10 El Faro B4
11 Garibaldi B4
12 Wigan Pier C2

Où prendre un verre
13 Lineker's Bar C2

Où sortir
Bobby's .... (voir 17)
14 Casablanca D5
15 Esencía de Amor B5
16 Jazzissimo B1
La Pirámide .... (voir 15)
17 Las Verónicas B2
18 Tramps B2

Achats
19 Artenerife B2

Playa de las Américas

interruption. Elle concentre hôtels de luxe et certaines des plus belles plages.

Les voyageurs indépendants en route pour les îles occidentales finissent souvent par devoir passer au moins une nuit ici. La plupart se rendent alors tout droit à Los Cristianos, la mieux équipée en infrastructures adaptées à leurs besoins.

Le plan gratuit de l'office du tourisme est utile, mais si vous avez des problèmes d'orientation, faites comme les habitants, repérez-vous par rapport aux hôtels et aux plus grands immeubles.

À voir

Siam Park PARC DE LOISIRS

(☎902 06 00 00 ; www.siampark.net ; Autopista del Sur sortie n°28 ; adulte/3-11 ans 30/19,50 € ; ⌚10h-18h avr-oct, jusqu'à 17h nov-mars). Dans ce parc à thème, le plus grand du sud de Tenerife, vous pourrez vous jeter le long d'un toboggan vertical haut de 28 m, surfer dans une piscine, sortir en glissant à toute allure des entrailles d'un dragon, et acheter des bibelots sur un marché flottant de Bangkok.

Activités

Avec 2 800 heures d'ensoleillement annuel moyen, les plages sont reines ici, mais si l'idée de passer un jour de plus à faire du transat vous insupporte, il existe d'autres activités un peu plus toniques.

Plongée

La côte volcanique est propice à de belles plongées. Les eaux calmes permettent même aux débutants de commencer directement par une exaltante immersion dans l'océan. Comptez au moins 35 € pour une plongée standard, avec des tarifs dégressifs quand le nombre de plongées augmente.

Aqua Marina PLONGÉE

(Carte p. 151 ; ☎922 79 79 44 ; www.aquamarinadivingtenerife.com ; Playa de las Vistas, Playa de las Américas ; ⏲9h-18h). Propose le choix classique de plongées depuis un bateau, de cours et de plongées spéciales, ainsi que de bonnes vieilles séances de snorkeling pour ceux qui ne veulent pas trop se mouiller.

Fun Dive Tenerife

(Carte p. 151 ; ☎645 90 87 56 ; www.fun-dive-tenerife.com, en allemand ; Hotel Park Club Europe, Playa de las Américas ; ⏲9h-18h). Organise des cours de plongée pour enfants et des sorties de nuit PADI. Le club s'adresse surtout aux visiteurs germanophones.

Voile et surf

Pas besoin de beaucoup s'éloigner du rivage pour que la jungle d'hôtels de la plus grande station balnéaire de Tenerife se fonde dans le paysage aux douces pentes de l'île. Louez un bateau, réservez pour une minicroisière ou signez pour une excursion d'observation de cétacés et naviguez sur les eaux séparant Tenerife de La Gomera, avec la belle silhouette d'El Teide en arrière-plan. L'office du tourisme de Los Cristianos dispose d'une liste de prestataires qui organisent tous types d'excursions sur l'eau, dont certains appareillent même pour la haute mer à bord d'un bateau de pirates – comment résister ?

Le spot de surf le plus connu de la ville, le Spanish Left, est proche de la boutique K-16 Surf. Cette longue gauche facile, entrecoupée de creux, est l'un des spots d'Europe les mieux gardés par la population locale. Outsiders, passez votre chemin ou préparez-vous à un accueil des plus frais.

K-16 Surf SURF

(Carte p. 151 ; ☎922 79 84 80 ; www.k16surf.com ; Calle México 1-2 ; cours de surf à partir de 35 €, location de planche à partir de 12 €/jour). Loue des planches de surf et propose des cours coûtant à peine plus que la location.

Équitation

Il y a plusieurs centres équestres dans les environs, dont **La Caldera del Rey** ((☎648 65 04 41 ; www.tenerifehorses.com ; San Eugenio Alto, Costa Adeje ; promenade 2 heures, 50 €), qui comporte également une ferme pour les enfants avec des animaux, une aire de pique-nique avec barbecue, un mur d'escalade et un parcours de cordes pour enfants.

Golf

Grâce à la douceur de son climat, Tenerife accueille les golfeurs toute l'année. Ce n'est

S'ÉVADER DANS LES BRUMES DES THERMES

Être en vacances est parfois épuisant surtout quand il y a tant à voir et à faire. Heureusement, il y a les spas...

Près de Costa Adeje, échappez-vous à l'**Aqua Club Termal** (☎922 71 65 55 ; www.aquaclubtermal.com ; Calle Galicia, Torviscas Alto), qui se targue d'être lecomplexe thermal et sportif le plus complet d'Europe : 6 000 m² pour se faire dorloter. Ne ratez pas le bain turc.

Vitanova Spa (☎922 79 56 86 ; www.vitanovatenerife.com ; Calle Alcalde Walter Paetzman s/n, Playa del Duque) également à Costa Adeje, propose des massages du corps et du visage, ainsi que d'irrésistibles massages au chocolat et un traitement anticellulite aux algues et aux raisins.

Le **Mare Nostrum** (carte p. 151 ; ☎922 75 75 45 ; www.expogrupo.com ; Avenida de las Américas s/n), à Playa de las Américas, fera certainement aussi votre bonheur. On y pratique des enveloppements d'algues, l'électrothérapie pour les vrais curistes, et des massages et des bains de vapeur pour aider les autres à se relaxer.

À Puerto de la Cruz, dans un fabuleux décor thaï, l'Oriental Spa Jardin de l'**Hotel Botánico** (☎922 38 14 00 ; www.hotelbotanico.com ; Avenida Richard J Yeoward 1) propose toute une gamme de prestations, dont enveloppements, massages orientaux et soins de beauté.

Los Cristianos

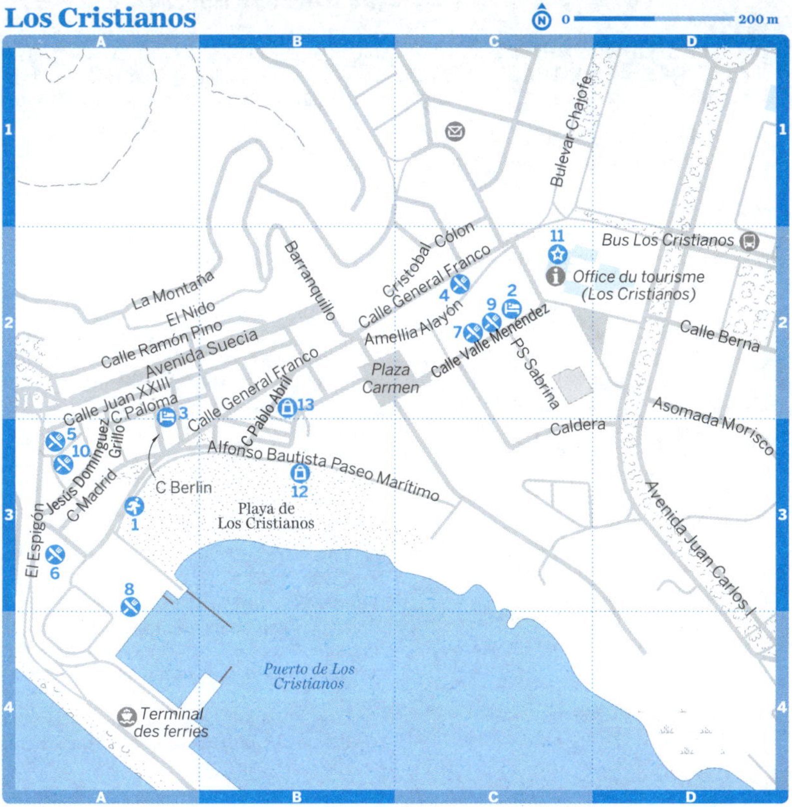

pas le sport le plus "écologiquement correct" de l'île puisqu'il faut arroser les greens et que le manque d'eau est un problème constant, mais les parcours se multiplient autour de Playa de las Américas. Parmi les meilleurs, citons le **Golf Costa Adeje** (www.golfcostaadeje.com ; Finca Los Olivos ; adulte/enfant 18 trous 87/30 € ; 7h30-19h), le **Golf del Sur** (www.golfdelsur.net ; Urbanizacíon Golf del Sur, San Miguel de Abona ; adulte/enfant 18 trous 85/42 € ; 7h30-19h) et **Los Palos Centro de Golf** (www.golflospalos.com ; Carretera Guaza-Las Galletas, km 7, Arona ; adulte/enfant 9 trous 23/15 € ; 7h-19h). Dans chaque cas, les prix indiqués correspondent à la haute saison hivernale. En été, ils baissent d'environ 25%.

Observation des baleines

Les tour-opérateurs proposant des croisières en bateau de deux, trois et cinq heures d'observation de baleines et de dauphins sont installés à l'extrémité de

Los Cristianos

Activités
- 1 Travelin' Lady A3

Où se loger
- 2 Hotel Andrea's C2
- 3 Pensión La Playa A2

Où se restaurer
- 4 Bar Gavota C2
- 5 Bar Nuestro A3
- 6 Casa del Mar A3
- 7 Le Bistrot d'Alain C2
- 8 Pescaderia Dominga A3
- 9 Restaurante Fortuna Nova C2
- 10 Rincón del Marinero A3

Où sortir
- 11 Centro Cultural C2

Achats
- 12 La Alpizpa B3
- 13 Librería Barbara B2

MULTIPROPRIÉTÉS ET AUTRES ARNAQUES

Rien n'y fait, ni la contre-publicité ni les multiples avertissements des offices du tourisme, les promoteurs de multipropriétés (*timeshare*) dans des résidences "paradis des vacanciers" continuent à convaincre les touristes que leur carte à gratter est la gagnante parmi cent/mille/un million ! Et qu'ils ne peuvent retirer leur prix (généralement une bouteille de mousseux) que sur place en personne. N'écoutez pas ces sirènes. Sinon, attendez-vous à rester prisonnier au moins trois heures dans une résidence, soumis aux techniques de vente forcée les plus agressives au monde. Peu de gens résistent. Si vous voulez jouer avec le feu, n'emportez ni chéquier, ni carte bancaire, ni même argent liquide. Faites aussi attention à l'arnaque aux discounts des clubs de vacances. Leur publicité affirme que le versement d'arrhes ouvre droit à des rabais sur les hébergements, billets d'avion, locations de voitures et croisières. Un système encore plus malhonnête que le *timeshare*.

Playa de Los Cristianos, près du port, et dans Puerto Colón, à Costa Adeje. Les prix comprennent généralement repas, boisson et une courte baignade. Il existe plusieurs compagnies du même genre, mais globalement, les prestations se valent, la croisière de 2 heures coûtant au minimum 18 €. Vous pouvez vous adresser à **Travelin' Lady** (carte ci-dessus ; 609 42 98 87 ; moins de 10 ans gratuit ; 9h30-20h dim-ven, 12h-15h sam), agence basée à Playa de Los Cristianos.

Pêche

Les sorties de pêche en haute mer coûtent un minimum de 49 € environ pour 3 heures. Renseignez-vous aux kiosques situés à l'extrémité ouest de Playa de Los Cristianos ou dans un office du tourisme.

Fêtes et manifestations

Foire des Canaries FOIRE

Los Cristianos accueille une foire durant une semaine à la mi-mars, avec dégustations gratuites de produits alimentaires provenant de toutes les îles et possibilité de s'approvisionner.

Où se restaurer

Aucun risque de mourir de faim ici. Le dilemme consiste plutôt à savoir où aller pour avoir la meilleure qualité et un prix raisonnable. Évitez les restaurants qui proposent une cuisine internationale par des affiches décolorées sur les trottoirs. Les établissements servant des breakfasts à l'anglaise toute la journée et les gargotes de style britannique pullulent. On arrive à dénicher de la cuisine espagnole et canarienne, généralement assez médiocre, dans de petits coins perdus.

Sur le front de mer, dans le port de Los Cristianos, une poignée de kiosques vendent du poisson tout frais pêché, notamment la très populaire **Pescaderia Dominga** (carte p. 153). On peut l'acheter cru à emporter ou demander à ce qu'on le fasse frire sur place. À déguster ensuite assis sur la jetée voisine, en balançant les jambes au-dessus de l'eau… C'est le meilleur pique-nique de poisson que vous mangerez jamais !

Le Bistrot d'Alain FRANÇAIS €€

(Carte p. 153 ; 922 75 23 36 ; Calle Valle Menendez 23, Los Cristianos ; plats 10-15 €). Caché à l'écart des foules, ce restaurant formel mais discret, sert des classiques français ou des plats plus inhabituels comme le ragoût de poisson avec crevettes, saumon et légumes. C'est l'un des restaurants les plus réputés de la ville, très apprécié, à juste titre, des touristes français.

Garibaldi ITALIEN €€€

(Carte p. 151 ; 922 75 70 60 ; Avenida Rafael Puig Lluvina, Playa de las Américas ; plats 12-20 € ; dîner lun-sam). Restaurant italien très chic et très onéreux, tendance aristo, où l'on sert viandes et pâtes dans un patio romantique avec fontaine. Mieux vaut réserver.

Restaurante Fortuna Nova ESPAGNOL €€

(Carte p. 153 ; Calle Valle Menendez, Los Cristianos ; plats 10-12 € ;). Pas le moindre *Yorkshire pudding* ou breakfast anglais en vue dans ce restaurant d'un excellent rapport qualité/prix. La nourriture, classiquement espagnole, est, au vu des prix, de très grande qualité. Agréable terrasse ombragée. Adresse appréciée des employés à l'heure du déjeuner (c'est un bon signe).

Bar Nuestro CANARIEN TRADITIONNEL €

(Carte p. 153 ; Calle San Roque 12, Los Cristianos ; plats 5 €). Les casquettes des habitués autant que l'intérieur aux allures de grange signalent l'authenticité du Bar Nuestro, dont la carte affiche des plats canariens comme les pois chiches aux saucisses de porc ou les sardines grillées.

Casa del Mar POISSON ET FRUITS DE MER €€
(Carte p. 153 ; Esplanada del Muelle, Los Cristianos ; plats 10-15 €). Appréciez simultanément le spectacle de la plage et les savoureuses *lubinas* (bars), *doradas* (dorades) et *merluzas* (merlus) fraîchement pêchées que l'on sert ici. De tous les restaurants de poisson du front de mer, c'est sans doute le plus apprécié des gens du coin (qui l'encensent littéralement). Le bar sur le toit sert boissons et glaces sur une terrasse ensoleillée.

Bar Gavota CAFÉ €
(Carte p. 153 ; Calle General Franco, Los Cristianos ; petit-déj 5 €). En face de l'église à Los Cristianos, voici l'un des rares bars du centre à avoir conservé son authentique ambiance espagnole (et sa clientèle locale d'habitués). Parfait pour du café et des tartines au petit-déjeuner, ou un verre à n'importe quel moment de la journée.

Rincón del Marinero POISSON ET FRUITS DE MER €€
(Carte p. 153 ; Muelle Los Cristianos ; plats 7-15 €). La douceur du climat aidant, toutes les tables de ce restaurant à la déco nautique sont installées sur une terrasse couverte. Spécialisé dans les fruits de mer, le chef mitonne une savoureuse *zarzuela* (ragoût de poissons et fruits de mer).

El Faro CANARIEN MODERNE €€€
(Carte p. 151 ; ☎922 75 38 27 ; Avenida Américas, Parque Santiago V, Playa de las Americas ; plats 20-25 €). Pour s'éblouir en noctambule, El Faro (le phare) remplit son contrat (quoique le faux phare qui donne son nom au restaurant soit des plus ringards). Jouissez du spectacle du monde depuis la terrasse du 2e étage en savourant viandes, poissons et pâtes préparés avec imagination.

☆ Où sortir

Après minuit, la vie nocturne de Los Cristianos bat son plein au Centro Comercial San Telmo, derrière Playa de las Vistas. Les discothèques de cette petite artère commerçante tristounette le jour rivalisent de décibels tard dans la nuit. À Las Américas, tout est plus classe et plus cher.

Jazzissimo CONCERTS
(Carte p. 151 ; www.jazzissimo-tenerife.com ; Avenida Rafael Puig Lluvina 12, Las Américas ; ⏲22h-3h30 lun-sam). Ouvert il y a quelques années par Cleo Laine et Johnny Dankworth, ce club de jazz et de soul n'a cessé de grandir.

Centro Cultural THÉÂTRE
(Carte p. 153 ; Plaza Pescador 1, Los Cristianos ; billets 3 €). Le centre programme de multiples manifestations, tel le Cine de Verano,

ENGLAAAND, ENGLAAAND !

Beaucoup de gens voyagent dans un esprit d'ouverture, pour découvrir des lieux nouveaux et des cultures différentes. D'autres aiment avant tout se reposer et échapper au stress du quotidien. D'autres enfin se donnent pour unique but de boire jusqu'à plus soif, sans changer leurs habitudes d'un iota. On ne nous tiendra pas rigueur de dire que l'extrémité nord de Las Américas est La Mecque de ce genre de touristes britanniques, dont voici les repaires favoris :

Wigan Pier (carte p. 151 ; Avenida Arquitecto Gómez Cuesta ; plats 4-8 €) : ce grand pub sert des tourtes et des frites, ainsi que des breakfasts anglais toute la journée. Comme vous le rappellent à tout moment les rabatteurs britanniques postés à l'extérieur, toute la nourriture est préparée avec "de bons produits 100% British". Le divertissement n'est pas en reste grâce aux concerts, soirées quiz et autres spectacles de cabaret.

Plus loin dans la rue, le **Lineker's Bar** (carte p. 151 ; Centro Comercial Starco, Las Américas), comme son nom l'indique, appartient à l'ancien footballeur anglais Gary Lineker (qui n'en assure pas la gérance). C'est à l'évidence la meilleure adresse pour assister à des matchs de football sur TV grand écran.

Les deux boîtes les plus célèbres ont pour noms **Tramps** (carte p. 151 ; Centro Comercial Starco, Las Américas) et **Bobby's** (carte p. 151 ; Centro Commercial Las Verónicas, Las Américas). Autoproclamée meilleure boîte de Tenerife, le Tramps invite des DJ à se produire. Il y règne une ambiance typiquement "les Britanniques en vacances à l'étranger", et il faut dire qu'on s'en souvient (pas nécessairement pour les bonnes raisons). Non loin, le Bobby's lui ressemble beaucoup. On y a tourné il y a longtemps un documentaire britannique. Et l'on ne peut pas dire que ce film ait redoré le blason de Tenerife aux yeux du monde !

À NE PAS MANQUER

LOS CRISTIANOS ET PLAYA DE LAS AMÉRICAS POUR LES ENFANTS

Quel que soit leur âge, les enfants trouveront à s'occuper. Bordant les plages, des attractions de fête foraine, autos tamponneuses et mini-sauts à l'élastique, s'adressent aux plus grands, alors que les aires de jeux de Playa de Los Cristianos et derrière le Centro Comercial de Los Cristianos occuperont un bon moment les plus petits.

Loin des plages, il y a les parcs à thème. Au **Jungle Park** (www.aguilasjunglepark.com ; Los Cristianos-Arona, km 3 ; adulte/moins de 12 ans 24/16 € ; ⌚10h-17h30), les aigles qui survolent la foule en rase-mottes ont la vedette. Grands singes et félins tiennent les seconds rôles mais, hélas, comme dans beaucoup de parcs de ce type en Espagne, il s'agit davantage d'un parc animalier censé amuser le public que d'un vrai centre de protection des animaux.

Pour les plus grands, le **Karting Klub Tenerife** (☎922 73 07 03 ; Carretera del Cho, Arona ; 14-22 € ; ⌚10h-20h) possède des pistes de kart et des jeux vidéo.

Tous les parcs disposent de navettes gratuites. Si vous avez envie d'un peu de solitude, adressez-vous à la réception de votre hôtel pour trouver un/une baby-sitter.

festival estival de cinéma (en espagnol) en plein air, tous les soirs sauf le mercredi. Un auditorium sert de salle de concerts.

Esencía de Amor CONCERTS

(Carte p.151 ; www.esenciadeamor.com ; La Pirámide, Avenida Américas, Playa de las Américas). Ballets espagnols et concerts de flamenco sont en général de premier ordre.

Casablanca DISCOTHÈQUE

(Carte p. 151 ; Centro Comercial San Telmo, local 17, Los Cristianos ; ⌚23h-tard). Les corps tournoient en rythme après minuit dans le club le plus célèbre de cette artère au pouls enfiévré.

Las Verónicas DISCOTHÈQUE

(Carte p. 151 ; Centro Comercial Las Verónicas, Las Américas). Comme celui du Bobby's, le pâté de maisons abritant Las Verónicas comporte des adresses à l'ambiance frénétique, et parfois louche. Là comme ailleurs, des problèmes de drogue et de violence ont été signalés, et dans certaines boîtes, les jeunes femmes qui travaillent sur place se dénudent en échange d'espèces sonnantes et trébuchantes.

La Pirámide CONCERTS

(☎922 75 75 49 ; www.piramidearona.com ; Avenida Américas, Las Américas ; adulte/enfant dîner compris 43/21,50 €). Le dîner-spectacle de ce restaurant dans le palais des congrès pyramidal est plus sophistiqué qu'il n'en a l'air. Soirées opéra les mardis, vendredis et samedis, et concerts classiques les autres jours. Demandez les programmes. Si les spectacles sont impressionnants, la nourriture ne l'est vraiment pas.

Achats

Les centres commerciaux modernes poussent comme des champignons dans toute la station, mais pour les textiles traditionnels des Canaries, comme les nappes brodées, allez chez **Artenerife** (carte p. 151 ; Avenida Rafael Puig Lluvina, Playa de Las Américas). Sur le front de mer, **La Alpizpa** (carte p. 153 ; Paseo Marítimo, Los Cristianos) vend des objets artisanaux fabriqués par des personnes handicapées et reverse les bénéfices à des œuvres caritatives. La **Librería Barbara** (carte p. 153 ; Calle Pablo Abril 5, Los Cristianos), librairie à l'emplacement central, vend des ouvrages en français, en anglais et en allemand, ainsi que des cartes et des guides.

Renseignements

Bureau de poste (Paseo Valero, Los Cristianos)

Plusieurs cybercafés sont installés dans le **Centro Comercial City Center** (Avenida Rafael Puig Lluvina, Las Américas).

Office du tourisme Los Cristianos (☎922 75 71 37 ; www.arona.org ; Centro Cultural, Plaza Pescador 1) ; Playa de las Vistas (☎922 78 70 11 ; Centro Comercial San Telmo) ; Playa de las Américas (☎922 79 76 68 ; Centro Comercial City Center, Avenida Rafael Puig Lluvina) ; Costa Adeje (☎922 71 65 39 ; Avenida Litoral). Les bureaux de la Costa Adeje sont près du Barranco del Rey.

Police Los Cristianos (☎922 75 71 33 ; Calle Valle Menendez 5) ; Playa de las Américas (☎922 78 80 22 ; Avenida Noelia Alfonso Cabrera 5) ; Costa Adeje (☎922 79 78 11 ; Sector Las Terrazas). Le poste de la Costa Adeje se trouve derrière le Palacio de Congresos.

Depuis/vers les stations du Sud

Bus

Les bus verts de TITSA sillonnent la région et s'arrêtent dans les stations de Los Cristianos et Playa de las Américas. Les bus n°110 (direct, 7,55 €, 1 heure, toutes les 30 min) et n°111 (omnibus) font l'aller-retour depuis Santa Cruz. Le n°343 (2,25 €, 45 min) rejoint l'aéroport Tenerife Sur et dessert ensuite celui de Tenerife Norte. D'autres lignes passent par les deux stations en allant à Arona (n°480), Los Gigantes (n°473), Puerto de la Cruz (n°343), El Médano (n°470) et Las Galletas (n°467). La gare routière de Playa de las Américas est située entre le centre de Las Américas, San Eugenio et l'*autopista*. Il n'y a pas de véritable gare routière à Los Cristianos. Les bus s'arrêtent dans l'Avenida Juan Carlos I, juste après le carrefour avec l'Avenida Amsterdam, en face du centre commercial Valdes. Pour des renseignements 24h/24 sur les bus, appelez le ☎922 53 13 00.

Comment circuler

La plupart des lignes de bus longue distance servent aussi de bus locaux et stoppent aux arrêts des grandes avenues de Los Cristianos et Playa de las Américas avant de quitter la ville.

La plupart des centres commerciaux ont leur station de taxis. Trouver un taxi la nuit est rarement un problème, la plupart des gens préférant marcher. Une course traversant la ville coûte entre 5 et 7 €.

Las Galletas

La petite station balnéaire de Las Galletas se trouve à quelques kilomètres au sud de Las Américas. Par comparaison avec sa clinquante voisine, il y règne un calme de bibliothèque, ce qui pour certains fait tout son attrait. Cependant, l'endroit manque de charme et de pittoresque, et sa plage rocheuse volcanique est battue par des vents incessants qui soulèvent le sable et font de la séance de bronzage une épreuve.

À voir et à faire

Le vent et l'eau ont sculpté les spectaculaires formations rocheuses de la **Montaña Amarilla** (montagne jaune), monticule volcanique sur la côte, en dehors de la ville. Pour y arriver, prenez l'Avenida José Antonio Tavio (à côté du complexe Ten) jusqu'à la Calle Chasna. Un chemin qui part du parking au bout de la rue mène à la côte, où il fait bon flâner sur les rochers, profiter de la vue que ne gâche aucune construction ou randonner autour de la *montaña*.

Si la ville elle-même est sans intérêt, Las Galletas, avec Los Cristianos et Los Gigantes, est considérée comme un des meilleurs sites de plongée du sud de l'île. Pour les cours, plongées initiation et excursions, voyez au **Buceo Tenerife** (☎922 73 10 15 ; www.buceotenerife.com ; Calle María del Carmen García 22 ; plongée avec location de l'équipement 36 € ; ⏲9h-18h). Les prix sont dégressifs pour plusieurs plongées. Vous pourrez louer dériveur et planche à voile à l'**Escuela de Vela las Galletas** (☎629 87 81 02 ; Playa Las Galletas ; location planche à voile/catamaran 15/30 € l'heure ; ⏲10h-18h mar-dim), qui dispense aussi des cours.

Où se restaurer

La route du front de mer consiste en un chapelet de salons de thé à l'anglaise servant des gâteaux, du thé et des breakfasts. Il suffit qu'il vente et que le temps soit au gris pour se croire en Angleterre, au bord de la Manche...

Bar La Caleta TAPAS €

(Calle Dionisio González s/n ; tapas 3-4 €). Un bar à l'ancienne qui propose de délicieuses tapas typiquement andalouses, dont poivrons frits et *tortilla* (omelette aux pommes de terre).

Via Moana POISSON ET FRUITS DE MER €€

(Playa de las Galletas ; plats 10-18 € ; ⏲12h-3h l'été uniquement ; Ⓟ). Mettez les foules à distance dans ce discret café-restaurant les pieds dans l'eau. Les nuits d'été, concerts ou DJ métamorphosent l'endroit en principal lieu nocturne de la ville, avec un mélange éclectique de jazz, folk, rock et musique celtique.

Renseignements

La Vava Pipi (☎922 73 35 92 ; Calle Carmen García 1 ; 2 €/heure). Internet (accès). Juste en face de l'office du tourisme.

Office du tourisme (☎922 73 01 33 ; La Rambla ; ⏲8h30-15h30 lun-ven, 9h-16h sam et dim). À l'extrémité ouest de La Rambla, la promenade arborée parallèle au Paseo Marítimo.

Depuis/vers Las Galletas

Las Galletas est à quelques kilomètres de la sortie 26 de la TF-1. Les bus n[os]467, 470 et 473 (1,30 €, 30 min) relient la ville toutes les heures avec Los Cristianos, et les bus n[os]112 et 115 (7,25 €, 1 heure 15) font l'aller-retour avec Santa Cruz.

La Gomera

922 / 21 950 HABITANTS

Dans ce chapitre »

Le top des restaurants

» Bar-Restaurante La Hila (p. 163)
» Bar La Chalana (p. 170)
» Bar-Restaurante El Puerto (p. 171)
» La Casa Creativa (p. 167)

Le top des hébergements

» Parador Nacional Conde de la Gomera (p. 221)
» Apartamentos Los Telares (p. 222)
» Finca Argayall (p. 222)
» Ibo Alfaro (p. 222)
» Apartamentos Tapahuga (p. 222)

Pourquoi y aller

Vue d'avion, La Gomera évoque une forteresse imprenable cernée de hautes parois rocheuses. Les routes comme de fins serpentins se fraient un passage à flanc de falaises et de précipices tandis que les maisons, minuscules confettis blancs, semblent construites sur des surplombs inaccessibles.

Sur place, ce rude paysage se traduit par des vallées luxuriantes, des escarpements impressionnants et de solides formations rocheuses sculptées par l'activité volcanique et l'érosion. Les confettis se révèlent être de charmants villages aux murs blancs.

Cette petite île ronde au cadre naturel de toute beauté n'est pas du genre à offrir des plages dorées et une vie nocturne trépidante dans un cadre tropical. Il s'agit bien plutôt d'une île qui se découvre chaussures de marche aux pieds, en parcourant la myriade de sentiers qui sillonnent ses spectaculaires paysages luxuriants.

Quand partir

À l'instar des autres îles de l'archipel, La Gomera se visite toute l'année, mais certaines périodes sont plus propices encore à un séjour des plus réussis. La plupart des visiteurs viennent sur l'île pour randonner. Le printemps (mars-avril) est de ce point de vue idéal : les sentiers sont splendides, le temps n'est ni trop chaud ni trop froid, et les collines sont tapissées de fleurs subtropicales. Septembre et octobre sont aussi des mois très agréables, d'autant qu'en septembre, deux grandes fêtes ajoutent de la gaieté et de la couleur au séjour.

Histoire

Au cours du XVe siècle, les Espagnols tentèrent sans succès de conquérir La Gomera. Lorsqu'ils parvinrent finalement à s'établir sur l'île, au milieu du siècle, ce fut davantage par la pénétration lente et essentiellement pacifique du christianisme et de la culture européenne que par la force. Si les indigènes furent d'abord autorisés à conserver une grande part de leur mode de vie et de leur autonomie, les choses changèrent lorsque le brutal Hernán Peraza le Jeune (voir l'encadré p. 162) devint gouverneur. Les Gomeros se rebellèrent contre lui, entraînant une répression sanglante qui fit des centaines de morts parmi les insulaires.

À l'activité des premières années et l'ébullition provoquée par les escales de Christophe Colomb succéda une longue période d'isolement. Entièrement autosuffisante, La Gomera eut peu de contacts avec le monde extérieur jusqu'aux années 1950, époque à laquelle la construction d'un petit embarcadère à San Sebastián ouvrit la voie aux liaisons maritimes et au commerce.

Malgré cela, il resta difficile de vivre de la terre sur les pentes escarpées de l'île, d'où l'émigration d'une grande partie de la population vers Tenerife et l'Amérique du Sud.

Depuis/vers La Gomera

AVION

L'**aéroport** (☎922 87 30 00) se trouve à 3 km du centre de Playa Santiago. Les compagnies intérieures **Binter Canarias** (☎902 39 13 92 ; www.binternet.com) relient La Gomera au reste de l'archipel plusieurs fois par jour, via Tenerife.

BATEAU

Plusieurs ferries et hydroglisseurs accostent quotidiennement dans le port dynamique de San Sebastián, juste au pied de la ville. La plupart des visiteurs arrivent à bord des hydroglisseurs rapides en provenance de Los Cristianos, à Tenerife.

Fred Olsen (☎902 10 01 07 ; www.fredolsen.es). Les bateaux de cette compagnie, les plus rapides et les plus chers, circulent depuis/vers Los Cristianos (Tenerife) 3 fois/jour (4 le vendredi ; à partir de 29 € l'aller, 40 min). Ils appareillent aussi pour Santa Cruz de la Palma tous les jours sauf le samedi (tlj sauf lundi au départ de La Palma ; à partir de 56 € l'aller, 1 heure 30). Lors de notre passage, des bateaux allaient également de La Gomera à La Estaca (El Hierro) les mardis, jeudis, vendredis et dimanches (à partir de 60 € l'aller, 2 heures) mais, à l'heure où nous mettons sous presse, ces liaisons devraient être annulées.

Naviera Armas (☎922 87 13 24 ; www.navieraarmas.com). Assure le trajet depuis/vers Los Cristianos (Tenerife ; à partir de 27 € l'aller, 1 heure) 5 fois/jour du lundi au vendredi, 1 fois le samedi et 2 fois le dimanche. Dessert aussi Santa Cruz de la Palma tous les jours sauf le samedi (à partir de 37 € l'aller, 2 heures 30).

DISTANCES (KM)

	San Sebastián de la Gomera	Valle Gran Rey	Hermigua	La Laguna Grande
Valle Gran Rey	27			
Hermigua	16	23		
La Laguna Grande	18	11	8	
Vallehermosa	27	16	15	13

Distances approximatives

SAN SEBASTIÁN DE LA GOMERA

8 451 HABITANTS

Capitale de l'île dans tous les sens du terme – économique, administratif et historique –, San Sebastián possède une vieille ville attrayante aux places ombragées et aux rues agréables pour les piétons. Elle s'enorgueillit d'avoir été une escale de Christophe Colomb sur la route du Nouveau Monde. Vous apprendrez ainsi beaucoup de choses sur le grand navigateur, dont les moindres faits et gestes (réels ou imaginaires) font l'objet d'une exploitation touristique. Si vous arrivez de Los Cristianos (Tenerife), vous serez probablement très surpris de constater à quel point San Sebastián est différente de sa voisine pourtant toute proche.

Histoire

Le 6 septembre 1492, après un dernier ravitaillement à La Gomera, les trois caravelles de Christophe Colomb mirent le cap vers l'ouest au-delà des limites du monde connu. Lors de cette escale, San Sebastián venait tout juste d'être découverte. Quatre ans auparavant, en 1488, le soulèvement manqué de la population contre le gouverneur de l'île, Hernán Peraza, s'était soldé par un terrible massacre. Quand la situation revint à la normale, l'ancienne Villa de las Palmas, sur un site appelé Hipalán par les Guanches, fut rebaptisée San Sebastián.

L'essor du commerce transatlantique qui suivit les voyages de Colomb contribua à la prospérité de la ville, située dans une baie protégée faisait d'elle l'un des meilleurs ports des Canaries. Il faudra cependant attendre le début du XIXe siècle pour que la

À ne pas manquer

1. La *laurisilva*, forêt originelle luxuriante du **Parque Nacional de Garajonay** (p. 164)
2. Les splendides fleurs, plantes et fruits tropicaux du luxuriant **Vallehermoso** (p. 168)
3. **Valle Gran Rey** (p. 171), ses vallées profondes et ses cultures en terrasses
4. La découverte en bateau des étranges formations rocheuses de **Los Órganos** (p. 169)
5. Le farniente à **Playa de Alojera** (p. 169), plus belle plage de La Gomera
6. Les petites ruelles pittoresques et le puits qui "baptisa l'Amérique" à **San Sebastián** (p. 159), la capitale
7. Un repas de fruits de mer au bord de l'eau à **Playa Santiago** (p. 169), station balnéaire à l'ambiance paisible

3 JOURNÉES COUP DE CŒUR

Jour 1

L'île de La Gomera semble taillée sur mesure pour les randonneurs. Commencez par **La Laguna Grande** et une balade dans les magnifiques forêts de lauriers enveloppées de brume, pour émerger quelques heures plus tard sur l'**Alto de Garajonay**, point culminant de l'île. Par beau temps, on aperçoit au loin le sommet enneigé du fier El Teide, sur Tenerife, et en contrebas, l'enchevêtrement des forêts de La Gomera. Achevez la boucle pour rejoindre votre véhicule, et en route pour un dîner bien mérité à la rustique **Casa Efigenia**.

Jour 2

La moitié nord de La Gomera est l'une des régions les plus fertiles des Canaries. Commencez la journée au beau milieu des bananeraies d'**Hermigua** et apprenez les secrets du *gofio* (céréales grillées utilisées comme pain dans la gastronomie canarienne) au **Molino de Gofio**. Ensuite, empruntez la route qui sinue le long de la côte jusqu'à la jolie bourgade d'**Agulo**, pour vous fendre d'une promenade dans son quartier historique. Il est maintenant l'heure de déjeuner au **Restaurante Las Rosas** et d'écouter une démonstration de **siblo**, la fameuse "conversation sifflée" typique de La Gomera. L'après-midi, cap sur la bien nommée **Vallehermosa**, où vous pourrez achever la journée par une balade à Playa de Vallehermosa.

Jour 3

Nombreux sont les touristes pour qui la **Valle Gran Rey**, ou "vallée du grand roi", justifie à elle seule le séjour à La Gomera. Le moment est venu de comprendre pourquoi... Commencez par prendre le petit-déjeuner en surplomb d'une plage déserte, dans les jardins de la **Finca Argayall**. Baladez-vous ensuite jusqu'au port et embarquez à bord d'un bateau pour un **circuit d'observation des baleines et des dauphins**. Au retour, régalez-vous de poisson au **Bar-Restaurante El Puerto**, puis offrez-vous une sieste digestive sur l'une des plages de la ville. Le soir enfin, remontez la vallée pour aller prendre un apéritif avec vue au **Mirador César Manrique**.

population dépasse la barre des 1 000 habitants. Durant sa période faste, San Sebastián fut, comme l'ensemble de l'archipel, la proie régulière des corsaires anglais, français et portugais, et parvint à repousser en 1739 une armée d'invasion débarquée par la flotte anglaise.

Par la suite, le sort de la ville fut lié à celui de La Gomera. Elle s'enrichit au XIXe siècle grâce à l'industrie de la cochenille et déclina lorsque celle-ci périclita face à la concurrence des colorants synthétiques.

À voir

San Sebastián n'est pas une ville qui se distingue par ses monuments et autre sites incontournables. Elle se prête bien davantage à une flânerie dans ses rues tranquilles et bigarrées. Pour contempler San Sebastián d'en haut, montez jusqu'au Parador Nacional Conde de la Gomera, où la vue depuis le **Mirador de la Hila** embrasse la côte, les maisons carrées et les rudes montagnes arides au-delà.

Dans le centre, la plupart des lieux dignes d'intérêt ont un lien réel ou imaginaire avec Christophe Colomb et peuvent faire l'objet d'un itinéraire. Après un rafraîchissement sur l'une des terrasses de la **Plaza Américas**, traversez la **Plaza Constitución** à l'ombre d'énormes lauriers indiens.

L'office du tourisme organise des visites guidées gratuites de la vieille ville les mercredis et vendredis à 11h.

Casa de la Aguada MUSÉE

(Calle Real 4 ; ⌚8h30-18h lun-sam, 10h-13h dim). Juste en retrait de la Plaza Constitución se dresse cet édifice également appelé Casa de la Aduana ou Casa Condal, car il fut successivement le bâtiment des douanes et la résidence du comte. L'office du tourisme occupe un côté de cette maison canarienne typique, tandis que l'arrière accueille "La Gomera et la découverte de l'Amérique", une exposition intéressante mais entièrement commentée en espagnol. Selon le folklore local, Colomb aurait "baptisé" l'Amérique avec l'eau du puits situé dans le patio central.

Iglesia de la Virgen de la Asunción ÉGLISE
(Calle Real). En montant la Calle Real, vous parviendrez à cette église où Colomb et son équipage seraient venus prier avant d'embarquer pour le Nouveau Monde. La chapelle initiale, construite en 1450, fut détruite par un incendie. L'église à trois nefs, qui date du XVIIIe siècle, présente un mélange de styles mudéjar (forme décorative islamique utilisée dans l'Espagne chrétienne), gothique et baroque. Les heures d'ouverture sont très aléatoires.

Casa de Colón MUSÉE
(Calle Real 56 ; 10h-13h et 17h-20h mar-sam). Cette maison, érigée à l'endroit où Colomb aurait résidé pendant son séjour sur l'île, abrite aujourd'hui un petit musée traitant des expéditions du grand explorateur.

Torre del Conde FORT
(10h-13h et 16h-18h lun-ven). Dans un parc proche du rivage, ce bâtiment est considéré comme le principal exemple d'architecture militaire des Canaries. C'est ici que Beatriz de Bobadilla, épouse du cruel Hernán Peraza, dut se barricader en 1488 lors de la révolte des insulaires (voir l'encadré ci-dessous). Première construction importante de La Gomera, ce fort édifié en 1447 reste la seule plus ou moins conservée dans son état d'origine.

Museo Arqueológico de la Gomera MUSÉE
(Calle Torres Padilla 8 ; 10h-18h mar-ven, 10h-14h sam et dim oct-mai, jusqu'à 19h mar-ven juin-sept). Aménagé dans une maison typique de La Gomera, ce petit musée donne à voir le passé guanche de l'île ainsi que sa culture contemporaine. Les expositions mettent en lumière le quotidien des Guanches, ainsi que leurs structures sociales, politiques et religieuses.

Plages

Playa San Sebastián, la plage de sable noir de la ville, se prête à la détente et à la baignade. Elle accueille aussi les fêtes les plus animées. Contrairement à de nombreuses plages canariennes, ses eaux sont presque toujours calmes : on ne saurait rêver mieux pour les enfants.

Après le port, en passant par un petit tunnel, on accède à la **Playa de la Cueva**, plus petite et plus jolie. Par temps clair, Tenerife semble toute proche.

Activités

Au nord de la ville, au km 8,4 de la TF-711, un chemin cyclable mène à la **Dehesa de Majona**, un secteur de pâturages pratiquement inhabité. Cette piste de terre débute près du point de vue, s'aventure vers les villages de Casas de Enchereda et Casas de Juel, puis serpente en direction de la côte pour rejoindre les routes goudronnées près de Hermigua. On peut la parcourir dans un sens en 8 heures environ.

Fêtes et festivals

Bien qu'étant une petite ville, San Sebastián a un agenda festif très chargé. Les manifestations ci-après ne sont que les plus importantes.

MASSACRE À LA GOMERA

Le gouverneur Hernán Peraza le Jeune fut longtemps haï pour la manière cruelle dont il traita les insulaires. En 1488, il rompit le pacte d'amitié conclu avec l'une des tribus de La Gomera et, trompant ouvertement son épouse, commença à fréquenter Yballa, la fiancée d'un des hommes les plus puissants de l'île. Révoltés, les habitants le surprirent au cours d'une de ses rencontres clandestines avec sa maîtresse et le tuèrent d'une flèche, communiquant la nouvelle sur tout le territoire au moyen du *silbo* (langage sifflé). Ils attaquèrent ensuite les Espagnols à Villa de las Palmas, l'actuelle San Sebastián, et la veuve de Peraza, la belle Beatriz de Bobadilla, dut se barricader dans la Torre del Conde jusqu'à l'arrivée des renforts.

Hélas, l'histoire ne s'arrêta pas là. Celui qui vint à la rescousse fut en effet Pedro de Vera, gouverneur de la Grande Canarie et l'une des figures les plus impitoyables de l'histoire de l'archipel. On lui attribue l'exécution de tous les hommes de l'île âgés de plus de 15 ans, qu'il fit pendre, empaler, décapiter ou noyer dans un déferlement de violence aveugle. Auparavant, certains eurent même les pieds tranchés pour faire bonne mesure. Les femmes furent réparties entre les miliciens et nombre d'enfants vendus comme esclaves. Pour parachever son œuvre, ce sinistre individu fit également occire quelque 300 natifs de La Gomera habitant la Grande Canarie.

Fiesta de San Sebastián FÊTE PATRONALE
La ville de San Sebastián fête le 20 janvier son saint patron.

San Juan SAINT-JEAN
La veille de la Saint-Jean (23 juin), on allume des feux de joie sur la plage pour célébrer le solstice d'été.

Fiestas Columbinas FESTIVAL DE RUE
Le 6 septembre débute à San Sebastián une semaine entière de festivités de rue, de musique et d'événements culturels, vouée à marquer le premier voyage de Christophe Colomb.

Bajada de la Virgen de Guadelupe San Sebastián FÊTE PATRONALE
Tous les cinq ans (2013, 2018, etc.) le 5 octobre, une flottille de bateaux de pêche escorte la statue de la Vierge de Guadalupe, sainte patronne de San Sebastián, de la chapelle de Punta Llana jusqu'en ville.

Où se restaurer

Bar-Restaurante La Hila CANARIEN TRADITIONNEL €€
(922 14 16 01 ; Calle Virgen Guadalupe 2 ; plats 7-8 €). Si vous débarquez de Las Américas et êtes las des pubs anglais, venez vous ressourcer dans ce petit restaurant local tout simple, qui n'a pour toute décoration qu'un filet de pêche, et régalez-vous de somptueux poissons et fruits de mer pour trois fois rien. N'oubliez pas de goûter l'*almogrote*, pâte à tartiner à base de fromage de chèvre et de *mojo* (sauce épicée préparée avec au choix des piments rouges, de la coriandre ou du basilic).

Restaurante Breñusca CANARIEN TRADITIONNEL €€
(922 87 09 20 ; Calle Real 11 ; plats 7-12 €). D'après les habitants, ce bar-restaurant pas très reluisant compte parmi les meilleures adresses de la ville pour goûter des plats traditionnels simples, dont les calmars frits, les boulettes de viande et les ragoûts maison. Nous vous recommandons la pêche du jour.

Restaurante Cuatro Caminos ESPAGNOL €€€
(922 14 12 60 ; Calle Ruiz de Padrón 36 ; plats 12-15 € ; fermé sam soir et dim). Des ragoûts, des soupes, des grillades et des spécialités espagnoles comme le chorizo ibérique et le poulpe à la galicienne, à déguster dans un petit patio décoré de plantes vertes qui pendent du plafond.

Parador Nacional Conde de la Gomera CANARIEN MODERNE €€€
(922 87 11 00 ; Calle Lomo de la Horca ; plats 15-18 €). L'élégant restaurant du Parador Nacional est assurément la table la plus raffinée de San Sebastián. La carte se limite à quelques bons plats traditionnels revisités et le personnel porte le costume local.

Restaurante El Charcón POISSON ET FRUITS DE MER €€
(922 14 18 98 ; Playa de la Cueva ; plats 9-15 €). Un petit restaurant assez haut de gamme (pour San Sebastián), creusé dans la roche près du rivage. Poissons et spécialités de l'île comme l'*almogrote* et le *mojo*.

Bar-Restaurante La Tasca INTERNATIONAL €€
(922 14 15 98 ; Calle Ruiz de Padrón 57 ; plats 4-10 € ; fermé dim). Une taverne sombre, accueillante et feutrée, où sont servis des tapas espagnoles, des pizzas, des lasagnes et des plats plus élaborés, comme le lapin grillé.

Renseignements

Internet@Publicidad (Calle Profesor Armas Fernández ; 1,50 € l'heure)

Kiosque d'information touristique (Plaza Américas ; 9h-12h30 et 15h30-18h30 lun-ven, 9h-12h30 et 16h-18h30 sam). Ce petit kiosque ne fournit guère autre chose que des cartes.

Office du tourisme (922 14 15 12 ; www.gomera-island.com ; Calle Real 4 ; 9h-13h30 et 15h30-18h lun-sam oct-juin, jusqu'à 17h lun-sam juil-sept, 10h-13h dim toute l'année). Accueillant et serviable ; dans la Casa de la Aguada.

Police (922 14 10 72 ; Plaza Américas). Au 1er étage de l'*ayuntamiento* (hôtel de ville).

Poste (Calle Real 60)

À NE PAS MANQUER

DÉLICES DU MARCHÉ

Le marché de produits frais, ou **mercado municipal**, qui a lieu deux fois par semaine à San Sebastián est l'endroit propice pour découvrir les spécialités de La Gomera comme le miel d'abeilles de La Gomera, tenu pour l'un des meilleurs d'Espagne, le *miel de palma*, (un sirop de sève de palmier), l'*almogrote* (pâte à tartiner à base de fromage de chèvre et de *mojo*) et le *queso gomero* (fromage de chèvre frais, doux et moelleux). Ce dernier peut accompagner les salades, être servi en dessert ou bien grillé et recouvert de *mojo*, la sauce typique des Canaries. Le marché est à côté de la gare routière.

L'ESCALE DE COLOMB À LA GOMERA

Marin génois de condition modeste, Christophe Colomb (Cristoforo Colombo en italien) naquit en 1451. Il prit la mer de bonne heure et, fasciné par les voyages de Marco Polo, décida rapidement qu'il devait être possible de rejoindre l'Orient par l'ouest. Après avoir essuyé des refus pendant plusieurs années, il reçut en 1492 le soutien des Rois Catholiques d'Espagne, Fernando et Isabel.

Le 3 août, à la tête de trois petites caravelles – la *Santa María*, la *Pinta* et la *Niña* – Colomb leva l'ancre de Palos de la Frontera, en Andalousie. Mais avant de s'aventurer au large, il fit escale à La Gomera pour un ravitaillement de dernière minute, donnant ainsi à l'île son principal titre de gloire et, par la suite, de nombreuses attractions touristiques. Parmi les provisions chargées à bord figurait le fromage de chèvre qui fait aujourd'hui encore la réputation de La Gomera.

Le navigateur repartit le 6 septembre, un jour célébré depuis à San Sebastián par les Fiestas Columbinas. À bout de vivres et de patience, les équipages ne touchèrent à nouveau terre que le 12 octobre. L'expédition "découvrit" plusieurs îles des Caraïbes et rentra en Espagne en mars de l'année suivante.

Après avoir effectué trois autres voyages, Colomb mourut seul et aigri à Valladolid en 1504, toujours convaincu d'avoir trouvé une nouvelle route pour l'Orient.

Depuis/vers San Sebastián de La Gomera

Formule amusante et rapide qui change des routes en épingles à cheveux de La Gomera, le bateau-taxi de la compagnie **Garajonay Exprés** (www.garajonayexpres.com) conduit à Playa Santiago (5 €, 20 min, 3/jour) et Valle Gran Rey (7 €, 50 min, 3/jour). En voiture, comptez respectivement 45 minutes et 1 heure 15 pour rejoindre ces destinations depuis San Sebastián. Le bateau-taxi est donc le plus rapide.

Comment circuler

Le bus n°5 (4 €, 30 min, jusqu'à 4/jour) circule entre l'aéroport et San Sebastián.

De taille modeste, San Sebastián se parcourt aisément à pied. D'ailleurs, les rares bus urbains ne font que la traverser sans vraiment desservir les sites d'intérêt du centre.

La station de taxis se trouve dans l'Avenida Descubridores. On peut éventuellement avoir besoin d'une voiture pour aller du centre au Parador Nacional Conde de la Gomera, à une courte distance à pied de la ville mais en haut d'une côte raide. Enfin, pour pousser plus loin, une voiture est bien sûr très utile.

Les différentes agences de location peuvent mettre une voiture à votre disposition au port ou à l'aéroport si vous réservez bien à l'avance. En voici quelques-unes :

Cicar (☎922 14 17 56 ; www.cicar.com ; Estación Marítima, San Sebastián). Autre agence à l'aéroport.

Rent-a-Car La Rueda (☎922 87 07 09 ; Calle Real 19, San Sebastián)

PARQUE NACIONAL DE GARAJONAY

Jungle presque impénétrable au cœur de La Gomera, le Parque Nacional de Garajonay englobe une des dernières laurisylves (forêt de lauriers) comme il en existait jadis dans toute la Méditerranée. Ne manquez pas cet espace naturel luxuriant parcouru par les plus beaux sentiers de randonnée à pied et à vélo de l'île.

Cette forêt sombre et humide, qui représente 10% (40 km² environ) du territoire insulaire, abrite quelque 400 espèces végétales, dont le saule des Canaries (*Salix canariensis*) et l'*acebiño* (*Ilex canariensis*) ou houx des Açores, et près de 1 000 espèces d'invertébrés qui font la joie des entomologistes amateurs. Parmi les vertébrés, de nombreux oiseaux et lézards vivent dans le parc. La canopée ne laisse pénétrer qu'une faible lumière, favorisant le développement des mousses et des lichens qui poussent partout.

Sur les hauteurs de l'île, les alizés de l'Atlantique rencontrent des vents plus chauds, provoquant dans la forêt dense un flux et reflux constant de brume, parfois qualifié de "pluie horizontale". Cet enchevêtrement d'arbres est vital pour la bonne santé de l'île. En effet, ceux-ci agissent comme des éponges : leurs feuilles capturent l'humidité, puis les gouttes tombent ensuite sur les sols, s'y infiltrent et finissent par alimenter les sources locales.

Les Canaries furent épargnées par la dernière période glaciaire, si bien que le milieu naturel de Ganajonay correspond à celui du pourtour méditerranéen il y a des millions d'années. Il a été déclaré parc national en 1981 et classé au patrimoine mondial de l'Unesco en 1986.

Il est interdit d'allumer du feu, sauf dans quelques endroits prévus à cet effet, et de faire du camping sauvage. Contre le froid et l'humidité qui pénètre jusqu'aux os même en l'absence de pluie, prévoyez bottes, vêtements chauds et veste imperméable.

Où se restaurer

Casa Efigenia CANARIEN TRADITIONNEL **€€**
(☎922 80 40 77 ; www.efigenianatural.com ; Carretera General; menú 10 €). On ne saurait se dispenser d'un petit détour par la ville de Las Hayas, à la lisière sud du parc, où cette institution locale sert de la cuisine familiale sur de longues tables communes. Quel que soit le menu du jour concocté par Doña Efigenia, la charmante hôtesse, on est sûr de manger de copieuses spécialités des Canaries faites maison. L'établissement loue aussi des chambres (d 35 €) et plusieurs gîtes ruraux (*casas rurales*, 40 €) dans les parages.

Renseignements

Le **centre d'accueil Juego de Bolas** (☎922 80 09 93 ; http://reddeparquesnacionales.mma.es ; La Palmita-Agulo Hwy ; ⏲9h30-16h30) fournit cartes, guides de randonnée et informations. Situé bien à l'extérieur du parc, il se révèle difficile d'accès si vous arrivez autrement que par le nord.

En plus d'une brochure (*Self-Guided Paths)* très instructive et d'une vidéo de 20 minutes sur le parc, vous trouverez ici quantité de renseignements sur Garajonay et La Gomera en général. Le jardin et le patio du centre renferment un échantillon de la riche flore de l'île, et un petit musée présente l'artisanat, la géologie et le climat. Des circuits guidés dans le parc ont lieu le samedi (réservation par téléphone).

Un autre kiosque d'information plus petit, en bordure de la **Laguna Grande** (⏲8h-16h), renseigne sur les itinéraires de randonnée.

Depuis/vers le Parque Nacional de Garajonay

Contrairement aux autres parcs protégés, Garajonay est d'une grande accessibilité. On peut en fait difficilement l'éviter lorsqu'on circule dans l'île car il se situe au carrefour des principaux axes routiers.

La TF-713 traverse le parc d'est en ouest et croise la TF-711 à l'extrémité occidentale de celui-ci. Si le moyen le plus rapide et le plus confortable reste la voiture, le bus n°1 (5 €, 1 heure environ) relie la capitale à Valle Gran Rey quatre fois par jour en semaine et deux fois le week-end. Parallèle à la TF-713, une route secondaire plus au sud débute peu après l'Alto de Garajonay et suit un parcours tortueux en direction de l'ouest via des localités comme Igualero, Chipude et El Cercado, puis bifurque à nouveau vers le nord pour rejoindre la route principale à Las Hayas.

Une petite route goudronnée se rend du centre d'accueil Juegos de Bolas, au nord de l'île, jusqu'à la Laguna Grande, à mi-parcours de la TF-713, entre les limites est et ouest du parc.

LE NORD

Si vous ne pouvez passer qu'une journée à La Gomera, peut-être vaut-il d'opter pour le nord verdoyant avec ses vallées plantées de bananeraies et de palmiers, ses cultures en terrasses géométriques à flanc de coteaux et ses villages blancs chaulés d'une autre époque. Ce paysage de carte postale résulte d'un dur labeur car le relief abrupt empêche le plus souvent la mécanisation des tâches agricoles.

La TF-711, qui serpente sur 42 km entre San Sebastián et Vallehermoso, dessert les villes de la région et comprend des *miradores* (points de vue) offrant de somptueux panoramas. Elle croise la TF-713, ce qui permet aux excursionnistes d'effectuer un parcours en boucle dans la moitié nord de l'île et de revenir à San Sebastián à temps pour prendre le dernier ferry.

Hermigua

475 HABITANTS

Base appréciée des randonneurs, le village assoupi d'Hermigua, à 16 km de San Sebastián, revêt le cachet typique de l'île, son chapelet de maisons s'égrenant au fond d'un ravin luxuriant. Il est toutefois souvent trempé par l'eau car on est ici dans l'un des coins les plus gris et les plus humides de l'île. Le bourg lui-même s'étend au fond d'un ravin luxuriant planté de bananiers et autres plantes et arbres subtropicaux. Les maisons s'égrènent, telles les perles d'un collier, au beau milieu.

À voir

Église et couvent de Santo Domingo ÉGLISE
Au cœur du bourg d'origine, à droite en arrivant de San Sebastián, se dressent cette église et ce couvent du XVIe siècle, dont on remarquera le plafond mudéjar (de style islamique) très ouvragé.

À NE PAS MANQUER

EN RANDONNÉE À GARAJONAY

C'est à pied qu'on apprécie le mieux les beautés naturelles de Garajonay. Bien des sentiers qui parcourent le parc sont utilisés par les insulaires depuis des siècles et certains se révèlent épuisants.

Si plusieurs compagnies organisent des circuits dans le parc (et à l'extérieur), transport inclus, vous pouvez facilement vous passer de leurs services. Le nombre et la variété des points d'accès facilitent grandement l'organisation d'une journée de randonnée en indépendant, et la plupart des itinéraires sont très bien indiqués. Si vous ne possédez pas de guide de randonnée traitant spécifiquement de l'île, procurez-vous la brochure *Self-Guided Paths* ainsi que la carte du parc national disponibles dans les centres des visiteurs de Juego de Bolas et de La Laguna Grande. Amplement suffisants, tous deux décrivent des itinéraires correspondant à la fois à ceux qui sont indiqués dans le parc et à ceux mentionnés ici. Les marcheurs expérimentés trouveront la randonnée dans le parc national de Garajonay assez facile (mais le jeu en vaut tout de même la chandelle). Juego de Bolas propose aussi des randonnées guidées.

Un des itinéraires prisés débute à **la Laguna Grande**, une aire de loisirs et de pique-nique au bord de la TF-713. La *laguna* correspond à un cercle de terre aride, depuis toujours auréolé de mystère. Les insulaires prétendent qu'il s'agit d'un lieu mystique où se réunissaient autrefois les sorcières.

Un parcours plus long (2 heures 30 aller) conduit à l'**Alto de Garajonay** (1 487 m), point culminant de l'île. Il commence derrière le restaurant de La Laguna Grande, se dirige vers la ville d'**El Cercado**, connue pour ses poteries, puis tourne à gauche en direction de Los Llanos de Crispín avant de serpenter à travers la végétation pour rejoindre l'Alto au sud-est. Par temps dégagé, la vue panoramique embrasse toute l'île et l'on aperçoit même parfois Tenerife, La Palma, El Hierro et la Grande Canarie dans le lointain.

Si le temps vous manque pour l'explorer, rabattez-vous sur la boucle de 20 minutes qui offre un aperçu correct, bien que trop bref, du parc et de ses fameux lauriers.

De l'Alto de Garajonay, vous pourrez retourner à La Laguna Grande par un autre sentier que celui de l'aller ou poursuivre jusqu'à Pajarito, 45 minutes en aval, où se tient un arrêt de bus. Le bus n°1 (5 €, 1 heure environ) dessert San Sebastián dans un sens, Valle Gran Rey dans l'autre. Il circule quatre fois par jour en semaine et deux fois le week-end. Pajarito est également un bon point de départ pour entreprendre une courte randonnée à l'Alto si vous arrivez en bus ou cherchez un endroit où vous garer facilement.

Une quinzaine de minutes au nord de Pajarito, El Contadero marque le début du **Caserío del Cedro**, un sentier qui mène vers le nord-est à travers une belle forêt nichée dans une vallée. Essentiellement en descente, le circuit (2 heures 30 aller), sinueux, parvient au hameau d'**El Cedro**, connu pour ses cascades. Vous pourrez continuer jusqu'à Hermigua, à 2 heures de là, ou retourner à l'arrêt de bus de Pajarito via Tajaqué (3 heures).

Molino de Gofio MUSÉE

(Carretera General ; adulte/enfant 2,50 €/gratuit ; ⏲10h-17h lun-sam, jusqu'à 14h dim). Ce moulin reconstruit servait jadis à moudre le *gofio* (farine de céréales grillées remplaçant le pain dans la cuisine canarienne). La courte visite du bâtiment et du musée est suivie d'une dégustation de *gofio* accompagnée de vin doux. Il existe aussi un bon restaurant sur place.

Iglesia de la Encarnación ÉGLISE

Plus bas dans la vallée, le village moderne s'articule autour de cette église. Entamée au XVIIe siècle, sa construction ne fut achevée qu'au XXe siècle, en partie à cause de l'écroulement de l'édifice au début du XVIIIe siècle. Un parc public doté d'un ring de *lucha canaria* (lutte canarienne ; voir p. 246) et peuplé de nombreux canards s'étend sur votre droite.

Plages

Hermigua descend vers une mer d'un bleu merveilleux, un peu trop mouvementée pour la baignade (ce qui n'empêche pas en revanche quelques surfeurs de venir s'amuser dans les vagues). La plage elle-même semble presque un peu oubliée.

LIVRES ET CARTES

Pour l'heure, il n'existe ni carte, ni guide de randonnées en français. *La Gomera Tour and Trail* (1/40 000), est une assez bonne carte, comprenant 70 itinéraires brièvement décrits en anglais. Un peu plus détaillée, *La Gomera Walking Map by Goldsstadt* décrit également des circuits de randonnées. Citons aussi *La Gomera* (1/35 000), éditée par Freytag & Berndt, et *La Gomera* (1/50 000), de Distrimaps Telestar. Par ailleurs, l'office du tourisme fournit gratuitement plusieurs cartes correctes de l'île.

Parmi les guides de randonnées utiles figurent *Rother Walking Guide Gomera* (Freytag & Berndt), *Walk La Gomera* (Discovery Walking Guides) et *Southern Tenerife and La Gomera Car Tours*, publié chez Sunflower Books.

Plus agréable et encore plus tranquille, la **Playa de la Caleta**, à 3 km au sud-est le long de la côte, figure parmi plus jolies plages de sable noir et de galets du nord de l'île ; suivez les panneaux depuis le front de mer.

Où se restaurer

La Casa Creativa TAPAS €
(☎922 88 10 23 ; Carretera General 56 ; tapas 3-6 € ;). Tables en terrasse, musique douce, tapas excellentes et barman au talent inestimable : voilà le cocktail qui fait de cette adresse la plus populaire de la ville. La spécialité maison est la salade de poulpe (qui vaut le détour). Mais la salade de pois chiches et le poulet au curry sont tout aussi excellents. Également : nombreuses options végétariennes et délicieux gâteaux.

Restaurante Iratxe Taberna BASQUE ESPAGNOL €€€
(☎922 88 07 40 ; Carretera General 161 ; plats 10-20 € ; dîner lun-sam). Largement salué comme la meilleure table du village, ce petit restaurant sombre prépare de succulents plats de morue et d'autres spécialités basques.

Depuis/vers Hermigua

Le bus n°1 (2,50 €, 4/jour en semaine, 2/jour le week-end) qui relie San Sebastián à Vallehermoso s'arrête à Hermigua.

El Cedro

Au sud-ouest d'Hermigua, le hameau rural d'El Cedro s'inscrit au milieu des cultures en terrasse et des bosquets de lauriers à la lisière du parc national. La cascade appelée **Boca del Chorro** (ou Boca del Cedro) coule au fond d'un ravin et à travers le village à peu près selon une direction nord-sud. Les cascades sont immédiatement au nord-est du village. La chapelle toute simple appelée **Ermita de Nuestra Señora de Lourdes** est à 1 km du hameau (pour une petite promenade).

Vous pourrez grignoter de modestes en-cas et repas canariens moyennant 5 € à 10 € au **Bar La Vista** (9h-19h).

À Hermigua, demandez qu'on vous indique le *sendero* (sentier) pour El Cedro, à deux ou trois heures de marche. En voiture, suivez les panneaux signalant El Cedro sur la route au sud d'Hermigua.

On peut également rejoindre El Cedro depuis El Contadero en empruntant le Caserío d'El Cedro, dans le Parque Nacional de Garajonay.

Agulo

À 5 km au nord d'Hermigua par une route spectaculaire, Agulo est un charmant fouillis de ruelles pittoresques et de bâtiments restaurés avec amour. Fondé au début du XVIIe siècle, il dresse sa silhouette trapue sur une plate-forme basse, en contrebas de l'arrière-pays abrupt et accidenté qui s'étend vers le parc de Garajonay.

La mairie a installé plusieurs panneaux d'information dans tout Agulo, qui donnent le tracé d'une promenade à pied englobant les édifices les plus importants.

Dans le centre, l'**Iglesia de San Marcos** (1912), une église haute de plafond d'une élégante sobriété, renferme quelques œuvres d'art retenant l'attention.

Le **Bar Mantillo Los Chocos** (☎922 14 61 66 ; Calle El Mantillo s/n ; plats 6 €), spécialisé dans le poulet rôti, les lentilles mijotées et les fruits de mer du cru, permet de se restaurer sur le pouce à des prix étonnamment bas.

Las Rosas

Au-delà d'Agulo, la route conduit à Las Rosas, au pied du parc national. Juste avant le centre-ville part l'embranchement pour le centre d'accueil Juego de Bolas.

Le **Restaurante Las Rosas** (☎922 80 09 16 ; Carretera General ; plats 7-10 €), propriété de la compagnie maritime Fred Olsen, est une attraction touristique, sur l'axe principal. Malgré la cuisine médiocre (filet de thon trop cuit, sauces masquant le goût des viandes et soupes clairettes), vous ne regretterez pas votre repas ici car c'est l'un des rares endroits de l'île où l'on peut entendre une démonstration de *silbo gomero*, une "conversation" sifflée à ne surtout pas manquer. Vu l'afflux des bus de tourisme, mieux vaut réserver.

Vallehermoso

1 540 HABITANTS

Le "val joli" mérite vraiment son nom. De petits pics montagneux s'élèvent de chaque côté de la gorge profonde qui traverse le bourg et des cultures en terrasses verdoyantes semées de palmiers complètent le tableau. À l'instar d'Hermigua, il s'agit d'une base pratique pour explorer l'île à pied.

Plages

La **Playa de Vallehermoso**, une belle plage de sable balayée par les vagues, est encadrée de part et d'autre par de hautes falaises.

À voir et à faire

Les bars, les services et la plupart des lieux d'hébergement économiques occupent les abords de la **Plaza Constitución** qui forme le centre. Derrière celle-ci, prenez le temps de jeter un œil à l'**Iglesia de San Juan Bautista**.

Juste à l'extérieur trône le **Roque Cano** (650 m), un monolithe volcanique visible de presque partout qui symbolise Villahermoso.

Passé le *Roque*, une **piscine publique** (2 € ; ⏲12h-18h mar-dim) donne sur le rivage.

Du front de mer, on peut se rendre à pied ou en voiture jusqu'au **Castillo del Mar** (www.castillo-del-mar.com ; Parque Marítimo), indiqué par des panneaux. Cette vieille usine de conditionnement de bananes a été convertie en un centre culturel au charme rustique, qui accueille des concerts, des expositions et un bar à tapas. Hélas, lors de notre passage, il était sous le coup d'une mesure de fermeture administrative. Toutefois, cela vaut la peine de vérifier car les propriétaires et de nombreux habitants de l'île luttent pour sa réouverture.

Où se restaurer

Pas de grande gastronomie ici, mais une poignée de bars servant des tapas et des repas simples sur la place principale. Pour faire des courses, rendez-vous au minuscule **mercadillo** (⏲9h-13h lun-sam), qui vend des produits frais à côté de la mairie.

Restaurante Parque Marítimo POISSON ET FRUITS DE MER €
(☎922 80 15 61 ; plats 6-8 €). Un bar-restaurant décontracté près de la plage, où l'on mange de la paella, du poisson et des coquillages en contemplant le miroitement de l'océan. Également : bon choix de tapas.

LE SILBO GOMERO

Lorsqu'on l'entend résonner pour la première fois, le *silbo gomero* évoque un dialogue entre deux oiseaux, tour à tour gai, mélodieux et strident. Autrefois sur le point de disparaître mais actuellement ressuscité, ce langage sifflé ancestral de plus de 4 000 mots peut s'entendre à des kilomètres à la ronde.

Le *silbo* vit le jour avant la conquête espagnole pour transmettre des messages à travers le relief accidenté de La Gomera. Dans des conditions idéales, il était ainsi possible de communiquer jusqu'à 4 km de distance sans avoir à se déplacer. Au départ, ce moyen fut sans doute utilisé pour donner l'alerte en cas d'urgence, mais il évolua peu à peu pour devenir un langage à part entière. S'il a existé des formes voisines dans certaines régions de Grèce, de Turquie, de Chine et du Mexique, aucune n'était aussi élaborée.

Après avoir failli s'éteindre, le *silbo gomero* constitue depuis ces dernières années un atout culturel majeur pour l'industrie touristique. Le *silbo* est une matière obligatoire dans les écoles de l'île depuis l'année 2000. En 2009, son classement sur la liste du patrimoine culturel immatériel de l'humanité a encore renforcé son importance. Cette mesure, qui garantit des financements plus importants en faveur de sa promotion, redonne aussi vigueur à la pratique des *silbadores*.

LE TOP DES PLAGES

- **Playa de Alojera** Une plage magnifique, en grande partie déserte, à mille lieues de tout.
- **Playa Santiago** Une longue plage paisible de galets et un charmant village construit autour d'un petit port. Quand le mauvais temps règne dans le nord de l'île, ici, il fait souvent soleil.
- **Valle Gran Rey** Cette station balnéaire comporte plusieurs plages. Il y en a donc pour tous les goûts, de la plage sauvage pour nudistes aux langues de sable ensoleillées, à l'abri du vent. Infrastructures nombreuses.
- **Playa San Sebastián** La plage de la ville de San Sebastián, souvent négligée, est pourtant idéale pour les familles : étendue de sable noir baignée d'eaux calmes, elle est également bien équipée.

Environs de Vallehermoso

LOS ÓRGANOS

Une sortie en bateau s'impose pour admirer ce paysage de falaises spectaculaires, sortes de grandes orgues basaltiques sculptées par la mer qui émergent des flots à 4 km au nord de Vallehermoso. Les embarcations partent de Valle Gran Rey et de Playa Santiago, dans le sud de l'île.

ALOJERA

Cette localité somnole au creux d'une vallée fertile, véritable oasis de verdure au milieu des collines arides. Plus loin, au bout d'une interminable série de virages en épingle à cheveux, surgit la magnifique **Playa de Alojera**.

Connue pour être la plus belle plage de l'île, elle est pourtant rarement bondée. Les eaux qui bordent cette vaste étendue de limon noir se prêtent parfaitement à la baignade - du moins quand il n'y a pas de houle. Si la houle est forte, gardez-vous bien de mettre un pied dans l'eau. Au large, les falaises, formations rocheuses et piscines naturelles, des plus photogéniques, sont sans pareilles dans toute l'île.

Sans même quitter votre maillot de bain, vous pourrez vous restaurer au **Brisas del Mar** (Playa de Alojera ; plats 7-8 €), dont la carte propose sous forme de filets presque tous les poissons des Canaries.

LE SUD

Région la plus ensoleillée de l'île, le Sud alterne montagnes brûlées, vallées de bananeraies luxuriantes, côtes rocheuses austères et plages de sable noir. C'est là que se trouvent les deux zones stations de La Gomera : la modeste Playa Santiago et la vaste Valle Gran Rey.

Playa Santiago

560 HABITANTS

Playa Santiago se résume à un petit hameau en bord de mer doté d'un centre assoupi et d'une longue plage de galets baignée d'eaux calmes. L'endroit est si tranquille que l'on n'entend souvent que le bruit du vent dans les feuilles des bananiers, celui des vagues léchant le rivage, et un ou deux cocoricos.

Zone la plus dynamique de l'île jusque dans les années 1960, avec des usines, un chantier naval et un port pour l'exportation des bananes et des tomates locales, Playa Santiago fut durement touché par la crise agricole des années 1970 et vit sa population émigrer en masse à Tenerife et en Amérique du Sud. Depuis peu, le tourisme lui redonne vie. La présence d'un énorme complexe hôtelier de luxe, propriété de la compagnie maritime Fred Olsen, contribue à attirer les visiteurs. Le port a troqué les bananes contre des passagers pour devenir une escale du ferry Garajonay Exprés.

Plages

À **Playa Santiago** même, vous occuperez sans doute la majeure partie de votre temps en baignade, promenade sur le rivage et contemplation de l'océan. Sinon, vous pourrez aussi découvrir trois plages plus petites, **Playa de Tapahuga**, **Playa del Medio** et **Playa de Chinguarime**, situées à l'est, au-delà de l'Hotel Jardín Tecina, au bout d'une piste de gravillons bosselée. Mélange de sable et de rochers, elles ont la réputation d'être des repaires de bohèmes.

Activités

Pour ne pas passer tout votre temps dans l'eau, vous pouvez opter pour une petite croisière d'observation des baleines. Parmi les tour-opérateurs, citons **Tina** (☎922 80 58 85 ; www.excursiones-tina.com ; croisière 4 heures adulte/enfant 40/20 €), qui organise des circuits au départ de Playa Santiago le lundi. La plupart des formules incluent le déjeuner et la baignade.

Golf de Tecina GOLF
(☎922 14 59 50 ; www.tecinagolf.com ; Lomada del Tecina s/n ; 9/18 trous 60/100 €). Autre initiative de la compagnie Fred Olsen, le nouveau green 18 trous qui se trouve juste à la sortie de la ville est le seul de l'île.

Où se restaurer

On trouve au **Supermercado El Paso II** (Calle Anton Gil) les produits alimentaires de base.

Bar La Chalana POISSON ET FRUITS DE MER €€
(Blvd Colón Laguna ; plats 7-9 €). Cette charmante cabane de plage en bois, nichée tout au nord de la plage, est à la fois un bar où passent des airs de musique latino, un restaurant dont le menu fait la part belle aux produits de la mer, une boutique artisanale et une galerie d'art. Quelle que soit la facette qui vous plaira le plus, gageons que vous finirez par vous attarder bien plus longtemps que prévu.

La Cuevita POISSON ET FRUITS DE MER €€
(☎922 89 55 68 ; Avenida Marítima ; plats 7-15 €). Adresse installée dans une grotte naturelle à côté du port, où la lumière tamisée et les plantes qui pendent du plafond instillent une atmosphère douillette. On mange ici des produits de la mer locaux tels que thon, *vieja* (poisson-perroquet), *lapas* (berniques) et *chocos* (seiches), ainsi que des viandes grillées, le tout accompagné de *papas arrugadas* (pommes de terre ridées) et de *mojo* rouge piquant.

Restaurante Junonia CANARIEN TRADITIONNEL €€
(☎922 89 54 50 ; Avenida Marítima ; plats 8-10 €). Ce restaurant, aménagé dans un style rural accueillant, a la faveur de la population locale qui vient se régaler de poisson frais et d'autres spécialités de l'île sur les nappes à carreaux bleu et blanc de la véranda.

Renseignements

Les abords de la Plaza Playa Santiago, au cœur du village, regroupent tous les services : poste, station-service, laverie, pharmacie, commissariat, centre médical...

L'**office du tourisme** (☎922 89 56 50 www.gomera-island.com ; Edificio Las Vistas, Avenida Marítima ⌚9h-13 lun-sam tte l'année, plus 16h-18h lun-ven hiver) se tient sur la droite quand on arrive dans le centre.

Depuis/vers Playa Santiago

Le bus n°3 (4 €, 30 min, jusqu'à 5/jour) relie Playa Santiago à San Sebastián. Plus pratiques et rapides, les bateaux-taxis de **Garajonay Exprés** (www.garajonayexpres.com) conduisent à San Sebastián (5 €, 20 min, 3/jour) et à Valle Gran Rey (5 €, 25 min, 3/jour). Pour appeler un taxi, composez le ☎922 89 50 22.

Alajeró et ses environs

325 HABITANTS

Dans ce havre de verdure perché sur une crête dominant l'océan, les palmiers dépassent en nombre les habitants. Seul village de quelque importance dans le sud-est de l'île après Playa Santiago, Alajeró possède une modeste église du XVIe siècle, l'**Iglesia del Salvador**.

Lors de la **Fiesta del Paso**, en septembre, les habitants de La Gomera convergent vers Alajeró pour une joyeuse procession qui descend de la montagne en dansant.

Alajeró constitue le point de départ de plusieurs **randonnées**. Le sentier GR132 traverse le village, tout comme les PR LG 15 et 16, plus courts. Ce dernier descend vers Playa Santiago et monte jusqu'à **Benchijigua**, une petite localité plus difficile d'accès. Près de l'église, des panneaux présentent les différents itinéraires. Quelques belles *casas rurales* vous permettront de loger sur place si vous en avez envie. On peut aussi suivre le circuit en boucle de 8 km (2 heures 30) jusqu'à Magaña, qui longe le Lomo de la Montaña et passe devant le plus vieux **drago** (dragonnier des Canaries) de La Gomera avant de revenir à Alajeró.

En voiture, vous pourrez admirer le dragonnier en empruntant l'embranchement à gauche (non signalé), à 1,25 km au nord d'Alajeró, jusqu'au sentier qui descend abruptement à hauteur d'une vieille ferme. En bus, arrêtez-vous à Imada et prenez à gauche le chemin pavé pour rejoindre l'embranchement. Dans les deux cas, comptez au moins 1 heure 30 aller-retour.

Le bus n°3 (4 €, 40 min, jusqu'à 5/jour) qui circule entre Alajeró et San Sebastián, s'arrête à Playa Santiago. L'arrêt se situe sur la route principale.

Valle Gran Rey

3 440 HABITANTS

Le long de la route qui descend vers le rivage, vous aurez l'occasion de vous extasier devant les beautés naturelles de la "vallée du grand roi" depuis différents points de vue. Il faut dire que cette gorge profonde et verdoyante qui rejoint la plus longue plage de l'île est le cœur touristique de La Gomera. Ceux qui parlent allemand s'y sentiront à l'aise, car la plupart des services s'adressent aux vacanciers venus d'outre-Rhin. Le Valle Gran Rey a cet avantage que, lorsque le reste de l'île est sous la bruine, le soleil continue de briller.

Avant de prendre la direction de la vallée, passez par l'**Ermita del Santo**, à Arure. Il s'agit d'une petite chapelle creusée dans la paroi rocheuse et entourée d'un point de vue récent dominant le paysage au sud.

Le **Mirador César Manrique** offre, quant à lui, un panorama à couper le souffle sur la gorge de Valle Gran Rey et les montagnes environnantes. Son **restaurant** (plats 8-14 € ; fermé dim soir) prépare de grosses crevettes roses au curry et autres plats fusion.

Quelques kilomètres plus loin se dresse une autre des nombreuses chapelles qui jalonnent la route, l'**Ermita de San Antonio**, qui vaut surtout pour la vue s'étendant depuis son parvis.

Plages

Si la vallée luxuriante constitue en elle-même l'attrait majeur de Valle Gran Rey, la plupart des gens mettent directement le cap sur le rivage. Ses plages font en effet partie des plus jolies de La Gomera, avec une mer tranquille et des vagues qui clapotent. Sachez toutefois que la Valle Gran Rey est souvent très ventée. Celle de **La Playa**, longue et sablonneuse, comporte des bars et une promenade en planches. Le **Charco del Conde**, en direction de Vueltas, est plus calme pour nager ou barboter. La **Playa de las Vueltas**, à côté du port, est la plus abritée du vent – par conséquent, c'est aussi la plus fréquentée. Cette étendue de sable noir est idéale pour les enfants, d'autant que ses eaux sont calmes comme celles d'un étang. Autre avantage : quelques bars sont installés juste derrière. Un refuge de choix pour les parents...

Activités

Excursions en bateau

Quelques agences spécialisées dans les sorties en mer organisent des croisières d'observation des baleines et des dauphins.

Oceano EXCURSIONS EN BATEAU
(922 80 57 17 ; www.oceano-gomera.com ; Calle Quema 7 ; adulte/enfant 37/25 €). Considérée comme l'une des meilleures agences, Oceano propose deux circuits de 3-4 heures par jour toute l'année.

Tina EXCURSIONS EN BATEAU
(922 80 58 85 ; www.excursiones-tina.com ; Calle Quema 7 ; adulte 33-40 €, enfant 20 €). Ce bateau effectue des croisières quotidiennes d'une journée au sud et à l'ouest de l'île vers Los Órganos. La balade permet de pratiquer un peu la pêche au thon et d'apercevoir à l'occasion des dauphins ou des baleines. Les excursions ont lieu tous les jours sauf le samedi et le lundi.

Vélo et randonnée

Si vous préférez la terre ferme, sachez que Valle Gran Rey est aussi le point de départ de multiples randonnées à pied ou à vélo.

Bike Station Gomera CYCLOTOURISME
(922 80 50 82 ; www.bike-station-gomera.com ; La Puntilla 7, Valle Gran Rey ; location de vélo 21 €/jour ; 9h-13h et 17h-20h). Circuits à vélo dans l'île.

Ökotours RANDONNÉE
(922 80 52 34 ; www.oekotours.com, en allemand ; Calle Vueltas, Vueltas, Valle Gran Rey ; randonnée à la journée 26-32 €/pers ; 10h30-13h et 17h30-19h30 lun-ven, 10h30-13h sam). Randonnées guidées dans toute l'île pour une clientèle essentiellement allemande.

Timah RANDONNÉE
(922 80 70 84 ; www.timah.net ; La Puntilla, Valle Gran Rey ; randonnée à la journée 25-31 €/pers ; 10h-13h et 17h-20h lun-sam, 18h-20h dim). Organise des randonnées de plusieurs jours également. Une partie des recettes est reversée à des sociétés de protection des animaux.

Où se restaurer

Bar-Restaurante El Puerto POISSON ET FRUITS DE MER €€
(922 80 52 24 ; Puerto de Vueltas ; plats 6-15 €). Ce restaurant près du port compte parmi les meilleures adresses locales où goûter des poissons locaux grillés comme le *peto* et le *medregal*. Dommage que son éclairage fluo lui donne un peu l'air d'un fast-food. La clientèle est principalement espagnole et le *menu del día* à 7 € est d'un excellent rapport qualité/prix.

LA GOMERA AVEC DES ENFANTS

La Gomera ne possède pas les parcs à thème, les zoos et les divertissements aquatiques qui plaisent tant aux enfants sur les plus grandes îles des Canaries. L'attrait du lieu, beaucoup moins tape-à-l'œil, provient essentiellement de la nature.

Première étape qui s'impose, comme de juste : la **plage**. Les longues plages tranquilles de Valle Gran Rey et Alojera, dotées d'une pataugeoire d'eau de mer, sont idéales pour les enfants, tout comme la plage de San Sebastián. Pour les petits qui ne nagent pas encore très bien, les piscines comme celles de Vallehermoso peuvent constituer le bon choix.

Une courte **promenade en mer** réjouira sans aucun doute votre progéniture. Le trajet à bord du bateau-taxi de Garajonay Exprés leur procurera déjà des sensations, mais une vraie croisière les amusera sans doute encore plus. Des circuits à destination de Los Órganos partent de Valle Gran Rey, ainsi que des **croisières d'observation des baleines**, d'une demi-journée. Ces dernières partent aussi de Playa Santiago.

Enfin, une halte sur un site de loisirs comme **La Laguna Grande**, une aire de pique-nique et de jeux, permettra aux enfants de s'ébattre allégrement un après-midi entier.

Restaurante El Palmar CANARIEN TRADITIONNEL €€
(☎922 80 53 32 ; Borbalán s/n ; plats 8-11 €). Caché parmi les bananiers, à deux pas de la route principale conduisant à La Puntilla, ce restaurant passe facilement inaperçu (guettez le panneau). La nourriture va de pair avec l'atmosphère accueillante et confortable. Essayez la *cazuela* (épais ragoût de poisson) et ne manquez pas de papoter avec le sympathique maître des lieux.

Restaurante La Islita ITALIEN €€
(☎922 80 61 61 ; Calle La Playa s/n ; plats 6-13 € ; ✎). Une table italienne convaincante, qui prépare les pâtes et pizzas habituelles, riches en tomate, basilic et origan. Le plat du jour plaît à tout coup, et les végétariens trouveront leur bonheur.

Absinia CANARIEN TRADITIONNEL €€
(☎922 80 58 93 ; Calle Absinia, Vueltas ; plats 6-10 € ; ⊙fermé dim et juin). Sa joyeuse terrasse sur le trottoir invite à s'attabler devant les spécialités de la maison : *viejas*, filet de thon au *mojo*, le tout accompagné de *papas*.

Où prendre un verre

Club de Mar BAR
(☎606 53 91 46 ; Paseo Las Palmeras, La Playa ; ⊙23h-5h). Ses concerts occasionnels, soirées thématiques et cours de danse en font l'un des lieux nocturnes les plus animés de l'île.

Tambara Café BAR
(☎646 51 13 96 ; Calle Vueltas, Vueltas ; ⊙17h-1h jeu-mar ; ✎). Un bar accueillant pour grignoter en journée des tapas (5-10 €) qui conviennent aux végétariens, et siroter des cocktails le soir, à une terrasse rafraîchie par l'air marin, bercé par le bruit des vagues.

Bar Cacatua BAR
(Calle Vueltas, Vueltas ; ⊙10h-2h). Cette adresse reposante, ouverte toute la journée et fréquentée par une clientèle mélangée, possède un petit bar en salle et quelques tables éparpillées dans un vaste patio ombragé. Boissons, salades et sandwichs (2-7 €).

Renseignements

Bureau de poste (☎922 80 57 30 ; Urbanización La Palomera)

Cyber Dragon (Calle Vueltas, Vueltas ; 3,50 €/heure ; ⊙10h-13h et 17h-20h30 lun-sam). Un magasin de disques branché pourvu d'un accès Internet haut débit.

Kiosque d'information touristique (☎922 80 50 58 ; Carretera General ; ⊙8h30-15h30 lun-ven). Une petite cabane en bois sur la route principale, à droite en allant vers Vueltas.

Office du tourisme (☎922 80 54 58 ; www.gomera-island.com ; Calle Lepanto, La Playa ; ⊙9h-15h30 et 16h-18h30 lun-sam, 10h-13h dim oct-juin, 9h-14h lun-sam juil-sept). Fournit cartes et renseignements.

Depuis/vers Valle Gran Rey

Le bus n°1 (5 €, 1 heure 45) qui dessert San Sebastián plusieurs fois par jour démarre de la gare routière jouxtant le rond-point à l'entrée de Valle Gran Rey. Pour rallier Vallehermoso, descendez à l'arrêt de Las Hayas et attendez le bus n°4 (4,50 €, 1 heure jusqu'à Vallehermoso, 2/jour lun-ven).

La manière la plus simple de se déplacer dans la moitié sud de l'île consiste à prendre le bateau-taxi **Garajonay Exprés** (☎902 34 34 50) à destination de Santiago (5 €, 25 min, 3/jour) et de San Sebastián (6,50 €, 50 min, 3/jour). Les ferries partent du port.

La Palma

☎922 / 86 000 HABITANTS

Dans ce chapitre »

Le top des restaurants

» Taburiente (p. 179)
» Casa Goyo (p. 183)
» Restaurante Chipi-Chipi (p. 183)
» La Vitamina (p. 190)

Le top des hébergements

» Hotel La Palma Romántica (p. 224)
» Hotel San Telmo (p. 223)
» Apartamentos Playa Delphin (p. 224)
» Pensión La Cubana (p. 223)

Pourquoi y aller

Davantage encore que le reste de l'archipel, La Palma (de son vrai nom San Miguel de la Palma) permet de découvrir une nature authentique et préservée : forêt pluviale luxuriante au nord, paysages volcaniques déserts et tourmentés au sud, paisibles pinèdes du Parque Nacional de la Caldera de Taburiente. Rien d'étonnant, donc, à ce que l'île entière ait été classée comme réserve de biosphère au patrimoine mondial de l'Unesco.

L'absence de plages de sable doré tenant à distance de nombreux vacanciers, le tourisme de masse épargne encore relativement l'"Isla Bonita" (l'île jolie). Les marcheurs, eux, ont cependant perçu tout le potentiel des paysages enchanteurs de l'île, que sillonnent de nombreux sentiers de randonnée. Et comment s'en étonner ? La Palma sait faire le bonheur de tous.

Quand partir

La Palma bénéficie d'un climat semblable à celui des autres îles de l'archipel : on peut s'y rendre toute l'année. Comme partout aux Canaries, le ciel clair et les températures clémentes du printemps et de l'automne auront les faveurs des randonneurs. Cependant, La Palma, à l'extrémité nord-ouest de l'archipel, est davantage touchée que les autres par les nuages et la pluie venus de l'Atlantique : dans le Nord, les hivers peuvent être très pluvieux. Le carnaval (mars-avril) à Santa Cruz est un spectacle à ne pas manquer, avec moult costumes, chars et pluies... de talc.

Histoire

Avant sa conquête par la Castille, l'île portait le nom de Benahoare. Ses premiers habitants, sans doute arrivés dès le Ve siècle av. J.-C., établirent une société organisée, divisant le territoire en 12 chefferies.

La Palma fut officiellement intégrée à l'Empire espagnol en 1493. Le conquistador et futur gouverneur, Alonso Fernández de Lugo, se servit d'un indigène christianisé pour convaincre les insulaires de descendre de leurs montagnes et entreprendre de prétendus pourparlers de paix. Un guet-apens les attendait en chemin, sur le lieu appelé aujourd'hui El Riachuelo. Leur chef, Tanausú, fut embarqué pour l'Espagne comme esclave et décéda en mer en se laissant mourir de faim.

Le siècle suivant fut pour l'île un moment important, avec l'exportation de sucre, de miel et de malvoisie et l'essor des chantiers navals grâce aux abondantes forêts de pins des Canaries. À la fin du XVIe siècle, la prospérité du commerce transatlantique fit de Santa Cruz de la Palma le troisième port de l'Empire espagnol après Séville et Anvers.

Le sucre, la construction navale et l'industrie de la cochenille assurèrent la survie de l'île jusqu'au siècle dernier, marqué par la pauvreté et une émigration massive. Actuellement, environ 40% de la population active de l'île dépendent de la culture de la banane, mais la part du tourisme augmente rapidement.

Depuis/vers La Palma

AVION

L'**aéroport** de La Palma (922 41 15 40, 902 20 47 04), à 7 km de Santa Cruz, fait l'objet d'un vaste projet d'expansion. Il comporte plusieurs agences de location de voitures, un bureau de change et un petit **office du tourisme** (922 42 62 12 ; www.tourlapalma.com ; 9h-13h et 15h-18h).

Les compagnies inter-îles **Binter Canarias** (www.binternet.com) et **Islas Airways** (www.islasairways.com) assurent de bonnes connexions entre La Palma et le reste de l'archipel, avec plusieurs vols quotidiens pour Tenerife et la Grande Canarie, et d'autres vols directs, moins fréquents, vers les autres îles.

BATEAU

Le ferry Benchijigua Express (49 €, 2 heures) de la compagnie **Fred Olsen** (902 10 01 07 ; www.fredolsen.es) est pratique pour ceux qui viennent de Tenerife. Il quitte Los Cristianos à 19h et Santa Cruz à 5h45 en sens inverse. De Tenerife, les passagers peuvent poursuivre jusqu'à La Gomera ou El Hierro.

DISTANCES (KM)

	Santa Cruz de la Palma	Los Canarios de Fuencaliente	Puerto Naos	Barlovento
Los Canarios de Fuencaliente	25			
Puerto Naos	47	22		
Barlovento	19	42	44	
El Paso	17	22	10	34

Distances approximatives

Naviera Armas (922 79 61 78 ; www.navieraarmas.com), au départ de La Palma, rejoint les destinations suivantes :

» San Sebastián de la Gomera, La Gomera (37 €, 2 heures 15, 4h mar-sam, 16h dim)

» Los Cristianos, Tenerife (44 €, 4 heures, 4h mar-sam, 16h dim). Toujours via La Gomera.

» Santa Cruz de Tenerife, Tenerife (24 €, 4 heures, 16h ven, 7h mar-mer et ven). Via La Gomera.

» Puerto de la Estaca, El Hierro (25 €, 3 heures 30, 14h30 dim)

Trasmediterránea (902 45 46 45 ; www.trasmediterranea.es) rallie par la mer Santa Cruz de Tenerife à Tenerife (23 €, 5 heures 30, 16h ven). Le navire poursuit ensuite sa route vers Las Palmas de Gran Canaria (Grande Canarie) et Cadix (Andalousie), qu'il rejoint en une journée et en trois jours, respectivement.

SANTA CRUZ DE LA PALMA

18 260 HABITANTS

Capitale historique et administrative de l'île, Santa Cruz de la Palma est une ville côtière compacte qui s'inscrit au milieu de vertes collines fertiles. Si elle n'exploite guère cette situation splendide – un immense parking la sépare de la mer –, son vieux quartier reste un trésor à découvrir.

Histoire

Les chantiers navals de Santa Cruz étaient au XVIe siècle les plus réputés de l'archipel. Ils utilisaient le pin des Canaries, un bois riche en sève à l'épreuve des termites, pour fabriquer des bateaux fiables et résistants. L'essor de la ville conduisit le roi Philippe II a établir en 1558 le premier Juzgado de Indias (tribunal des Indes), où tous les vaisseaux marchands circulant entre l'Espagne et les Amériques devaient être enregistrés.

À ne pas manquer

❶ La **Roque de los Muchachos** (p. 189), haut lieu de contemplation des étoiles

❷ Les merveilles naturelles du **Parque Nacional de la Caldera de Taburiente** (p. 187)

❸ Le farniente au soleil sous les palmiers de la plage de sable noir de **Puerto Naos** (p. 190)

❹ La randonnée dans la forêt pluviale enchantée de **Los Tiles** (p. 192)

❺ La baignade dans l'eau salée des **Piscinas de la Fajana** (p. 193)

❻ La randonnée de la **Ruta de los Volcanes** (p. 187), aussi belle qu'éprouvante

❼ Les célébrations endiablées du **carnaval** de Santa Cruz de la Palma (p. 180), pour se livrer, grimé, à une authentique bataille de talc

3 JOURNÉES COUP DE CŒUR

Jour 1

Réveillez-vous dans une chambre avec vue dans le cadre (vraiment) romantique de l'**Hotel La Palma Romántica**, non loin de la ville de **Barlovento**, dans le nord de l'île. De là, vous roulerez vers le sud, cap sur la **réserve de biosphère de Los Tiles** et sa jungle, pour une matinée à randonner à l'ombre d'arbres géants couverts de mousse. Quand vous aurez suffisamment joué les Tarzan, parcourez les quelques kilomètres qui vous séparent de **San Andrés** pour déjeuner sans formalité d'un plat de poisson et déambuler dans les jolies rues pavées. Sur la route du retour vers Barlovento, un détour s'impose à travers les bananeraies pour descendre jusqu'au pied des immenses falaises qui dominent les **Piscinas de la Fajana**. Ces bassins invitent à une baignade revigorante, laquelle vous mettra en appétit avant d'aller dîner, juste au-dessus, au restaurant **La Fajana**.

Jour 2

La journée commence par une exploration des charmantes ruelles de **Santa Cruz**, en admirant au passage les balcons typiques qui font face à la mer. Il vous faudra faire un peu de route, vers le sud, pour rejoindre la **Casa Goyo** qui, malgré le vrombissement des avions, est probablement le meilleur restaurant de fruits de mer de cette île, qui n'en manque pas. Vient ensuite la bourgade pittoresque de **Villa de Mazo**, lieu idéal pour acheter quelques objets d'artisanat. Ainsi délesté de quelques billets, continuez vers le sud, à travers des paysages volcaniques de plus en plus lunaires, jusqu'à **Fuencaliente** : là, vous pourrez en apprendre davantage sur le volcanisme à l'excellent centre d'accueil des visiteurs du **Volcán San Antonio**, avant d'aller à la rencontre dudit volcan au cours d'une courte mais spectaculaire promenade autour de son cratère. S'il vous reste du temps, direction la pointe de l'île et les **Playas del Faro**. Sinon, l'heure est venue de remonter la côte ouest jusqu'à la jolie station balnéaire de **Puerto Naos**, pour un repos bien mérité.

Jour 3

C'est souvent pour les montagnes du centre de l'île et leurs paysages saisissants que les visiteurs se rendent à La Palma. De Puerto Naos, une route sinueuse monte jusqu'au **Parque Nacional de la Caldera de Taburiente**, où vous pourrez enfiler vos chaussures de randonnée et partir pour une demi-journée de marche. Les sentiers qui rayonnent autour du **Mirador de la Cumbrecita** sont les plus fréquentés, et globalement les plus faciles. Si vous êtes en forme et avez plus de temps devant vous, le sommet du **Pico Bejenado** mérite bien ses cinq heures de marche. Mais avant de partir, n'oubliez pas de passer par l'excellent centre d'accueil des visiteurs pour en savoir plus sur l'histoire, la faune et la flore du parc (et il vous faudra vous inscrire ici si vous choisissez un des itinéraires du Mirador de la Cumbrecita). Pour reprendre des forces et reposer vos pieds endoloris, **Los Llanos de Aridane** vous attend à l'heure du déjeuner. Revenez ensuite sur vos pas et roulez jusqu'à **El Paso**, où vous apprendrez tout sur la soie au **Museo de la Seda**. Regagnez Puerto Naos pour vous régaler de poisson sous les étoiles.

La prospérité économique ne tarda pas à susciter les convoitises. Santa Cruz fut ainsi fréquemment assiégée et pillée à l'occasion par les corsaires, dont ceux sous les ordres de l'Anglais Francis Drake.

À voir et à faire

Vieille ville SITE HISTORIQUE

Vous débuterez sans doute la visite au départ de la Plaza Constitución ou de l'immense parking du front de mer. Dans les deux cas, la Calle O'Daly se situe à une courte distance à pied. Baptisée du nom d'un marchand irlandais installé à La Palma, l'artère principale de la ville est jalonnée de nombreux bars et commerces. Elle présente surtout plusieurs monuments dont l'architecture retient l'attention. Le **Palacio de Salazar** (Calle O'Daly 22), érigé au XVIIe siècle dans un style Renaissance tardif, se dresse immédiatement sur la gauche quand on arrive de la place. Il renferme un centre culturel public.

Vers le nord, la Calle O'Daly débouche sur la **Plaza España**, le plus bel exemple d'architecture Renaissance des Canaries. D'un côté se tient l'imposant bâtiment de l'**ayuntamiento** (hôtel de ville ; ☎922 42 65 00), construit en 1559 après la destruction de l'édifice d'origine par des corsaires français, de l'autre l'**Iglesia del Salvador** (⊙9h30-13h et 17h30-19h30). Derrière son allure de forteresse austère, cette dernière abrite une chaire baroque étincelante, datée de 1750, un plafond en bois ouvragé du XVIe siècle considéré comme le chef-d'œuvre d'art mudéjar de l'archipel, et plusieurs jolies sculptures.

Des escaliers montent de la Plaza de España vers la ville haute, qui abrite la **Plaza Santo Domingo** ombragée, parfaite pour se détendre à une terrasse de café. L'**Iglesia de Santo Domingo**, sur la place, recèle une importante collection de peintures flamandes. Attention : les horaires d'ouverture sont assez aléatoires.

Dirigez-vous ensuite vers le sud-ouest dans la Calle Virgin de la Luz pour une visite rapide du modeste **Ermita de Nuestra Señora de la Luz**. D'autres petites chapelles des XVIe et XVIIe siècles émaillent la ville, notamment l'**Ermita de San Sebastián** (Calle San Sebastián), derrière l'Iglesia de San Salvador, et l'**Ermita de San José** (Calle San José). Depuis cette chapelle, partez vers le nord-ouest pour atteindre l'**Iglesia de San Francisco** (Plaza San Francisco ; ⊙18h-19h30), une autre église Renaissance riche en œuvres d'art, baroques pour la plupart.

Le front de mer aligne une série de magnifiques **demeures anciennes** qui arborent les balcons typiques des Canaries, introduits par les émigrés andalous et modifiés par l'influence portugaise. Nombre de ces maisons datent du XVIe siècle et ont été transformées en restaurants haut de gamme.

À l'extrémité nord du front de mer se dresse le **Castillo de Santa Catalina**, du nombre de ces forts édifiés au XVIIe siècle pour contrer les attaques des pirates. Sur une hauteur de l'autre côté du ravin se dressent le **Castillo de la Virgen** et l'**Iglesia de la Encarnación** (XVIe siècle), première église construite à Santa Cruz à l'issue de la conquête espagnole.

Santuario de la Virgen de las Nieves ÉGLISE

(⊙8h30-20h). Principal lieu de pèlerinage de La Palma, ce sanctuaire date du XVIIe siècle et offre une vue splendide sur Santa Cruz et le rivage. Situé à 2 km au nord de la ville, il est assez facilement accessible à pied. De style colonial canarien, l'église à la façade simple agrémentée de balcons s'inscrit dans un cadre paisible, au milieu des arbres et de la verdure. À l'intérieur, la sobriété cède la place à un décor très ornementé : un tapis luxueux, une profusion de sculptures et de lustres en cristal ainsi qu'une Vierge qui trône au-dessus d'un autel brillant de mille feux. Cette sculpture du XIVe siècle, la plus ancienne statue religieuse de l'archipel, fut probablement apportée par des marchands avant même l'arrivée des Espagnols. Elle est promenée en grande procession jusqu'à Santa Cruz tous les cinq ans.

De la Plaza Alameda, suivez la route qui se transforme en piste de terre balisée et remontez vers l'ouest le Barranco de las Nieves. Comptez près de 45 minutes pour arriver jusqu'en haut, beaucoup moins pour redescendre. En voiture, suivez la signalisation à l'endroit où l'Avenida Marítima rejoint le ravin (*barranco*), tournez à droite dans la Carretera de las Nieves (LP-101) et suivez la route qui serpente à flanc de colline jusqu'aux panneaux indiquant le sanctuaire. Ce parcours de 5 km en épingle à cheveux prend une quinzaine de minutes. Le bus

GASTRONOMIE À LA PALMA

À l'instar des autres territoires des Canaries, La Palma a pour spécialités des plats simples, mais elle se rattrape avec les desserts. Le miel constitue ici un aliment important et l'île a une longue tradition de production sucrière. Si la canne à sucre a presque disparu, les habitants conservent le goût des douceurs, en particulier des *rapaduras* à base de miel et d'amandes. Citons aussi les savoureux *almendrados* (gâteaux aux amandes et à la cannelle), le *bienmesabe* (crème d'amandes au miel) et le *Príncipe Alberto* (mousse au chocolat avec des amandes).

Les fromages de chèvre locaux au lait cru, souvent fumés, valent la peine d'être goûtés. Pour en savoir plus, consultez le site www.quesopalmero.es.

Santa Cruz de la Palma

n°10 (1,30 €, 20 min environ) au départ du centre-ville dessert l'endroit toutes les heures de 7h45 à 16h45, moins fréquemment le soir et le week-end.

Un bar-restaurant se tient aussi sur place.

Museo Insular MUSÉE

(entrée 4 € ; ⏲10h-20h lun-sam, jusqu'à 14h dim oct-juin, jusqu'à 19h30 lun-sam juil-sept) Des quelques musées de la ville, le Museo Insular, le plus grand de La Palma, est aussi le plus intéressant, toutes proportions gardées. Ici des crânes guanches, des oiseaux empaillés mangés aux mites et des reptiles dans du formol se côtoient en une collection hétéroclite.

Museo Naval MUSÉE

(adulte/moins de 16 ans 3/1,50 € ; ⏲10h-14h lun-ven). La Plaza Alameda invite à faire une pause pour siroter un *café cortado* (café noisette). Au-delà vers le nord, on aperçoit le Musée naval, dit El Barco de la Virgen (bateau de la Vierge), qui évoque une caravelle de Christophe Colomb. Il n'ouvre le week-end que lorsqu'un navire de croisière fait escale au port.

Santa Cruz de la Palma

Les incontournables

Museo Insular C2

À voir

1 Ayuntamiento B4
2 Castillo de la Virgen D1
3 Castillo de Santa Catalina D2
4 Ermita de Nuestra Señora de la Luz A5
5 Ermita de San José C2
6 Ermita de San Sebastián B4
7 Iglesia de la Encarnación C1
8 Iglesia de San Francisco C2
9 Iglesia de Santo Domingo A4
10 Iglesia del Salvador B4
11 Museo Naval D1
12 Palacio de Salazar B4

Où se loger

13 Casa Turismo Rural Isla Bonita A5
14 Hotel San Telmo A4
15 La Fuente C2
16 Pensión la Cubana B4

Où se restaurer

17 Bar-Arepera El Encuentro C2
18 Heladomanía B3
19 La Lonja C3
20 La Placeta C3
21 Taburiente B3

Où prendre un verre

22 Cuenta Cuento A4

Fêtes et festivals

Outre les célébrations annuelles du carnaval et leur fameuse bataille de talc (voir p. 180), Santa Cruz offre d'autres belles occasions festives. Voici les plus importantes et les plus connues d'entre elles.

Semana Santa — FÊTE RELIGIEUSE

Les membres des confréries laïques paradent dans la Calle O'Daly de Santa Cruz dans leurs tuniques rouge sang et leurs hauts capuchons pointus. De fin-mars à début-avril.

Fiesta de Nuestra Señora de las Nieves — FÊTE D'UN SAINT

Le 5 août, Santa Cruz met ses habits de fête en l'honneur de sa sainte patronne.

Où se restaurer

Nombre des meilleurs restaurants de Santa Cruz se concentrent sur l'Avenida Marítima, en particulier à l'extrémité nord-est de cet axe.

Taburiente — CANARIEN TRADITIONNEL €€

(Calle Pedro Poggio 7 ; plats 6-10 €). Voilà une adresse authentique et informelle, prisée de ses habitués. Les portions sont gargantuesques. Inutile de demander une carte : le patron met au menu ce qui lui plaît, et quelles que soient ses envies du jour, vous aurez droit à de la pure cuisine canarienne traditionnelle.

La Lonja — ESPAGNOL €€€

(922 41 52 66 ; Avenida Marítima 55 ; plats 10-18 €, menú del día à partir de 11 € ; fermé dim). Donnant sur le front de mer, cette vieille maison traditionnelle aux balcons abondamment fleuris abrite probablement la table la plus chic de la ville. On y sert une cuisine d'inspiration canarienne, castillane et méditerranéenne, avec des plats comme la paella, le cochon de lait et le fromage rôti au *mojo*, mais aussi des mets plus inventifs, telle cette assiette d'anguille et crevettes à la crème.

La Placeta — INTERNATIONAL €€

(Calle Borrero 1 ; plats 8-13 € ; fermé dim ;). Un charmant petit bistrot sur une placette, dont la carte, quoique modeste, comprend aussi bien des lasagnes que l'incontournable *mojo*, et de nombreuses recettes végétariennes. Sandwichs, desserts et tapas (1-3 €) au rez-de-chaussée, salle de restaurant à l'étage.

NOTRE-DAME-DES-NEIGES

La **Fiesta de Nuestra Señora de las Nieves**, principale fête de La Palma, donne lieu à un défilé de géants et de grosses têtes. Son moment fort est cependant la danse des nains, exécutée depuis le début du XIXe siècle. Tous les cinq ans (2015, 2020...), en juillet et août, se déroule la Bajada de la Virgen de las Nieves, une procession religieuse au cours de laquelle les habitants promènent la Vierge dans l'île, célébrant son arrivée dans chaque ville importante par de grandes réjouissances.

À NE PAS MANQUER

BATAILLE DE TALC

Tenerife et la Grande Canarie sont connues pour leur célébration haute en couleur du carnaval, mais la discrète Santa Cruz de la Palma a également son moment de folie, avec musique, danse, libations et, bien sûr, bataille de talc. Le lundi du carnaval, les bons citoyens de la ville apportent des seaux de poudre blanche parfumée dans le centre et s'apprêtent à attaquer leurs voisins. Après quelques verres et un peu de musique pour désinhiber les participants, les hostilités commencent, chacun pouvant être la cible de cette guerre totale. À la fin de la nuit, les citadins toussent et clignent des yeux, couverts de talc des pieds à la tête. Il s'agissait à l'origine de ridiculiser les *Indios*, ces émigrés canariens qui avaient fait fortune aux Amériques et revenaient dans l'île, portant costume blanc et panama. C'est aujourd'hui une occasion de plus pour s'amuser.

Bar-Arepera El Encuentro INTERNATIONAL **€**
(Calle Anselmo Pérez de Brito ; arepas 2,50 €). D'origine vénézuélienne, les *arepas* (chaussons à base de farine de blé ou de maïs farcis à la viande ou au fromage) vénézuéliens sont devenus un classique de La Palma, savoureux et bon marché. Installez-vous ici à une table en fer sur une place ombragée.

Heladomanía GLACES **€**
(Calle Vandale 8 ; ⌚10h30-14h30 et 16h30-20h30 lun-ven, 10h30-14h30 et 17h30-20h30 sam, 11h30-14h30 et 17h30-20h30 dim). Pour d'excellentes glaces artisanales, fabriquées sur place.

Où prendre un verre et sortir

Santa Cruz n'a rien d'un paradis pour noctambules, ce rôle étant dévolu à Los Llanos de Aridane. On y trouve cependant moult bars tranquilles pour boire un verre en terrasse. Une sympathique atmosphère familiale se dégage de l'Avenida Marítima, jalonnée de cafés et de *zumerías* (bars à jus de fruits). En ville, la Calle Álvarez Abreu est la rue la plus animée le soir. La Plaza José Mata, près de l'Avenida Puente, regroupe aussi quelques bars.

Cuenta Cuento CAFÉ
(Calle San Telmo 1). Ce vieux café débordant de charme, peint dans des couleurs chaudes et décoré d'objets en bois flotté, semble appartenir à une autre époque : idéal pour s'attabler et regarder le monde comme il va.

Renseignements

Bureau de poste (Plaza Constitución 2)

Ciberplay (Calle San Francisco 1 ; accès Internet 2 €/heure ; ⌚9h-14h et 16h30-22h lun-ven, 9h-14h et 17h-22h sam, 10h30-13h30 et 17h-20h30 dim). Tout près de la Plaza Alameda.

Policía Local (☎922 41 11 50 ; Avenida Indios 18)

Office du tourisme (☎922 41 21 06 ; www.tourlapalma.com ; Plaza Constitución s/n ; ⌚9h-14h et 16h-19h30 lun-ven, 9h-14h sam-dim). Ce petit kiosque offre une myriade de renseignements sur la ville et sur l'île, que vous vous intéressiez à la randonnée, aux festivals, à l'histoire ou à la gastronomie.

Depuis/vers Santa Cruz de la Palma

Bus

Les bus Transportes Insular La Palma assurent une bonne desserte de l'île depuis Santa Cruz. Les arrêts se situent près de la Plaza Constitución et sur l'Avenida Marítima. Entre autres lignes, citons le bus n°1 (5 €, 45 min) qui part pour Los Llanos de Aridane toutes les demi-heures environ. Si vous projetez de prendre souvent le bus, achetez la carte Bono Bus (à partir de 12 €) qui représente une économie d'au minimum 20%. Vendue aux arrêts de bus, chez les marchands de journaux et dans les bureaux de tabac, elles est valable pour des voyages en bus sur toute l'île.

Voiture

Un véhicule permet à qui en dispose de parcourir l'île à sa guise et surtout de sortir des sentiers battus. La Palma ne manque certes pas de loueurs de voitures, mais la plupart des agences sont situées en dehors de Santa Cruz.

Cicar (☎922 42 80 48 ; www.cicar.com ; aéroport de La Palma). Possède aussi une agence au port de Santa Cruz.

Oasis (☎922 43 44 09 ; www.oasis-la-palma.com ; Centro Cancajos local 301, Los Cancajos)

Comment circuler

Le bus n°8 (1 €, 35 min) circule entre Santa Cruz et l'aéroport toutes les 30 minutes (toutes les heures le week-end), de 6h45 à 0h15, et s'arrête à Los Cancajos. Le même trajet en taxi coûte environ de 15 €.

La marche représente le mode de déplacement le plus pratique pour découvrir Santa Cruz. Si vous arrivez en voiture, essayez de dénicher une place de stationnement sur le vaste parking qui jouxte le front de mer car les rues étroites sont bien plus plaisantes à pied. Si vous manquez de temps, prenez l'un des bus qui sillonnent l'Avenida Marítima (1 €) ou montez dans un **taxi** (☎922 18 13 96).

ENVIRONS DE SANTA CRUZ

Los Cancajos

Un front de mer joliment entretenu et une petite plage volcanique constituent les principaux centres d'intérêt de ce regroupement d'hôtels, d'appartements et de restaurants à 4 km au sud de Santa Cruz. Los Cancajos n'a certes pas le charme ni l'authenticité de Santa Cruz et d'autres villes dignes de ce nom, mais c'est une base pratique où les logements de qualité abondent. Sa plage compte en outre parmi les plus agréables de l'île. Un petit **kiosque d'information touristique** (Playa los Cancajos ; ⌚9h-13h et 16h30-19h lun-ven, 10h-14h sam) est installé sur le front de mer.

Activités

Plusieurs compagnies installées à Los Cancajos proposent des activités. Pour la plongée, adressez-vous à **Buceo Sub** (☎686 75 69 79 ; www.scuba-diving-la-palma.de ; plongée à partir de 29 €, équipement inclus ; ⌚9h30-18h mar-sam), à côté du complexe H10 Costa Salinas, ou au **La Palma Diving Center** (☎922 18 13 93 ; www.la-palma-diving.com ; plongée 30 €, équipement inclus ; ⌚10h-18h lun-sam), dans le centre commercial Centro Cancajos (sur la gauche en arrivant de Santa Cruz). Ce dernier prestataire cible presque exclusivement les visiteurs allemands.

Los Cancajos abrite également de nombreux tour-opérateurs. **Natour** (☎922 43 30 01 ; www.natour-trekking.com ; Apartamentos Valentina 4 ; randonnées guidées 33-45 €) est sans doute le plus réputé pour la randonnée, offrant un choix varié de marches sur toute l'île en compagnie de guides polyglottes.

Pour une activité moins sportive, ne manquez pas l'agréable balade à faire sur le front de mer avant d'aller dîner. Cette promenade de 20 minutes passe par de minuscules criques et des paysages de lave tourmentée, colonisés par des plantes rustiques qui semblent presque chatoyantes sur le noir des roches.

Où se restaurer

Autour du Centro Cancajos sont installés plusieurs bars et restaurants simples, souvent avec terrasse. Pour faire vos courses, vous trouverez le supermarché **Spar** (Urbanización Costa Salinas) non loin des hôtels H10.

El Pulpo FRUITS DE MER €€
(Playa Los Cancajos ; plats 6-10 € ; ⌚fermé mer). Cette baraque de plage est une bonne adresse pour un long déjeuner indolent à base de poisson frit, dans une ambiance décontractée et chaleureuse. Autre atout : quand les enfants s'ennuient, ils peuvent filer s'amuser sur plage pendant que vous continuez votre repas.

Restaurante La Fontana ITALIEN €€
(Playa de los Cancajos ; plats 8-10 € ; ⌚fermé lun). Venez ici vous attabler devant une savoureuse pizza au feu de bois, un plat de pâtes et/ou d'appétissants desserts (laissez-vous tenter par le délicieux gâteau aux amandes). Si vous préférez emporter votre repas, tout est prévu.

Où prendre un verre et sortir

La vie nocturne se limite à une poignée de bars et de terrasses derrière le Centro Cancajos. Si l'offre diffère considérablement selon la saison et le soir de la semaine, il est généralement possible de danser sur de la musique de DJ, d'écouter un concert ou de boire un verre en discutant dans un cadre tranquille.

Depuis/vers Los Cancajos

Le bus n°8 (1 €, 10 min) qui relie Santa Cruz à l'aéroport passe par Los Caceros toutes les 30 minutes et un second bus couvre le trajet en sens inverse. L'arrêt principal se trouve au centre commercial Centro Cancajos.

Breña Alta

6 670 HABITANTS

Juste à la sortie de Santa Cruz, cette paisible localité rurale ne fait pas partie des destinations majeures mais quelques beaux paysages, des artisans renommés et le très chic Parador Nacional en constituent l'intérêt.

Les enfants adoreront le **Maroparque** (www.maroparque.com ; Calle Cuesta 28 ; adulte/enfant 11/5 € ; ⌚10h-18h), un petit zoo où ouistitis, toucans et pythons batifolent dans leurs cages. Dans de beaux jardins paysagers, c'est une bonne idée pour passer une après-midi en famille.

LE SUD

Entre pinèdes, bananeraies, terres cultivées et déserts volcaniques, le sud de la Palma offre une grande diversité de paysages. C'est ici qu'a eu lieu l'activité volcanique la plus récente des Canaries : dans la région de Fuencaliente, à la pointe la plus méridionale de l'île, plusieurs éruptions ont émaillé le XXe siècle.

Villa de Mazo

4 760 HABITANTS

La paisible bourgade de Mazo se niche au milieu de volcans endormis tapissés de verdure, à 13 km au sud de Santa Cruz. Cette bourgade est réputée pour ses cigares et son artisanat, mais c'est aussi une halte importante sur la **route des vins** (www.

LA PALMA SPORTIVE

Les amateurs d'activités au grand air seront comblés à La Palma, où les attend une offre excellente en matière de randonnée, de plongée, de parapente et de cyclotourisme. Nombre de compagnies proposent des activités dans toute l'île, ce qui permet de passer un séjour actif quel que soit l'endroit où vous logez.

Randonnée

Ne venez pas à La Palma sans consacrer une bonne partie de votre temps à explorer à pied son paysage exceptionnel, sillonné par 850 km de sentiers. Plusieurs compagnies organisent des randonnées, la meilleure étant **Natour** (☎922 43 30 01 ; www.natour-trekking.com ; Apartamento Valentina 4, Los Cancajos ; randonnées d'une journée avec guide 33-45 € ; ⌚9h-13h et 17h-19h lun-ven), qui opère dans toute l'île. Le Parque Nacional de la Caldera de Taburiente, la Ruta de los Volcanes et le circuit de la "Forêt enchantée" à travers le domaine forestier du nord comptent parmi les itinéraires les plus prisés. Le prestataire vient chercher les participants à leur hôtel ou sur un lieu de rendez-vous central.

Signalons de même **Ekalis** (☎922 44 45 17 ; www.ekalis.com ; Las Indias 51, Fuencaliente ; randonnées pédestres avec guide, circuits à vélo, sorties de spéléo et d'escalade38 €/j), de bonne réputation, qui passe également prendre ses clients.

Il n'est toutefois pas nécessaire de recourir aux services d'un guide de randonnée car La Palma offre des conditions de sécurité satisfaisantes pour tout marcheur suffisamment préparé et muni d'une carte valable. La formule guidée est toutefois intéressante, dans la mesure où elle permet d'envisager une longue journée de marche avec un moyen de transport jusqu'au point de départ et un à l'arrivée, évitant ainsi les circuits en boucle. Sans parler des anecdotes que vous glanerez sur la région.
Ce chapitre donne des renseignements sur les principaux itinéraires, ainsi que le transport en bus ou en taxi.

Sports d'aventure

Si la marche vous semble trop plan-plan, pourquoi ne pas essayer l'escalade ou la spéléologie. Ekalis (ci-dessus) propose diverses formules pour pratiquer la varappe et le rappel, ainsi qu'une sortie spéléologique de deux heures. Elle loue aussi des vélos et organise des circuits guidés à VTT, autre activité populaire dans l'île. Si vous êtes en forme, le relief en montagnes russes de La Palma vous réjouira. Autrement, des compagnies comme **Bike'n'Fun** (☎922 40 19 27 ; www.bikenfun.de ; Calle Calvo Sotelo 20, Los Llanos de Aridane ; guide 40 €/pers, vélo 15 €/j) assurent le transport jusqu'au sommet, permettant ainsi un parcours essentiellement en descente. Tous les opérateurs peuvent venir vous chercher à votre hôtel ou sur un lieu de rendez-vous central.

Depuis quelques années, le parapente connaît un franc succès. La Palma est considérée comme l'un des meilleurs sites au monde, en particulier Puerto Naos, où opère **Palmaclub** (☎610 69 57 50 ; www.palmaclub.com ; Paseo Marítima ; vol en tandem 90-140 € ; ⌚12h-18h).

Plongée et kayak

Les centres de plongée de Puerto Naos et de Los Cancajos fournissent tout l'équipement. On peut aussi effectuer des sorties en kayak de mer dans ces deux endroits ; contactez Ekalis (ci-dessus).

À NE PAS MANQUER

BONNES TABLES HORS DES SENTIERS BATTUS

Certains des meilleurs restaurants de l'île se trouvent à une courte distance en voiture de Santa Cruz. Pour goûter les saveurs locales, rien ne vaut les adresses suivantes.

Restaurante Chipi-Chipi (☎922 41 10 24 ; Calle Juan Mayor 42, Velhoco ; plats 8-13 € ; ⊙fermé mer et dim). Le paradis des amoureux de la viande, avec un choix de grillades copieusement accompagnées de *papas arrugadas* et de *mojo*. Le restaurant se trouve entre le Santuario de la Virgen de las Nieves et le village de San Pedro, aux abords du hameau de Velhoco.

Casa Goyo (☎922 44 06 06 ; Carretera General Lodero 120 ; plats 8-10 € ; ⊙fermé lun). Ce restaurant de style paillote, juste au sud de l'aéroport, prépare sans conteste les fruits de mer les plus savoureux de La Palma. On y déguste, entre autres, de la *vieja a la plancha* (poisson-perroquet à la poêle) et des *papas* avec, en fond sonore, le vrombissement des avions.

enoturismolapalma.es) de La Palma, qui sillonne l'île en plusieurs itinéraires, à la découverte du meilleur de sa viticulture. Les brochures détaillant ces parcours sont disponibles dans de nombreux offices du tourisme, ou téléchargeables sur le site Internet.

À voir

Museo Casa Roja MUSÉE
(☎922 42 85 87 ; Calle Maximiliano Pérez Díaz ; 2 € ; ⊙10h-14h lun-ven, 11h-18h sam et 10h-14h dim). Une fois entré en ville, tournez à gauche pour rejoindre ce musée, sis dans une jolie demeure ocre rouge de 1911, consacrée à la broderie et à la Fête-Dieu célébrée en ville avec beaucoup d'enthousiasme. La maison elle-même possède un escalier majestueux et un carrelage de sol très ornementé.

Escuela Insular de Artesanía ARTISANAT
(⊙8h-15h lun-ven oct-juin, jusqu'à 14h juil-sept). Sise après le musée, l'école d'artisanat de l'île gère une boutique qui vend du tabac, des broderies, des céramiques, de la vannerie et d'autres articles. C'est évidemment l'une des meilleures adresses où acheter des objets d'artisanat sur l'île. Pour vous y rendre, gravissez les escaliers qui montent sur la droite du patio principal.

Marché MARCHÉ
(Via de Enlace Doctor Amilcar Morera Bravo ; ⊙15h-19h sam, 9h-13h dim). On peut également acheter des produits d'alimentation et des objets artisanaux dans ce marché qui se tient le week-end.

Templo de San Blas ÉGLISE
En aval de l'école d'artisanat, l'imposante église de Mazo (XVIe siècle), se dresse sur une placette face à la mer. Elle renferme un retable et plusieurs autres pièces intéressantes de style baroque. Elle était fermée pour travaux lors de notre passage.

Cerámica el Molino MUSÉE
(Carretera Hoyo de Mazo ; ⊙9h-13h et 15h-19h lun-sam). Quelque 800 m plus bas, ce moulin soigneusement restauré accueille un musée de la Céramique, un atelier qui reproduit des poteries benahoares et une boutique de souvenirs. On peut aussi y accéder depuis la LP-132.

Où se restaurer

La Cabaña CANARIEN TRADITIONNEL €€
(Carretera a Fuencaliente km 6 ; plats 7-13 € ; ⊙fermé lun). Viandes grillées, poissons frais, salades, soupes, *papas arrugadas* au *mojo* et un délicieux pain à l'anis (une spécialité de l'île) vous attendent dans ce restaurant rustique, situé à la sortie de la route qui quitte la ville par le sud. Le balcon offre une jolie vue sur la mer – à condition de supporter le bruit de la circulation.

San Blas CANARIEN TRADITIONNEL €
(Calle Maria del Carmen Martínez Jerez 4 ; plats 5-8 € ; ⊙fermé dim après-midi et lun). Dans le centre-ville, pour des plats simples comme des pâtes, des salades, des *chocos* (seiches) au *mojo verde* (sauce verte) ou de la chèvre accompagnée de pommes de terre, à déguster sur la terrasse ombragée.

Depuis/vers Villa de Mazo

Coincée entre la LP-1 et la LP-132, Villa de Mazo est reliée à Los Llanos (4,50 €, 1 heure), Fuencaliente (1,90 €, 30 min) et Santa Cruz (1,50 €, 20 min) par le bus n°3 (10/jour).

Parque Ecológico de Belmaco

C'est sur ce site que furent découverts en 1752 les premiers pétroglyphes antiques de l'archipel. Le sentier de 300 m, qui serpente entre les différentes cavernes jadis habitées par des tribus benahoares, forme le cœur de ce "parc écologique". Le véritable point d'intérêt reste cependant les gravures rupestres en spirales et volutes datant de 150 apr. J.-C. Un musée et une petite boutique partagent également les lieux.

Belmaco (Carretera a Fuencaliente km 7 ; 2 € ; ⌚10h-18h lun-sam, jusqu'à 15h dim) arbore quatre séries de gravures dont la signification interroge les experts, mais qui pourraient bien être des symboles religieux.

Notez que la topographie du lieu n'est pas des plus commodes avec une poussette ou si vous êtes en fauteuil roulant.

Le bus n°3 en provenance de Santa Cruz passe par là quatre fois par jour en semaine. L'arrêt le plus proche se situe à environ 400 m au sud de la grotte.

Playa Blanca

À 1,3 km au nord du parc écologique de Belmaco, sur la LP-132, une route non signalisée descend à **Playa Blanca** (la "plage blanche", en l'occurrence plutôt grise), parfaite pour pique-niquer. On trouve sur place un hameau baba cool composé de quelques maisons de vacances, une plage tranquille et une côte rocheuse propice à la pêche aux poissons et aux crabes.

> VAUT LE DÉTOUR
>
> ### JUSQU'AU BOUT DU MONDE (OU PRESQUE)
>
> Envie d'une balade en voiture avec vue, suivie éventuellement d'une baignade dans un cadre féérique ? Suivez la LP-1282 et continuez bien après le complexe hôtelier Princess jusqu'à la pointe sud de l'île, où s'étendent les **Playas del Faro** (plages du phare) et **Las Salinas** (des salines qui enchantent les amateurs d'ornithologie). La roche volcanique noire et la mer d'un bleu cristallin forment ici un contraste magnifique – si vous partez nager depuis l'une de ces plages, attention toutefois aux courants forts et aux rouleaux. Revenez ensuite à la civilisation en suivant la LP-130 vers le nord pour boucler la boucle. Soyez vigilant la nuit car la route tourne et n'est pas éclairée.

Fuencaliente

1 856 HABITANTS

Fuencaliente (littéralement, "source chaude"), avec son mélange de sites volcaniques et d'attraits marins, constitue la meilleure base pour les visiteurs dans le sud de l'île. Le village doit son nom à des sources chaudes censées guérir de la lèpre et ensevelies au XVIIe siècle par une éruption volcanique. Ne croyez pas pour autant que le ballet du magma a cessé ; le volcan Teneguía s'est en effet réveillé en 1971, sa coulée de lave ajoutant plusieurs hectares à la superficie de l'île.

Il faut ensuite rouler à travers une jolie forêt de pins pour atteindre Los Canarios de Fuencaliente, le centre urbain de Fuencaliente. Les panneaux de signalisation indiquent souvent "Los Canarios" tout court, au lieu du nom entier "Los Canarios de Fuencaliente".

À voir et à faire

Volcans MONTAGNES

Attrait majeur de Fuencaliente, les plus jeunes volcans de l'archipel dessinent un paysage désolé, voire lunaire, et la beauté de leurs cônes bas rougeoyants trahit la violence de leurs éruptions.

Ne manquez pas la courte promenade saisissante au bord du **volcan San Antonio**. Une vingtaine de minutes suffisent pour parcourir le sentier de graviers qui fait à demi le tour du cratère noir béant. Les pins des Canaries ont vaillamment reconquis le territoire depuis la dernière éruption, en 1949. Jetez ensuite un œil au petit centre d'accueil des visiteurs (adulte/moins de 13 ans 3,50 €/gratuit ; ⌚9h-21h) où le sismographe qui mesure en permanence l'activité volcanique affiche un trait rectiligne rassurant.

Du centre d'accueil, un sentier indiqué mène au **volcan Teneguía**, dont l'éruption de 1971 est la dernière en date aux Canaries. Cette marche de niveau facile à moyen prend environ 2 heures 30 aller-retour. Si vous n'avez pas votre compte, vous pouvez rempiler pour une heure (aller seulement) en descendant vers la côte jusqu'au Faro de Fuencaliente et à la pointe de La Palma.

VAUT LE DÉTOUR

LA CÔTE SUD-OUEST

La route en lacets qui remonte la côte ouest depuis la pointe nord de l'île traverse des collines verdoyantes plantées de cactus et de petits buissons. La nationale longe une crête, l'océan qui s'éloigne formant une brume bleue sur sa gauche. Il n'y a pas grand-chose d'intéressant, hormis la perspective et le petit bar du **point de vue** à 6 km de Fuencaliente, dans la bourgade d'**El Charco**, mais cela fait malgré tout un agréable détour en venant de Fuencaliente ou même de Puerto Naos.

Vers le nord se succèdent de minuscules villages quasiment inhabités. Faites une halte à **San Nicolás**, 1 km après Jedey, pour manger au **Bodegon Tamanca** (Carretera General ; plats 8-13 € ; ⏲fermé dim soir et lun), un restaurant pittoresque aménagé dans une vaste grotte naturelle, avec des tables en pierre et des alcôves comme creusées dans la roche. Bonnes viandes grillées, fumées ou cuisinées en ragoût. Vous pourrez ensuite acheter quelques bouteilles provenant des caves du restaurant.

Bodegas Teneguía DOMAINE VITICOLE
(www.vinosteneguia.com ; Los Canarios s/n ; ⏲9h-14h et 15h-18h lun-sam, 11h-14h dim). Les vignobles qui poussent sur son sol volcanique représentent le second atout de Fuencaliente. Sa plus grande entreprise viticole, les Bodegas Teneguía, produit des rouges, des blancs et des vins doux vendus partout dans l'île et au-delà. Elle possède en outre un bon restaurant.

Plages

Le littoral autour de Fuencaliente se révèle largement inaccessible à cause des bananeraies, des affleurements rocheux et des falaises abruptes qui la bordent en grande partie. On note cependant deux exceptions, **Playa de la Zamora** et **Playa Chica**, deux plages noires dans des criques côte à côte qui souffrent rarement de surpopulation. Suivez la Carretera de Las Indias (LP-1282) au-delà du volcan San Antonio, en direction du hameau de Las Indias, puis l'embranchement à droite marqué "*playas*".

Où se restaurer

Tasca La Era CANARIEN TRADITIONNEL €€
(Carretera Antonio Paz y Paz 6 ; plats 8-12 € ; ⏲fermé mer). Ce restaurant rustique, doté d'une terrasse et d'un jardin, est une bonne adresse pour des plats tout simples de viande et de poisson. Les enfants se mettront en appétit en jouant à se courser dans les jardins.

El Patio del Vino CANARIEN TRADITIONNEL €€€
(☎922 44 46 23 ; Los Canarios s/n ; plats 9-14 € ; ⏲fermé lun). Derrière les Bodegas Teneguía, ce restaurant haut de gamme propose ses soupes maison et ses plats de gibier dans une salle paisible et spacieuse. L'ambiance est étonnamment cérémonieuse pour un village rural comme Fuencaliente.

El Quinto Pino INTERNATIONAL €€
(LP-1282, Las Indias ; plats 6-10 € ; ⏲jeu-dim). Pizzas et viandes et légumes grillés sont les spécialités de ce minuscule restaurant familial installé dans le hameau de Las Indias, au nord-ouest de Los Canarios.

Depuis/vers Fuencaliente

Le bus n°3 (3,50 €, 1 heure, jusqu'à 5/jour) circule entre Fuencaliente et Santa Cruz via Villa de Mazo. Il poursuit ensuite sa route jusqu'à Los Llanos.

LE CENTRE

La plupart des visiteurs de La Palma passent l'essentiel de leur séjour dans la région centrale de l'île – et à juste titre ! La Caldera de Taburiente en forme de bol et le parc national éponyme y dessinent en effet un paysage de pics rocheux, de profonds ravins et de pentes tapissées de pinèdes verdoyantes. C'est l'un des sites de randonnée les plus spectaculaires des Canaries, et un paysage à ne surtout pas manquer.

La LP-2, qui relie Santa Cruz à Los Llanos contourne la lisière sud du parc, permettant parfois d'observer la couverture de nuages caractéristique qui déborde de l'intérieur de la caldera.

Deux pôles commerciaux importants, El Paso et Los Llanos (la plus grande ville de l'île) font de la région le moteur économique de La Palma. C'est aussi un lieu-clé de la culture bananière avec, à l'approche de la côte ouest, des vallées couvertes de

À NE PAS MANQUER

FÊTES ET FESTIVALS

Comme tout Espagnol qui se respecte, les Palmeros adorent faire la fête, et le calendrier ne manque pas de manifestations.

Chaque ville célèbre son saint patron plusieurs jours durant, à grand renfort de défilés et de réjouissances diverses. Voici une liste de quelques-unes des manifestations phares du calendrier de La Palma :

» **Breña Alta** (fin juin)

» **Breña Baja** (25 juillet)

» **Barlovento** (12-13 août)

» **San Andrés y Los Sauces** (début septembre)

» **Tazacorte** (fin septembre)

Également à noter :

» **Fête des Amandiers en fleur** (janvier-février) Puntagorda célèbre à la fois la floraison des amandiers et son saint patron, San Mauro Abad.

» **Las Cruces** (3 mai). Les croix de l'île sont parées de bijoux de fleurs et de riches atours. Un spectacle à ne pas manquer.

» **San Juan** (23 juin). Une profusion de feux de joie et de pétards marque la Saint-Jean (solstice d'été) à Puntallana.

» **El Diablo** (8 septembre). Feux d'artifice, défilés de diables et musique lugubre illustrent de manière imagée le triomphe du bien sur le mal à Tijarife. À cette occasion, quelque 30 kg de poudre à canon sont utilisés pour le spectacle de 20 minutes en hommage à Nuestra Señora de Candelaria.

» **Castagnettes** (24 décembre). Après la messe de minuit à Breña Alta et partout dans l'île, les hommes jouent des saynètes parodiques au son bruyant des castagnettes.

bananeraies. Et pour ne rien gâcher, le littoral ici recèle quelques-unes des plages les plus longues et les plus belles de La Palma, ainsi que d'excellentes stations balnéaires qui, rassurez-vous, ne font pas dans le tape-à-l'œil.

El Paso

7 440 HABITANTS

Le centre d'accueil des visiteurs du Parque Nacional de la Caldera de Taburiente se tient à la périphérie d'El Paso. Bien qu'étant la plus grande municipalité de l'île, avec des étendues de forêts et quelque 8 km² de terres cultivées, cette modeste bourgade ne retient guère l'attention. En voiture, tournez à droite à hauteur du panneau marqué "Casco Histórico" pour rejoindre les principaux lieux à visiter. L'**office du tourisme** (☎922 48 57 33 ; www.lapalma-cit.com ; Calle Antonio Pino Pérez s/n ; ⏲10h-18h lun-ven, jusqu'à 14h sam-dim) se trouve dans le parc municipal.

À voir et à faire

Museo de la Seda MUSÉE

(musée de la Soie ; www.lashilanderaselpaso.com ; Calle Manuel Taño 6 ; ⏲10h-13h lun, mer et ven, 10h-13h et 17h-19h mar et jeu). Découvrez tous les secrets du ver à soie. La précieuse fibre produite ici l'est au moyen de procédés de fabrication quasiment inchangés, depuis l'introduction de l'industrie de la soie à La Palma au XVIe siècle.

Ermita de la Virgen de la Concepción de la Bonanza ÉGLISE

Cette petite chapelle restaurée du XVIIIe siècle, curieusement peinte, conserve au-dessus de l'autel un splendide plafond mudéjar.

Finca Corazón ÉQUITATION

(☎699 62 95 17 ; www.la-palma-reiten.com ; Custa de la Juliana, El Paso ; excursions guidées 50-85 € ; ⏲11h-18h). Le véritable attrait d'El Paso réside dans la beauté de son cadre naturel, qu'on apprécie pleinement à cheval. Les propriétaires allemands de ce haras organisent des randonnées équestres de 2 heures 30 à 5 heures dans le parc national et ses abords pour les cavaliers de tous niveaux. Comme de nombreux prestataires à La Palma, ce centre s'adresse en particulier aux Allemands.

Randonnée RANDONNÉE
Si vous préférez mettre vos mollets à l'épreuve, El Paso constitue un excellent point de départ pour l'exigeante **Ruta de los Volcanes**, un itinéraire à couper le souffle (au propre comme au figuré) : sur 19 km, il traverse des paysages volcaniques d'une grande diversité et offre au passage de superbes panoramas sur les deux côtes, en vous faisant longer la crête montagneuse vers le sud et Fuencaliente. Cet itinéraire fait partie du GR-130. Comptez six à sept heures de marche exigeante, à entreprendre de préférence par temps frais et nuageux car l'ombre et l'eau douce manquent. Le sentier de randonnée part du **Refugio del Pilar**, un vaste parc doté d'une aire de pique-nique, accessible par la route LP-203, que vous rejoindrez par la LP-2 depuis El Paso. L'arrivée se fait à Fuencaliente, d'où il vous faudra prévoir un moyen de transport.

Cours

L'office du tourisme propose toutes sortes d'activités gratuites (visites guidées, cours, dégustations...). Le **cours de fabrication de cigares** (11h30 lun) est l'occasion d'apprendre à confectionner ses propres barreaux de chaise, tandis que le mercredi vous attendent des cours de dégustation de vins, et le vendredi des dégustations de *mojo,* l'incontournable sauce canarienne.

Où se restaurer

Bodegón La Abuela CANARIEN TRADITIONNEL €€
(Calle General Tajuya 49 ; plats 5-12 € ; fermé jeu). Un restaurant comme à la maison, sur la droite quand on quitte El Paso en direction de Los Llanos. Délicieux plats de lapin et de gibier servis en terrasse.

Parque Nacional de la Caldera de Taburiente

Parc national depuis 1954, cet espace naturel vierge de 46,9 km² représente le cœur géographique et symbolique de La Palma. Il englobe d'épaisses forêts de pins des Canaries, des sources et des torrents abondants, des cascades, d'impressionnantes formations rocheuses et des kilomètres de sentiers de randonnée. Bien qu'il soit possible d'atteindre plusieurs points de vue en voiture, l'endroit se révèle dans toute sa splendeur quand on le découvre à pied. Prenez le départ, de préférence le matin lorsque le ciel est encore dégagé. En revanche, préférez l'après-midi si vous rêvez d'une image de carte postale, celles des nuages débordant de la caldeira.

Épicentre du parc, la **Caldera de Taburiente** se présente comme une vaste dépression de 8 km de large, entourée de hautes parois rocheuses, dont le nom signifie littéralement "chaudron de Taburiente". Le site fut baptisé ainsi en 1825 par le géologue allemand Leopold von Buch, qui le prit pour un cratère volcanique, le terme "caldera" devenant par la suite une appellation générique partout dans le monde. Pourtant, les scientifiques savent désormais qu'il s'agissait non pas d'un cratère mais d'une imposante montagne d'origine volcanique qui s'effondra sur elle-même et se transforma, sous l'effet de l'érosion, en une sorte de cirque naturel.

Derrière l'apparente quiétude du parc, l'érosion exerce son action destructrice, entraînant de fréquents glissements de terrain et chutes de rochers. Certains géologues estiment d'ailleurs que tout aura disparu d'ici à 5 000 ans. On peut observer le phénomène près du **Mirador de la Cumbrecita**, où les racines dénudées des pins s'agrippent encore miraculeusement au sommet, qui s'effrite inexorablement.

Randonnée

Si de nombreux sentiers sillonnent le parc, il faut disposer de plusieurs jours pour sortir des itinéraires classiques mentionnés ici. La plupart sont en bon état, mais celui qui relie La Cumbrecita au terrain de camping, connu pour être très glissant, ne convient guère aux randonneurs inexpérimentés. De même, le chemin qui descend le Barranco de las Angustias peut être dangereux par temps de pluie.

Bien que la signalisation s'améliore, elle reste parfois confuse. On ne risque pas vraiment de se perdre car il y a toujours des groupes de marcheurs dans les parages, mais mieux vaut tout de même se procurer une carte détaillée comme *Caldera de Taburiente Parque Nacional* (1/25 000), en vente au centre d'accueil des visiteurs. Rendez-vous aussi sur l'excellent site Internet www.senderosdelapalma.com pour d'autres itinéraires.

LIVRES ET CARTES

Des cartes sont en vente dans les stations-service, les kiosques à journaux et les librairies. Les offices du tourisme distribuent une carte de l'île très basique, mais vous avez tout intérêt à investir dans quelque chose de plus détaillé comme la carte au 1/30 000 de Freytag & Berndt, en anglais et en allemand.

L'office du tourisme de Santa Cruz fournit gratuitement des cartes de randonnées couvrant le sud, le centre et le nord de La Palma, qui donnent une bonne vue d'ensemble. Son *Hiking Guide* (en anglais et en espagnol) est également utile. Nous conseillons toutefois aux grands marcheurs de se procurer un guide spécialisé, en anglais, comme *Landscapes of La Palma and El Hierro* (Sunflower Books), *Walk! La Palma* (Discovery Walking Guides) ou *La Palma* (Rother Walking Guides).

PARTIE SUD

La majorité des visiteurs se rendent dans le parc depuis El Paso ou Los Llanos. Vous aurez besoin d'une voiture, d'un taxi ou d'un guide pour monter jusqu'à l'un des points de vue d'où partent les sentiers.

Pour avoir un aperçu d'ensemble, rien ne vaut le PR LP 13 qui débute à **Los Brecitos** (1 081 m). De Los Llanos, suivez les panneaux qui mènent à Los Barros et continuez jusqu'à Los Brecitos. Le sentier traverse une paisible forêt de pins des Canaries, passe devant le terrain de camping du parc, franchit un ruisseau gazouillant et descend le Barranco de las Angustias, croisant de nombreux petits torrents. Plusieurs sites intéressants jalonnent son parcours, notamment une **source minérale** aux vives couleurs orange et verte, de curieux reliefs créés par la **pillow lava** (ou lave en coussins) et des formations rocheuses comme la **Roque Idafe**, phallique, haut lieu spirituel des Benahoares. Cette randonnée de six heures, très prisée, peut être envisagée par toute personne en bonne santé. Attention toutefois après la pluie ou en cas de tempête imminente car le Barranco de las Angustias (littéralement "ravin des angoisses") peut se transformer rapidement en torrent déchaîné et ses crues éclair ont déjà fait des victimes. Lors de notre passage, la moitié de l'itinéraire était fermée en raison de glissements de terrain bloquant les sentiers.

Quand le sentier est intégralement accessible, la meilleure façon d'aborder l'itinéraire consiste à garer sa voiture à Las Hoyas, au pied du Barranco de las Angustias. De là, un **service de navettes 4x4** (☎922 40 35 40 ; 10 €/pers ; ⊙8h-12h) achemine les marcheurs jusqu'à Los Brecitos pour leur permettre d'effectuer la randonnée en descente.

Autrement, il est possible de monter en voiture par la LP-202 du centre d'accueil des visiteurs jusqu'au **Mirador de la Cumbrecita** (1 287 m), doté d'un petit **bureau d'information** (⊙9h-19h). Le trajet de 7 km passe devant les embranchements de la Pista de Valencia et de l'Ermita del Pino, traversant une tranquille forêt de pins et débouchant sur de larges vues de la vallée. Depuis le parking, une randonnée de 2 heures 30 aller-retour vous fera découvrir le panorama au sommet du **Pico Bejenado**. Sinon, un circuit en boucle de 3 km rejoint le **Mirador de los Roques** et le **Mirador Lomo de las Chozas**. Le dernier tronçon, entre Lomo de las Chozas et le parking, est un sentier plat de 1 km praticable en fauteuil roulant et en poussette. C'est à l'aube et au coucher du soleil que la vue est la plus belle. Sachez toutefois que les sentiers qui partent du Mirador de la Cumbrecita sont, et de loin, les plus fréquentés du parc, si bien que les autorités du parc appliquent désormais des quotas stricts. Pour rejoindre le mirador en voiture, il vous faudra vous inscrire sur une liste au centre d'accueil des visiteurs juste après El Paso et attendre votre tour. L'attente peut se limiter à quelques minutes, mais le week-end et en haute saison, il faut parfois patienter plus d'une heure. Notez par ailleurs que si vous ratez votre tour, vous devrez refaire la queue.

Le PR LP 13.3 est un autre excellent itinéraire, de difficulté modérée, qui part du parking de la **Pista de Valencia** et rejoint le **Pico Bejenado** (1 845 m d'altitude). Il se fait en 5 heures aller-retour et traverse de vénérables et magnifiques pinèdes avant de déboucher sur le bord de la caldera – et un panorama époustouflant. Ce sentier bien balisé ravira tous les marcheurs en bonne forme qui souhaitent un itinéraire moins fréquenté et plus exigeant que ceux du Mirador de la Cumbrecita, sans atteindre toutefois la difficulté des sentiers de Los Brecitos.

PARTIE NORD

Une chaîne de pics rocheux frôlant les 2 500 m entoure la caldera, et le sentier qui la parcourt domine de manière saisissante le parc et le reste de l'île. De l'étroite piste de terre (portion du GR-131), qui longe toute la lisière nord du parc, rayonnent des chemins plus courts qui s'aventurent à l'intérieur.

Un des tronçons les plus spectaculaires relie la **Roque de los Muchachos** au **Pico de la Nieve**, le long de la LP-1032. Cette dernière part de la LP-1, 3 km au nord de Santa Cruz et serpente à travers l'île, contournant le parc et les sommets au nord. Pour éviter d'avoir à revenir sur vos pas, prévoyez deux voitures. Laissez-en une au Pico de la Nieve (le parking se situe à 20 min de marche du sentier lui-même) et conduisez (ou faites-vous conduire) ensuite jusqu'à la Roque de los Muchachos (2 426 m), point culminant de La Palma. La descente à pied jusqu'au Pico de la Nieve prend quatre à cinq heures.

De nombreux points de vue jalonnent la LP-1032 autour de la Roque de los Muchachos. Même si vous n'effectuez pas la randonnée au bord de la caldera, le panorama d'en haut vaut le coup d'œil. La nuit, le site n'a pas son pareil pour la contemplation des étoiles.

ℹ Renseignements

L'intéressant **centre d'accueil des visiteurs** (☎922 49 72 77 ; caldera@mma.es ; Carretera General de Padrón ; ⏲9h-18h30), sur la LP-2 à 5 km d'El Paso, fournit gratuitement des informations ainsi que des cartes et des guides détaillés (pensez à vous procurer la carte en anglais intitulée *Caldera de Taburiente Paths*). Il abrite également un excellent musée et diffuse un film de 20 minutes qui mérite d'être vu. Le bus n°1 (1 € depuis El Paso, 10 min) qui circule entre Santa Cruz de la Palma et Los Llanos s'arrête au centre toutes les heures.

ℹ Depuis/vers le Parque Nacional de la Caldera de Taburiente

Aucune route ne traverse le parc et celui-ci ne possède que trois voies d'accès : la LP-202 proche du centre d'accueil des visiteurs, la piste qui relie Los Llanos à Los Brecitos et la LP-1032 au nord. Il n'y a pas non plus de bus.

Los Llanos de Aridane

21 045 HABITANTS

Pôle économique de l'île, Los Llanos n'a pas le charme évident de la capitale ni de certains petits villages, mais les places ombragées et les rues piétonnières de son centre historique méritent le détour. La vallée fertile alentour constitue l'une des régions les plus riches de La Palma, consacrée depuis longtemps à la culture de la canne sucre et de la banane et, plus récemment, à celle de l'avocat. La ville abrite aujourd'hui quantité d'entreprises et de services, attirant ainsi nombre de jeunes insulaires en quête d'emploi.

LE PLUS GRAND TÉLESCOPE DU MONDE

Non, ces trucs ronds futuristes au sommet de la Roque de los Muchachos ne proviennent pas d'un parc à thème et ne sont pas non plus des vaisseaux spatiaux à l'escale. Il s'agit en réalité des télescopes de l'observatoire astronomique de l'île, l'un des meilleurs sites du globe pour observer le ciel nocturne. Située au milieu de l'Atlantique, loin de la lumière des grands centres urbains, La Palma constitue en effet l'endroit idéal pour regarder les étoiles, d'autant que plus de 75% des nuits sont dégagées.

Depuis l'inauguration en 2007 du Grantecan (Gran Telescopio Canario ou GTC), l'observatoire du Roque de los Muchachos possède l'un des plus grands télescopes du monde. Cet investissement de 1 million d'euros permet aux scientifiques d'"étudier la création et l'évolution des galaxies dans l'histoire de l'univers, d'étudier pourquoi davantage d'étoiles se sont formées dans le passé qu'à présent ou d'observer les anneaux de corps célestes qui donnent naissance à de nouvelles planètes près des étoiles récentes", a expliqué José Miguel Rodríguez, directeur scientifique du GTC, à la presse espagnole.

Si ce nouvel équipement suscite l'attention de tous, il faut savoir que l'observatoire de La Palma a longtemps abrité le plus grand télescope d'Europe et d'importantes activités de recherche. Il est associé à l'observatoire astronomique Teide de Tenerife avec lequel il forme l'Instituto de Astrofisica de Canarias (IAC). L'endroit est normalement fermé au public, mais on peut le contourner en voiture jusqu'à 21h.

VINS ET SPIRITUEUX

Depuis le début du XVIe siècle, époque à laquelle les conquérants espagnols plantèrent sur l'île les premières vignes, La Palma est réputée pour sa *malvasía* (malvoisie). Les colons et les marchands la firent connaître dans toute l'Europe, où on qualifiait ce vin doux de "nectar des dieux". Dans la pièce *Henri IV* de Shakespeare, il est le breuvage favori de Falstaff, le "merveilleux vin pénétrant" qui "parfume les sangs". On trouve aussi des malvoisies secs et il existe des rouges, des blancs et des rosés, en particulier dans les régions de Fuencaliente et de Hoyo de Mazo. Pour en apprendre davantage, prenez la **route des vins** (www.infoisla.org/rutadelvino), où l'on peut visiter 16 entreprises vinicoles.

Les quelques plantations de canne à sucre qui subsistent sont exploitées par Ron Aldea, dernier fabriquant de rhum de La Palma.

À voir et à faire

Commencez la visite par la **Plaza España**, cœur animé de la vieille ville, dont les majestueux lauriers indiens procurent une ombre bienfaisante, même sous un soleil écrasant. C'est l'endroit idéal pour pique-niquer, observer les gens ou se détendre à la terrasse d'un café. La **Iglesia de Nuestra Señora de los Remedios**, construite dans le style colonial des Canaries, resplendit de blancheur. Les rues et les places alentour, en particulier la Plaza Elías Santos Abreu (alias Plaza Chica), la Calle General Franco et la Calle Francis Fernández Taño, conservent une grande part de leur cachet traditionnel.

Les **peintures murales** colorées et les **sculptures modernes** qui émaillent le centre font de Los Llanos un musée à ciel ouvert. Sur la Plaza España, un plan géant indique le nom des artistes et l'emplacement de leurs œuvres.

Les adeptes du cyclotourisme peuvent s'adresser à **Bike'n'Fun** (☎922 40 19 27 ; www.bikenfun.de, en allemand ; Calle Calvo Sotelo 20, Los Llanos ; excursion guidée 40 €/pers, vélo 15 €/jour) qui loue des vélos et organise des excursions avec guide.

Fêtes et festivals

Le 2 juin, la ville s'anime à l'occasion des plus grandes festivités de l'année, données en l'honneur de **La Patrona**, Nuestra Señora de Los Remedios.

Où se restaurer

Les nombreux cafés de la Plaza España sont parfaits pour prendre le petit-déjeuner, faire une pause-café ou manger sur le pouce à midi.

♥ **La Vitamina** VÉGÉTARIEN €€
(Calle Real 29 ; plats 7-10 € ; ⌚fermé dim ; ✎). Une adresse changeant agréablement des habituels restaurants de viandes et de poissons qui font l'ordinaire du visiteur aux Canaries. Cet établissement décontracté, un brin bohème, propose une gamme de plats majoritairement végétariens, lesquels, s'inspirant des saveurs africaines, asiatiques et espagnoles, en étonneront plus d'un.

Brasero Mar y Tierra CANARIEN MODERNE €€
(☎922 46 43 14 ; Calle Francis Fernández Taño 29 ; plats 8-11 € ; ⌚fermé dim). Certes, les viandes et les poissons grillés sont délicieux, mais le véritable atout du Mar y Tierra, c'est ce cadre fabuleux, un patio typique où vous pourrez regarder danser les flammes du grill et, même, au-dessus des murs, apercevoir au loin les montagnes. Le choix de plats du jour change en permanence, souvent accompagnés de ce grand classique de la cuisine canarienne qu'est le *gofio* (mélange de céréales grillées).

Renseignements

Bureau de poste (☎922 46 09 56 ; Calle General Franco 3 ; ⌚8h30-20h30 lun-ven, 9h30-13h sam)

Office du tourisme (☎922 40 25 83 ; Avenida Dr Fleming ; ⌚8h30-19h lun-ven, 9h-14h sam)

Depuis/vers Los Llanos de Aridane

Parmi les lignes au départ de la **gare routière** (Calle Luis Felipe Gómez Wanguemert), le bus n°1 dessert Santa Cruz (5 €, 45 min, jusqu'à 17/jour), le bus n°3, Fuencaliente (3,50 €, 40 min, jusqu'à 7/jour), et le bus n°4, Puerto Naos (1,70 €, 20 min, jusqu'à 21/jour).

Puerto Naos

L'un des deux centres touristiques de La Palma avec Los Cancajos, sur la côte ouest, la ville de Puerto Naos n'existe quasiment que pour les vacanciers attirés par ses belles plages noires, ses palmiers et sa promenade sur le front de mer. Lovée autour d'une baie arrondie et protégée de part et d'autre par de hautes falaises rocheuses, elle convient bien aux amateurs de soleil qui veulent accéder facilement au nord et à l'intérieur de l'île.

Activités

Si vous en avez assez de lézarder sur les plages de sable noir, d'autres occupations vous attendent.

Tauchpartner PLONGÉE
(☎922 40 81 39; www.tauchpartner-lapalma.de; Edificio Playa Delfín 1; plongée 30 € ; ⏲9h30-11h et 17h-19h lun-sam). Assure des plongées et des cours.

Bike Station CYCLOTOURISME
(☎922 40 83 55 ; Avenida Cruz Roja, local 3 ; vélos 6-24 €/jour, circuits guidés 38-44 € ; ⏲9h-13h et 18h-20h lun-sam). Loue des vélos et organise des circuits en VTT difficiles.

Palmaclub PARAPENTE
(☎610 69 57 50 ; www.palmaclub.com ; Paseo Marítimo ; sortie en biplace 90-140 € ; ⏲12h-18h). Le parapente a le vent en poupe par ici : les amateurs viennent de toute l'Europe pour profiter du climat idéal de La Palma et de ses bons sites de décollage et d'atterrissage. Profitez-en vous aussi en réservant une sortie en biplace avec le Palmaclub, installé dans le Kiosco Playa Morena. Le tarif dépend de la hauteur de la falaise d'où vous choisirez de partir (250 m ou 950 m) ; réservez avec le plus d'avance possible, mais sachez que des annulations sont possibles en cas de météo défavorable.

Viajes Yadir TOUR-OPÉRATEUR
(☎922 40 81 06 ; Avenida Marítima ; ⏲9h-13h et 16h-20h lun-ven, 9h-13h sam). Vaste choix de services, de la location de voiture aux excursions en bus.

Où se restaurer

Orinoco FRUITS DE MER €
(www.islalapalma.com/orinoco ; Calle Manuel Rodriguez Quintero 1 ; plats 5-10 € ; ⏲fermé mer). Elle ne charme pas au premier coup d'œil, mais cette adresse accueillante est prisée pour son poisson frais et ses desserts typiques de La Palma.

La Roca FRUITS DE MER €€
(Paseo Marítimo 4 ; plats 8,50-12 €). Les produits de la mer sont à l'honneur sur la terrasse en bord de plage de ce restaurant. Le bruit des vagues pourra parasiter les conversations – raison de plus pour vous concentrer sur les petites seiches grillées, le filet de mérou ou les succulentes crevettes à l'ail.

Depuis/vers Puerto Naos

Le bus n°4 (1,70 €, 20 min, jusqu'à 21/jour) relie Puerto Naos à Los Llanos.

LE NORD

La dense forêt tropicale, les collines fertiles et les grands pins qui recouvrent d'un tapis vert la moitié nord de l'île contrastent fortement avec le paysage volcanique du sud écrasé de soleil. Il s'agit de la partie la moins accessible – certains disent la plus belle – de La Palma, avec des falaises rocheuses plongeant dans une mer bleu saphir et des plages de sable noir désertes bordées de palmiers.

San Andrés et Los Sauces

5 380 HABITANTS

À San Andrés, à 3 km de la LP-1, les maisons basses blanchies à la chaux et les rues pavées tortueuses semblent tout droit sorties d'un livre de contes. L'**Iglesia de San Andrés**, fondée en 1515, fut l'une des premières églises bâties sur l'île par les conquérants espagnols, mais l'édifice actuel ne date que

LES PLUS BELLES PLAGES

» **Puerto Naos** La plus grande station balnéaire de l'île tire avantage de son architecture, de sa plage de sable noir, de ses palmiers ondoyant et de sa jolie promenade. Elle est par ailleurs très bien dotée en infrastructures et idéale avec des enfants.

» **Piscinas de la Fajana** Descendez prudemment les falaises, et découvrez ces bassins naturels que vous n'aurez probablement à partager qu'avec des îliens.

» **Los Cancajos** Dans cette station balnéaire, la deuxième de La Palma, la baignade est paisible, les hébergements de qualité et les activités pléthoriques, pour occuper aussi bien les petits que les grands enfants.

du XVIIe siècle. Elle recèle de somptueux retables baroques et un plafond à caissons.

Juste au nord, la ville moderne de Los Sauces est dotée d'une charmante place centrale, coupée en deux par la route. La majestueuse église **Nuestra Señora de Montserrat** qui s'y dresse renferme plusieurs œuvres flamandes de valeur. Son nom, celui de la sainte patronne de la Catalogne, atteste du fait que de nombreux Catalans participèrent à la conquête de l'île.

Plus intéressant, la périphérie de Los Sauces abrite la **réserve de biosphère de Los Tiles**.

Plusieurs bars sont installés sur la place principale de San Andrés, mais c'est au **Bar Miami** (Calle San Sebastián ; plats €4-7) que les anciens du village se retrouvent et se régalent de plats de poissons bon marché.

Toutes les infrastructures touristiques se trouvent à San Andrés.

Le bus n°2 (3,50 €, 35 min, jusqu'à 9/jour) circule entre Santa Cruz et le centre de Los Sauces. Les personnes qui veulent se rendre à San Andres doivent marcher ou demander au chauffeur de faire un détour.

Charco Azul

Après San Andrés, sur la LP-104, un panneau indique la direction du joli Charco Azul, à 3 km de là. Les rochers volcaniques du rivage ont été un peu bétonnés afin de former une série de bassins d'eau de mer d'aspect naturel, séparés par des plateformes pour se dorer au soleil. Lors de notre passage, ces bassins étaient fermés à la suite d'une chute de pierres qui a bien failli les faire disparaître. Les travaux en cours devraient les rendre de nouveau accessibles.

Los Tiles

Réserve de biosphère depuis 1983, Los Tiles englobe près de 140 km² d'une forêt pluviale luxuriante qui grouille littéralement de vie. Cet écosystème frais et humide constitue un lieu magique à explorer absolument pour découvrir une faune et une flore diversifiées, avec notamment la plus vaste *laurisilva* de l'île.

Le **centre d'accueil des visiteurs** (☎922 45 12 46 ; www.lapalmabiosfera.com ; ⏰9h-14h et 14h30-17h nov-juin, 9-14h et 14h30-18h30 juil-oct) procure des cartes, diffuse une vidéo sur la biosphère et abrite un petit musée. Non loin, la **Casa de Metrío** (plats 7-10 € ; ⏰fermé mer) est un restaurant rustique où déguster des grillades en plein air, sur des tables de pique-nique.

De fabuleux sentiers de randonnée se faufilent au milieu de la végétation dense. L'itinéraire le plus court est l'ascension en pente raide qui mène au **Mirador Topo de las Barandas** (comptez 1 heure aller-retour) ; on y débouche sur une vue impressionnante de la gorge qui sort de la réserve.

Mieux encore, la longue randonnée à flanc de précipice jusqu'aux **sources de Marcos et Cordero**, qui passe par une douzaine de tunnels humides (apportez une lampe torche et un vêtement de pluie) et serpente devant des cascades à travers forêts et ravins volcaniques. Le terrain n'est pas excessivement abrupt, sauf par endroits, mais il peut s'avérer glissant. Pour entreprendre ce circuit, beaucoup de gens montent en taxi du parking de Los Tiles jusqu'à Casa del Monte. De là, l'aller-retour à pied jusqu'aux sources nécessite environ quatre heures. Le bureau du parc vous indiquera divers autres itinéraires, notamment une marche très facile (1 heure aller-retour) qui part du parking, à quelques centaines de mètres du centre d'accueil des visiteurs. Prenez le sentier sur la gauche de la route, à côté du panneau de signalisation, empruntez le tunnel et poursuivez cette (très modeste) ascension aussi loin que vous le souhaitez.

LA PALMA AVEC DES ENFANTS

Construire des châteaux de sable sur les plages noires de **Puerto Naos** et **Los Cancajos** ou barboter dans l'eau de mer des **Piscinas de la Fajana**, voilà des activités qui viennent immédiatement à l'esprit, mais que faire avec des enfants après la plage ? Les plus de 12 ans pourront pratiquer l'équitation à la Finca Corazón, les petits s'amuser devant les animaux du **Maroparque**.

Parmi les destinations de randonnée accessibles aux plus jeunes, signalons le **Mirador de los Roques** et le **Mirador Lomo de las Chozas**, tous deux dans le Parque Nacional de la Caldera de Taburiente. Ne reste plus qu'à ajouter un peu d'histoire avec l'itinéraire pédestre de 1,5 km du **parc culturel La Zarza**.

VAUT LE DÉTOUR

DE LA ZARZA À TAZACORTE

Sublime, préservé, figé, sinistre, paisible... autant d'adjectifs qui peuvent définir au choix les paysages désolés de cette portion de la côte nord-ouest, largement coupée du reste de l'île jusqu'à une période récente. Entre La Zarza et Tazacorte alternent forêts de pins, champs en jachère, habitations isolées et vues dégagées sur les bananeraies qui bordent l'Atlantique. L'attrait de la région vient essentiellement de ses innombrables sentiers de randonnée, souvent difficiles.

Les bourgades de **Puntagorda** et de **Tijarafe** méritent une courte halte, ne serait-ce que pour déambuler dans les rues de leur centre historique. À Tijarafe, un **musée** (Casa del Maestro, Calle 18 de Julio 11 ; 16h30-19h30 lun-ven) est consacré à la culture traditionnelle locale ; suivez les panneaux indiquant la Casa del Maestro depuis la route principale. Le musée possède une annexe juste en face, ou presque, au numéro 4 (mêmes horaires).

Plusieurs points de vue surplombent le cadre inspirant de la côte nord-ouest. Juste au sud de Puntagorda, le **Mirador de Garome** domine une gorge majestueuse. Plus loin dans la même direction, le **Mirador del Time** regarde vers Tazacorte.

Quant aux plaisirs de la table, le **restaurant La Muralla** (650 02 16 64 ; Carretera General Aguatavar ; plats 8-12 € ; fermé dim après-midi et lun), entre Puntagorda et Tijarafe, sert de bons repas (poisson frais, brochettes, côtes de porc, steaks, paella) et jouit d'un panorama encore plus grandiose depuis sa terrasse aérée et sa salle à manger minimaliste. Pour une ambiance plus décontractée, le **Restaurant Las Piñas** (Carretera General Puntagorda ; plats 8-12 € ; fermé jeu), aux confins nord de Puntagorda, est une table familiale et rustique où déguster une cuisine simple, notamment à base de lapin, de bœuf ou de poisson. Le midi, le *menú del día* à 8,50 € est une affaire.

Depuis/vers Los Tiles

En venant de Santa Cruz, suivez les panneaux qui indiquent Los Tiles sur la LP-1. Le centre d'accueil des visiteurs se trouve 3 km plus haut, sur la LP-107 qui longe le verdoyant Barranco del Agua. Il faut être motorisé ou avoir de bonnes jambes car aucun bus ne circule dans les parages.

Barlovento

2 360 HABITANTS

Oubliez le bourg proprement dit pour privilégier les sites naturels au-delà. Parmi eux figurent les **Piscinas de la Fajana**, de calmes bassins d'eau de mer où les vagues écumeuses battent juste derrière d'ingénieuses barrières de béton. À 5 km à l'est de Barlovento, un embranchement sur la LP-1 mène à cette portion de côte d'une austère beauté : les rochers teintés de rouge et l'océan farouche dessinent un cadre des plus photogéniques. Prévoyez aussi masque et tuba pour apprécier les fonds sous-marins.

Vous pourrez dîner à **La Fajana** (922 18 61 62 ; plats 7-12 €), où la douce mélodie de l'océan accompagnera à merveille votre plat de poisson frais.

Parque Cultural La Zarza

Le **Parque Cultural La Zarza** (adulte/enfant 2/1 € ; 10h-18h lun-sam, 10h-15h dim) a pour principal point d'intérêt deux pétroglyphes benahoares. S'étendant vers l'ouest le long de la LP-1, il se trouve à 1 km après l'embranchement de La Mata (guettez le panneau car un tournant empêche de bien distinguer la route). À l'intérieur, un circuit de 1,5 km permet de voir des gravures rupestres de forme géométrique. De retour au centre d'accueil, vous pourrez regarder une vidéo de 20 minutes sur la vie des indigènes de l'île et visiter le musée interactif.

El Hierro

☎922 / 10 690 HABITANTS

Dans ce chapitre »

Le top des restaurants

» Restaurante Don Din 2 (p. 205)
» Casa Guayana (p. 200)
» Meson del Norte (p. 199)
» La Maceta (p. 204)
» Casa Juan (p. 203)

Le top des hébergements

» Hotel Villa El Mocanal (p. 225)
» El Sitio (p. 225)
» Hotel Puntagrande (p. 225)
» Parador Nacional (p. 225)

Pourquoi y aller

Avec ses âpres paysages volcaniques et ses côtes inaccessibles bordées de falaises, El Hierro est l'île la plus occidentale de l'archipel. Elle fut même considérée un temps comme le bout du monde, jusqu'à ce que Christophe Colomb démontre le contraire en 1492.

Bien qu'aujourd'hui reliée au reste de la planète, El Hierro formera toujours un monde à part, et c'est tant mieux. De fait, comment ne pas se laisser séduire par la lenteur et la simplicité de la vie ici ? Comment résister à la fascination qu'exercent ces côtes découpées où les vagues frappent des murailles naturelles sculptées par le volcanisme ? Comment ne pas succomber à la beauté des cultures agricoles et des fleurs sauvages de l'intérieur des terres, ou à la grâce étrange des vastes étendues de genévriers ? Comment rester insensible au paysage lunaire aussi splendide que désolé des terres volcaniques du Sud ? El Hierro est la plus méconnue des îles Canaries et un univers à nul autre pareil – si bien, d'ailleurs, que l'Unesco en a fait une réserve de biosphère. Bienvenue au bout du monde !

Quand partir

El Hierro se visite toute l'année, mais c'est au printemps (mars) que les coquelicots et autres fleurs sauvages parent les prairies d'altitude de couleurs sublimes : randonner à cette période est un régal. Plus près du niveau de la mer, les mois de juin (jusqu'à début juillet) et septembre sont parfaits pour barboter dans les nombreuses piscines naturelles ou plonger à la découverte des merveilles sous-marines de La Restinga. Les amateurs de culture locale ne manqueront pas, fin avril, la Fiesta de los Pastores, une procession religieuse haute en couleurs en l'honneur de la Virgen de los Reyes (Vierge des rois).

Histoire

El Hierro est la plus jeune île de l'archipel. Au cours des millénaires, l'activité volcanique fit émerger cette île escarpée, couronnée en son centre par un sommet haut de 2 000 m. Il y a environ 50 000 ans, un tremblement de terre secoua la région si violemment qu'il arracha un tiers de l'île sur son flanc nord. Le sommet et les terres l'entourant glissèrent et s'enfoncèrent dans les eaux, créant El Golfo, immense baie en forme d'amphithéâtre. L'événement aurait provoqué un tsunami aux vagues de plus de 100 m de haut. Si la dernière éruption date d'il y a 200 ans, le volcanisme est toujours la composante essentielle de l'île. On y recense environ 500 cônes, et beaucoup d'autres sont enfouis sous les coulées de lave et les roches volcaniques qui recouvrent une bonne partie de la surface.

Premiers habitants de l'île, les Bimbaches, venus d'Afrique du Nord, y installèrent une société troglodyte pacifique vivant d'agriculture, de pêche, de chasse et de cueillette. Ils appelèrent peut-être l'île Hero ou Esero, possible origine de son nom actuel. Les Bimbaches ont laissé sur des rochers et des parois de grottes dans toute l'île des pétroglyphes (dessins gravés dans la pierre) dont les plus intéressants sont à El Julán.

Après leur conquête au XVe siècle, les Espagnols mirent en place une forme de féodalisme, et les paysans espagnols se mélangèrent progressivement aux insulaires qui avaient survécu aux maladies et n'avaient pas été vendus comme esclaves. En quête de terres arables, ils détruisirent la plus grande partie des forêts d'El Hierro.

Au XXe siècle, nombre de *Herreños* durent émigrer pour trouver du travail. L'économie insulaire s'est depuis consolidée. Elle est maintenant fondée sur le fromage, la pêche, la culture fruitière, le bétail et, de plus en plus, le tourisme. Beaucoup d'émigrés sont revenus. La difficulté est aujourd'hui de concilier la préservation de la beauté unique de l'île, protégée par l'Unesco, avec les besoins de la croissance économique. Plus de 60% de la superficie de l'île est classée, ce qui restreint les possibilités et ravit les écologistes. C'est un problème pour beaucoup d'insulaires, car les jeunes partent pour poursuivre leurs études et trouver du travail.

Depuis/vers El Hierro

AVION

Le petit **aéroport** (☎922 55 37 00) de l'île est à 12 km de Valverde. **Binter Canarias** (☎902 39 13 92 ; www.binternet.com) relie El Hierro à tout l'archipel, via les îles de Tenerife et la Grande Canarie. Le hall abrite des comptoirs d'agences de location de voitures, un bar et une boutique vendant des cartes et des produits locaux.

DISTANCES (KM)

	Valverde	La Restinga	Tigaday	Las Playas
La Restinga	24			
Tigaday	15	41		
Las Playas	11	43	26	
El Pinar	16	11	27	16

Distances approximatives

BATEAU

Puerto de la Estaca, l'épatant port tout neuf d'El Hierro, construit grâce à l'aide de l'Europe, ne déborde pas d'activité.

Le ferry **Fred Olsen** (☎922 62 82 00 ; www.fredolsen.es) (47 €, 2 heures) relie Tenerife (Los Cristianos) à El Hierro. Il arrive à 12h30 et repart à 16h du dimanche au vendredi.

Spécialisé dans le transport de marchandises mais acceptant aussi des passagers, le navire de **Naviera Armas** (☎922 55 09 05 ; www.naviera-armas.com ; Muelle de la Estaca s/n) utilisé sur cette route est incontestablement moins pimpant et bien plus lent que le reste de la flotte de la compagnie. Il rallie Los Cristianos, à Tenerife (24 €, 4 heures, à 6h le mardi et le jeudi, à 19h30 le dimanche), avant de poursuivre jusqu'à Santa Cruz de Tenerife – mais sur ce dernier tronçon, seuls les routiers restent à bord, car le trajet est cinq fois plus long que par la route.

VALVERDE

1 630 HABITANTS

Seule capitale des Canaries à ne pas être sur la côte, Valverde est un bourg ordinaire situé sur une arête montagneuse surplombant l'Atlantique. Ses maisons blanches et basses ont moins de charme que les hôtels particuliers historiques avec balcons des autres grandes villes canariennes, mais quand les nuages lèvent le camp, la ville offre de jolies vues sur la vallée. Les rares jours de ciel clair, depuis le centre-ville, on voit parfaitement El Teide sur Tenerife et La Gomera. Même si vous n'y séjournez pas, vous devrez certainement y passer car il s'agit du cœur du commerce et des services de l'île.

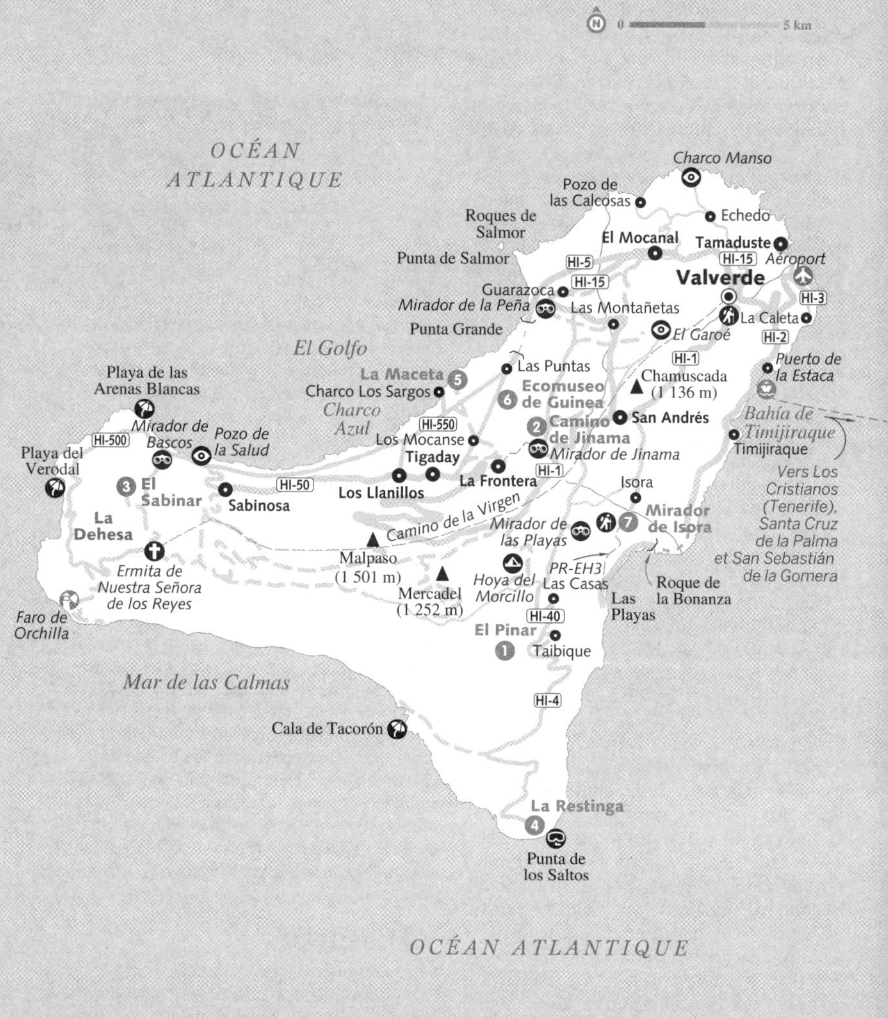

À ne pas manquer

1 La promenade dans les hautes futaies de la pinède d'**El Pinar** (p. 202)

2 Le Golfo et l'Atlantique à perte de vue depuis le **Camino de Jinama** (p. 201), l'une des plus belles randonnées de l'île – et en descente !

3 Les genévriers d'**El Sabinar** (p. 207) aux troncs façonnés par les vents qui évoquent des êtres surnaturels.

4 Les eaux calmes entourant **La Restinga** (p. 203), meilleur site de plongée de l'île

5 Une agréable baignade dans les bassins naturels de **La Maceta** (p. 199), battus par les vagues de l'Atlantique

6 La rencontre avec les lézards géants d'El Hierro et la découverte de la vie insulaire au temps jadis à l'**Ecomuseo de Guinea** (p. 204)

7 Un pique-nique dans un océan de fleurs au **Mirador de Isora** (p. 201), avec une vue époustouflante sur le véritable océan, bien, bien plus bas

3 JOURNÉES COUP DE CŒUR

Jour 1

Qu'ils arrivent par les airs ou par la mer, la première chose que voient les visiteurs d'El Hierro, c'est sa moitié est – et la plupart ne s'y intéressent plus jusqu'au jour du départ. À première vue, il ne s'agit effectivement pas de la région la plus séduisante de l'île, mais ne vous fiez pas à cette première impression. En quittant le port ou l'aéroport, roulez vers le sud jusqu'à **Las Playas**, une longue plage de galets battue par les vents mais parfaite pour une belle balade qui vous mettra en appétit. Vous pourrez apaiser cette faim à la **Casa Guayana** voisine, dont les fruits de mer sont parmi les meilleurs de l'île. Puis faites demi-tour et repartez vers le nord pour rejoindre soit **Tamaduste**, sa crique paisible et, à marée basse, ses flaques pleines de crabes, soit **La Caleta**, dont les jolies piscines d'eau de mer plairont à toute la famille. Après la baignade, remontez jusqu'à **Valverde** pour découvrir la mini-capitale d'El Hierro. L'heure sera alors venue de faire route pour **El Mocanal** et de prendre vos quartiers à l'**Hotel Villa El Mocanal**.

Jour 2

Au lever, roulez vers le sud et les hauteurs : avec l'altitude, après des paysages enveloppés de brumes, vous émergerez tout à coup sous un soleil éblouissant dans les prairies tapissées de fleurs qui entourent la petite bourgade de **San Andrés**. Un petit détour vous conduira au merveilleux **Mirador de Isora**, puis vous pourrez rejoindre les majestueuses **pinèdes d'El Pinar** pour randonner et pique-niquer. Une route sinueuse descend ensuite dans des paysages volcaniques de plus en plus désolés jusqu'à **La Restinga**, une ville sans charme, mais aussi le meilleur site de plongée des Canaries.

Jour 3

El Golfo et une baie en forme d'amphithéâtre dont la topographie spectaculaire est caractéristique de l'île. Dès le matin, laissez derrière vous les nuages de Valverde et descendez par la voie rapide HI-5, sans oublier de faire halte au **Mirador de la Peña** pour son panorama inoubliable sur El Golfo. Sur la côte, allez jeter un œil au pittoresque **Hotel Puntagrande**, longtemps inscrit au Guinness des records, et admirez la beauté des paysages côtiers en empruntant (en partie ou en entier) le sentier récemment réhabilité qui relie Las Puntas à La Maceta. Vous devrez ensuite reprendre la voiture pour visiter les habitations typiques et rencontrer les reptiles de l'**Ecomuseo de Guinea**. L'heure du déjeuner approchant, l'excellente cuisine canarienne du **Restaurante Don Din 2** vous attend à Tigaday, village par ailleurs quelconque. Pour digérer, rien de tel qu'une baignade et un peu de farniente au bord des bassins naturels de **La Maceta** ou de ceux, plus paisibles, du **Charco Azul**. Si la sieste ne se prolonge pas trop, vous aurez encore le temps de mettre le cap vers **La Dehesa**, la pointe la plus occidentale de l'Espagne.

Histoire

Bien que Jean de Béthencourt ait conquis l'île en 1405, Valverde n'est vraiment devenue une ville qu'en 1610. Suite à une tempête dévastatrice, de nombreux insulaires se réfugièrent dans ce hameau pour y chercher un abri. Ce fut le début d'un développement qui verra finalement le village devenir le siège du *municipio* (conseil municipal) dirigeant toute l'île. En 1926, le premier *cabildo insular* (gouvernement local) s'y établira.

À voir

La séduction de l'île réside dans ses espaces naturels, pas dans la ville où une petite promenade sera tout de même intéressante. Commencez par la **Calle Dr Quintero**, bordée de boutiques et de bars, avant de plonger vers l'étendue de la **Plaza Quintero Nuñez** (ou Plaza Cabildo), qui fait un écrin splendide à l'**Iglesia de Nuestra Señora de la Concepción**. Bâti en 1767, l'édifice à trois nefs est couronné par un campanile dont le niveau supérieur avec garde-corps servait de poste de guet. À l'intérieur, la *Purísima Concepción*, polychrome, est une des œuvres d'art les plus célèbres de la ville.

Terminez votre exploration de la ville par une visite de la **Casa de las Quinteras-Centro Etnográfico** (Calle Armas Martel ;

UNE ÎLE PROTÉGÉE

Quand on y arrive par la mer, El Hierro dévoile de prime abord un visage aride et rocailleux qui ne fait certes pas d'elle la plus belle des îles Canaries. Il suffit pourtant de monter sur son plateau central ou de descendre sur le littoral d'El Golfo pour comprendre que les premières impressions ne sont pas toujours les meilleures. Marquée par une douce beauté, El Hierro abrite aussi une vie animale et végétale parmi les plus étonnantes de l'est de l'Atlantique, qui lui vaut d'ailleurs d'être classée réserve de biosphère par l'Unesco. Les écologistes s'attachent surtout à protéger la réserve marine de la Mar de las Calmas, les genévriers sans pareils d'El Sabinar et la paisible pinède d'El Pinar, mais l'île entière est protégée par l'Unesco. Elle bénéficie donc de fonds destinés à contribuer à la gestion et à la préservation de ses ressources naturelles particulières.

Elle a franchi un pas de plus début 2007 en lançant un plan ambitieux, toujours en œuvre, lequel doit en faire la première grande île au monde à ne se servir que d'énergies renouvelables (éolienne, hydraulique et solaire) pour répondre aux besoins de ses habitants. Cette volonté écologique prend aussi d'autres formes : un vaste projet vise à développer et à encourager l'agriculture biologique.

entrée 3 € ; ⏲9h-14h lun-ven, 10h30-13h30 sam), petite maison en pierre où sont exposés des objets sur la vie rurale insulaire. Vous y trouverez aussi une petite boutique d'artisanat.

Fêtes et festivals

Plusieurs fois par an, Valverde sort de sa léthargie et se donne du bon temps.

Fiesta de San Isidro Valverde FÊTE DE PATRONAGE
Si vous êtes à Valverde le 15 mai, ne manquez pas la démonstration de *lucha canaria* (lutte canarienne) qui se tient l'après-midi.

Fiesta de la Virgen de la Concepción FÊTE DE PATRONAGE
La veille de la plus grande réjouissance de l'année, une ambiance de fête s'empare de Valverde et le ciel s'illumine de feux d'artifice. Le jour même, le 8 décembre, place aux célébrations religieuses, concerts et autres événements culturels.

Où se restaurer

La Taberna de la Villa INTERNATIONAL **€€**
(Calle General Rodriguez y Sánchez Espinoza 10 ; plats 5-12 €). De bons plats simples (pizzas, pâtes et tapas), une ambiance sympa et des extras genre Wi-Fi en ont fait le lieu le plus populaire de la ville. Il se mue en pub de minuit à 2h le week-end.

La Mirada Profunda INTERNATIONAL **€€**
(Calle Santiago 25; menú 12 €). Pas de carte ni de menu dans ce bistrot chic. On fait confiance au chef qui excelle dans la préparation des soupes, poissons frais et plats locaux teintés de touches internationales.

Où prendre un verre

Valverde n'est pas la reine de la nuit, et en semaine tout le monde se couche tôt. Le week-end, vous trouverez éventuellement de l'animation autour de La Taberna de la Villa, de la **Tasca El Chavelazo** (Calle General Rodriguez y Sánchez Espinoza 8) juste à côté et, si vous voulez prolonger la nuit, au **Fierro Lounge Club** (Calle General Rodriguez y Sánchez Espinoza 8).

Renseignements

Bureau de poste (☎922 55 02 91 Calle Correos 3)

Office du tourisme (☎922 55 03 02 ; www.elhierro.travel ; Calle Dr Quintero 11 ; ⏲8h-15h lun-ven, 9h-13h sam). Fournit cartes et renseignements sur quelques curiosités de l'île.

Poste de police (☎922 55 00 25 ; ⏲8h30-14h et 15h30-21h30, fermé l'après-midi le week-end en été). Dans une pièce de l'*ayuntamiento* (mairie).

Depuis/vers Valverde

Bus

La **gare routière** (Calle Molino) est à la sortie sud de la ville, et les lignes de bus desservent bien toute l'île. De Valverde, on peut rejoindre entre autres Frontera (1 €, 30 min, jusqu'à 4/jour), Tamaduste (1 €, 15 min, 3/jour), El Mocanal et La Restinga (1 €, 1 heure 10, jusqu'à 4/ jour).

Voiture

Il y a quantité d'agences de location à Valverde. En réservant bien à l'avance, une voiture vous attendra à votre arrivée à l'aéroport ou au port.

N'oubliez pas de faire le plein avant de quitter Valverde, il n'y a que trois stations-service sur l'île, une dans la capitale, la deuxième à La Frontera et la dernière sur la route principale près de La Restinga.

Comment circuler

La voiture est le meilleur moyen de rejoindre/quitter l'aéroport. Les agences de location sont ravies de vous fournir un véhicule à votre arrivée à l'aéroport si vous avez réservé. Les **taxis** (☎922 55 11 75) sont chers (environ 14 € pour atteindre Valverde), mais pratiques.

En ville, il y a une **station de taxis** (Calle San Francisco) juste en face de la coopérative de transports (Sociedad Cooperativa de Transportes del Hierro).

LE NORD

La côte nord est bordée de magnifiques falaises découpées, pour la plupart inaccessibles. Les quelques exceptions sont les adorables criques et piscines naturelles de roc volcanique de sites comme Pozo de las Calcosas, Charco Manso, Tamaduste et La Caleta.

Dans les terres, fermes et champs s'étendent à perte de vue. Du fait de l'altitude, brumes et brouillards nappent presque en permanence les sommets des collines, rendant la solitude de cette région rurale tranquille presque inquiétante.

El Mocanal

El Mocanal, un des villages agricoles bordant la route principale, est à quelques minutes en voiture de Valverde, au nord-ouest. À un carrefour, des panneaux indiquent **Pozo de las Calcosas**. Ce village d'été constitué de paillotes au toit de chaume (appelées *pajeros*), construites autour de quelques bassins naturels, est là depuis des générations. Il faut descendre les marches d'un sentier pentu durant 10 minutes pour avoir accès au rivage. Un *mirador*, une petite chapelle de pierre et quelques restaurants dominent la côte. Accueillante avec ses peintures jaunes et ses salles à manger rustiques, le **Mesón La Barca** (Calle El Arenal ; plats 6-15 € ; ⊙fermé lun) est un restaurant de poisson. Il jouxte la **Casa Carlos** (plats 5-16 €), qui sert aussi la pêche du jour : *atún* (thon), *viejas* (poisson-perroquet), *cabrillas* (serran chevrette) et *lapas* (berniques ou patelles). Sur la route principale, le **Mesón del Norte** (☎699 36 41 61 ; Calle Barlovento 21 ; plats 7-12 €) surprend par son cadre chic et moderne. Prisé à juste titre par les habitants, il sert d'excellentes spécialités, tels le ragoût de pois chiches au chorizo ou le porc laqué au miel.

Le bus n°5 (1 €, 20 min) relie El Mocanal à Valverde plusieurs fois par jour.

Echedo

À 3 km de Valverde, Echedo est au cœur du vignoble d'El Hierro. Ses vignes sont plantées derrière des murets de pierre volcanique qui les protègent des fréquents tourbillons du vent. Le site de très loin le plus intéressant est **Charco Manso**, ensemble de piscines naturelles d'eau de mer, situées à l'extrémité d'une route isolée qui serpente en descendant au milieu des buissons et des rochers. Quand il fait beau, les eaux limpides et turquoise sont paradisiaques, mais à marée haute ou lorsque l'océan est agité, il peut y avoir de forts courants. Méfiez-vous surtout des grottes du rivage : jetez-y un coup d'œil par temps calme, mais n'y nagez jamais. Le sol des grottes est parsemé de cavités en forme de tunnels surnommés *tragadores* (littéralement "avaleurs"), capables d'aspirer un nageur à marée descendante.

Près du *charco*, une buvette ouvre à heures irrégulières. Les plus prévoyants apportent

LES PLUS BELLES PLAGES

Les plages ne sont pas le premier atout d'El Hierro, mais maillots de bain et châteaux de sable restent au programme pour qui sait où aller :

» **Playa de las Arenas Blancas** Une étendue belle et sauvage où le sable blanc alterne avec le noir de la roche volcanique, sans aucune infrastructure. Attention, la baignade est souvent dangereuse.

» **Cala de Tacorón** Des criques volcaniques d'une austère beauté, léchées par une mer couleur saphir où les plongeurs sont à la fête.

» **La Maceta** Dans une crique battue par les vagues, ces bassins naturels sont parfaits pour une baignade en famille, d'autant qu'il y a ici quelques infrastructures.

EXPLORER EL HIERRO

Avec ses 697 km², l'île semble facile à visiter en quelques jours ou en un week-end, mais n'oubliez pas qu'ici les routes sont étroites et sinueuses, et que seule une toute petite partie des beautés naturelles est visible d'une fenêtre de voiture. Prenez le temps d'explorer tranquillement ses côtes, ses réserves naturelles, ses villages et ses forêts pour découvrir vraiment El Hierro.

leurs provisions et profitent des tables de bois de la belle aire de pique-nique. Pour un repas plus classique, retournez en ville. **La Higuera de la Abuela** (☎922 55 10 26 ; Calle Tajanis Caba s/n ; plats 8-11 € ; ⏲fermé mar) y sert lapin, chèvre, fruits de mer et poissons frais grillés dans un patio ombragé.

Tamaduste et La Caleta

Ces deux modestes villages de vacances sont le terrain de jeux estival de Valverde. Petites anses naturelles et superbes fronts de mer en font de fantastiques sites pour nager, bronzer, se reposer et pêcher, mais n'attendez rien d'autre de ces stations somnolentes.

Tamaduste (à 10 km au nord-est de Valverde) est l'endroit rêvé pour échapper au monde extérieur. À marée haute, l'anse se remplit d'eau et les enfants plongent tête la première dans l'Atlantique. À marée basse, les vagues se retirent, ne laissant que des flaques. C'est le moment idéal pour pêcher crabes et bigorneaux.

À quelques minutes de là, La Caleta offre un joli front de mer paysager avec une promenade pavée, d'innombrables coins où bronzer et des piscines d'eau de mer turquoise idéales pour les enfants (même si l'endroit est parfois venté).

On voyait autrefois des gravures bimbaches très endommagées sur un rocher face au rivage, mais elles furent accidentellement détruites lors du réaménagement du front de mer.

Vous aurez de quoi vous sustenter : pêche locale, tapas et viandes en sauces variées, au familial **Bar-Restaurante Bimbache** (☎922 96 90 14 ; Calle Los Cardones, Tamaduste ; plats 7-12 € ; ⏲fermé mar).

Un bus reliant Valverde au port stoppe trois fois par jour à Tamaduste (1 €, 15 min) et La Caleta (1 €, 20 min).

Puerto de la Estaca et Las Playas

Seul port accueillant les ferriess, Puerto de la Estaca s'anime deux fois par jour quand accoste le ferry venu de Tenerife. Le reste du temps, l'activité est des plus ralenties. Cinq bus (1 €, 50 min) relient quotidiennement ce port à Valverde. Pour en savoir plus sur les ferries, voir p. 195.

Après le port, la route suit une côte sinueuse vers Las Playas, 10 km plus loin, traversant un no man's land de rivages rocheux et de flancs de collines encore plus escarpés. Il y a une plage (attention aux courants sous-marins) dans le village de **Timijiraque**. L'accueillante **Casa Guayana** (☎922 55 04 17 ; Carretera General ; plats 7-9 €), cuisine de savoureux poissons locaux. Elle n'a que quelques tables, dans une petite salle à manger dont la fenêtre aux rideaux rouges donne sur l'océan. La paella est un vrai festival de saveurs ! La cuisine est d'ailleurs si bonne que certains n'hésitent pas à faire des kilomètres pour déjeuner ici, si bien qu'il faut parfois réserver. Plus loin, au débouché du tunnel routier, portez votre regard sur la pleine mer pour contempler le célèbre **Roque de la Bonanza**, formation rocheuse émergeant de 200 m hors de l'océan, devenue un symbole de l'île. Las Playas désigne en fait une longue plage de galets face à une mer où se reflètent parfaitement le ciel et le paysage alentour. Il y a souvent du vent par ici.

Mirador de la Peña

Près du hameau agricole de Guarazoca, le Mirador de la Peña est un des plus beaux sites d'El Hierro. Il a été dessiné par César Manrique (voir encadré, p. 102), artiste célèbre originaire de Lanzarote. Si la brume se lève, ce *mirador* ouvre sur des vues panoramiques de la vallée, de la côte du golfe et des Roques de Salmor. Promenez-vous sur les petits sentiers aboutissant à différents points d'observation avant de dîner à l'élégant **restaurant** (☎922 55 03 00 ; plats 10-12 €, menu del día 12 € ; ⏲fermé lun et dîner dim). L'immense baie vitrée de sa salle à manger donne sur El Golfo. Le menu, qui propose des recettes créatives à base d'ingrédients locaux, propose des plats du type ananas farci aux fruits de mer ou poisson en sauce au fromage. Il y a aussi un café à l'ambiance détendue. C'est au coucher du soleil que le Mirador révèle toute sa beauté.

San Andrés et ses environs

Centre agricole de cette partie de l'île, San Andrés se résume à quelques bâtiments disséminés sur les bords de la route. La **Casa Goyo** (☎922 55 12 63 ; plats 6-12 €), un restaurant campagnard, y sert les plats locaux sur des nappes à carreaux verts. En juin, la **Fiesta de la Apañada** est l'occasion pour les agriculteurs de se retrouver à San Andrés pour un marché aux bestiaux qui ne manque pas d'animation.

Quatre bus (1 €, 20 min) relient tous les jours San Andrés à Valverde.

La visite d'**El Garoé** (⌚10h-18h mar-sam), site où poussait un ancien arbre, fait découvrir la culture des Bimbaches. Selon la légende, de l'eau se serait miraculeusement écoulée de ses feuilles pour abreuver les insulaires et leurs animaux. Le miracle n'est en fait que la condensation de la brume sur les feuilles qui la précipite en eau. L'arbre actuel n'a rien de remarquable en soi, d'autant que l'original, une variété de laurier, fut déraciné par une tempête en 1610. Celui que l'on voit fut planté en 1949. Il y a un petit centre des visiteurs à proximité et d'agréables sentiers piétonniers menant à plusieurs bassins d'eau douce. On accède au site par une des deux pistes de 2,7 km qui partent de la route principale en direction de San Andrés. L'une comme l'autre comprennent des raidillons rocailleux.

C'est le départ de plusieurs sentiers de randonnée. Le PR EH 7 descend vers El Mocanal à 3 km et le Pozo de las Calcosas à 6 km, ou, dans l'autre sens, rejoint San Andrés à 3,5 km.

À environ 3 km au sud-ouest de San Andrés, un embranchement sur la H-120 mène au **Mirador de Jinama**, où le spectacle du gigantesque amphithéâtre qu'est El Golfo en met plein la vue, sauf les jours où les nuages oublient de se lever. L'aire de pique-nique, proche de la petite chapelle, serait encore plus agréable sans le vent. La vue depuis l'étroite H-120, qui continue à zigzaguer jusqu'au Mirador de la Peña, est une des plus spectaculaires de l'île.

Le **Camino de Jinama**, ancien chemin muletier par lequel on rejoint à pied La Frontera en 2 heures 30, part de Jinama. C'est un sentier rocailleux mais bien signalisé. Comptez 3 heures 30 pour le retour par un chemin qui part près de la Plaza de la Candelaria dans La Frontera.

En suivant la HI-4 vers le sud, on atteint l'embranchement (la HI-402) menant au **Mirador de las Playas**, qui offre une vue superbe sur la côte.

Isora

Le village d'Isora, producteur de fromages, est proche de San Andrés, en voiture ou à pied pour les plus courageux. La montagne se déroule devant vous du **Mirador de Isora**, haut perché sur la crête d'El Risco de los Herreños à l'extrême sud du bourg, dévoilant la côte de Las Playas. Les 3,5 km de descente pédestres du *mirador* à Las Playas sont une promenade populaire offrant des points de vue magnifiques sur la côte. Comptez deux heures pour la descente et environ cinq pour l'aller/retour. En descente, le parcours est très éprouvant pour les jambes, tandis qu'au retour, la montée constitue un bon test cardiaque et pulmonaire.

En voiture, suivez les indications (au nord-est de San Andrés) pour Isora à partir de la HI-4. À pied, prenez le PR EH 4.1 km qui rejoint Isora et part du quartier de Las Rosas à San Andrés.

Cinq bus (1 €, 30 min) relient tous les jours Isora à Valverde.

LA BONNE CUISINE D'EL HIERRO

La cuisine *herreña* est certes d'une grande simplicité, mais c'est aussi l'une des meilleures que nous ayons dégustée dans les îles occidentales des Canaries. El Hierro est pour l'essentiel autosuffisante en la matière : tout ce vous mangerez ici ou presque aura été récolté, élevé ou pêché sur place. De plus, le tourisme étant peu développé, les restaurants de l'île s'adressent essentiellement à la population locale, ce qui contribue à maintenir la qualité à un niveau élevé : les restaurateurs ont ici besoin de s'assurer de la fidélité de leurs chalands, quand ceux des îles touristiques peuvent compter sur le renouvellement constant d'une clientèle le plus souvent de passage. Poissons frais pêchés, viandes et légumes locaux ne figurent pas toujours au menu des restaurants mais sont servis à ceux qui savent les demander ! Les spécialités locales sont, entre autres, le *queso herreño* (fromage frais), les figues sèches, et l'agréable vin blanc fruité de Tigaday servi dans toute l'île.

EL HIERRO AVEC DES ENFANTS

Si El Hierro n'a pas les parcs à thème, les zoos et l'offre d'activités pléthorique de certaines îles plus grandes de l'archipel, les enfants trouveront ici toutes sortes d'occupations amusantes, saines et au grand air. Les nombreux bassins naturels généreusement répartis sur l'île invitent à la baignade en famille, et en toute sécurité : ceux de **La Maceta** et de **La Caleta** sont particulièrement recommandés, ainsi que le **Charco Azul**, bien moins couru et d'une indéniable beauté. Les plus grands pourront découvrir, émerveillés, les fonds sous-marins de **La Restinga,** et toute la famille se prendra d'affection pour les lézards géants de l'**Ecomuseo de Guinea**. Sur les hauteurs du plateau central, vous pourrez emmener les enfants brûler un peu de leur énergie débordante sur de nombreux sentiers de randonnée accessibles.

LE SUD

Verdoyante et baignée toute l'année par un climat idyllique, c'est pour beaucoup la plus belle région de l'île. C'est aussi le seul endroit ou presque des Canaries où vous verrez de véritables élevages et des champs délimités par des murets en pierres sèches. En février et mars, ces collines ondoyantes offrent aux regards un véritable carnaval de fleurs multicolores. Vous ne regretterez pas d'être descendu de voiture pour partir sur l'un des sentiers de randonnée, tous faciles d'accès, qui sillonnent ces plateaux.

El Pinar

El Pinar est une grande forêt de pins des Canaries qui recouvre de ses paisibles ombrages une bande de terres volcaniques dans la partie sud de l'île. Elle constitue une excellente destination pour une journée de marche ou une balade en voiture. D'innombrables sentiers partent de la route solitaire qui traverse la forêt et relie sa lisière est à l'Ermita de Nuestra Señora de los Reyes, sur la pointe ouest de l'île.

La route HI-4 au sud du Mirador de las Playas vous fera longer **Las Casas** et **Taibique**, deux bourgs distincts construits sur ces pentes raides. Si la limite entre les deux n'est pas claire, c'est l'endroit où faire ses courses. Leur principal centre d'intérêt est le **Mirador de Tanajara** et la **boutique de céramiques** voisine, ouverte quand le propriétaire est chez lui. Elle est juste à l'ouest du centre-ville de Taibique.

Hoya del Morcillo et ses environs

Sur la HI-4, prenez la HI-40 vers **Hoya del Morcillo** (⌚9h-21h), aire de loisirs ombragée au cœur d'El Pinar. Un terrain de foot, une aire de jeux et une autre de pique-nique en font un lieu idéal pour se reposer au milieu des pins. Ne ratez pas l'immense carte d'El Hierro faite de bûches. Victime d'un gros incendie en septembre 2006, l'endroit est un superbe témoignage de la vitalité des pins des Canaries. Si leurs troncs noircis portent la marque de l'attaque des flammes, les voir toujours debout et aussi verts qu'avant montre leurs fantastiques capacités de survie.

En continuant dans la forêt d'El Pinar, on traverse **El Julán**, départ d'un chemin qui descend vers un des principaux sites culturels de l'île, **Los Letreros**, où les Bimbaches ont gravé dans les laves d'indéchiffrables pétroglyphes. Cette longue promenade quitte la forêt de pins et continue dans les terres volcaniques. En route ou en fin de piste, un guide vous demandera peut-être votre passeport. Demandez-lui de vous indiquer les gravures ; quand on ignore leur emplacement, il est facile de passer devant sans les voir. Un centre de renseignements était en construction en bord de route au moment de notre passage.

À l'ouest d'El Julán, à 6 km, une piste partant sur la droite mène au pied du **Malpaso** (1 501 m), le plus haut sommet de l'île. Les 9 km de la piste cassante sont longs à parcourir, mais la randonnée est une aventure. La piste est praticable par tous les véhicules (mais ce n'est pas un endroit où s'aventurer sans roue de secours).

La Restinga

En voie de devenir rapidement la destination à la mode d'El Hierro, le village de pêcheurs de La Restinga, autrefois paisible, est devenu une station animée depuis que des dizaines d'entreprises de plongée s'y sont installées. Toutes profitent des merveilles sous-marines naturelles de la

Mar de las Calmas (et de ses eaux chaudes et tranquilles au large de la côte sud-ouest de l'île). Les simples baigneurs apprécieront les deux plages volcaniques du port, où l'océan est très calme, mais moins propre. Le bourg lui-même semble perpétuellement en construction et manque de charme.

La route descendant sur La Restinga traverse les badlands volcaniques. Prenez le temps d'observer les formes bizarres de la lave, allant des *pahoehoe,* tortueuses coulées de lave lisses, aux roches dures pulvérulentes rappelant le porridge. L'océan miroitant s'étend sous vos yeux à mesure que l'on s'approche de la ville. La limite entre les eaux lisses de la Mar de las Calmas et celles de l'océan à l'ouest, beaucoup plus agitées car directement exposées aux vents, est bien visible. Une partie de la Mar est une réserve marine. La pêche comme la plongée sont soumises à des restrictions afin de préserver un espace de reproduction aux poissons.

Donnée en l'honneur de la sainte patronne de La Restinga, la **Fiesta de la Virgen del Carmen** a lieu le week-end le plus proche du 16 juillet. Au programme, danses et repas le samedi et procession le dimanche.

Activités

Les multiples entreprises se disputant la clientèle des plongeurs, confirmés ou débutants, proposent toutes à peu près les mêmes services. La plongée dans la Mar de las Calmas coûte entre 25 et 30 €, et on peut espérer voir des coraux colorés, de majestueuses formations rocheuses et la riche vie marine dans toute sa splendeur. Cours et plongées spécialisées sont aussi au programme. Les horaires d'ouverture dépendent de la météo et du nombre de plongées programmées chaque jour. Voir par exemple **Arrecifal** (☎922 55 71 71 ; www.arrecifal.com ; Calle La Orcilla 30) et **El Hierro Taxi Diver** (☎922 10 40 69 ; www.elhierrotaxidiver.com ; Avenida Marítima 4).

Où se restaurer

Les produits de la mer tout frais font l'attrait des restaurants locaux. Pour faire ses courses, il y a un supermarché Spar en ville.

Casa Juan POISSON ET FRUITS DE MER **€€**
(☎922 55 71 02 ; Calle Juan Gutierrez Monteverde 23 ; plats 6-12 € ; ⏲fermé mer et en jan). Des portions généreuses de poisson frais, soupes, salades, *papas* (pommes de terre) et viande grillée emplissent les assiettes de ce sympathique endroit apprécié des habitants.

Renseignements

L'**office du tourisme** (☎922 55 71 88 ; Avenida Marítima ; ⏲8h30-14h30 lun-ven) dispose de cartes et de renseignements sur les environs.

Depuis/vers La Restinga

La HI-4 se termine à La Restinga, impossible de se tromper. Les bus ne manquent pas (1 €, 1 heure 10, jusqu'à 4 /jour) entre Valverde et La Restinga.

EL GOLFO

Dépression en forme d'amphithéâtre occupant le flanc nord-ouest d'El Hierro, le golfe offre un paysage verdoyant comme le reste de cette île essentiellement rurale. Les bananeraies occupent les flancs des collines côtières. Des petits villages tranquilles, riches pour certains d'agréables piscines naturelles, s'égrènent le long de la côte. Dans les terres, des pôles commerciaux comme La Frontera et Tigaday se développent et sont

UN PEU DE SPORT

El Hierro est surtout connue comme une destination de plongée sous-marine dont l'épicentre est La Restinga. Autres activités appréciées, la natation dans les piscines naturelles de roc volcanique, la pêche en mer et la randonnée.

L'île est sillonnée de sentiers de randonnée, allant des chemins de grande randonnée (GR, marquage rouge et blanc), à ceux de petite randonnée d'une dizaine de kilomètres (PR, marquage jaune et blanc) et aux sentiers locaux, courts (SL, marquage vert et blanc). Le plus connu est le **Camino de la Virgen**, qui relie l'Ermita de Nuestra Señora de los Reyes à Valverde. Des milliers de marcheurs empruntent ce sentier historique de 26 km lors de la fête de la Bajada de la Virgen de los Reyes (voir encadré, p. 207). El Hierro possède aussi quelques itinéraires très exigeants, comme la randonnée d'Isora à Las Playas, qui nécessite des cuisses à toute épreuve. Cependant, la plupart des sentiers, qu'ils longent le littoral ou partent à travers champs, sont généralement faciles et accessibles à toute la famille, sans pour autant y perdre en beauté des paysages.

VAUT LE DÉTOUR

CALA DE TACORÓN

Juste avant La Restinga, un embranchement rejoint la Cala de Tacorón, un chapelet paradisiaque de criques découpées dans la roche volcanique que caresse inlassablement le soleil. C'est un endroit idéal pour la natation et la plongée (beaucoup des organisateurs de plongée de La Restinga y viennent), apprécié des kayakistes. Après vous être fait plaisir en mer, jouez les Robinson en déjeunant sous la toiture de troncs et de branchages qui abrite l'aire de pique-nique. Si vous préférez vous faire servir, un **bar de plage** (⏲12h-20h, jeu-dim) propose une cuisine éclectique, de la pizza au feu de bois au poulpe tout frais pêché à quelques mètres de là, le tout dans une ambiance décontractée.

le moteur de la croissance économique de l'ouest de l'île. Au sud, une crête rocheuse forme une muraille et bloque la vue sur le reste de l'île. Au nord, une zone volcanique désolée attire par sa beauté sauvage. Plus de 90% des terres de cette partie de l'île sont protégées d'une manière ou d'une autre.

Depuis l'ouverture du tunnel routier il y a quelques années, El Golfo est à 10 minutes de Valverde par la HI-5. Les amateurs de jolies routes touristiques (insensibles au mal des transports) apprécieront les lacets de l'ancienne voie, la HI-1, qui franchit la crête flanquant le golfe – pensez simplement à vérifier les freins de votre véhicule !

Las Puntas

La première localité accessible après le tunnel est Las Puntas. Prenez la HI-55 à l'embranchement pour rejoindre ce petit village côtier. Implanté au bord de l'eau, mais n'y donnant pas accès, ce hameau ne semble exister que pour les touristes venant s'y reposer. Ses principaux points d'intérêt sont le panorama et le murmure de la houle. Un sentier récemment gravillonné (et même recouvert de planches par endroits) relie Las Puntas à La Maceta. Ce parcours d'une heure environ (aller), très facile (probablement praticable avec une poussette), offre tout du long de superbes panoramas sur l'océan.

Il offre aussi une belle vue sur **Los Roques de Salmor**, site de nidification important pour plusieurs espèces d'oiseaux et dernier habitat du primitif *lagarto del Salmor* (lézard de Salmor).

Seul endroit où manger ou prendre un verre presque les pieds dans l'eau (ou presque), **La Mareta** (☎922 55 92 72 ; Calle Puntagrande 3 ; plats 8-12 € ; ⏲fermé lun et jeu midi) est une adresse accueillante qui s'anime plus franchement le week-end en soirée. Midi et soir, vous pourrez y déguster des tapas et des plats de poissons si frais que les assiettes semblent encore frétiller.

Environs de Las Puntas

LA MACETA ET CHARCO LOS SARGOS

Les amateurs de baignade mettront le cap sur les bassins naturels de La Maceta, probablement les plus agréables du genre à El Hierro, et incontestablement les plus appréciés par les îliens et les visiteurs. À marée haute, l'océan les engloutit, rendant la baignade dangereuse, mais le reste du temps, c'est un régal. Les bassins sont plus ou moins profonds et à l'abri des vagues ; l'un en particulier est parfait pour les enfants.

Juste au-dessus des bassins, **La Maceta** (☎922 55 60 20 ; plats 8-13 €, ⏲fermé mer) est un restaurant italien aussi beau que prisé. Ses immenses baies vitrées ont une vue sans égale sur l'océan, à moins que vous ne préfériez profiter de la brise sur la terrasse. Dans l'assiette, la mer est naturellement à l'honneur. Le week-end à l'heure du déjeuner, l'affluence est telle que vous avez intérêt à réserver. Plusieurs aires de barbecue sont aménagées entre le restaurant et les bassins.

De la grand-route, suivez les panneaux indiquant La Maceta. Depuis la HI-550, c'est la première route bitumée sur la droite.

Un peu plus loin sur la côte, **Charco Los Sargos** est un autre site de bassins calmes à l'abri des vagues. Il ressemble à La Maceta en moins tapageur. La petite paillote sur la plage ouvre à des heures irrégulières. De la HI-550, l'embranchement est à 300 m au nord de celui menant à La Maceta.

ECOMUSEO DE GUINEA

Premier site culturel de l'île, cet intéressant **écomusée en plein air** (www.el-meridiano.com ; entrée €7,50 ; ⏲10h-18h mar-sam, visites guidées 10h30, 12h, 13h30, 15h et 16h45) est constitué de deux pôles distincts. L'excellent itinéraire appelé Casas de Guinea passe par des grottes volcaniques et 20 habitations anciennes (quatre se visitent), Ces habitations reconstituent la vie sur l'île au fil des siècles. Le Lagartario voisin est un centre de protection du lézard géant d'El Hierro, où vous pourrez voir une dizaine de ces reptiles paresser au soleil dans de grands vivariums. Les visites ne sont possibles qu'aux horaires précisés ci-dessus. Elles ne sont données qu'en espagnol, sauf le mercredi à 10h30, où le commentaire est proposé en anglais et en allemand.

Tigaday

1 231 HABITANTS

Centre névralgique de la municipalité de La Frontera, Tigaday est un pôle commercial (à l'échelle locale) qui s'étend en bord de route. Si le centre-ville n'a pas grand-chose à offrir, Tigaday est la deuxième municipalité d'El Hierro par la taille et le seul endroit dont les magasins et les services rivalisent avec ceux de la capitale. Il y a même une des trois stations-service de l'île ! La plupart des commerces sont sur la Calle Tigaday.

Le dimanche, un petit **marché** artisanal et alimentaire (8h-13h ; Plaza Vieja) s'installe sur la grand-place de la ville.

Où se restaurer

Restaurante Don Din 2 CANARIEN MODERNE **€€**

(922 55 61 48 ; www.restaurantedondin2.com ; Calle La Corredera 5 ; plats 8-12 € ; fermé dim). De l'extérieur, ce pourrait être n'importe quel bar espagnol de province. Or, sitôt entré, on découvre un monde de merveilles

LE LÉZARD GÉANT

Imaginez la surprise des Espagnols lorsqu'ils commencèrent à explorer El Hierro et découvrirent, cohabitant avec les oiseaux endémiques et les genévriers sur ces roches volcaniques, d'énormes lézards, aussi gros que des chats. Brun-gris et mesurant jusqu'à 45 cm de long, ces lézards ne sont ni venimeux ni dangereux, même s'ils parurent aux yeux d'un des premiers chroniqueurs "dégoûtants et répugnants à regarder".

Dans les années 1940, les lézards géants étaient pratiquement éteints, victimes de l'envahissement de leur territoire par les humains, des prédateurs introduits, comme les chats, et de facteurs climatiques. Il restait quelques survivants dans le golfe sur l'îlot des Roques de Salmor (donnant à l'espèce sa dénomination de lézard de Salmor), mais avant peu ils avaient aussi disparu.

Dans les années 1970, des bergers racontèrent avoir vu des crottes anormalement grosses non identifiées et des carcasses de très longs lézards tués par des chiens. Pour la plus grande joie des écologistes, une petite colonie de lézards géants avait survécu dans une faille de montagne pratiquement inaccessible, la Fuga de Gorreta. Un berger réussit à capturer un couple de reptiles. Ce fut le début de la reconstitution d'une population suffisante pour assurer la pérennité de l'espèce.

Le programme de reproduction du lézard géant d'El Hierro était mis en place en 1985. Les résultats sont aujourd'hui visibles au Lagartario de l'Ecomuseo de Guinea, où les sauriens sont élevés en captivité puis relâchés dans une zone sauvage surveillée. Au Lagartario, les visiteurs observent quelques spécimens dans leurs cages de verre en train de se chauffer au soleil ou de se nourrir. Un guide explique le processus de réintroduction et raconte l'histoire du lézard géant.

Chacune des îles Canaries abritait jadis sa propre espèce de lézards géants qui tous, au contact de l'homme (et de ses chats et chiens), passèrent aux oubliettes de l'histoire naturelle. Tous ? Non ! Après la redécouverte du reptile géant d'El Hierro dans les années 1970, les scientifiques sont tombés en 1999 sur six lézards géants de La Gomera, puis, en 2007, sur des spécimens de l'espèce de La Palma. Ces deux espèces restent très peu nombreuses et sont d'ailleurs considérées en danger critique d'extinction, tout comme le lézard d'El Hierro.

Chose curieuse, pour toutes ces espèces, les spécimens actuels sont en fait de bien plus petite taille que par le passé. On peut d'ailleurs voir au Museo de la Naturaleza y El Hombre des squelettes et des corps de lézards géants de Tenerife et de la Grande Canarie, qui évoquent plus la carrure du varan de Komodo.

Sachez que le lézard géant d'El Hierro est le seul de ces sauriens retrouvés qui soit visible par le grand public.

gastronomiques. Tous les classiques de la cuisine canarienne sont là, mais dans des apprêts et des associations qui sortent de l'ordinaire. En témoignent la salade d'algues ou les encornets bardés de lard. Une adresse toute simple et très prisée, où l'on s'installe entre deux machines à sous.

La Frontera

La Frontera est à la fois le nom de la grande municipalité qui s'étend sur toute la côte du golfe et celui d'un lotissement sur la colline derrière Tigaday, assez peu distinct de cette dernière. Son principal point d'intérêt est l'**Iglesia de Nuestra Señora de la Candelaria**, un bâtiment du XVIIe siècle reconstruit en 1929. L'intérieur de l'église à trois nefs comporte deux rangées de belles colonnes de pierre et un autel doré très ornementé. Elle est érigée sur la charmante **Plaza de la Candelaria**, près de la fontaine et des bancs. Derrière l'église, un court raidillon mène à une **chapelle** vide perchée sur la colline. Du sommet, la vallée avec ses champs et ses bananeraies évoque un patchwork.

Au 15 août, à la faveur de la **Fiesta de la Virgen de la Candelaria**, sont données une procession et des démonstrations de *lucha canaria*, suivies par des danses animées sur la Plaza Vieja de Tigaday.

Le **Camino de Jinama** commence (ou finit, c'est selon) près de la *plaza*.

Sis en face de l'église, **Joapira** (922 55 98 03 ; Plaza de la Candelaria 8 ; plats 6-8 €), bar avec terrasse couverte, sert des plats simples : tapas, poulet rôti, et la spécialité maison, la *carne fiesta*.

Los Llanillos et Sabinosa

Deux routes mènent à la pointe ouest de l'île. La HI-550, plate et longeant l'océan, et la très sinueuse HI-50. Ceux qui s'engagent sur la seconde sont récompensés par un parcours magnifique longeant des montagnes. Mieux vaut ne pas trop admirer le paysage de l'océan en contrebas ni les silhouettes torturées des monts volcaniques en négociant les épingles à cheveux du trajet.

Le petit bourg de **Los Llanillos** est sur la HI-50 à quelques kilomètres de Tigaday. La ville présente peu d'attrait en dehors d'un bon restaurant : **Asador Artero** (922 55 50 37 ; Calle Artero 2 ; plats 6-12 €). C'est une affaire qui marche et attire la clientèle locale, qui vient se régaler de viandes et de poulets grillés.

À Los Llanillos, prenez l'embranchement vers le **Charco Azul**, une crique préservée dotée de bassins pour une baignade paisible, et généralement quasidéserte.

La route grimpe et sinue davantage en montant vers Sabinosa, l'agglomération la plus à l'ouest d'Espagne. Ce village isolé a des airs de bout de monde, ce que l'on a d'ailleurs longtemps cru jusqu'à ce que Christophe Colomb découvre, bien plus à l'ouest, tout un continent. Si le lieu n'offre en soi pas grand-chose à voir, le paysage alentour est à couper le souffle.

En prenant la route côtière, vous arriverez vite au **Pozo de la Salud** (puits de la santé). Le petit puits, dont l'eau est réputée guérir diverses maladies, est accessible à pied mais fermé et il n'y a pas grand-chose à voir.

La **Playa de las Arenas Blancas** (plage des sables blancs) est à l'ouest du *pozo* sur la HI-500. Prenez le bout de route descendant vers la côte qui compte effectivement quelques grains de sable blanchâtres. Ils se fondent vite dans les roches volcaniques à la limite des eaux et la plage n'a d'autre intérêt que d'être isolée et souvent déserte. Malgré l'utilisation quelque peu abusive de l'expression "sable blanc", cette plage n'en est pas moins fantastique, par sa beauté et son caractère sauvage. Si vous vous baignez, prenez garde aux courants dangereux. De là, une marche d'une heure, très facile et bien balisée, vous fera longer la côte jusqu'à La Dehesa.

CARTES ET GUIDES

Fin 2003, une voie rapide reliant Valverde à La Frontera par un tunnel a été mise en service, et l'île a renuméroté toutes ses routes principales. Beaucoup de cartes parmi les moins récentes continuent d'indiquer les anciens numéros. Parmi les cartes mises à jour, citons la *Tourist Map El Hierro* (1/50 000) de Turquesa, et celles faites à partir de photos satellites distribuées gratuitement par les offices du tourisme, suffisantes pour des circuits simples sur l'île.

Il existe bien moins de guides de randonnée à El Hierro que pour les autres îles. Le guide en anglais *La Palma and El Hierro Car Tours and Walks*, publié par Sunflower Books, est un ouvrage fiable et à jour détaillant des parcours pour tous les marcheurs, du débutant au plus aguerri.

À NE PAS MANQUER

ROYALE RANDONNÉE

La Bajada de la Virgen de los Reyes (descente de la Vierge des rois), qui se déroule début juillet tous les quatre ans (la prochaine est en 2013) est la fête emblématique d'El Hierro. Une grande partie de la population de l'île se rassemble pour regarder passer ou suivre la procession qui transporte une statue de la Vierge installée dans une chaise à porteurs depuis l'Ermita de Nuestra Señora de los Reyes à l'ouest de l'île jusqu'à Valverde. La descente est accompagnée par des musiciens et des danseurs en costumes traditionnels rouge et blanc et chapeaux fantaisie assortis. Les célébrations durent presque tout le mois dans les villages et les hameaux de l'île.

Inutile d'attendre la fête pour profiter de cet itinéraire. Les 26 km de l'antique Camino de la Virgen traversent les fermes et la forêt pour un voyage sur l'épine dorsale de l'île entre Valverde et l'*ermita* (chapelle). Prévoir huit heures pour parcourir ce sentier bien balisé. Il traverse des paysages parmi les plus beaux des hauteurs de l'île, pris d'assaut au printemps par un vrai festival de fleurs.

LA DEHESA

L'île est pratiquement inhabitée à l'ouest de Sabinosa et tout l'intérêt réside dans le paysage volcanique dominé par de fières formations rocheuses, les buissons et les genévriers façonnés par les vents. Cette partie de l'île, appelée **La Dehesa** (la pâture), n'est accessible que par la route principale, qui coupe au travers des badlands volcaniques, où seuls quelques rares buissons rabougris arrivent à survivre.

Prenez le temps de piquer une tête à la **Playa del Verodal**, curieuse plage de sable rouge adossée à une majestueuse falaise. Souvent déserte et à 1 km de la route principale (suivez les panneaux), la plage permet de se croire dans son paradis privé.

Quand la route se rapproche de la côte sud, on arrive à la HI-503, embranchement menant au **Faro de Orchilla** (phare d'Orchilla), extrémité sud-ouest de l'Espagne. S'il a depuis longtemps perdu son statut de *Meridiano Cero* au profit de Greenwich en Grande-Bretagne, le phare reste le symbole de l'île. À l'ouest, il y a un monument commémoratif.

Ermita de Nuestra Señora de los Reyes

De retour sur la "grande" route, négociez quelques virages de plus pour atteindre cette jolie petite **ermita** (chapelle) blanche, rendue plus intéressante par son histoire et les traditions qui s'y attachent.

Elle abrite une statue de la sainte patronne de l'île, appelée Nuestra Señora de los Reyes (Notre-Dame-des-Rois) parce que les bergers locaux l'achetèrent le 6 janvier 1545, jour de l'Épiphanie, à des marins. On lui attribue plusieurs miracles, dont la fin de sécheresses et d'épidémies.

Tous les quatre ans (2013, 2017, etc...), la Vierge est sortie de la chapelle pour une procession animée traversant l'île. Si vous ne pouvez être là pour ce grand jour, peut-être pourrez-vous néanmoins assister à la **Fiesta de los Pastores** (25 avril) : en ce jour de fête, on sort la Virgen de los Reyes de l'Ermita de Nuestra Señora de los Reyes pour la porter jusqu'à la grotte où elle avait été d'abord placée.

El Sabinar et ses environs

De l'*ermita,* continuez au nord vers El Sabinar, endroit venteux ainsi nommé en référence aux étranges *sabinas* (genévriers) qui y poussent. Ceux qui sont visibles du bord de la route sont magnifiques, mais moins spectaculaires que leurs cousins d'El Sabinar plus au nord, aux formes fantasmagoriques façonnées par les vents qui sont devenus le symbole de l'île. Garez-vous à l'embranchement signalé par un panneau indiquant El Sabinar vers l'est et promenez-vous au milieu d'arbres aux troncs tourmentés semblant figés dans le temps par l'action des forces de la nature.

Le pantalon est de rigueur pour se frayer un chemin dans les buissons et approcher les arbres. Éparpillés sur la colline, ils sont une des raisons pour lesquelles l'Unesco a classé la totalité de l'île en réserve de la biosphère.

De retour à la fourche, 2 km plus au nord, le **Mirador de Bascos** offre un point de vue spectaculaire, malheureusement souvent dans les nuages. S'il fait beau, le panorama est superbe.

Hébergement

Dans ce chapitre »

Le top des hébergements

» Fonda de la Tea (p. 211)
» Finca de Arrieta (p. 216)
» Hotel San Roque (p. 219)
» Parador Nacional Conde de la Gomera (p. 221)

Le top des petits budgets

» Hotel Madrid (p. 209)
» Pensión Magec (p. 217)
» Senderos de Abona (p. 220)
» Pensión la Cubana (p. 223)

Le top des hôtels de charme

» Casa El Siroco (p. 213)
» Casa Isaítas (p. 214)
» Hotel Alhambra (p. 219)

Où se loger

Chaque île des Canaries possède son charme et son caractère. La plus courue est Tenerife, où les complexes balnéaires les plus en vue se concentrent dans le Sud. Puerto de la Cruz, dans le Nord, est forte d'excellentes infrastructures touristiques tandis que l'historique La Laguna possède des attraits propres aux bourgades d'arrière-pays.

Fuerteventura compte deux grandes stations balnéaires : Morro Jable dans le Sud, et Corralejo dans le Nord, dotée en son cœur d'un joli port. À Lanzarote, les principales villes touristiques sont Puerto del Carmen, Costa Teguise et Playa Blanca, et la capitale, Arrecife, fait une excellente base.

Las Palmas de Gran Canaria associe à une plage agréable tous les attraits d'une grande ville, tandis que les stations balnéaires du Sud s'adressent aux familles. À La Palma, les plages de Los Cancajos et de Puerto figurent parmi les plus belles de l'île, et l'intérieur recèle de jolies *casas rurales*.

Sur les petites îles que sont La Gomera et El Hierro, l'offre d'hébergements se classe surtout dans la catégorie moyenne, avec notamment des adresses rurales pleines d'authenticité.

Tarifs

Les tarifs indiqués dans ce guide s'appliquent, sauf mention contraire, à une chambre double avec salle de bains privative, sans le petit-déjeuner. Il est précisé quand la demi-pension (petit-déjeuner et dîner) ou la pension complète (petit-déjeuner, déjeuner et dîner) sont proposées. En catégorie petits budgets, il vous faudra peut-être partager une salle de bains, et les services sont limités. Les chambres de catégorie moyenne possèdent généralement la TV satellite, un balcon privatif et, souvent, l'accès Wi-Fi, tandis que les adresses de catégorie supérieure sont souvent installées, en prime, dans de somptueux édifices historiques.

CATÉGORIE	PRIX
€ petits budgets	< 60 €
€€ catégorie moyenne	60-120 €
€€€ catégorie supérieure	> 120 €

Appartements

Les locations d'appartements sont plus courantes ici que les hôtels. Si leur qualité varie énormément, ces logements sont parfois plus confortables qu'une *pensión* et bien plus avantageux, surtout si vous y séjournez à plusieurs et préparez vos repas. Il existe deux grandes catégories (toujours avec salle de bains et kitchenette) : les *estudios* (studios) possèdent une chambre ou une chambre-séjour, tandis que les *apartamentos,* plus répandus, comptent une chambre double et un salon séparé. Abondent également les *aparthotels*, qui offrent exactement les mêmes services qu'un hôtel, mais louent des chambres plus spacieuses, équipées de surcroît d'une kitchenette.

Cependant, de nombreuses résidences sont sous contrat avec des tour-opérateurs et ne louent pas aux voyageurs indépendants. Celles qui le font imposent souvent un séjour minimum de trois nuitées.

Quant aux appartements loués par des particuliers, il est rare que le propriétaire vive dans le même immeuble : mieux vaut donc appeler à l'avance pour réserver que de se rendre en vain sur place.

Casas Rurales

Ces “maisons rurales”, souvent des fermes aménagées ou des maisons de village, sont une option des plus attrayantes pour qui souhaite échapper à l'agitation des zones touristiques. Mais là aussi, il faut impérativement appeler à l'avance : le nombre de places est limité et il peut n'y avoir personne à demeure sur place. De nombreuses *casas rurales* étant éloignées de tout transport public, vérifiez s'il n'est pas nécessaire, voire indispensable, de louer une voiture. Ces établissements sont souvent d'un excellent rapport qualité/prix étant donné le cadre et les installations.

Hôtels, hostales et pensiones

Les Canaries comptent, toutes proportions gardées, beaucoup moins d'*hoteles* (hôtels 1 à 5 étoiles) et *pensiones* (pensions 1 et 2 étoiles) que l'Espagne continentale. La grande majorité des visiteurs arrivant avec un hébergement réservé (souvent des villas ou des appartements indépendants), la demande d'hôtels est limitée.

En pratique, il n'y a guère de différence entre une *pensión* et un *hostal*. Pour un prix imbattable dans un une-étoile vous tomberez parfois sur une chambre minuscule et humide avec salle de bains commune (éventuellement un lavabo dans la chambre), alors que pour un tout petit peu plus cher, on trouve de véritables trésors de charme avec salle de bains privative et déco soignée. Côtés *hoteles*, cela va de l'établissement modeste au cinq-étoiles luxe avec peignoirs à disposition, spa et restaurant haut de gamme.

Paradores

Les *paradores*, établissements de prestige gérés par l'État espagnol et au nombre de six aux Canaries, occupent une catégorie à part : ce sont des endroits sublimes. Les seniors, les moins de 30 ans et les personnes séjournant plus d'une nuitée bénéficient de réductions. Retrouvez les offres du moment sur www.parador.es.

Camping

Les terrains de camping sont étonnamment rares dans les paysages somptueux qu'offrent les Canaries. La plupart des îles ont un seul et unique camping officiel, et le camping sauvage est le plus souvent interdit.

GRANDE CANARIE

La Grande Canarie possède probablement le meilleur choix d'hébergements de tout l'archipel, que vous ayez envie d'être réveillé par le gazouillis des oiseaux, le va-et-vient de l'océan ou l'animation d'une grande ville espagnole.

Las Palmas de Gran Canaria

VEGUETA ET TRIANA

Hotel Madrid HÔTEL €

(carte p. 42 ; ☎928 36 06 64 ; www.elhotelmadrid.com ; Plazoleta Cairasco 4 ; s/d 35/45 €, sans sdb 30/40 €). Cette adresse est aussi riche de charme que d'histoire : c'est ici, dans la chambre n°3, que Franco passa la nuit du 17 juillet 1936 (il serait d'ailleurs parti sans payer !). Le lendemain, il s'envolait pour le continent, prêt à consolider l'insurrection nationaliste. L'hôtel mêle jolie bimbeloterie, antiquités de grande valeur et plantes suspendues, et la plupart des chambres possèdent des têtes de lit anciennes. En bas, le bar et le restaurant sont plaisants, malgré une carte un peu chère visant une clientèle de touristes.

Hotel Parque HÔTEL €€

(carte p. 42 ; ☎928 36 80 00 ; www.hparque.com ; Muelle Las Palmas 2 ; s/d avec petit-déj 68/79 € ; P ❄ @ ☜ ≋). Ce bâtiment de 6 étages jouit d'un excellent emplacement donnant sur le Parque San Telmo. C'est du solarium, sur le toit, et de la salle du petit-déjeuner qu'on a la meilleure vue. Chambres spacieuses, quoique surannées avec leurs rideaux à fleurs et leur mobilier brun : davantage de style et de couleur pourraient en faire une adresse incontournable – pour l'heure, à défaut d'allure, nous nous contenterons de vanter son confort.

Pensión Perojo PENSIÓN €
(carte p. 42 ; ☎928 37 13 87 ; Calle Perojo 1 ; s/d sans sdb 17/26 €). Cet édifice fin XIXe siècle, tout en majestueuses portes anciennes et hauts plafonds, a l'attrait de chambres impeccables peintes en couleur pêche clair. Seul point noir : l'emplacement à un carrefour où l'on ne rate rien du vacarme de la circulation aux heures de pointe. Rafael, le maître des lieux, parle uniquement espagnol.

CIUDAD JARDÍN

Hotel Santa Catalina HÔTEL €€€
(☎928 24 30 40 ; www.hotelsantacatalina.com ; Calle León y Castillo 227 ; s/d 139/180 € ; P ❄ @ ☎). Un magnifique hôtel historique, avec balcons canariens traditionnels, imposantes tourelles et tapis rouge déroulé sous l'arcade de l'entrée. Les chambres sont à la hauteur de la première impression : grands lits, têtes de lit anciennes, tapis orientaux et mobilier somptueux. L'endroit a cette élégance d'un autre temps, avec casino et hammam sur place, sans oublier une jolie vue sur la mer ou des jardins tropicaux.

SANTA CATALINA ET LE PORT

Aparthotel Las Lanzas APPART-HÔTEL €
(carte p. 44 ; ☎928 26 55 04 ; www.aparthotel-laslanzas.com ; Calle Bernardo de la Torre 79, app 2 pers 50 € ; ❄). Ces appartements accueillants sont bien équipés, avec kitchenette à l'américaine, petit réfrigérateur et pléthore d'ustensiles de cuisine. Le petit-déjeuner est proposé pour un supplément de 3 € seulement. L'appartement avec balcon privé coûte 6 € de plus.

Apartamentos Playa Dorada APPARTEMENTS €
(carte p. 44 ; ☎928 26 51 00 ; Calle Luis Morote 69 ; app 1-2 pers 60 €, 3-4 pers 75 € ; ❄ ☎). Ces appartements spacieux sont équipés d'assez de meubles de cuisine pour une famille de quatre personnes. La déco lorgne vers les années 1960, avec tabourets de bar en plastique, lampes tubulaires et fauteuils pivotants. Accès Wi-Fi dans le hall. Demandez une chambre avec terrasse et vue sur la mer – elles ne sont pas plus chères.

Hotel Imperial Playa HÔTEL €€
(carte p. 44 ; ☎928 46 88 54 ; www.nh-hoteles.com ; Calle Ferreras 1 ; s/d 100/120 € ; P ❄ @ ☎ ≋). Le hall donne d'emblée le ton, avec ses lampes tubulaires noires, ses tons chocolat, ses canapés et fauteuils vert cendré et une étonnante mosaïque inspirée des *Ménines* de Velázquez. Les chambres sont parfaitement coordonnées, associant rideaux et tissus rayés blanc et bleu et parquets clairs. Balcons avec vue sur le port.

Environs de Las Palmas

AGÜIMES

Hotel Rural Casa de los Camellos HÔTEL RURAL €€
(☎928 78 50 53 ; www.hecansa.com ; Calle Progreso 12 ; s/d 51/70 € ; ❄). Nichée au bout d'une rue piétonne du centre historique, une charmante adresse aux chambres stylées quoique rustiques, avec antiquités, poutres et balcons en bois, et en prime un restaurant réputé (aménagé dans une ancienne étable à dromadaires). Cependant, le service manque parfois de chaleur.

SAN BARTOLOMÉ DE TIRAJANA

La Hacienda del Molino HÔTEL RURAL €€
(☎928 12 73 44 ; www.lahaciendadelmolino.com ; Calle Los Naranjos 2 ; d à partir de 80 €). Le bois

SITES INTERNET

Casas Rurales (www.ecoturismocanarias.com). Un choix très complet de gîtes ruraux dans tout l'archipel.

Écoresponsables (www.stayecochic.com). Spécialisé dans les hébergements respectueux de l'environnement à Lanzarote à l'origine, ce site devrait s'étendre à l'ensemble des Canaries.

Champêtres (www.alorustico.com). Couvrant toute l'Espagne, ce site propose 70 adresses dans les campagnes canariennes.

À Tenerife (www.ruraltenerife.net). Locations saisonnières de maisons de campagne et demeures traditionnelles.

et la pierre confèrent à cette adorable *casa rural* chaleur et authenticité. Ses jolies chambres sont aménagées autour d'un patio où l'on grignote des tapas ou quelque plat plus consistant préparé au restaurant. Dans le salon, vous pourrez vous détendre dans de confortables canapés devant une TV plasma, à moins que vous ne préfériez découvrir la préparation du *gofio* dans le moulin restauré.

Paradise Hotel Las Tirajanas HÔTEL €€
(☎928 12 30 00 ; www.paradiseresorts.es ; Calle Oficial Mayor Jose Rubio s/n ; s/d 90/150 € ; P @ 📶 🏊). Avec ses tissus zébrés et ses têtes d'animaux aux murs, cet hôtel a des airs de pavillon de chasse africain. Les chambres affichent un luxe plus classique, avec meubles en bois, carrelages en terre cuite et lit à baldaquin. Vous trouverez aussi sur place un spa, une salle de gym et même une chapelle. On a, depuis ce promontoire surplombant le village, une vue magnifique sur les sommets environnants.

TEJEDA

Fonda de la Tea HÔTEL DE CHARME €€
(☎928 66 64 22 ; www.hotelfondadelatea.com ; Calle Ezequiel Sánchez 22 ; ch 95 € ; ❄ @). Derrière la façade en pierre de taille de cette construction traditionnelle se cache un petit hôtel de charme. Distribuées autour d'un patio à la canarienne, les chambres sont décorées avec goût : carrelages en terre cuite, bois et ton citrouille. La vue sur la vallée depuis le solarium est époustouflante, et les clients de l'hôtel accèdent gratuitement l'été à la piscine municipale.

ENVIRONS DE TEJEDA

Parador de Cruz de Tejeda PARADOR €€€
(☎928 01 25 00 ; www.parador.es ; Cruz de Tejeda s/n ; ch 125 € ; P ❄ 📶). Rouvert en 2010 au terme d'une grande rénovation, ce *parador* affiche des tons brun et ocre et une élégance discrète pour mieux mettre en valeur de belles œuvres d'art et, surtout, le panorama proprement fabuleux sur les gorges et les falaises alentour. Le personnel peut vous fournir des cartes de randonnée – après quelques heures de marche, vous apprécierez d'autant plus l'opulent spa sur place.

Hotel Rural El Refugio HÔTEL RURAL €€
(☎928 66 65 13 ; www.hotelruralelrefugio.com ; Cruz de Tejeda s/n ; s/d 60/74 € ; P ❄ 🏊). Juste en face du *parador*, cet établissement a depuis longtemps les faveurs des randonneurs. Il possède un charme simple et rustique, des chambres offrant une vue forcément sublime sur les paysages environnants ainsi qu'un bar-restaurant apprécié aux prix raisonnables.

> **i LA TAXE CANARIENNE**
>
> La quasi-totalité des hébergements sont soumis à l'IGIC, taxe indirecte spécifique aux Canaries, fixée à 5%. Elle est souvent incluse dans le prix affiché pour les établissements les moins chers, mais c'est plus rare dans les adresses plus onéreuses. Dans certains cas, elle n'est appliquée que si vous demandez un reçu.

Le Nord-Ouest

TEROR

Casa Rural Doña Margarita HÔTEL RURAL €€
(☎928 35 00 00 ; www.margaritacasarural.com ; Calle Padre Cueto 4 ; app 2/4 pers 75/115 € ; 📶). Une demeure du XVIIIe siècle de style colonial, joliment restaurée, héritée de sa grand-mère par l'adorable Queta, qui tient l'établissement avec son mari. Les trois appartements, spacieux et accueillants, sont dotés de cuisines tout équipées, de chambres agréables et de vastes salons-salles à manger avec poutres et pierres apparentes. Séjour de 2 nuitées minimum.

ARUCAS

♥ **Hacienda del Buen Suceso** HÔTEL RURAL €€
(☎928 62 29 45 ; www.haciendabuensuceso.com ; Carretera de Arucas a Bañaderos ; s/d 105/150 € ; P ❄ @ 🏊). Au cœur de superbes bananeraies à 1,5 km à l'ouest d'Arucas, cette demeure de campagne rénovée avec art date de 1572. Chambres rustiques mais élégantes, avec tissus blancs, poutres au plafond et parquets. Le spa est luxueux, et une suprême tranquillité émane de tout l'établissement. Certains de nos lecteurs sont en revanche mitigés quant au restaurant – peut-être vaut-il mieux dîner à l'extérieur.

AGAETE ET PUERTO DE LAS NIEVES

Hotel Puerto de las Nieves HÔTEL €€
(☎928 88 62 56 ; Avenida Alcalde José de Armas s/n ; ch 70 € ; P ❄ @ 📶). Le hall vieillot tranche avec la modernité des superbes chambres, peintes dans les tons pêche et

FORFAITS AVANTAGEUX

Playa del Inglés et Maspalomas ont beau compter plus de 500 hôtels, résidences de vacances et bungalows, tous affichent souvent ultra-complet en haute saison. Pensez éventuellement à réserver un séjour clés en main, qui vous fera faire une économie substantielle par rapport aux offres des tour-opérateurs. Vos agences de voyages proposent certainement de nombreuses réductions et offres de dernière minute.

dotées de parquet et carrelages. Vous pourrez opter pour une grande chambre avec canapé et fauteuils, ou une plus petite, qui compense par un vaste balcon avec transats. Sur place, l'élégant centre de thalassothérapie offre de nombreux soins, dont une appétissante Chocolaterapia (90 €).

Hotel El Cabo HÔTEL €
(928 88 75 20 ; www.hotelelcabo.com ; Calle Antón Cerezo 20 ; s/d avec petit-déj 50/60 € ;). Situé sur l'artère principale (stationnement facile), ce petit établissement a l'élégance d'un hôtel d'affaires. Dotées de beau mobilier, les chambres sont cependant un peu exiguës, et la plupart donnent sur la rue. Petit-déjeuner continental classique.

Playa del Inglés et Maspalomas

Palm Beach HÔTEL €€€
(928 72 10 32 ; www.seaside-hotels.com ; Avenida Oasis s/n ; d à partir de 185 € ;). Ne vous laissez pas décourager par l'extérieur peu avenant et entrez pour découvrir les couleurs et le design moderne de cet hôtel rénové dans un style rétro-chic par le grand décorateur Alberto Pinto. Dans le hall principal, les canapés rayés sont agrémentés de coussins aux couleurs vives et coordonnées, les murs ornés de grands tableaux abstraits, le tout parsemé de lampes tubulaires et de saladiers de pommes vertes. Les chambres, toutes personnalisées, sont de la même (et excellente) aune.

Sahara Beach Club HÔTEL €€
(928 76 07 76 ; www.sahara-beach-club.com ; Avenida Alemania 53 ; bungalow à partir de 85 € ;). Ce complexe en surplomb des dunes est empreint d'une ambiance paisible et chaleureuse. On y trouve des bungalows bien équipés et de jolis jardins. Terrasses privées avec petite pelouse et rosiers. Séjour minimum de 4 nuitées : la plupart des clients sont là pour plusieurs semaines.

Parque Tropical Hotel HÔTEL €€
(928 77 40 12 ; www.hotelparquetropical.com ; Avenida Italia 1 ; ch 84 € ;). Un petit bijou dans un océan d'établissements aseptisés. L'édifice, bien que construit dans les années 1960, prend des airs canariens traditionnels, avec balcons de bois, stucs blancs et superbes jardins jalonnés de bassins et de fontaines. Carrelages de terre cuite, mobilier et poutres de bois sombre et douces peintures pastel confèrent aux chambres un certain charme andalou.

Villa del Conde HÔTEL €€
(928 56 32 00 ; www.lopesanhr.com ; Mar Mediterráneo 7 ; ch 84 € ;). Ce luxueux hôtel est une réplique du centre historique d'Agüimes, église néoclassique comprise. Des "maisons de village" accueillent les chambres autour d'une place centrale avec kiosque à musique et restaurant. Loin d'avoir des airs de carton-pâte, l'architecture est reproduite avec tant de goût qu'on s'y croirait. Avec en prime six piscines, plusieurs bars et restaurants, un miniclub et un centre de thalasso. Séjour minimum d'une semaine en juillet-août.

Respect Los Almendros BUNGALOWS €€
(+00 44 (0)20 7428 3737 ; www.losalmendros.es ; Avenida Francia 3 ; bungalow 72 € ;). Proche des dunes, c'est l'une des adresses les plus chics destinée à la clientèle homosexuelle. Les bungalows sont éparpillés dans de superbes jardins paysagers, et l'on trouve notamment sur place une salle de gym, un spa, un bar et un restaurant. Réservations par l'intermédiaire de l'enseigne britannique. Séjour minimum de trois nuits.

Environs de Playa del Inglés et Maspalomas

PUERTO DE MOGÁN

Pensión Eva PENSION €
(928 56 52 35 ; Calle Lomo Quiebre 35 ; ch sans sdb 20 €). À environ 750 m de la mer vers le nord de la ville, cette adresse offre un excellent rapport qualité/prix pour des chambres simples et lumineuses, une vaste terrasse sur le toit et, cerise sur le gâteau, une cuisine commune dotée de plusieurs réfrigérateurs, idéale pour mitonner ses repas et se faire des amis.

La Venecia de Canarias APPARTEMENTS €€
(☎928 56 56 00 ; www.laveneciadecanarias.net ; Local 328, Urbanización Puerto de Mogán ; app 1/2 chambres 75/110 €). Sis au cœur du joli quartier "vénitien" de cette station balnéaire, et fort d'une adorable façade bordée de bars avec terrasse, cet établissement bien tenu loue des appartements charmants, quoique petits, pour 3 à 5 personnes.

Hotel Club de Mar HÔTEL €€
(☎928 56 50 66 ; www.clubdemar.com ; Playa de Mogán s/n ; d en demi-pension 132 €, app à partir de 70 € ; ❄@≋). Près du port et de ses voiliers, ce complexe possède de vastes chambres doubles et des appartements (2 à 4 pers) tout équipés, ainsi qu'un spa. Demandez une chambre avec terrasse donnant sur la piscine à débordement et la plage. Les chambres ne sont proposées qu'en demi-pension, et les moins de 12 ans bénéficient d'un rabais de 50%.

Hotel Cordial Mogán Playa HÔTEL €€€
(☎928 72 41 00 ; www.cordialcanarias.com ; d avec demi-pension à partir de 175 € ; P❄@Wi-Fi). S'il est l'hôtel le plus récent de la ville, son architecture, superbe, n'en a pas moins dimension humaine. Les chambres sont disposées autour du hall central surmonté d'un dôme de verre. Rappelant le port, ses canaux et ses ponts, les parties communes sont une merveille, et les chambres toutes en tons ocre, avec marbre et tapisserie rayée crème et or.

MOGÁN

♥ **Casa El Siroco** HÔTEL DE CHARME €€
(☎928 56 93 01 ; www.elsiroco.com ; Calle San Antonio 6, Mogán ; d à partir de 80 €). Dans une école du XVIIIe siècle, cette charmante maison d'hôtes doit sa reconversion inventive à la maîtresse des lieux, une artiste allemande adepte du fengshui. Les chambres, spacieuses, se parent de couleurs audacieuses mais aussi des belles photos de paysage prises par Andrea. En prime, quatre patios verdoyants et un solide petit-déjeuner compris.

> **LA SAISON TOURISTIQUE**
>
> Les tarifs mentionnés dans ce guide s'entendent en haute saison. Si la saison touristique dure quasiment toute l'année aux Canaries, c'est en hiver qu'elle bat son plein, quand le soleil et les températures clémentes de l'archipel attirent les Européens du Nord las des rigueurs hivernales. Juillet et août sont aussi très demandés, car c'est à cette période que la majorité des Espagnols prennent leurs vacances.

FUERTEVENTURA

Corralejo et Morro Jable ont ici le plus grand nombre de lits, mais on constate une multiplication des *casas rurales* dans l'intérieur des terres.

Puerto del Rosario

Hotel JM Puerto Rosario HÔTEL €€
(☎928 85 94 64 ; www.jmhoteles.com ; Avenida Ruperto González Negrín 9 ; s/d avec petit-déj 55/83 € ; ❄@Wi-Fi). Sans surprise, cet hôtel d'affaires dispose de 88 chambres beaucoup plus agréables que ne le laisse supposer la façade moderne. Les lits sont grands, les salles de bains soignées et les services de qualité. Accès Wi-Fi dans les parties communes. L'hôtel s'est récemment doté d'un restaurant, dont le *menú del día* à 8,50 € est d'un excellent rapport qualité/prix.

Hotel Roquemar HÔTEL €
(☎928 53 15 47 ; Avenida Marítima s/n ; s/d 25/30 € ; Wi-Fi). Sis à un carrefour animé, face à la promenade, cet hôtel comporte 12 chambres relativement agréables, avec réfrigérateur et vue sur la mer. Demandez la chambre 103 en angle avec ses deux balcons – et évitez si possible celles de l'intérieur, souvent sombres. Accès Wi-Fi gratuit dans le hall.

Hostal Tamasite HÔTEL €
(☎928 85 02 80 ; www.hoteltamasite.com ; Calle León y Castillo 9 ; s/d à partir de 25/35 € ; ❄). Une *pensión* deux étoiles bien située, où vous trouverez des chambres plaisantes, quoiqu'un peu défraîchies, avec couvre-lit fleuri, meubles en pin et petit balcon. Les parties communes sont spacieuses et confortables. D'âge vénérable, la propriétaire, Juana, ne parle qu'espagnol.

La Rosa del Taro CASA RURAL €
(☎928 17 51 08 ; www.fuerterural.com ; Atalaya Rosa del Tauro 92 ; maison 2 pers 50 € ; P). À 13 km au sud-ouest de la capitale, ces deux *casas rurales* enchanteront randonneurs et amateurs d'ornithologie. De style traditionnel, elles possèdent un mobilier simple et une terrasse privative. Séjour de 3 nuitées minimum, au calme et dans le respect de l'environnement : l'énergie est solaire, l'eau

recyclée (pour l'arrosage), et l'absence de TV et de connexion Internet idéale pour une vraie pause nature.

Le Centre

PÁJARA

Casa Isaítas HÔTEL RURAL €€
(928 16 14 02 ; www.casaisaitas.com ; Calle Guize 7 ; s/d avec petit-déj 66/84 € ;). Une des plus mignonnes *casas rurales* : la maison du XVIIIe siècle, restaurée avec amour, comporte deux patios verdoyants, des galeries et balcons de bois traditionnels et un barbecue extérieur avec poêle à paella géante. Le dîner est en supplément. Quatre chambres seulement, de style rustique, dont deux dans le bâtiment d'origine.

CALETA DE FUSTE

Barceló Club El Castillo HÔTEL €€
(928 16 31 00 ; www.barcelo.com ; Avenida Castillo s/n ; bungalow à partir de 80 € ;). Si vaste qu'il a son propre code postal, ce complexe dégage une atmosphère opulente avec ses bungalows enveloppés de bougainvillées et ses magnifiques jardins paysagers donnant sur une grande plage en croissant. Le centre de thalassothérapie tout de marbre propose le nec plus ultra des soins.

Le Nord

CORRALEJO

Hesperia Bristol Playa APPARTEMENTS €
(928 86 70 20 ; www.hesperia-bristolplaya.com ; Urbanización Lago de Bristol 1 ; app 2 pers 38 € ;). Entouré de bougainvillées et de palmiers, cet appart-hôtel est une oasis de verdure. Si les appartements sont désormais un peu fanés, l'adresse maintient un excellent rapport qualité/prix avec ses trois piscines et un supermarché sur place bien pratique. D'ici part une agréable balade de 1,2 km qui longe la promenade et rejoint la Playa Las Clavellinas, derrière le port.

Apartamentos Corralejo Beach APPARTEMENTS €€
(928 88 63 15 ; www.corralejobeach.com ; Avenida Nuestro Señora del Carmen 3 ; studio 75 €, app 2 pers 100 € ;). Difficile de passer à côté de cette façade citron vert et blanc, un peu déconcertante. L'intérieur est cependant moderne et plein de fraîcheur. Le complexe abrite des suites et appartements tous équipés d'une kitchenette, laquelle disparaît derrière des portes bien conçues. On appréciera les duplex pour le marbre au sol, la vue sur la mer, l'espace et des bonus fort agréables, comme le lave-linge.

Hotel Atlantis Duna Park HÔTEL €
(928 53 61 51 ; www.atlantishotels.com ; Calle Red 1 ; app 2 pers 45 € ;). Prestations haut de gamme à des prix imbattables dans cet appart-hôtel central. Les chambres, grandes et confortables, conjuguent sols en terre cuite, salle de bains en marbre étincelant et grand balcon donnant sur les deux piscines entourées de palmiers. Le bar-restaurant accueille le vendredi des concerts de musique cubaine.

EL COTILLO

Hotel Rural Mahoh HÔTEL RURAL €€
(928 86 80 50 ; www.mahoh.com ; Sitio de Juan Bello ; s/d 40/70 € ;). Une *casa rural* qui ne passe pas inaperçue, installée dans une bâtisse du début XIXe siècle en bois et pierre, entourée d'un extraordinaire jardin de cactées. Les neuf chambres, romantiques à souhait, se parent de couleurs chaudes et d'antiquités, sans pour autant qu'y soit négligé le confort moderne, avec l'ADSL et une zone Wi-Fi. Le coq, qui partage la petite cour de ferme avec les chèvres, vous servira de réveille-matin. À environ 4 km du village par la FV-101.

La Gaviota HÔTEL €€
(928 53 85 67 ; www.la-gaviota.net ; studio 38 €, d 60 € ;). Ce lieu tranquille, dans le style néo-hippie, a été créé avec amour par un couple allemand – Ralf, qui a l'âme d'un pirate, a fabriqué la plupart des meubles et récupéré vieilles portes et autres équipements dans des ruines. Chaque appartement est différent : il y en a même un avec une chambre aménagée dans une grotte. La vue sur la mer est sublime.

Marea Viva Surf & Dive Hotel HÔTEL €€
(928 53 85 98 ; www.marea-viva.eu ; Calle San Pedro 2 ; s/d avec petit-déj 40/60 € ;). Établi de longue date, cet hôtel a de nouveaux propriétaires allemands, un nouveau look et une nouvelle clientèle tournée vers le surf, mais aussi des chambres lumineuses et bien équipées, une piscine, un solarium et une salle de gym. Le petit-déjeuner a été pensé pour apporter le maximum d'énergie en vue d'une session de surf : œufs, fromage de chèvre, bacon, yaourt, muesli, etc.

Apartamentos Juan Benítez APPARTEMENTS €
(☎629 17 63 48 ; www.apartamentosjbenitez.com ; Calle La Caleta 4-6 ; app 2 pers 50 € ; ≋). Cet immeuble coloré est idéalement situé, non loin de la plage mais aussi de quelques-uns des meilleurs bars et restaurants du coin. Les appartements, spacieux et bien équipés, entourent une piscine centrale. Tous ont TV satellite et vue sur mer.

Le Sud-Est

GINIGINAMAR ET TARAJALEJO

Camping El Brasero CAMPING €
(☎928 16 10 01 ; Tarajalejo ; empl par pers/tente 8/4 € ; P ≋). L'un des rares campings de l'île, ombragé car étonnamment bien arboré pour la région. Les installations sont excellentes : grande piscine, aire de jeux pour les enfants, salle TV, restaurant attenant réputé pour ses grillades, et même un petit aquarium.

Península de Jandía

COSTA CALMA

H10 Playa Esmeralda HÔTEL €€
(☎928 87 53 53 ; www.h10.es ; Punta del Roquito 2 ; s/d avec petit-déj 90/120 € ; P ❄ @ ≋). Riche de tons ocre chaleureux, ce luxueux hôtel, parfaitement situé face à la plage, dispose de tous les services possibles, dont un centre de santé-fitness dernier cri, des courts de tennis, une salle de billard, un miniclub pour les enfants et une discothèque qui accueille régulièrement des concerts. Les chambres, spacieuses, affichent une élégance discrète et une palette de verts et de jaunes lumineux.

Risco del Gato HÔTEL €€€
(☎928 87 71 75 ; www.vikhotels.com ; Calle Sicasimbre 2 ; s/d 84/141 € ; P ❄ ≋). Rien n'égale une suite vaste et luxueuse avec baignoire à remous, cour intérieure et petit jardin privatif. Cet hôtel, à 200 m des sables blancs de Sotovento, sort le grand jeu, avec notamment un spa, des courts de tennis, une salle de gym et trois restaurants.

MORRO JABLE

Apartamentos Altavista APPARTEMENTS €
(☎928 54 01 64 ; Caleta Abubilla 8 ; app 1/2 pers 45/55 € ; ❄). Derrière l'église moderne de la vieille ville, cette adresse et sa façade multicolore sont faciles à repérer – il est en revanche moins facile de se garer. Les appartements spacieux, peints en jaune soleil, possèdent leur terrasse, et certains la vue sur la mer. Solarium avec pergola sur le toit.

Sol Jandia Mar APPARTEMENTS €€
(☎928 54 13 25 ; www. solmelia.com ; Avenida Jandia s/n ; app 2/4 pers 70/80 € ; P ❄ @ ≋). Ce représentant de Melia Hotel, une chaîne hôtelière de qualité, offre dans le centre un excellent rapport qualité/prix, avec des appartements modernes spacieux où se mêlent bois et tissus bleu sombre. Des jardins paysagers entourent la piscine ; entre autres services, vous trouverez un miniclub pour les petits et des courts de squash.

Apartamentos Palm Garden APPARTEMENTS €€
(☎928 54 10 00 ; www.palmgardenfuerteventura.com ; Avenida Saladar s/n ; app 2/4 pers 70/90 € ; P ❄ @ ≋). S'étageant à flanc de colline, les charmants appartements de cet immense complexe ont kitchenette, TV satellite, terrasse et vue sur la mer. Si vous en avez assez du sable, la piscine d'eau douce vous changera agréablement.

LANZAROTE

Les grands complexes touristiques concentrent l'essentiel des hébergements de Lanzarote, mais l'offre de *casas rurales* est en plein essor, notamment dans les terres. Bonne base pour rayonner dans l'île, la capitale Arrecife possède également de bons hôtels.

Arrecife

Hotel Diamar HÔTEL €€
(Carte p. 97 ; ☎928 81 56 56 ; www.hoteldiamar.com ; Avenida Fred Olsen 8 ; s/d avec petit-déj 54/65 € ; ❄ @). C'est le petit hôtel indépendant qui a longtemps manqué à Arrecife. Ses chambres, vastes et parées de couleurs rafraîchissantes, possèdent des terrasses donnant sur la plage bordée de palmiers. Elles s'organisent autour d'un atrium central agrémenté de balcons typiques des Canaries. Un accès Internet Wi-Fi, une cafétéria et un restaurant stylé (plats à partir de 7 €) complètent le tout.

Hotel Lancelot HÔTEL €€
(Carte p. 97 ; ☎928 80 50 99 ; www.hotellancelot.com ; Avenida Mancomunidad 9 ; s/d avec petit-déj 50/62 € ; ❄ ≋). Avec leurs grands lits, leurs

reproductions abstraites, leur déco opulente et leurs larges balcons face à l'océan, les chambres sont étonnamment luxueuses, en sus d'être vastes et lumineuses. La piscine jouxte sur le toit une petite salle de gym, et le bar accueille régulièrement de langoureuses sessions de jazz.

Hotel Miramar HÔTEL €€
(carte p. 97 ; ☎928 80 15 22 ; www.hmiramar.com ; Avenida Coll 2 ; s/d avec petit-déj 45/62 € ; ❄📶🏊). Sur le front de mer, le Miramar ose des couleurs audacieuses dans les espaces communs, mais les chambres sont plus discrètes, avec leur décor bleu et or, de la moquette et un petit balcon. Le petit-déjeuner, servi sur le toit en terrasse face à l'océan, est un grand moment.

Environs d'Arrecife

SAN BARTOLOMÉ ET SES ENVIRONS

Caserío de Mozaga HÔTEL RURAL €€
(☎928 52 00 60 ; www.caseriodemozaga.com ; Calle Mozaga 8 ; ch avec petit-déj 115 € ; ❄). Au nord-ouest de San Bartolomé, dans le village de Mozaga, cette demeure familiale du XVIIIe siècle a conservé son authenticité rustique, avec un *aljibe* (citerne) d'origine dans son patio et des meubles de famille dans ses chambres hautes de plafond. Le restaurant (plats à partir de 10 €) jouit par ailleurs d'une excellente réputation.

Le Nord

ARRIETA

Finca de Arrieta HÔTEL RURAL €€
(☎928 82 67 20 ; www.lanzaroteretreats.com ; Arrieta ; yourte à partir de 420 €/sem). Les voyageurs bien informés pourront s'installer sous une authentique yourte alimentée à l'électricité éolienne et solaire, pour un séjour camping glamour et 5-étoiles : les yourtes sont spacieuses et confortablement “meublées”, avec juste de ce qu'il faut de touches mongoles, et chacune agrémentée de sa terrasse privative avec barbecue, chaises longues et mobilier de jardin. Auprès de Michelle et Tila, les propriétaires, et de leur équipe, vous trouverez aussi des œufs tout frais pondus dans leur poulailler, des fruits et légumes bio et de précieux conseils sur Lanzarote.

Apartamentos Arrieta APPARTEMENTS €
(☎928 84 82 30 ; Calle Garita 25 ; app 2 pers 35 €). Reconnaissable à ses balcons bleus donnant sur l'artère principale, ce petit immeuble moderne bien entretenu comprend des appartements de bonne taille meublés de pin, ainsi qu'une vaste terrasse sur le toit. Rafael, le vénérable propriétaire, ne parle qu'espagnol.

PETITES CANARIES

Pensión Girasol HOSTAL €
(☎928 84 21 18 ; Avenida Virgen del Mar s/n, Isla Graciosa ; d 20-25 €). À une centaine de mètres à gauche du ferry, cette modeste pension fraîchement repeinte loue des chambres simples et propres. Celles pourvues d'un balcon en front de mer justifient la dépense supplémentaire. L'endroit compte aussi un restaurant gai et décontracté – goûtez le délicieux poisson-perroquet grillé. On pourra aussi vous louer un appartement à proximité (36 €).

Pensión Enriqueta HOSTAL €
(☎928 84 20 51, 685 58 25 88 ; www.pensionenriqueta.com ; Calle Mar de Barlovento 6, Isla Graciosa ; d 25 €). À une rue du front de mer, des chambres d'un bon rapport qualité/prix, meublées simplement mais d'une propreté impeccable. Au rez-de-chaussée, le bar-restaurant est l'un des endroits les plus animés de la ville et sert un menu du jour bon marché dans le même style que le Girasol.

Le Nord-Ouest

LA CALETA DE FAMARA

Apartamentos Famara Surf APPARTEMENTS €
(☎928 52 86 76 ; www.famarasurf.com ; El Marinero 39 ; app 2 pers 50 €, bungalow 3 chambres 88 €). Propriété de la boutique de surf, ces appartements propres et bien équipés, à deux pas de la plage, plairont aux surfeurs comme aux adeptes du farniente : chambres fonctionnelles, cuisines tout équipées d'une blancheur éblouissante et séjours de bonne superficie.

Playa Famara Bungalows BUNGALOWS €€
(☎928 84 51 32 ; www.bungalowsplayafamara.com ; Urbanización Famara ; bungalow à partir de 60 € ; 🏊). Un complexe moderne qui sort du lot, à 2 km au nord de la localité principale, entre les hautes falaises de Famara et la plage. Y sont loués des bungalows semi-circulaires en pierre et stuc blanc, disposés en terrasses et pouvant accueillir de deux à six personnes. Réductions intéressantes sur les longs séjours.

L'intérieur des terres et la côte ouest

YAIZA

Finca de las Salinas HÔTEL RURAL €€€
(☎928 83 03 25 ; www.fincasalinas.com ; Calle La Cuesta s/n ; s/d/ste 110/140/210 € ; P ❄ 📶 🏊). Avec ses couleurs éclatantes et son jardin de cactus évoquant le Mexique, cette hacienda du XVIIIe siècle est une vraie merveille. Spacieuses et de bon goût, les chambres ont, pour certaines, été aménagées dans les anciennes écuries. Si possible, demandez une chambre dans le bâtiment principal. Salle de gym, spa, sauna, courts de tennis et location de bicyclettes sur place.

Casa de Hilario HÔTEL RURAL €€
(☎928 83 62 62 ; www.casadehilario.com ; Calle General García Escámez 19 ; ch avec petit-déj 85 € ; ❄ 🏊). Inspirations asiatiques et mobilier artisanal distinguent ce petit bijou de *casa rural,* qui ne compte que sept chambres, toutes décorées différemment. À l'extérieur, vous profiterez de la piscine, de hauts palmiers et de panoramas sublimes. Le petit-déjeuner peut être servi sur la terrasse ombragée. Les propriétaires organisent par ailleurs diverses activités, dont des excursions guidées à vélo et des sorties en bateau.

EL GOLFO ET SES ENVIRONS

Hotelito del Golf HÔTEL €
(☎928 17 32 72 ; Avenida Marítima 10 ; d 55 € ; 🏊). Unique hôtel d'El Golfo, cette adresse charmante et accueillante, tenue en famille, pratique les mêmes tarifs depuis des années. Les chambres sont claires, meublées simplement, mais dotées de réfrigérateurs et de terrasses privatives - vous ne regretterez pas de débourser un peu plus pour la vue sur mer. Petite piscine d'eau de mer et solarium face à l'océan.

Le Sud

PUERTO DEL CARMEN

Pensión Magec PENSIÓN €
(☎928 51 51 20 ; www.pensionmagec.com ; Calle Hierro 11 ; d 25 €, s/d sans sdb 18/20 €). Puerto del Carmen n'abrite qu'une seule *pensión*, mais il s'agit d'une bonne adresse. Dans une maison traditionnelle bleu et blanc, elle propose plusieurs chambres avec vue sur la mer ; demandez si possible la n°21, pour son petit balcon privatif, si vous ne voyez pas d'inconvénient à partager la salle de bains.

Apartamentos Isla de la Graciosa Lanzarote APPARTEMENTS €€
(☎928 51 33 86 ; Calle Reina Sofía 20 ; app 2 pers 65 € ; ❄). Sis dans la partie la plus ancienne de la ville, ces appartements deux-étoiles, modernes et d'une propreté impeccable, sont joliment meublés et comportent une cuisine avec des éléments en bois clair. Réductions pour les séjours de plus d'une nuitée. Il n'est pas toujours facile de trouver où se garer dans ces étroites ruelles.

Hotel Los Fariones HÔTEL €€
(☎928 51 01 75 ; www.grupofariones.com ; Calle Roque del Este 1 ; s/d 82/108 € ; P ❄ @ 📶 🏊). Vénérable institution, le tout premier hôtel construit ici, il y a une quarantaine d'années, loue des chambres confortables à défaut d'être modernes (d'importantes rénovations sont d'ailleurs envisagées). Entre autres installations, on trouve des courts de tennis et un minigolf.

PLAYA BLANCA

Apartamentos Gutiérrez APPARTEMENTS €
(☎928 51 70 89, 636 37 28 93 ; Plaza Nuestra Señora del Carmen 8 ; app s/d €35/40). Juste à côté de l'église, c'est l'un des hébergements les moins chers du secteur : les sept appartements spacieux et bien tenus possèdent pour la plupart un petit balcon, et certains la vue sur la mer. Antonia, la maîtresse des lieux, adorable, ne parle qu'espagnol.

Apartamentos Bahía Blanca Rock APPARTEMENTS €€
(☎928 51 70 37 ; www.h10.es ; Calle Janubio s/n ; app 58 €/pers ; P ❄ @ 🏊). Si vous cherchez un logement plus chic, ces appartements soignés de style canarien peuvent chacun accueillir jusqu'à quatre personnes. Le complexe se trouve tout près de l'Avenida Papagayo, à 100 m à pied de la plage principale. Le Daisy Mini-Club occupera les enfants pendant que leurs parents se détendront au solarium.

Villas Kamezí BUNGALOWS €€
(☎928 51 86 24 ; www.heredadkamezi.com ; Calle Mónaco s/n ; bungalow jusqu'à 8 pers à partir de 225 € ; P ❄ @ 🏊). Respectueux de l'environnement, ce complexe discret compte 31 superbes villas de deux à quatre chambres, lesquelles semblent tout droit sorties d'un magazine de décoration. Les plages de Punta del Papayo sont aisément accessibles à pied, si à tout hasard l'envie vous prenait de vous extraire de la piscine d'eau de mer. Fabuleux.

Il est généralement assez facile de trouver une chambre à Santa Cruz et dans le nord de l'île, mais les choses se compliquent dans les stations balnéaires du Sud, en particulier autour de Los Cristianos et de Playa de las Américas.

Santa Cruz de Tenerife

Hotel Santa Cruz Plaza HÔTEL DESIGN €
(Carte p. 121 ; ☎922 28 46 01 ; www.stacruzplaza.com ; Calle Cruz Verde 24 ; s/d 47/57 € ; wifi). Dans le centre, cet hôtel élégant, tout en contraste entre le blanc des murs et des meubles en bois noir de jais, mise sur un design minimaliste. Les salles de bains arborent des couleurs nettement plus audacieuses, mais les chambres sont un peu exiguës. L'une des meilleures affaires ici.

Hotel Contemporáneo HÔTEL €€
(Carte p. 121 ; ☎902 12 03 29 ; www.hotelcontemporaneo.com ; Rambla General Franco 116 ; s/d 78/117 € ; P ❄ @ wifi piscine). Contemporaine comme son nom l'indique, cette adresse pêche et blanc, donnant sur une rue huppée, abrite l'un des hôtels les plus courus de la ville. Dans les chambres, les parquets acajou ou veinés de gris et une palette de couleurs discrètes donnent le ton. Le personnel est extrêmement accueillant et serviable.

Hotel Taburiente HÔTEL €€
(Carte p. 121 ; ☎922 27 60 00 ; www.hoteltaburiente.com ; Calle Dr José Naveiras 24a ; s/d à partir de 70/77 € ; P ❄ wifi piscine). Vases noirs brillants accueillant une paire de lis, vasques en verre irrégulier remplies de pommes, miroirs à foison et couleurs naturelles tendres : un vent de minimalisme très en vogue souffle sur les espaces communs. Les chambres sont plaisantes, mais leur déco moins soignée ; demandez-en une avec balcon donnant sur le parc.

Pensión Casablanca HÔTEL €
(carte p. 121 ; ☎922 27 85 99 ; Calle Viera y Clavijo 15 ; s/d 15/21 €). Ce bâtiment très bien placé dans une rue piétonne arborée date de 1902. Les chambres, peintes de couleurs vives (attention les yeux avec le turquoise), avec décorations et moulures florales, sont petites mais d'un bon rapport qualité/prix. Seul point noir, il n'y a que trois salles de bains communes pour 17 chambres – il vous faudra sans doute faire preuve de patience.

Le Nord-Est

LA LAGUNA

Hotel Aguere HÔTEL DE CHARME €€
(☎922 31 40 36 ; www.hotelaguere.es ; Calle Carrera 55 ; s/d 51/67 € ; ❄ wifi). Cette adresse accueillante a pour pièce maîtresse son patio central, sous verrière (où s'est installé un café), qui lui confère un chic très Années folles. À l'étage, dans ses quelques chambres simples et un peu datées, le parquet incroyablement bien ciré a des airs de patinoire. Seul inconvénient (non négligeable), des salles de bains minuscules et très quelconques.

Casa Rural la Asomada del Gato HÔTEL RURAL €€
(☎922 26 39 37 ; www.laasomadadelgato.es ; Calle Anchieta 45 ; d 67 € ; wifi). Derrière l'excellent restaurant du même nom, au milieu d'une luxuriante végétation subtropicale, cette *casa rural* loue quatre chambres colorées, calmes et confortables, d'un très bon rapport qualité/prix. Séjour minimum de deux nuitées.

Hotel-Apartamentos Nivaria APPART-HÔTEL €€€
(☎922 26 42 98 ; www.hotelnivaria.com ; Plaza Adelantado 11 ; s/d à partir de 96/120 € ; P ❄ @). Ancienne résidence d'un marquis, cet édifice se reconnaît à sa façade couleur terre de Sienne et à ses balcons de bois traditionnels. L'aménagement des chambres est d'un goût exquis : mobilier de style, plantes vertes et couleurs naturelles. Le carrelage en mosaïque des salles de bains est très tendance.

Le Nord

PUERTO DE LA CRUZ

Hotel Monopol HÔTEL DE CHARME €€
(Carte p. 135 ; ☎922 38 46 11 ; www.monopoltf.com ; Calle Quintana 15 ; s/d 52/96 € ; ❄ @ wifi piscine). Cette vénérable institution, construite en 1742, possède un patio couvert si verdoyant que vous aurez l'impression d'être en pleine jungle. Le service est discret mais efficace. Au nombre des bonus, signalons piscine chauffée, salle de jeux, sauna et trois terrasses où bronzer. Les balcons de bois d'époque donnent beaucoup de charme à l'édifice, et les petites chambres, quoique petites, sont bien équipées.

Hotel Botánico HÔTEL €€€
(☎922 38 14 00 ; www.hotelbotanico.com ; Avenida Richard J Yeoward 1 ; s/d à partir de

169/243 € ; P ❄ @ ≋ ≈). Établissement le plus sélect de tous, le Botánico s'enorgueillit de magnifiques jardins, d'un superbe espace piscine et d'un spa (voir l'encadré p. 152). Les chambres, confortables sans être luxueuses, ont de grands balcons et tout le confort de rigueur. Les nostalgiques de Bill Clinton pourront s'installer dans la suite qui porte son nom.

Hotel Tigaiga HÔTEL €€€
(Carte p. 135 ; ☎922 38 35 00 ; www.tigaiga.com ; Parque Taoro 28 ; s/d à partir de 127/191 € ; P ❄ @ ≋ ≈). Les chambres très ordinaires ne justifient pas à elles seules les tarifs pratiqués ici. Mais l'attrait de cet hôtel tenu en famille, dressé comme un château sur une colline, tient à son service de haut vol, à ses beaux jardins, à sa piscine fort engageante et à sa pléthore d'installations pour le sport et la détente.

Pensión Los Geranios HÔTEL €
(carte p. 135 ; ☎922 38 28 10 ; Calle Lomo 14 ; s/d 24/30 €, petit-déj 2 € ; ≋). Le meilleur hôtel à petit prix, dans l'une des plus jolies rues piétonnes de la ville. L'immeuble ne gagnera jamais de prix d'architecture, mais les chambres sont lumineuses, avec leur mobilier de bois clair et leur peinture pêche clair. Certaines ont un balcon individuel (sans supplément).

LA OROTAVA

♥ **Hotel Alhambra** HÔTEL DE CHARME €€
(Carte p. 138 ; ☎922 32 04 34 ; www.alhambra-teneriffa.com ; Calle Nicandro González Borges 19 ; s/d 83/109 €). Cette demeure du XVIIIe siècle, parée de mobilier d'époque et de belles œuvres d'art, dont une époustouflante fresque au plafond de 200 m de long, est tout simplement sublime. Immenses, ses cinq chambres (pas une de plus) sont décorées dans un mélange de moderne et d'ancien et dotées de salles de bains à mosaïques de style mauresque avec douche et baignoire séparées. Avec la petite piscine et les jolis jardins, c'est l'adresse idéale pour une escapade en amoureux.

Hotel Victoria HÔTEL DESIGN €€
(Carte p. 138 ; ☎922 33 16 83 ; www.hotelruralvictoria.com ; Calle Hermano Apolinar 8 ; s/d à partir de 73/90 € ; ❄ @ ≋). Cette belle maison du XVIIe siècle est devenue un irrésistible petit hôtel. Les chambres entourant un patio central abondent en touches très design, depuis le papier peint crème jusqu'aux éclairages modulaires en passant par le mobilier de bois sombre. Excellent restaurant et terrasse-solarium sur le toit.

GARACHICO

♥ **Hotel La Quinta Roja** HÔTEL DE CHARME €€
(☎922 13 33 77 ; www.quintaroja.com ; Glorieta de San Francisco ; s/d à partir de 88/122 € ; ❄ @ ≋). Tenu par une jeune équipe dynamique, ce charmant manoir du XVIe siècle à la façade ocre est une invitation au calme et au repos. Parquets couleur cerise, décoration feutrée et salles de bains aux mosaïques bleu Méditerranée caractérisent les chambres qui entourent un charmant patio avec fontaine et galeries de bois.

Hotel San Roque HÔTEL DE CHARME €€€
(☎922 13 34 35 ; www.hotelsanroque.com ; Calle Esteban de Ponte 32 ; s/d/ste à partir de 145/210/320 € ; ❄ @ ≋ ≈). Une adresse tout simplement merveilleuse, dans une maison de maître du XVIIe siècle, rénovée avec goût et originalité, sans perte aucune de son allure évoquant La Havane des années 1950. Les chambres, organisées autour de deux patios d'une grande beauté, se distinguent par une déco extrêmement soignée et d'excellents équipements (baignoire multijets, lecteur DVD et CD). Avec la piscine extérieure chauffée, on touche au sublime.

Hotel Rural El Patio HÔTEL RURAL €€
(☎922 13 32 80 ; www.hotelpatio.com ; Finca Malpaís 11 ; s/d à partir de 67/78 € ; P ❄ @ ≋ ≈). Juste à l'est de Garachico, à El Guincho, cet hôtel paisible aux murs blancs est installé sur une ferme au milieu des bananeraies. Les chambres, confortables et colorées, sont distribuées dans trois bâtiments bas autour d'un patio. Vous goûterez au paradis terrestre en vous installant dans cette cour pour siroter un apéritif sur de la musique classique. L'endroit n'est pas facile à trouver : appelez pour obtenir des indications, ou bien téléchargez le plan fourni sur le site Internet. Séjour minimum de trois nuits ; fermé de mi-mai à juillet.

Le Centre

PARQUE NACIONAL DEL TEIDE

Parador Nacional PARADOR €€€
(☎922 37 48 41 ; www.parador.es ; d 125 € ; P ≈). L'architecture de ce *parador* sis au cœur du parc national n'est certes guère en harmonie avec les paysages alentour. Or les chambres de style rustique sont charmantes, avec des couleurs naturelles, des tableaux bucoliques et de grands lits. La vue sur le Teide coûte un peu plus cher. Hormis pour un verre en terrasse, évitez la cafétéria d'à côté : la cuisine est médiocre et les prix excessifs.

VILAFLOR

Pensión Germán HÔTEL €
(☎922 70 90 28 ; Calle Santo Domingo 1 ; s/d 20/40 €). Malgré son nom, cette modeste *pensión* n'a pas grand-chose de germanique : difficile, même, d'imaginer un endroit plus typiquement ibérique. Les chambres possèdent de petites terrasses, et le restaurant au rez-de-chaussée vous replongera dans l'Espagne d'autrefois.

Le Nord-Ouest

SANTIAGO DEL TEIDE

Hotel Señorío del Valle HÔTEL RURAL €€
(☎922 83 92 00 ; www.senoriodelvalle.com ; Avenida Iglesia 72 ; s/d 57/75 € ; P@). Dans une demeure lourdement restaurée, ces chambres spacieuses, parées d'œuvres d'art colorées, offrent un confort hors pair. Sur place, un restaurant correct (plats 8-12 €) sert des classiques de la cuisine canarienne, et diverses activités sont proposées, notamment de l'équitation (8 € les 30 min).

LOS GIGANTES ET PUERTO DE SANTIAGO

Hotel Rural El Navío HÔTEL RURAL €€
(☎922 86 56 80 ; www.elnavio.es ; d 67 € ; P). À mi-chemin entre Los Gigantes et le village d'Alcalá, nichée sur une exploitation bananière, une adresse aux chambres décorées à l'ancienne et à la cour littéralement envahie par les bougainvillées, pour un séjour dans le calme et la volupté. Les propriétaires mitonnent aussi de délicieux repas.

L'Est

GÜÍMAR ET SES ENVIRONS

Hotel Rural Casona Santo Domingo HÔTEL RURAL €€
(☎922 51 02 29 ; www.casonasantodomingo.es ; Calle Santo Domingo 32, Güímar ; s/d 53/69 €). À la lisière de la jolie vieille ville, cet hôtel-restaurant géré en famille, dans une maison du XVIe siècle restaurée et parsemée de meubles anciens, déborde d'un charme délicieusement désuet. Il y a même un patio "secret" aux murs blanchis à la chaux. Le restaurant (plats 10-14 €) est l'un des meilleurs de la ville.

EL MÉDANO

Senderos de Abona HÔTEL RURAL €€
(☎922 77 02 00 ; www.senderosdeabona.com ; Calle Peatonal de la Iglesia 5 ; s/d avec petit-déj 50/65 € ;). Cet hôtel-restaurant se trouve juste en face de l'adorable église de Granadilla de Abona, une bourgade qui fourmille d'activité. Les chambres de cet ancien bureau de poste sont installées dans une série de bâtiments anciens, en pierre, avec courettes, jardins luxuriants et charme à revendre. Sur place, le restaurant sert une cuisine locale vraiment succulente (plats 10 €). Seul point noir : l'eau chaude a tendance à se tarir bien avant que tout le monde ait pu se doucher.

Hostel Carel HÔTEL €
(☎922 17 68 98 ; Avenida Príncipe de España 22 ; s/d à partir de 35/45 € ;). En bordure de la ville, au nord, cet hôtel à prix doux, propre, accueillant et bien tenu, est une véritable affaire. Ses chambres spacieuses et pimpantes, dotées de balcons (certains ont une vague vue sur la mer), sont très appréciées des globe-trotteurs. Petit-déjeuner à 5 €.

Le Sud

LOS CRISTIANOS, PLAYA DE LAS AMÉRICAS ET COSTA ADEJE

Villa Cortés HÔTEL €€€
(Carte p. 151 ; ☎922 75 77 00 ; www.europe-hotels.org ; Avenida Rafael Puig Lluvina s/n, Playa de las Américas ; s/d/ste à partir de 151/190/455 € ; P@). Reproduisant une hacienda mexicaine, ce lieu réellement somptueux mise sur une déco et des couleurs dynamiques. Le jaune, l'orange et le bleu se déclinent à l'infini, les œuvres d'art originales sont magnifiques et quelques touches cocasses se démarquent, tels cette famille de grenouilles géantes en céramique devant la réception ou le mini-temple aztèque à l'extérieur. Des ruisseaux avec poissons rouges coulent dans les jardins et une chute d'eau agrémente la piscine. Les chambres sont évidemment superbes.

Hacienda del Sol APPART-HÔTEL €€
(Carte p. 151 ; ☎922 79 19 07 ; http://haciendadelsol.eu ; Avenida Arquitecto Gómez Cuesta 5, Playa de las Américas ; ch 45-90 €, app 60-120 € ; @). Cette adresse stylée détonne dans la médiocrité ambiante qui règne à Playa de las Américas. Chambres avec cuisine équipée et balcon ou terrasse à l'abri de treillage. Mais le véritable atout de ce complexe tient à ses jolis jardins à l'andalouse.

FORFAIT POUR LAS AMÉRICAS

Playa de las Américas est l'une des rares jungles hôtelières où il faut parfois se résoudre à passer par un des grands tour-opérateurs, qui proposent souvent des offres imbattables. Parmi les voyagistes sérieux, citons Thomas Cook-JMC, Thompson, My Travel, Premier Choice et Cosmos. Si vous préférez néanmoins réserver par vous-même et comptez séjourner ici plusieurs jours, adressez-vous d'abord aux agences de location. Un meublé agréable pour deux personnes, avec cuisine, coin-séjour et TV, ne se loue pas à moins de 300 € environ la semaine (souvent la période minimum de location). L'office du tourisme vous fournira la liste des agences, ou commencez par **Anyka Sur** (carte p. 151 ; ☎922 79 13 77 ; www.anykasur.com ; Edificio Azahara, Avenida Habana, Los Cristianos), **Marcus Management** (carte p. 151 ; ☎922 75 10 64 ; www.tenerife-apts.com ; Apartamentos Portosin, Avenida Penetración, Los Cristianos), qui s'adresse plus particulièrement aux voyageurs britanniques, ou encore **Tenerife Holiday Rent** (carte p. 151 ; ☎607 14 66 77 ; Edificio Tenerife Garden, local 4, Playa de las Américas).

Hotel Andrea's HÔTEL €
(carte p. 153 ; ☎922 79 00 12/24 ; www.hotelesreveron.com ; Calle General Franco 23, Los Cristianos ; s/d à partir de 31/52 € ; @📶). Dans un petit hôtel propre, de grandes chambres au mobilier un peu austère avec petit balcon vitré (sauf pour les chambres simples les moins chères). Il y a un salon TV confortable où l'on peut consommer des boissons sans alcool. Sans doute l'adresse locale favorite des voyageurs indépendants.

Pensión La Playa HÔTEL €
(carte p. 153 ; ☎922 79 01 98 ; Calle Paloma 7, Los Cristianos ; s/d/tr 18/24/30 €). Les chambres ici n'ont rien d'éblouissant, tant s'en faut, mais elles ont plus de charme que dans d'autres établissements similaires. Sachez toutefois que les salles de bains sont communes et que la rue est bruyante. Le restaurant du rez-de-chaussée, très couru, est tenu par la même famille. Il y a d'autres adresses semblables alentour si celle-ci affiche complet.

LA GOMERA

L'île a jusqu'à présent été épargnée par le tourisme de masse et la plupart des hébergements sont de petits hôtels ruraux, des *pensiones* familiales, des fermes réhabilitées et des meublés. Loger dans l'une des *casas rurales* (gîtes ruraux), dont beaucoup ont été délaissées par les émigrants et rénovées pour accueillir les touristes, est de loin la formule la plus séduisante et la plus authentique. Pour les renseignements et réservations, contactez **Ecotural** (☎922 14 41 01 ; www.ecoturismo-canarias.com/gomera ; Avenida Pedro García Cabrera 7, Vallehermoso).

San Sebastián de la Gomera

♥ Parador Nacional Conde de la Gomera PARADOR €€
(☎922 87 11 00 ; www.parador.es ; Calle Lomo de la Horca ; ch 110 € ; P@📶🏊). Construit au-dessus du port dans le style des vieilles demeures locales, ce *parador* est sans conteste la plus belle adresse de La Gomera. Les chambres, dotées de lits à baldaquin, de luxueux parquets et de salles de bains en marbre, sont d'une élégante simplicité. La plupart ouvrent sur le jardin, qui s'agrémente de nombreuses plantes des Canaries et d'une petite piscine face à la mer. La qualité de l'accueil est un trait distinctif de la chaîne des *paradores*.

Hotel Torre del Conde HÔTEL €€
(☎922 87 00 00 ; www.hoteltorredelconde.com ; Calle Ruiz de Padrón 19 ; s 46-53 €, d 61-68 € ; 📶). Voici un trois-étoiles impeccablement tenu. Les chambres, calmes et modernes, sont un peu aseptisées, mais lumineuses et égayées par des murs jaune... canari. Demandez l'une de celles avec vue sur la Torre del Conde et les ravissants jardins qui l'entourent.

Pensión Victor HÔTEL €
(☎607 51 75 65 ; Calle del Medio 23 ; s/d 18/25 €). Vous ne pourrez pas rater cette adresse originale, dont les murs extérieurs sont recouverts de fresques illustrant la vie insulaire. Les chambres sont un peu sombres, mais la vénérable et authentique maison de village déborde de charme. Vous devrez cependant partager les salles de bains.

Le Nord

HERMIGUA

Apartamentos Los Telares APPARTEMENTS €
(☎922 88 07 81 ; www.apartamentosgomera.com ; El Convento, Carretera General ; app 36-44 € ;). Ces meublés remarquablement équipés se trouvent de part et d'autre de la route principale menant au bourg. Ils sont dallés de pierre et dotés d'immenses fenêtres offrant un large panorama sur la vallée. Vous aurez le choix entre des studios et des appartements plus grands. Une petite piscine réservée aux résidents surplombe la rue. Los Telares loue également de petites maisons en bord de mer, offrant le même confort simple, de vastes terrasses et une vue fabuleuse sur l'océan.

Ibo Alfaro HÔTEL RURAL €€
(☎922 88 01 68 ; www.hotel-gomera.com ; s/d 56/80 € ;). Les 17 chambres romantiques de cet établissement jouissent de superbes vues sur la montagne et fleurent bon l'encaustique émanant du parquet, des lambris et du beau mobilier. Vous y savourerez sans doute le meilleur et le plus copieux petit-déjeuner de l'île. Pour vous y rendre, suivez les panneaux et la route sans nom qui grimpe derrière le loueur de voitures Rent-a-Car.

VALLEHERMOSO

Hotel Rural Tamahuche HÔTEL RURAL €€
(☎922 80 11 76 ; www.hoteltamahuche.com ; Calle Hoya 20 ; s/d avec petit-déj 55/76 € ;). Perché sur une colline à la sortie du bourg (vous le dénicherez sur votre droite en suivant la direction de Valle Gran Rey), ce petit établissement aux allures de B&B est une très bonne option. Il vaut mieux ne pas être encombré de trop de bagages cependant, car il s'étage sur plusieurs terrasses reliées par des escaliers. Les chambres, avec parquet en bois sombre et poutres apparentes, adoptent le style colonial des Canaries.

Hotel Triana HÔTEL DE CHARME €
(☎922 80 05 28 ; Calle Triana 13 ; s/d à partir de 35/42 €). L'ancien et le nouveau se combinent harmonieusement dans cet établissement proche du centre-ville. Les murs en pierre d'origine confèrent aux chambres un aspect rustique, tandis que la déco minimaliste ancre résolument cette vieille maison canarienne dans le XXIe siècle. Les chambres les plus chères disposent d'une kitchenette.

ENVIRONS DE VALLEHERMOSO

Apartamentos Azul APPARTEMENTS €
(☎922 80 02 17 ; Alojera ; app 2 pers 36 €). On ne pourrait rêver mieux situé sur le front de mer. Vous n'aurez qu'à pousser la porte de votre meublé aux volets bleus pour trouver la mer à vos pieds. Les appartements, assez sommaires, comprennent une cuisine spacieuse, un coin salon et une petite chambre, le tout constamment rafraîchi par l'air marin. Appelez à l'avance, car le propriétaire est rarement sur place.

Le Sud

PLAYA SANTIAGO

Apartamentos Tapahuga APPARTEMENTS €
(☎922 89 51 59 ; Avenida Marítima ; app 2 pers 50-60 € ;). Tout au bout de l'*avenida,* ces appartements spacieux et lumineux sont dotés de beaux balcons en bois, de sols en marbre, de cuisines équipées et d'une piscine sur le toit. Préférez ceux ouvrant sur l'extérieur plutôt que ceux qui donnent sur un patio sombre et triste. Un excellent rapport qualité/prix.

Hotel Jardín Tecina HÔTEL €€€
(☎902 22 21 40 ; www.jardin-tecina.com ; Playa Santiago ; s/d 110/160 € ; P@). S'étirant le long d'une falaise surplombant le village et relié à la plage par un ascenseur, il s'agit du plus grand complexe hôtelier de La Gomera. Les bungalows sont dispersés dans un parc verdoyant remarquablement entretenu, si vaste que des parcours botaniques ont pu y être aménagés. Toutes les chambres sont équipées de balcons et plusieurs bénéficient d'une vue sur mer.

Pensión La Gaviota HÔTEL €
(☎922 89 51 35 ; Avenida Marítima 35 ; ch 27 €). Aménagées au-dessus d'un bar animé, les 10 chambres de la Gaviota sont modernes, bien tenues et habillées de bleu marine. De belles photos ornent les murs. Certaines chambres jouissent d'une vue sur les flots scintillants.

VALLE GRAN REY

Finca Argayall HÔTEL RURAL €€€
(☎922 69 70 08 ; www.argayall.com ; front de mer de Valle Gran Rey ; s/d à partir de 80/126 €, sans sdb 64/100 € ; P). Voici une adresse qui sort de l'ordinaire. À 15 minutes de marche de l'agitation touristique de Valle Gran Rey, cette paisible

finca (propriété rurale) en bord de mer met en effet l'accent sur le mode de vie communautaire, alternatif et écologique. Les hôtes peuvent loger au choix dans de confortables cabanes posées sur la plage ou dans de luxueux appartements avec piscine privée. L'endroit est idéal pour décompresser, se prélasser dans un hamac, barboter dans la piscine ou lézarder sur la plage de galets. Presque chaque jour, des activités et des soins tels que méditation, yoga, massage, etc. sont proposés. Vous trouverez quelqu'un à la réception du mercredi au lundi de 11h à 14h.

Apartamentos Baja del Secreto APPART-HÔTEL €€
(☎922 80 57 09 ; www.bajadelsecreto.com ; Avenida Marítima s/n, Charco del Conde ; app 56-87 € ;). Quel emplacement ! Installé juste en face du Charco del Conde (une piscine naturelle d'eau de mer), l'endroit est on ne peut plus stratégique. Les chambres sont certes propres et de bon confort, mais elles vous enchanteront beaucoup moins que la vue qui de là s'offre à vous. La dense végétation qui monte à l'assaut du bâtiment lui confère cependant beaucoup de charme.

Playa Calera APPART-HÔTEL €€
(☎922 80 57 79 ; www.hotelplayacalera.com ; La Playa ; app 2 pers 118 € ;). Cet imposant quatre-étoiles de front de mer abrite des appartements qu'on aurait plus facilement imaginés dans une banlieue huppée de New York que dans une ville aussi bohème et balnéaire. Les chambres accueillent un lit grand comme un terrain de football, un coin salon et une kitchenette. Une magnifique piscine à débordement est installée sur le toit, avec vue sur les flots.

LA PALMA

Vivez comme un Canarien en louant l'une des nombreuses *casas rurales* (gîtes ruraux) qui parsèment l'île. Pour les renseignements et réservations, contactez la **Casa Turismo Rural Isla Bonita** (carte p. 178 ; ☎922 43 06 25 ; www.islabonita.es ; Calle O'Daly 39, Santa Cruz de La Palma), qui loue près de 50 gîtes répartis sur toute l'île.

Santa Cruz de la Palma

À moins que votre budget ne vous cantonne à l'une des pensions bon marché de la ville, loger à Santa Cruz même offre peu d'intérêt. C'est dans les environs que vous trouverez les meilleures adresses.

Hotel San Telmo HÔTEL DE CHARME €€
(Carte p. 178 ; ☎922 41 53 85 ; www.hotel-santelmo.com ; Calle San Telmo 5 ; s/d à partir de 50/60 €). Ce charmant et confortable hôtel, de style B&B, ne possède que 8 chambres. Comme le bâtiment lui-même, elles sont imprégnées de la personnalité haute en couleur de sa propriétaire allemande : énorme fontaine éclairée dans le patio, œuvres d'art hétéroclites dans tous les recoins et murs orange rutilant et rehaussés de paillettes. Au moment de notre passage, l'hôtel était fermé pour rénovation, mais quand ce guide paraîtra, il aura rouvert, plus pimpant que jamais.

Pensión la Cubana HÔTEL €
(Carte p. 178 ; ☎922 41 13 54 ; www.la-fuente.com ; Calle O'Daly 24 ; s/d 21/27 € ;). Cet hôtel, l'un des plus vieux de l'île, a récemment été repris, rapetassé et bichonné – ce n'était pas du luxe ! – par les propriétaires de La Fuente. Les chambres, aux murs chaulés, aux parquets craquants et aux portes grinçantes sont délicieusement surannées, mais aucune n'est équipée de sa propre salle de bains. Vous pourrez disposer d'une cuisine, de café et de thé gratuits, d'un salon commun et profiterez de conseils touristiques avisés.

La Fuente APPARTEMENTS €
(carte p. 178 ; ☎922 41 56 36 ; www.la-fuente.com ; Calle Anselmo Pérez de Brito 49 ; app 37-58 € ;). Ces 11 appartements, tous différents, adoptent un style balnéaire décontracté et sont dotés d'une salle de bains moderne et d'une cuisine tout équipée. Il n'y a pas d'ascenseur, mais en grimpant jusqu'au 4e étage vous serez récompensé par une vue sensationnelle sur la mer et la ville. La Fuente loue aussi d'autres appartements autour de Santa Cruz (consultez le site Internet). La réception est fermée à l'heure du déjeuner et toute la journée le dimanche.

Environs de Santa Cruz

LOS CANCAJOS

Hacienda San Jorge APPART-HÔTEL €€
(☎922 18 10 66 ; www.hsanjorge.com ; app à partir de 80 € ;). Cette adresse de style canarien abrite de vastes appartements bien conçus, pourvus d'une chambre à part, d'une cuisine américaine et d'une belle vue, mais se distingue surtout par son jardin verdoyant peuplé de perroquets et de canards et agrémenté d'une superbe piscine.

BREÑA ALTA

Parador Nacional PARADOR €€
(☎922 43 58 28 ; www.parador.es ; Carretera de Zumacal, Breña Baja ; ch à partir de 70 € ; P ❄ 📶 🏊). Ce *parador* ressemble à une grosse ferme canarienne dominant l'océan. Il possède une ravissante piscine entourée de gazon et un charmant jardin botanique. Les chambres, spacieuses et baignées de soleil, ont l'avantage d'un coin salon et d'une vue panoramique.

Le Sud

FUENCALIENTE

Apartamentos & Pensión Los Volcanes HÔTEL €
(☎922 44 41 64 ; Carretera General 86 ; d/app 26/31 €). Cette adresse à la déco assez récente et de bon goût réserve une agréable surprise. Les chambres sont équipées de salles de bains et, pour certaines, d'un petit balcon. Les appartements, de type studio, comprennent un lit, une kitchenette et un coin salon dans une seule pièce. Un camp de base idéal pour les randonneurs, le propriétaire étant lui-même un amateur qui sera du meilleur conseil.

Hotel La Palma Teneguía Princess & Spa HÔTEL €€€
(☎922 42 55 00 ; www.hotellapalmaprincess.com ; Carretera La Costa Cerca Vieja 10 ; ch à partir de 95 € ; P ❄ @ 📶 🏊). Il s'agit en fait de deux hôtels (La Palma Princess et le Teneguía Princess) qui, réunis, forment en bord de mer (à 8 km au sud de Los Canarios) un immense et ambitieux complexe offrant tous les services imaginables. Fort de 625 chambres, de plusieurs piscines et d'une vue somptueuse sur l'océan, l'ensemble est plaisant, mais vous y serez loin de tout.

Le Centre

PUERTO NAOS

♥ **Apartamentos Playa Delphin** APPARTEMENTS €
(☎922 40 81 94 ; www.playadelphin.com ; app 48-59 € ; 📶). Certes, ces appartements ne sont pas bien grands, mais ils sont superbement situés en surplomb de la plage, si bien que vous serez bercé par le sac et le ressac de l'Atlantique. Dotés de balcons avec transats, très bien équipés, ils s'agrémentent de petites attentions – grille-pain, corbeille de fruits, bouteille de vin gratuite... – qui en font une adresse remarquable. La gestion est familiale et chaleureuse.

Sol La Palma HÔTEL €€
(☎922 40 80 00 ; www.solmelia.com ; Punta del Pozo s/n, Playa de Puerto Naos ; d à partir de 79 €, app à partir de 83 € ; P ❄ 📶 🏊). Si l'idée de préparer vos repas ne vous séduit guère, vous n'aurez pas d'autre choix que cet hôtel-club. Les prestations y sont standards – vaste piscine pleine d'enfants face à l'Atlantique, chambres beiges et passe-partout, buffet à volonté – mais l'établissement se révèle confortable.

Apartamentos Martín APPARTEMENTS €
(☎922 40 80 46 ; www.aptos-martin-lapalma.com ; Calle Juana Tabares 1 ; app 2 pers 35 €). Des meublés avec kitchenette tout simples, lotis dans un bâtiment bleu océan et chaleureusement tenu par des Espagnols. Seul bémol : les cloisons ne sont pas bien épaisses.

Le Nord

BARLOVENTO

♥ **Hotel La Palma Romántica** HÔTEL RURAL €€
(☎922 18 62 21 ; www.hotellapalmaromantica.com ; Las Llanadas s/n, Barlovento ; s/d à partir de 50/62 € ; P 📶 🏊). Seul trois-étoiles des environs, cet établissement, très avantageux si l'on tient compte du standing, offre 44 chambres spacieuses et élégantes, hautes de plafond, dotées de balcon et d'un coin salon. Selon la météo, vous pourrez profiter de la piscine extérieure ou intérieure. Un restaurant chic (plats 8-11 €), fort d'une vue panoramique sur la vallée et d'un service remarquable, complète le tout.

Apartamentos La Fajana APPARTEMENTS €
(☎922 18 61 62 ; app 2 pers 30-36 €). Les locations de type meublé sont plutôt rares par ici. Raison de plus pour apprécier le charme très "bout du monde" de ces appartements ouvrant large sur l'infini des flots et les Piscinas de la Fajana.

EL HIERRO

Loger dans une *casa rural* constitue ici l'option la plus séduisante. Contactez **Meridiano Cero** (☎922 55 18 24 ; www.ecoturismocanarias.com ; Calle Barlovento 89, El Mocanal) pour réserver.

Le Nord

Hotel Villa El Mocanal HÔTEL DE CHARME €€
(922 55 03 73 ; www.villaelmocanal.com, en espagnol ; Calle Barlovento 18, El Mocanal ; s/d à partir de 64/80 € ; P @) Installé sur la route principale, c'est le premier hôtel de charme de l'île et une illustration parfaite du style rustique chic. Sa déco dans des tons naturels, son mobilier en bois noble et sa vue superbe font de cette belle construction en pierre de taille un excellent choix. C'est aussi l'un des seuls établissements d'El Hierro assurant un accueil permanent à la réception.

Parador Nacional PARADOR €€€
(922 55 80 36 ; www.parador.es ; Las Playas ; d 145 € ; P). L'établissement le plus luxueux de l'île est posé à l'orée d'une plage rocheuse. Les très jolies chambres, parquetées et fraîchement décorées dans les bleus, sont agrémentées d'un balcon (demandez une vue sur la mer bleu électrique). Mais la plus belle prestation reste le bercement du ressac de l'océan. Grâce aux nombreuses offres spéciales, vous pourrez obtenir une chambre pour à peine 80 €, mais sachez que disposer d'une voiture se révèle indispensable pour qui réside ici.

Le Sud

LA RESTINGA

À vrai dire, c'est loin d'être le plus beau lieu de résidence de l'île, mais les plongeurs n'auront pas vraiment le choix. Il est en effet nécessaire de ne pas s'éloigner du niveau de la mer pendant au moins 12 heures après une plongée. Or, les villes les plus proches de La Restinga sont à une altitude de 800 à 1 000 m.

Casa Kai Marino HÔTEL €
(922 55 70 34 ; Calle Varadero 6 ; d/app 25/36 € ;). Superbement située, à un jet de pierre de la petite station balnéaire, cette *pensión* loue des chambres sommaires mais très convenables, ainsi qu'une dizaine d'appartements simples, spacieux et bien équipés.

Apartamentos Bahía APPARTEMENTS €
(617 61 46 19 ; www.apartamentosbahia.info ; Avenida Marítima 12 ; app 1-4 pers 30-36 €). Des appartements impeccables comprenant 2 chambres, parfaits pour les familles. La cuisine américaine et le salon donnent sur les eaux bleues du port. L'aménagement est simple, mais avec une vue pareille, qui aurait cure de la décoration ?

El Golfo

LAS PUNTAS

Hotel Puntagrande HÔTEL DE CHARME €€
(922 55 90 81 ; s/d avec petit-déj 74/84 €). Naguère détenteur du titre de plus petit hôtel du monde dans le livre Guinness des records, c'est aussi le plus célèbre de Las Puntas et une attraction touristique en soi. Dans ce vieux bâtiment en pierre du port, dressé sur un piton escarpé, vous aurez l'impression de dormir sur un rocher perdu en pleine mer (ce qui, quand on y pense, ne relève pas que d'une impression !). Malgré le confort des chambres, il paraît difficile d'imaginer qu'on puisse ici fermer l'œil par un jour de gros temps. Ajoutez à cela un salon décoré de vestiges de navires, et vous aurez la clef d'un séjour mémorable. Il n'y a généralement personne à la réception.

Bungalows Los Roques de Salmor APPARTEMENTS €
(922 55 90 16 ; ch jusqu'à 4 pers 55-67 € ;). S'alignant sur la gauche à l'entrée du village, ces petits bungalows aux murs blancs et aux toits de tuiles sont une excellente option. Récents et bien tenus, ils sont décorés avec goût. Une petite piscine est disponible en été. Pas de personnel affecté à la réception.

LA FRONTERA

El Sitio HÔTEL DE CHARME €
(922 55 98 43 ; www.elsitio-elhierro.com ; Calle La Carrera 26, La Frontera ; ch 44-56 €). Fermez les yeux et faites *ommm*... Niché à l'écart du centre de La Frontera, cette adresse originale est à la fois un B&B et un "centre de bien-être" proposant diverses activités. Les chambres blanchies à la chaux, dotées d'une petite cuisine, occupent un ensemble de bâtiments de ferme rénovés et affichent un air délicieusement rustique. Les activités – yoga, massages, randonnée à pied ou à vélo... – sont également ouvertes aux non-résidents. Vous serez accueilli à la réception de 11h à 13h seulement (et pas du tout le dimanche).

Comprendre les Canaries

Population au km²

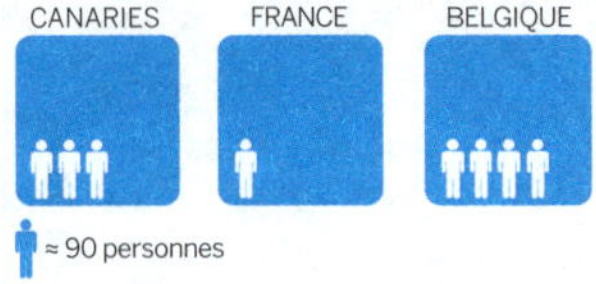

Les Canaries aujourd'hui

Ça chauffe...

Et pas seulement sur les plages. Conséquence de la récente récession mondiale, la crise a frappé fortement l'économie locale. En 2009, la baisse de la fréquentation touristique s'est traduite par une perte de 1,4 milliard d'euros par rapport à l'année précédente (contribuant à la chute spectaculaire de 40% des revenus touristiques espagnols, soit un manque à gagner total de 3,5 milliards d'euros). Les hôtels ont cassé leurs prix, des restaurants et des magasins ont mis la clef sous la porte et, dans le bâtiment, les nouveaux chantiers ont été brutalement stoppés.

Le tableau n'est pas complètement noir cependant : contrairement à des prévisions pessimistes, les chiffres affichés en 2011 font apparaître une croissance de 4,9% de la fréquentation touristique.

» Population : 2,1 millions d'habitants

» PIB : 25 milliards d'euros

» Inflation : – 0,6% (2010)

» Chômage : 29,48%

» Fête officielle des Canaries : 30 mai

La diversification comme mot d'ordre

Pour faire face à la crise, les pouvoirs publics se sont employés à réorienter l'économie locale en apportant leur soutien à des projets distincts du secteur touristique. Ces dernières années, les Canaries ont ainsi considérablement augmenté leur présence dans le secteur de la recherche et du développement, et cela dans divers domaines. L'archipel compte désormais deux universités, un institut océanographique, plusieurs centres de recherches agronomiques et marines et, grâce à la pureté du ciel canarien, le plus grand institut d'astrophysique au monde.

La diversification a également été le maître mot dans le secteur touristique. Des *casas rurales* (gîtes ruraux) fleurissent un peu partout sur les îles et le concept de vacances actives commence à prendre corps. Des parcours historiques sont balisés et mis en valeur, et l'engouement pour les sports nautiques, en particulier la planche à voile et le kitesurf, a explosé. Et, aux citadins stressés en quête de

Bon à savoir

» Lors d'une première rencontre avec un Espagnol, l'usage veut qu'on se serre la main.

» Ne tripotez pas les produits dans les magasins.

» Ne vous promenez pas en ville en maillot de bain.

À lire

Parcs des Canaries (Francisco J. Macías Martín). Une présentation approfondie et bien illustrée des parcs nationaux, de leur faune et de leur flore.

Nada (Carmen Laforet Días). Ce récit, en partie autobiographique, narre l'histoire d'une jeune fille ayant quitté ses Canaries natales pour aller étudier dans la Barcelone de l'après-guerre.

Religions
(en % de la population)

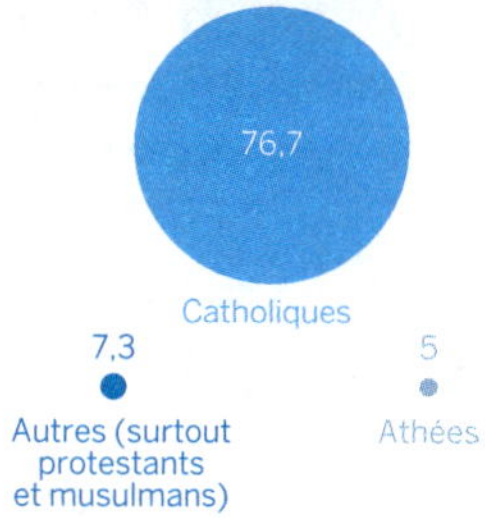

Sur 100 personnes aux Canaries

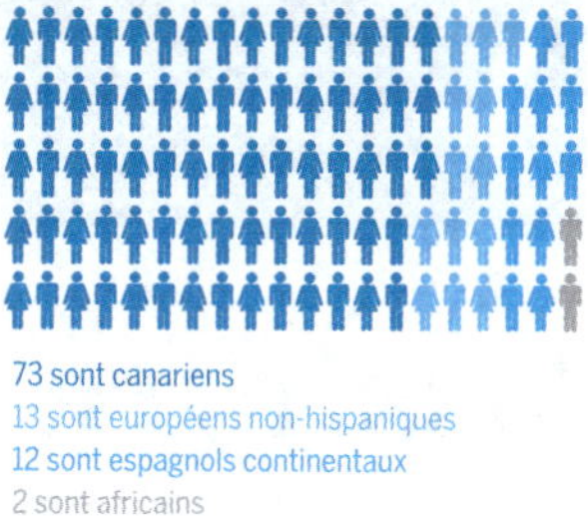

repos, les Canaries offrent aujourd'hui des cures *detox*, des retraites de yoga ou encore des massages au chocolat.

Des hommes et des projets

Étant donné leur proximité avec les côtes africaines, les Canaries attirent chaque année des milliers de candidats à l'immigration qui, en quête d'une vie meilleure, entreprennent la dangereuse traversée de l'Atlantique. En 2010, 28 136 Africains vivaient de façon permanente dans l'archipel. Tandis que certains se voient accorder le droit d'asile, d'autres sont envoyés dans l'un des centres de rétention de l'archipel avant d'être expulsés. Dans l'ensemble, les Canariens sont tolérants, mais les préjugés subsistent et, hélas ! il convient de mentionner que des touristes européens d'origine africaine font parfois l'objet de discrimination, en particulier dans les stations balnéaires du sud de Tenerife.

Plusieurs grands projets ont cours aux Canaries. La construction de trois lignes de chemin de fer (deux sur Tenerife et une sur la Grande Canarie) devrait commencer en 2012 pour s'achever en 2017. Le nouveau port de plaisance et de pêche de Garachico (Tenerife), qui doit voir le jour fin 2012 ou début 2013, devrait contribuer à relancer l'économie.

Pointé du doigt par la Commission européenne en 2009 pour ses manquements en matière de protection de l'environnement, l'archipel a redoré son blason écologique en lançant la construction d'un village bioclimatique à Tenerife. Mais ce n'est rien comparé à l'ambition affichée d'El Hierro : elle entend devenir, d'ici 2012, la première île au monde autosuffisante en électricité, grâce à la combinaison de l'énergie solaire et d'une centrale hydrolienne, dont les turbines seront alimentées en eau par un réservoir naturel de 500 000 m³ qui n'est autre que le cratère d'un volcan endormi ! Pour en savoir plus sur l'avancement du projet, rendez-vous sur www.elhierro.es.

» Point culminant de l'Espagne : El Teide, Tenerife (3 718 m)

» Ensoleillement : environ 2 800 heures par an

» Capacité hôtelière : 203 229 lits

» Étendue du littoral : 1 583 km

Conversation

L'économie Va-t-on enfin sortir de la crise ?

L'interdiction de fumer Elle a conduit à des pertes d'emplois, de nombreux bars ayant tiré le rideau.

La fiesta À quelle heure est la prochaine ?

À écouter

Pedro Guerra. *Mararía*, entre autres albums du célèbre auteur-compositeur canarien, pour lequel il a gagné un prix.

Rosana Arbelo Gopar. *Cantautora* aux paroles mélancoliques bercées par un mélange de rythmes cubains, espagnols et africains.

Histoire

D'intrigants mystères planent sur les origines des îles Canaries. Certains assurent ainsi que l'archipel serait constitué de vestiges de l'Atlantide, légendaire continent englouti évoqué par Platon. Selon une hypothèse plus plausible, mais non moins fascinante, ces îles ne seraient que la minuscule partie émergée de gigantesques volcans sous-marins. Et nombre d'énigmes entourent aussi leurs premiers habitants, les Guanches, qui disparurent progressivement, victimes des vagues d'invasion et de peuplement successives.

La première mainmise sur l'archipel fut conduite par l'aventurier français Jean de Béthencourt au début du XVe siècle. Avide de gloire mais manquant d'hommes et d'approvisionnements, il obtint le soutien de la couronne de Castille, et ce qui n'était au départ qu'une initiative française privée se transforma en conquête impérialiste espagnole. Tenerife fut en 1496 la dernière île canarienne à tomber, marquant la fin de 94 années de combat pour prendre l'archipel aux Guanches, peuple fier mais sous-armé.

Les conquistadors se montrèrent sans pitié avec la population autochtone, et de nombreux Guanches furent vendus comme esclaves ou moururent de maladies importées du continent européen. De nos jours, il ne reste plus grand-chose de la culture guanche, hormis le *silbo* (langue sifflée) de La Gomera – et les innombrables toponymes.

Des *cabildos insulares* (gouvernements insulaires) furent créés pour superviser la collecte des impôts, développer les infrastructures de base comme l'approvisionnement en eau et offrir des incitations aux candidats à l'immigration, qui ne tardèrent pas à arriver, surtout d'Europe.

Christophe Colomb fit halte plusieurs fois aux Canaries dans ses périples vers les Amériques. L'archipel profita d'abord de sa découverte, par l'essor d'un important commerce transatlantique, mais subit parallèlement une "délocalisation" de sa production de sucre, jusque-là florissante, vers le Nouveau Monde. Les exportations de vin vinrent au secours de l'économie, notamment à Tenerife, avant de pâtir à leur tour de

CHRONOLOGIE

2000 av. J.-C.

La datation au carbone de vestiges archéologiques révèle que le premier habitant des Canaries fut d'ascendance Cro-Magnon, peut-être venu d'Afrique du Nord.

40 av. J.-C.

Une expédition partie de Mogador (l'actuelle Essaouira, au Maroc) et conduite par le protégé de l'empereur romain Auguste, le roi Juba II, arrive dans l'archipel.

la concurrence croissante des Amériques. Une grande vague d'émigration vers le Nouveau Monde s'ensuivit. Comme pour ajouter à leurs difficultés économiques, ceux qui étaient restés aux Canaries durent faire face au début du XVIIIe siècle à de violentes éruptions volcaniques.

La situation commença cependant à s'améliorer à la fin du siècle, avec l'apparition de musées, d'écoles et d'hôpitaux. Les Canaries devinrent en 1821 une province espagnole avec pour capitale Santa Cruz de Tenerife ; en 1927, Madrid décida finalement de couper l'archipel en deux provinces. Les répercussions économiques de la guerre civile espagnole puis de la Seconde Guerre mondiale aggravèrent la misère dans l'archipel, et de nombreux Canariens choisirent là encore l'émigration. Il fallut attendre les années 1960, et les débuts du tourisme de masse, pour que l'économie canarienne se redresse durablement.

Aux commencements...

La datation au carbone des rares découvertes archéologiques a repoussé la date estimée des premiers établissements humains aux Canaries vers 2000 av. J.-C., mais il n'est pas inconcevable qu'ils soient antérieurs– on a par ailleurs retrouvé à Fuerteventura un os de chèvre datant de 3000 av. J.-C.

Il est possible que, dans leurs travaux de reconnaissance de la côte atlantique de l'Afrique du Nord, les Phéniciens, puis leurs successeurs les Carthaginois, aient aperçu les îles les plus orientales de l'archipel. Selon certains historiens, une expédition phénicienne aurait débarqué aux Canaries au XIIe siècle av. J.-C., de même que le Carthaginois Hannon en 470 av. J.-C.

L'Empire romain en pleine expansion vainquit Carthage au terme de la troisième guerre punique en 146 av. J.-C., mais les Romains semblent ne pas avoir trop cherché l'archipel, alors connu sous le nom d'Insulae Fortunatae (îles Fortunées). Un siècle et demi plus tard, peu après la naissance de Jésus-Christ, Rome reçut de la plume de Pline l'Ancien (23-79 apr. J.-C.) des informations plus ou moins solides sur l'archipel, fondées sur les récits d'une expédition emmenée vers 40 av. J.-C. par Juba II, roi nord-africain sous tutelle romaine. En l'an 150 de notre ère, Ptolémée parvint à une localisation assez précise des Canaries en traçant un méridien imaginaire marquant les confins du monde et qui passait par l'île d'El Hierro.

Les premiers Canariens (connus)

Comment les Guanches, décrits par les conquistadors comme de grands blonds aux yeux bleus, avaient-ils pu arriver aux Canaries ? Voilà qui a déconcerté les historiens des siècles durant. Se serait-il agi d'aventuriers scandinaves égarés ? De Celtes venus de la péninsule Ibérique, peut-être liés aux Basques ?

Les plus belles églises historiques

- » Iglesia de Nuestra Señora de Regla, Pájara, Fuerteventura
- » Nuestra Señora de Antigua, Antigua, Fuerteventura
- » Catedral de Santa Ana, Las Palmas de Gran Canaria
- » Iglesia de Nuestra Señora de la Concepción, Valverde, El Hierro
- » Iglesia del Salvador, Santa Cruz de la Palma
- » Iglesia de Nuestra Señora de la Concepción, La Laguna, Tenerife

150

L'illustre géographe Ptolémée localise assez précisément les Canaries en traçant un méridien imaginaire marquant les confins du monde, qui passe par l'île d'El Hierro.

1312

Le navigateur et explorateur génois Lanzerotto Malocello débarque sur l'île la plus au nord-est de l'archipel : elle s'appellera Lanzarote.

1402

Le 1er mai, le Normand Jean de Béthencourt, aventurier à ses heures, appareille de La Rochelle avec un équipage réduit et mal préparé, cap sur les Canaries.

1464

Les Rois Catholiques, ayant eu vent de l'intérêt des Portugais pour l'archipel, donnent mandat à Diego de Herrera, seigneur de La Gomera, pour attaquer les îles qui résistent encore.

Selon des travaux de génétique conduits en 2003, malgré les incessants bouleversements connus par la population, notamment la colonisation espagnole et le commerce des esclaves, l'ADN guanche est resté étonnamment prégnant dans le patrimoine génétique canarien (de 42% à 73%).

Chez les Guanches, on était vieux à 35 ans. En raison d'un régime alimentaire riche en dattes et en figues séchées, à forte teneur en sucre, ainsi que de l'emploi de meules grossières pour moudre les céréales, les aborigènes canariens se retrouvaient édentés dès l'âge de 25 ans, et de ce fait victimes d'infections qui causaient leur mort prématurée.

Selon une hypothèse plus admise, ces premiers habitants connus étaient en réalité les descendants de tribus libyco-berbères venues du Maghreb : en effet, le lien de parenté semble attesté par des similarités entre leurs toponymes, leurs pratiques funéraires et leurs gravures rupestres. De même, les yeux bleus et la blondeur sont deux traits assez fréquents chez les Berbères.

On estime qu'avant la conquête au XVe siècle, les Guanches étaient au environ 30 000 à la Grande Canarie et Tenerife, plus de 4 000 à La Palma, un bon millier sur El Hierro et quelques centaines à Lanzarote et Fuerteventura.

Le début de la conquête

Après la chute de l'Empire romain, les Canaries furent manifestement ignorées pendant pas moins d'un bon millénaire. Il n'existe presque aucune trace écrite d'éventuels voyages jusqu'au début du XIVe siècle, lorsque le capitaine génois Lanzerotto Malocello (Lancelot Maloisel) arriva par hasard sur l'île à laquelle il devait donner son nom : Lanzarote.

Le 1er mai 1402, Jean de Béthencourt, seigneur normand venu de Grainville et aventurier à ses heures perdues, appareilla de La Rochelle avec un équipage réduit et mal préparé, cap sur les Canaries. Le but affiché, en témoignait la présence de prêtres à bord, était d'évangéliser ces peuples païens. Mais Béthencourt était avant tout en quête de gloire et de richesse. Avec son associé Gadifer de la Salle, il espérait probablement faire des Canaries le camp de base d'une exploration de la côte africaine à la recherche du *Río de Oro*. Mais ce projet ne se concrétisa jamais, les boucaniers préférant conquérir les îles. S'ouvrit alors un chapitre peu glorieux, marqué par l'invasion, la traîtrise et le gâchis. De nombreux Guanches périrent ou furent vendus comme esclaves au cours du siècle, les autres étant voués à se fondre dans la société de l'envahisseur.

La troupe bigarrée de Béthencourt débarqua tout d'abord à Lanzarote, alors gouvernée par le *mencey* (roi guanche) Guardafía. Ne rencontrant aucune résistance, Béthencourt alla bâtir un fort sur Fuerteventura.

Et ce fut tout. Ses provisions épuisées, ses hommes trop peu nombreux pour une telle entreprise, le Normand mit le cap sur l'Espagne dans le but d'obtenir le soutien de la couronne de Castille. Ce qui avait commencé en aventure de francs-tireurs français privée se termina en conquête impérialiste espagnole.

Jean de Béthencourt revint aux Canaries en 1404 avec des navires, des hommes et des fonds. Fuerteventura, El Hierro et La Gomera tombèrent rapidement entre ses mains. Nommé suzerain des quatre îles par Henri III de Castille, Béthencourt encouragea ensuite l'installation de paysans normands et commença à engranger les bénéfices. Il rentra définitivement en Normandie en 1406, confiant sa conquête à son neveu Maciot.

1479

Par le traité d'Alcáçovas, le Portugal reconnaît la mainmise espagnole sur les Canaries.

1493

Tenerife oppose la plus vigoureuse résistance : en mai, le Galicien Alonso Fernández de Lugo y débarque avec 1 000 soldats d'infanterie et une cavalerie forte de 150 hommes.

1501-1585

La richesse des Canaries attise la convoitise de pirates et de corsaires : l'amiral ottoman Kemal Reis fait plusieurs incursions dans l'archipel, tandis que Murat Reis s'empare de Lanzarote en 1585.

1599

Durant la révolte des Pays-Bas contre la couronne d'Espagne, une offensive de grande envergure est lancée contre Las Palma de Gran Canaria : 12 000 hommes attaquent le Castillo de la Luz, qui garde le port.

Bisbilles et marasme

La suite de l'histoire n'est pas entrée dans les annales des plus glorieuses entreprises coloniales. Marquée par d'incessantes querelles et diverses révoltes de colons, la présence européenne après le départ de Béthencourt ne fit rien pour améliorer le sort de Canariens toujours plus opprimés.

Les insulaires étaient lourdement taxés et Maciot les enrôla par ailleurs dans diverses incursions ratées dans les trois îles restées indépendantes. Pour couronner le tout, il finit par revendre au Portugal les droits sur les quatre îles dont il avait hérité de son oncle. Naturellement, l'Espagne goûta peu cette nouvelle ; elle se vit finalement remettre les droits sur les îles par le pape Eugène IV. Les rivalités perdurèrent néanmoins, pour ne cesser qu'en 1479, avec le traité d'Alcáçovas et la reconnaissance par le Portugal de la mainmise espagnole sur les Canaries. En échange, l'Espagne accorda aux Portugais les Açores, les îles du Cap-Vert et Madère.

Exilé volontaire à Madère, Maciot y mourut en 1452. Une coterie de petits nobles espagnols prit sa suite sur la scène canarienne, déployant dans l'office une incompétence à l'aune de celle de leur prédécesseur.

Le top des musées d'histoire

» Casa-Museo de Colón, Grande Canarie

» Museo de la Piratería, Lanzarote

» Museo Arqueológico de Betancuria, Fuerteventura

» Museo Arqueológico, Tenerife

Les Rois Catholiques persévèrent

En 1478 arriva un nouveau commandant, Pedro de Vera, accompagné d'un contingent, envoyé sur ordre des Rois Catholiques Ferdinand et Isabelle, pour en terminer une fois pour toutes avec la conquête des Canaries. Bien qu'attaqués d'emblée par quelque 2 000 hommes sur le site de l'actuelle Las Palmas de Gran Canaria, les Espagnols l'emportèrent. Ils capturèrent ensuite le *guanarteme* (chef de l'île), Tenesor Semidan, au cours d'une offensive menée par la mer sur Gáldar.

Tenesor Semidan fut envoyé en Espagne, converti au catholicisme et rapatrié en 1483 pour convaincre ses compatriotes d'abandonner la lutte. Ils obéirent et certains furent ensuite invités par Pedro de Vera à participer à une offensive sur Tenerife. Le conquistador se rendit alors coupable de l'énième traîtrise de cette longue conquête, les envoyant tous pour être vendus comme esclaves en Espagne. Mais les *Canarios* connaissaient la chanson et forcèrent les navires qui les transportaient à accoster à Lanzarote.

Après la terrible répression d'une révolte à La Gomera, en 1488, Pedro de Vera fut relevé de ses fonctions de commandant de la conquête des Canaries.

Les dernières batailles

C'est le Galicien Alonso Fernández de Lugo qui prit la suite, recevant en 1491 un mandat royal pour conquérir La Palma et Tenerife. Il débuta en novembre par La Palma, conquise dès le mois de mai de l'année suivante.

1657

L'amiral britannique Robert Blake, un général d'Oliver Cromwell, s'empare d'une flotte de galions espagnols au prix d'un seul de ses navires, devant Santa Cruz de Tenerife.

1666

En révolte contre le monopole britannique sur le commerce du vin mis en place par de nouveaux colons, les viticulteurs de Garachico, à Tenerife, détruisent leurs caves et leur production.

FEARGUS COONEY/LONELY PLANET IMAGES ©

» Champ de lave, Timanfaya

1730-1737

Gigantesques éruptions volcaniques de Timanfaya, à Lanzarote : dévastatrices, les coulées de lave donnèrent aussi naissance à des terres fertiles, notamment pour la culture de la vigne.

C'est Tenerife qui résista le plus vigoureusement aux Espagnols. Lugo y débarqua en mai 1493 accompagné de mille soldats d'infanterie et de 150 cavaliers, dont des Guanches de la Grande Canarie et de La Gomera. Lors de ce qui entra dans l'histoire sous le nom de première bataille

LES GUANCHES

Les Guanches formaient une société essentiellement tribale, avec à la tête de chaque tribu un chef ou roi jouissant d'un pouvoir quasi absolu. Ils vivaient dans des grottes naturelles ou de modestes habitations basses en pierre ; les grottes et cavernes plus petites étaient utilisées pour l'entreposage des céréales ou comme lieux de culte.

Économie

La subsistance reposait sur l'agriculture, l'élevage, la chasse et la cueillette. L'essentiel de l'alimentation tenait en viande (chèvre et poisson) et en *gofio*, à base d'orge moulue et grillée – des plats toujours consommés de nos jours.

Usages vestimentaires et armement

La peau de chèvre était la base principale de l'habillement, tandis que les bijoux et les accessoires se résumaient pour l'essentiel à des colliers en terre cuite avec perles et coquillages. Le bois, la pierre et l'os étaient les matériaux utilisés pour les outils et les armes.

Religion

Les Guanches avaient un dieu, baptisé Alcorac à la Grande Canarie, Achaman à Tenerife et Abora à La Palma. Cette divinité aurait été étroitement assimilée à Magec (le soleil). Les habitants de Tenerife croyaient que l'Hadès (enfer) se trouvait dans le volcan Teide et était sous les ordres du démon Guayota.

Rôle des femmes

Bien que la société guanche fût globalement patriarcale, les femmes jouissaient d'un certain pouvoir. Sur l'île de la Grande Canarie en particulier, les droits de succession étaient transmis par la mère, non par le père. Mais lorsque les temps étaient durs, ils l'étaient plus encore pour les femmes. En période de famine, l'infanticide était une pratique répandue dans tout l'archipel, avec les filles pour victimes exclusives.

Luttes de pouvoir

Les différents clans d'une île étaient plutôt enclins à se quereller, et lorsque débuta la conquête de l'archipel par les Européens, au XVe siècle, celui-ci était divisé en quelque 25 fiefs – le record étant détenu par La Palma, avec pas moins de 12 cantons à elle seule.

1797

Une flotte britannique emmenée par l'amiral Horatio Nelson attaque Santa Cruz de Tenerife. Envoyé pour intercepter une précieuse cargaison, il perd son bras droit dans la bataille.

1821

Les Canaries deviennent une province espagnole, avec pour capitale Santa Cruz de Tenerife ; Las Palmas de Gran Canaria exige la scission de la province en deux.

1850-1890

La pénurie alimentaire et le chômage persistants se traduisent par une saignée démographique : pas moins de 40 000 Canariens émigrent au Venezuela et ailleurs en Amérique latine.

1923

Le général Miguel Primo de Rivera, arrivé au pouvoir en Espagne à la faveur d'un coup d'État militaire, améliore les infrastructures aux Canaries, notamment les routes et l'alimentation en eau.

d'Acentejo, Lugo fut vaincu par les Guanches, avantagés notamment par leur bonne connaissance de cette zone montagneuse.

Le 25 décembre 1494, 5 000 Guanches emmenés par Bencomo furent mis en déroute lors de la deuxième bataille d'Acentejo. Le site, à quelques kilomètres au sud de La Matanza, a conservé le nom de La Victoria (victoire). En juillet de l'année suivante, lorsque Lugo marcha sur le Valle de la Orotava pour affronter le successeur de Bencomo, Bentor, les Guanches, malades et démoralisés, n'étaient pas en état de résister. Bentor se rendit : la conquête était terminée. Il fallut encore deux ans pour vaincre les dernières poches de résistance, et Bentor finit par se donner la mort.

Quatre ans après la chute de Grenade et la réunification de l'Espagne chrétienne, les Rois Catholiques célébraient leur premier exploit impérialiste : la soumission, en à peine 94 ans, d'un petit archipel de l'Atlantique défendu par des tribus du néolithique.

La Gomera fut la dernière terre foulée par Christophe Colomb avant qu'il ne mît le cap sur le Nouveau Monde.

Une économie fragile, un territoire menacé

Dès le début du XVIe siècle, les îles de la Grande Canarie et Tenerife, en particulier, attirèrent des flots réguliers de colons venus d'Espagne, du Portugal, de France, d'Italie et même de Grande-Bretagne. Chaque île disposait de son autorité propre, et la canne à sucre devint bientôt la principale exportation des Canaries.

La “découverte” du Nouveau Monde en 1492 par Christophe Colomb, passé plusieurs fois aux Canaries dans ses périples vers les Amériques, eut des répercussions diverses. Elle suscita un important commerce transatlantique mais elle se traduisit aussi par une “délocalisation” de la production de sucre vers le nouveau continent, où la canne était cultivée et transformée à moindre coût. L'économie locale ne dut son salut qu'à la demande croissante de vin à l'exportation, produit surtout à Tenerife.

Les îles Canaries, de Attilio Guadio, un ouvrage synthétique sur l'histoire de l'archipel.

Les îles plus pauvres, notamment Lanzarote et Fuerteventura, restaient à la traîne, et leur population pauvre vivait de contrebande et de piraterie au large des côtes marocaines (le jeu des représailles avec les pirates marocains durera des siècles).

Les Espagnols devaient défendre leurs possessions. Le succès le plus spectaculaire en la matière revint à l'amiral britannique Robert Blake, célèbre amiral d'Oliver Cromwell. En 1657, un an après l'entrée en guerre de l'Angleterre et de l'Espagne, Blake écrasa une flotte de galions espagnols au prix d'un seul de ses navires devant Santa Cruz de Tenerife.

Les attaques britanniques culminèrent en 1797 avec l'offensive de l'illustre amiral Horatio Nelson sur Santa Cruz. Envoyé pour intercepter une autre précieuse cargaison, il échoua à prendre la ville d'assaut et y laissa un bras.

1927

Madrid décide finalement de créer deux provinces aux Canaries : Tenerife, La Gomera, La Palma et El Hierro à l'ouest, Fuerteventura, Grande-Canarie et Lanzarote à l'est.

1936

En mars, le gouvernement décide de transférer aux îles Canaries le général Franco, vétéran des guerres espagnoles au Maroc et proche des durs de la Légion étrangère espagnole.

Années 1940

La guerre civile espagnole a des conséquences terribles pour les Canaries : entre rationnement, pénurie alimentaire et misère, le marché noir prospère.

Années 1950

Dans l'après-guerre, la détresse économique des Canaries et de l'Espagne en général ne faiblit pas. L'émigration de masse reprend : 16 000 *Canarios* tentent leur chance au seul Venezuela.

À lire sur la guerre d'Espagne

» *Pour qui sonne le glas* – Ernest Hemingway

» *La guerre d'Espagne* – Hugh Thomas

Rivalités intestines

Au sein même des Canaries, une rivalité se fit jour entre la Grande Canarie et Tenerife pour la suprématie sur l'archipel.

Lorsque les Canaries devinrent une province espagnole, en 1821, Santa Cruz de Tenerife fut déclarée capitale de l'archipel. Les prises de bec entre les deux îles principales restaient nombreuses, et Las Palmas demanda à de multiples reprises la division de la province en deux. L'idée fut brièvement mise en pratique dans les années 1840, sans grand succès.

En 1927, Madrid décida finalement de faire des Canaries deux provinces, avec Tenerife, La Gomera, La Palma et El Hierro à l'ouest, et Fuerteventura, la Grande Canarie et Lanzarote à l'est.

L'Espagne franquiste

Dans les années 1930, alors qu'en Espagne continentale la gauche et la droite devenaient de plus en plus revendicatives, les craintes de coup d'État montèrent. En mars 1936, le gouvernement décida de "transférer" aux îles Canaries le général Franco, vétéran des guerres espagnoles au Maroc et idole des durs de la Légion étrangère espagnole.

Ce n'était pas sans raison qu'on le soupçonnait d'être mêlé à un complot de renversement du gouvernement : lorsque les garnisons qui lui étaient favorables à Melilla (enclave espagnole au Maroc) se soulevèrent prématurément le 17 juillet, Franco était prêt. Après s'être emparé de l'archipel quasiment sans livrer bataille (le commandant pro-républicain de la garnison de Las Palmas était mort dans d'étranges circonstances le 14 juillet), Francisco Franco s'envola le 19 juillet pour le Maroc. Malgré l'absence de combats aux Canaries, les nationalistes n'eurent aucun scrupule à arrêter quiconque était suspecté d'avoir des sympathies républicaines.

La misère économique qui frappa l'Espagne après la guerre civile n'épargna pas l'archipel, conduisant de nombreux Canariens à émigrer. Dans les années 1950, la situation était si désespérée que 16 000 partirent clandestinement, pour la plupart au Venezuela, alors même que ce pays avait fermé ses portes à l'immigration. Un tiers de ces Canariens périrent en traversant l'océan.

Tourisme, "nationalisme" et enjeux actuels

La décision de Franco d'ouvrir l'Espagne au tourisme venu d'Europe du Nord bénéficia autant aux Canaries qu'à l'Espagne continentale. Des millions de vacanciers visitent aujourd'hui l'archipel toute l'année.

Quoique toujours marginal, le nationalisme canarien a refait surface dans l'opposition à Franco. Le MPAIC (*Movimiento para la Autodeterminación e Independencia del Archipiélago Canario*), fondé en 1963 par Antonio Cubillo pour promouvoir la sécession des îles,

Années 1960

La fortune semble enfin sourire à l'archipel : l'essor du tourisme, venu en particulier d'Allemagne et de Grande-Bretagne, conduit à de nombreuses créations d'emplois. On commence à immigrer aux Canaries.

1982

En vertu de la nouvelle Constitution adoptée à Madrid en 1978, les Canaries deviennent en août de cette année-là une *comunidad autónoma* (communauté autonome).

1995

L'archipel organise ses premières élections régionales, à l'issue desquelles est créée la Coalición Canaria (CC), qui travaille en collaboration avec le gouvernement central.

se lança à la fin des années 1970 dans une campagne de terrorisme. Échappant aux autorités espagnoles, Cubillo s'était enfui en Algérie dans les années 1960 et fut autorisé à rentrer en Espagne en 1985.

En 1978, une nouvelle Constitution axée sur la décentralisation fut adoptée à Madrid. Les Canaries devinrent en août 1982 une *comunidad autónoma* (communauté autonome), mais restèrent formées de deux provinces.

La force principale de la politique canarienne, depuis sa première victoire régionale en 1995, est la Coalición Canaria (CC). Quoique peu portée sur l'indépendance (hypothèse d'ailleurs peu probable), la CC place les intérêts de l'archipel devant les considérations nationales. Le Partido Socialista Obrero Español (PSOE) a remporté la plus grand nombre de sièges aux élections régionales de 2007, mais c'est un gouvernement de coalition qui a été formé entre les nationalistes de la CC et le Partido Popular (PP), conservateur.

Au cours des dix dernières années, l'immigration venue d'Afrique et d'ailleurs a profondément bouleversé la démographie canarienne et contraint l'archipel à revoir sa posture à l'égard du continent. Depuis quinze ans, les Canaries ont fait de la coopération une priorité et investi quelque 17 millions d'euros dans l'éducation, la santé et les infrastructures en Afrique, notamment dans les réseaux de transport et de communications avec ce continent.

Ces dernières années, on constate des tensions croissantes entre la construction effrénée et les concertations pour préserver les ressources naturelles et la beauté des Canaries. Un dialogue permanent a lieu entre les formations politiques, la population et les écologistes pour concilier au mieux la dépendance de l'archipel à l'égard du tourisme et la nécessité (avérée ou non) de construire de nouveaux hôtels, ports et terrains de golf, avec le besoin urgent de préserver les ressources en eau, de lutter contre la pollution marine et d'éviter que le béton empiète sur la faune et la flore, qui font des Canaries un paradis naturel.

Cuba fut une destination très prisée par les Canariens fuyant la guerre civile : les liens tissés alors entre l'archipel espagnol et l'île antillaise restent forts aujourd'hui, tant au niveau officiel qu'entre les populations.

FEARGUS COONEY/LONELY PLANET IMAGES ©

» L'observatoire de La Palma

2007

Le plus grand télescope du monde commence ses observations de la voûte céleste à l'Observatorio del Roque de los Muchachos de La Palma, l'un des meilleurs sites d'astronomie de l'hémisphère Nord.

La cuisine canarienne

Le *turrón* est une gourmandise de Noël très appréciée dans toutes les Canaries. La recette de ce nougat typiquement espagnol, à base de miel, d'amandes et de sucre, remonte au XIVe siècle.

TURRÓN

Comme dans toute l'Espagne, s'attabler en bonne compagnie autour d'un repas ou d'un verre est un plaisir inhérent à la vie canarienne : les Canariens n'hésitent pas à parcourir des kilomètres pour découvrir le nouveau restaurant ou bar à tapas dont tout le monde parle, en particulier le dimanche midi – le déjeuner dominical au restaurant, et en famille, a ici rang d'institution.

Simplicité et produits frais caractérisent la cuisine canarienne typique : poissons grillés relevés d'une sauce parfumée aux aromates, pommes de terre en robe des champs à la peau froissée et salée, agneau grillé juteux, salade verte accompagnée d'avocat fondant cueilli à deux pas, ou encore œufs brouillés aux asperges sauvages. Si les restaurants disposent aujourd'hui de tous les produits mondiaux imaginables, rien ne vaut la délicieuse rusticité de la cuisine insulaire. Au restaurant, commandez le *plato del día* ou le *pescado del día* (plat/poisson du jour), qui sont le plus souvent un régal.

Au cours des siècles, les plats traditionnels des Canaries se sont métissés au contact de la cuisine espagnole et sud-américaine, aboutissant à des versions locales particulières de recettes venues d'ailleurs. Les grandes stations balnéaires proposent évidemment tous les classiques internationaux : pizzerias, plats asiatiques et autres pubs anglais. Mais ce sont les repas pris loin des masses de touristes, dans les confortables restaurants à la ferme, qui vous laisseront de loin les meilleurs souvenirs.

Spécialités

Surnommé le *pan de los Canarios* (pain des Canariens), le *gofio* est le produit local par excellence. Ce mélange de céréales grillées, blé, maïs ou orge, fait partie intégrante de l'alimentation aux Canaries – vous apprendrez à l'apprécier. Mélangé dans diverses proportions, il se consomme tel quel au petit-déjeuner ou dans des pâtisseries, associé à des amandes et des figues. Les plus fervents amateurs le trouveront même sous forme de glace et de liqueur. Le *gofio* est vendu en supermarché et directement par les quelques moulins encore en activité.

Présents sur toutes les tables des repas, les *mojos* sont différents types de sauces à base de coriandre, de basilic ou de piment. Les innombrables variantes de *mojos* assaisonnent tout, du poulet au fromage. Vous prendrez très vite goût à l'une ou l'autre recette de *mojo*.

Les *papas arrugadas* ("patates ridées"), petites pommes de terre nouvelles cuites dans leur peau dans de l'eau très salée, sont certainement le plat le plus connu.

Parmi les nombreuses soupes, le *potaje de berros* (potage de cresson) est typiquement canarienne. Le *rancho canario*, très roboratif, évoque plutôt une garbure avec ses grosses pâtes, ses morceaux de viande et de légumes.

Vous découvrirez certaines spécialités locales plus en détails dans les chapitres dédiés à chaque île.

Produits du marché

Bananes et tomates sont d'autres incontournables de l'assiette canarienne, même si les marchés débordent désormais de tous types de fruits et légumes. Il serait d'ailleurs dommage de ne pas aller sur un marché durant votre séjour. Figues dodues à la chair violette et juteuse, bouquets odorants de persil et de menthe, aubergines noires lustrées, bottes de carottes orange vif, grosses papayes jaune soleil ou tresses d'ail charnu : c'est un régal pour les sens que de déambuler entre les étals de produits de saison ! Bœuf, porc et agneau (souvent importés) se trouvent partout, mais la *cabra* (chèvre) et le *cabrito* (chevreau) restent l'une des principales sources de protéines. La plupart des fromages canariens sont à base de lait de chèvre et souvent très réputés, à juste titre : ainsi, le délicieux *majorero* de Fuerteventura est recherché par tous les gastronomes, qui se le procurent de préférence sur les marchés.

Les *papas arrugadas* sont des pommes de terre bouillies dans une eau si salée que le sel leur colle à la peau. On utilise pour cette recette une variété de *papas antiguas* (pommes de terre anciennes) dérivée des premières variétés importées des Amériques au XVe siècle. Vous risquez d'avoir du mal à en préparer chez vous : ces tubercules ne sont cultivés qu'aux Canaries, essentiellement à Tenerife.

D'un rivage à l'autre : influences hispaniques

La cuisine des Canaries doit beaucoup au Nouveau Monde. L'Amérique du Sud a fourni des produits de base comme les pommes de terre, les tomates et le maïs. C'est aussi de là qu'arrivèrent avocats et papayes, alors que les mangues vinrent d'Asie. Tous ces délices sont à chercher dans les vallées et aux étals des magasins.

Certains plats espagnols classiques sont très répandus, comme la paella, ce riz au safran mélangé de poulet, de lapin ou, de loin la meilleure, de poisson et de fruits de mer, les *tortillas* (omelettes), le gaspacho (soupe froide à la tomate consommée l'été), diverses *sopas* (soupes) et les *pinchos morunos* (brochettes de viande au barbecue).

Desserts et autres douceurs

Les Canariens aiment les desserts sucrés. Les friandises les plus connues sont le *bienmesabe*, délicieusement sucré (pâte épaisse faite de miel et d'amandes), les *frangollos* (mélange de farine de maïs, de lait et de miel), les *tirijaras* (genre de confiseries), *les bizcochos lustrados* (proches du cake) et le *turrón de melaza* (nougat de mélasse).

Ne ratez pas les *quesadillas* d'El Hierro, où on fabrique ces pâtisseries fromagères à la cannelle (ou parfois aux graines d'anis) depuis le Moyen Âge. Les *Morcillas dulces*, à base de raisins et d'amandes, sont très particulières, elles rappellent les petites tourtes anglaises aux fruits secs (*mince pie*).

Manger aux Canaries

Le petit-déjeuner *(desayuno)*, sans chichi, associe jus de fruits, café ou thé, céréales ou *gofio* et toasts au jambon ou au fromage. Vous trouverez dans les *churrerías* ces beignets délicieusement décadents que sont les *churros*, souvent servis avec une tasse de chocolat chaud particulièrement épais.

MENÚ DEL DÍA

Le meilleur ami du voyageur, aux Canaries comme dans le reste de l'Espagne, est le *menú del día*, menu du jour servi le midi et parfois le soir dans la plupart des restaurants. Il comporte généralement une entrée (salade, soupe ou pâtes), suivie d'un plat de viande, de poisson ou de fruits de mer et d'un dessert simple, spécialité locale (voir desserts ci-dessus) ou espagnole classique du type *flan* (crème caramel), *helado* (glace) ou fruit. Boissons (parfois une généreuse demi-bouteille de vin du patron) et café peuvent être compris ou non.

VÉGÉTARIENS ET VÉGÉTALIENS

Si les Canaries ont pour certains un air de paradis, elles ressemblent à un purgatoire pour les végétariens, et à un enfer pour les végétaliens. C'est un pays résolument omnivore, et votre choix (à moins de faire vos courses) sera limité. Les salades sont bonnes, et on trouve différents accompagnements, comme les *champiñones* (champignons sautés à l'ail dans de l'huile d'olive). Autres possibilités : *berenjenas* (aubergines), *menestra* (solide ragoût de légumes), *espárragos* (asperges), *lentejas* (lentilles) et autres légumes secs, souvent proposés en accompagnement. Les restaurants convenant aux végétariens sont signalés dans le guide par le symbole .

Si vous vous voulez petit-déjeuner à l'anglaise, les bars tenus par des Britanniques servent bacon, œufs et autres classiques du genre. Dans la plupart des hôtels est proposé un buffet de petit-déjeuner avec produits chauds et froids.

Le repas principal est le déjeuner *(la comida* ou, plus rarement, *el almuerzo).* Si les Canariens mangent souvent chez eux en famille, les restaurants ne désemplissent pas. Ils servent de 13h à 16h et nombre d'entre eux proposent le midi un *menú del día.*

Chez eux, les Canariens dînent assez tard, à partir de 21h. Les restaurants ouvrent généralement à partir de 20h et servent jusqu'à 23h, voire plus tard, en particulier dans les villes touristiques. Le soir, les insulaires se contentent d'un repas léger chez eux, mais s'offrent de bons dîners à l'extérieur les week-ends et pour les grandes occasions.

Les en-cas apéritifs sont empruntés le plus souvent aux diverses cuisines espagnoles. On trouve en général de quoi tromper sa faim en attendant le véritable repas. Appelés ici *meriendas* ce sont souvent des tapas et des *bocadillos* assez secs, comportant une tranche de jamón (jambon) et/ou de *queso* (fromage) ou un morceau de *tortilla española* (omelette aux pommes de terre).

Si vous êtes à la fois sportif et amateur de vin, Lanzarote organise chaque année en juin une Wine Run (course du vin) : l'itinéraire (21 km pour les coureurs, 10 km pour les marcheurs) comprend des haltes-dégustations de vin dans six bodegas en chemin.

Les boissons

Les cafés et les bars sont ici une partie indissociable de la culture, et quasiment tous servent indifféremment café et alcool. Au nombre des différents types de débits de boissons on compte les *cervecerías* (bars à bière rappelant un peu les pubs), *tabernas* (tavernes) et *bodegas* (bars à vins à l'ancienne).

Café

Les insulaires l'aiment fort et amer, adouci avec du lait concentré sucré. On s'y habitue, mais nombre de visiteurs étrangers (anglo-saxons) trouvent la version locale imbuvable.

Vous trouverez notamment ces différentes "recettes" :

» *Café con leche* Moitié café, moitié lait chaud.

» *Sombra* Plus de lait que de café.

» *Café solo* Café noir court (expresso).

» *Cortado* Expresso avec une goutte de lait (équivalent du café "noisette").

» *Cortado de leche y leche* Expresso allongé de lait normal et de lait concentré.

» *Barraquito* Un *cortado* servi dans une plus grande tasse.

» *Café con hielo* Tasse de café chaud à verser dans un verre rempli de glaçons (café frappé).

Vin

La viticulture n'est pas très développée, mais on trouve quand même du vin correct, *blanco* (blanc), *tinto* (rouge) ou *rosado* (rosé). Les prix, très variables, sont en général en rapport avec la qualité. Compter environ 6 € pour avoir quelque chose d'agréable.

Un des vins les plus répandus est la *malvasía,* issue du cépage méditerranéen du même nom. C'est un blanc le plus souvent doux (*dulce*) bien qu'il soit aussi parfois sec (*seco*). Il est surtout courant à La Palma.

Tenerife est la principale productrice de vins, et le Tacoronte Acentejo rouge le premier vin des Canaries à avoir bénéficié d'une DO (*denominación de origen* ou appellation d'origine contrôlée – *AOC*) qui impose des critères de qualité pour la vendange comme pour l'élevage du vin. Les régions viticoles sont Icod de los Vinos, Güímar et Tacoronte à Tenerife. À Lanzarote, le vin est redevenu à la mode depuis le début des années 1980, et en 1993 les *malvasías* de l'île ont reçu leur propre DO.

Bière

Le plus souvent, pour commander une bière (*cerveza*) on demande une *caña,* le demi pression local (*cerveza de barril* ou *cerveza de presión*). La Dorada, brassée à Santa Cruz de Tenerife, est très douce. Un peu plus légère, l'agréable Tropical, brassée sur la Grande Canarie, est la boisson apéritive favorite dans les îles orientales.

Alcools

En dehors des spiritueux venus d'Espagne tels que l'*aguardiente* (eau-de-vie de raisin), le *coñac* et toute une série d'autres *licores* (liqueurs), il faut goûter les eaux-de-vie locales. La *mistela* de La Gomera, mélange de vin, sucre, rhum et parfois miel est une boisson intéressante. Redoutable !

Arts et culture

Si les Canaries appartiennent bien à l'Espagne, l'archipel se distingue sensiblement de la partie continentale du pays par son architecture, ses arts et, dans l'ensemble, sa culture où abondent les marques d'une influence latino-américaine. Les Canariens sont en règle générale une sympathiques et accueillants, très attachés aux traditions et à la famille – et à la fête. Si vous le pouvez, joignez-vous à une de leurs *fiestas,* toujours d'une merveilleuse exubérance.

Les plus beaux *artesonados* mudéjars

- » **Iglesia de Nuestra Señora de la Concepción**, La Laguna, Tenerife
- » **Iglesia de Santa Catalina**, Tacoronte, Tenerife
- » **Iglesia del Salvador**, Santa Cruz de la Palma
- » **Iglesia de Santa María**, Buenaventura, Fuerteventura
- » **Iglesia de Nuestra Señora de Rega**, Pájara, Fuerteventura

Arts

Architecture

Dans l'archipel, toutes les constructions que vous pourrez croire préhispaniques ont été soit lourdement restaurées, soit entièrement reconstituées – quand il ne s'agit pas d'un parc à thème. Les Guanches vivaient pour la plupart dans des grottes et il ne reste quasiment rien aujourd'hui des maisons rudimentaires qu'ils construisaient. Vous entendrez souvent parler d'"architecture canarienne typique", mais les influences ont été si nombreuses au fil des siècles qu'il est bien difficile de la définir. Il n'est d'ailleurs pas rare qu'un édifice soit marqué par plusieurs styles architecturaux distincts.

La période coloniale

Parfaite illustration de ces superpositions de styles, l'architecture coloniale mêle des influences espagnoles, portugaises, françaises, flamandes, italiennes et anglaises. Lorsque s'achève la conquête des Canaries, à la fin du XVe siècle, les styles gothique et mudéjar (architecture hispano-mauresque) appartiennent pour ainsi dire au passé. L'intérieur de la Catedral de Santa Ana de Las Palmas est néanmoins un beau témoignage de ce que certains historiens de l'art appellent le "gothique atlantique". Le fascinant style mudéjar n'est parvenu dans l'archipel que par bribes, avec par exemple ces sublimes plafonds à caissons de bois appelés *artesonados.*

Vous pourrez vous faire une idée de l'exubérance plateresque (de *plata*, l'argent, car le style évoque l'art de l'orfèvre) avec la Catedral de Santa Ana de Las Palmas et l'Iglesia de Nuestra Señora de la Concepción, cette dernière faisant d'ailleurs figure de référence en matière de travail des styles, du gothique au plateresque en passant par le mudéjar. Le baroque, emblématique du XVIIe siècle, a laissé plusieurs empreintes sur l'archipel, mais c'est l'église paroissiale Betancuria, à Fuerteventura, qui en est le témoignage le mieux préservé.

Parmi les traits les plus caractéristiques de cette période figurent les patios et des balcons en bois sculpté d'une grande beauté. Le quartier historique de Vegueta, à Las Palmas de Gran Canaria, conserve d'excellents témoignages de cette architecture.

Le modernisme

Le modernisme est illustré sur la Calle Mayor de Triana et dans les maisons du quartier de Triana, à Las Palmas de Gran Canaria.

Le grand génie de l'architecture canarienne moderne est incontestablement César Manrique (1919-1992), né à Lanzarote. Ses créations d'inspiration écologique exploitant souvent la pierre volcanique et d'autres matériaux locaux peuvent se voir dans tout l'archipel, mais plus encore sur son île natale. Son œuvre est si admirée que certains organisent tout leur séjour autour de la visite de l'ensemble des sites. Pour en savoir plus, voir p. 102.

L'emblème architectural des Canaries contemporaines est l'Auditorio de Tenerife en forme de vague construit par Santiago Calatrava, édifice polyvalent dont la silhouette de déferlante domine le front de mer à Santa Cruz de Tenerife. Las Palmas de Gran Canaria est également une ville d'architecture : on retiendra notamment l'intérieur du Centro Atlántico de Arte Moderno, conçu par Sáenz de Oiza, l'Auditorio Alfredo Kraus d'Óscar Tusquets, et la tour Woermann d'Iñaki Ábalos et Juan Herreros.

Architecture de César Manrique

» **Jameos del Agua**, Malpaís de la Corona, Lanzarote

» **Parque Marítimo**, Santa Cruz de Tenerife

» **Fundación César Manrique**, Tahiche, Lanzarote

» **Mirador del Río**, nord-ouest de Lanzarote

Peinture et sculpture

En regard de leur superficie relativement limitée, les Canaries se targuent d'un grand nombre de musées, de sculptures en plein air et de galeries d'art. Un véritable goût pour la création de qualité semble même avoir gagné jusqu'au Canarien moyen : ainsi, certains restaurants et hôtels ont aujourd'hui tendance à préférer parer leurs murs d'œuvres originales d'artistes locaux, plutôt que d'y accrocher les mêmes sempiternelles reproductions de Picasso.

Les Guanches

Les premiers artistes canariens furent naturellement les Guanches : certaines de leurs belles peintures rupestres sont encore visibles dans plusieurs sites dont la Cueva Pintada, à Gáldar (Grande Canarie). Essentiellement géométriques, leurs motifs ont inspiré des artistes de grande renommée, tel Manolo Millares (1926-1972), natif de Las Palmas de Gran Canaria, mais aussi les décors qui ornent aujourd'hui T-shirts souvenirs et céramiques. La plus populaire des sculptures de ces premiers artistes est l'*Ídolo de Tara,* retrouvée à la Grande Canarie, une idole guanche aux opulentes courbes féminines que vous retrouverez elle aussi sur des tissus et en reproductions de terre cuite.

Quelques grands sculpteurs contemporains

» Eduardo Gregorio

» Plácido Fleitas

» Manolo Millares

» César Manrique

» Juan Bordes

Artistes du XVIIe au XIXe siècle

Au XVIIe siècle, le Tinerfeño Gaspar de Quevedo est le premier grand peintre canarien. Sa relève est assurée au siècle suivant par Cristóbal Hernández de Quintana (1659-1725), dont les œuvres ornent encore la Catedral de La Laguna, à Tenerife. Plus marquant, Juan de Miranda (1723-1805) est l'auteur de chefs-d'œuvre comme *La Adoración de los*

MARTÍN CHIRINO

Martín Chirino, né à Las Palmas de Gran Canaria en 1925, est largement considéré comme l'un des plus grands sculpteurs espagnols du XXe siècle. Dans sa jeunesse, il multiplie les séjours en Afrique, notamment au Maroc et au Sénégal, et son travail en est profondément marqué, en particulier ses premières œuvres. Les sculptures géantes de Chirino, le plus souvent en bronze, sont à voir dans tout l'archipel, telles *Espiral* (1999) à Santa Cruz de Tenerife, *El Pensador* (2002), qui s'élève sur le campus de l'université de Las Palmas de Gran Canaria, ou *Raíz* (1967), devant le Palacio de Congresos de Las Palmas.

Artisanat local

» **La Gomera et Tenerife** Poteries de style guanche, vannerie

» **Lanzarote et Grande Canarie** *Timples* (petits instruments à cordes)

» **El Hierro, La Palma et La Gomera** Tapis

» **Tenerife** Dentelle de Vilaflor

Le célèbre acteur espagnol Javier Bardem est natif de Las Palmas de Gran Canaria. Se destinant d'abord à la peinture, il avait mené des études d'art à la prestigieuse Escuela de Arte y Oficios de Madrid. Lui qui avait débuté au cinéma comme simple figurant a fini par embrasser cette carrière à plein temps – et par épouser au passage sa consœur et compatriote Penélope Cruz.

Pastores (L'Adoration des bergers) de l'Iglesia de Nuestra Señora de la Concepción à Santa Cruz de Tenerife.

Au XIXe siècle, Valentín Sanz Carta (1849-1898) fut l'un des premiers peintres paysagistes canariens, de même que Lorenzo Pastor et Lillier y Thruillé, dont on peut voir des œuvres au Museo de Bellas Artes de Santa Cruz de Tenerife.

Le principal représentant de l'impressionnisme canarien fut Manuel González Méndez (1843-1909), dont *La Verdad venciendo el Error* (La Vérité triomphant de l'Erreur) est exposée à l'*ayuntamiento* (hôtel de ville) de Santa Cruz de Tenerife.

Le XXe siècle

Le Cubano-Canarien José Aguiar García (1895-1976), né de parents gomeros, grandit à Cuba. Peintre prolifique, il atteignit le sommet de son art avec la fresque. On peut voir ses œuvres dans tout l'archipel : le *Friso Isleño* (frise insulaire) se trouve au casino de Santa Cruz de Tenerife.

Tous les grands courants artistiques européens ont laissé leur empreinte aux Canaries. On citera les peintres Francesco Miranda Bonnin (1911-1963) et Jesús Arencibia (1912-1993), auteur de la grande fresque de l'Iglesia de San Antonio Abad à Las Palmas de Gran Canaria.

La première exposition surréaliste d'Espagne se tint à Santa Cruz de Tenerife le 11 mai 1935. Le plus illustre représentant canarien de ce mouvement, le Tinerfeño Óscar Domínguez (1906-1957), s'installa à Paris en 1927 et fut fortement influencé par Picasso. De cette période on retient également le cubiste Antonio Padrón (1920-1968), à qui est dédié un magnifique musée installé dans son ancien atelier, sur l'île de la Grande Canarie.

L'art abstrait canarien a pour fer de lance Manuel Millares (1921-1972), tandis qu'Alberto Manrique (né en 1926, sans lien de parenté avec César Manrique), originaire de la Grande Canarie, peint des œuvres spectaculaires et perturbantes en déjouant les lois de la perspective. Une partie de son travail est exposé au Centro de Arte Canario, à La Oliva (Fuerteventura).

Artisanat canarien

Les Canaries possèdent une tradition artisanale bien ancrée, avec même une spécialité pour chaque île. Vous trouverez nappes, serviettes et autre linge de table brodé et garni de délicates dentelles un peu partout dans l'archipel, grâce à un savoir-faire transmis de génération en génération. Attention toutefois aux importations chinoises vendues pour des produits locaux, notamment sur les marchés. Outre les signes extérieurs de qualité, le prix est un bon critère pour reconnaître une pièce authentique : fruit d'un long et dur labeur, les broderies artisanales ne sont pas bon marché. On assiste cependant à une baisse générale des prix, du fait de la certaine désaffection dont souffrent aujourd'hui ces textiles.

Avec leurs couleurs vives et leurs rayures pleines de simplicité, les tapis de laine, plus intemporels, sont toujours fabriqués avec art sur des métiers à tisser manuels. Vous pourrez aussi ramener des Canaries de la vannerie, des poteries inspirées des Guanches, diverses céramiques et des chapeaux de paille de toutes sortes.

Musique

Emblématique du patrimoine musical *canario*, le *timple* est une sorte de ukulélé d'origine mal connue, probablement introduit dans l'archipel au XVe siècle par les esclaves berbères.

C'est un petit instrument en bois à cinq cordes (le *timple* berbère était, dit-on, composé d'une carapace de tortue) aux sonorités aiguës.

Vous verrez cet instrument dans toutes les fêtes traditionnelles, interprétant des danses telles que l'*isa* et la *folía* et, si vous êtes en veine, le *tajaraste*, qui, tout populaire qu'il soit demeuré à La Gomera, serait la seule danse des Guanches arrivée jusqu'à nous.

Culture

Identité régionale

Difficile de résumer les peuples et traditions de sept îles en une description synthétique. Les habitudes, les expressions, la cuisine et la musique varient sensiblement d'une île à l'autre et les rivalités sont fortes, notamment entre les poids lourds que sont Tenerife et la Grande Canarie. Mais l'archipel tout entier se caractérise par une même fierté d'être canarien et la conviction que l'histoire et la culture des îles les distinguent du reste de l'Espagne. Si la plupart des Canariens présentent les mêmes traits typiquement méditerranéens que les Espagnols (cheveux foncés, regard ténébreux et teint mat), vous verrez probablement qu'ils ne se pensent pas aussi Espagnols que cela.

Au lendemain de la victoire des socialistes à Madrid, en 1982, les Canaries devinrent une *comunidad autónoma,* l'une des 17 régions autonomes qui composent l'Espagne. Certains *Canarios* véhéments aimeraient voir leur archipel accéder à l'autonomie totale : en témoignent les graffitis "Les Espagnols dehors !"

Le drapeau de la région est une bannière tricolore blanc, bleu, jaune, à laquelle certains *independentistas* ajoutent sept étoiles représentant les îles. La division de l'archipel en deux provinces, Tenerife et la Grande Canarie, persiste, tout comme les rivalités entre elles : le gouvernement régional dispose ainsi de bureaux dans les deux capitales provinciales, qui assument de plus tour à tour, tous les quatre ans, le rôle de capitale régionale.

Mode de vie

Le plus grand bouleversement qu'ait connu la vie aux Canaries aura été celui du tourisme. En quelques décennies, cette société essentiellement agricole en est venue à dépendre largement du secteur des services. Le mode de vie traditionnel sur des petites *fincas* (propriétés rurales) ou dans les villages de pêcheurs a été détrôné au profit des emplois touristiques.

Le passage de la vie rurale et traditionnelle aux cadences plus rapides de la modernité adoptées dans le reste de l'Espagne s'accompagne d'inévitables problèmes. Le coût de la vie s'est envolé, contraignant les Canariens ayant conservé leurs emplois dans l'agriculture à compléter leurs revenus en travaillant dans le tourisme. L'éducation pose un autre problème : les petites îles n'ayant pas d'université, les jeunes doivent étudier à Tenerife ou à la Grande Canarie, ce qui peut grever un budget familial déjà serré. Une fois diplômés, de nombreux Canariens finissent par quitter leur île pour trouver de meilleurs

Quelques grands hommes canariens

» **Benito Pérez Galdós** Romancier réaliste (XIXe siècle)

» **Tomás Morales** Poète moderniste (début du XXe siècle)

» **Yolanda Soler Onís** Poétesse contemporaine

» **José Luis Correa** Romancier contemporain

Santa Cruz de Tenerife a vu naître en 1943 le plus célèbre des créateurs de chaussures de la planète, Manolo Blahnik. Né d'un père tchèque et d'une mère espagnole, le petit Manolo grandit au milieu des bananeraies – qui aurait cru que cela ferait de lui l'un des stylistes les plus adulés au monde ?

LOS SABANDEÑOS

Le groupe folklorique le plus apprécié des Canariens, Los Sabandeños, est en activité depuis 1966, année qui vit ces Tinerfeños s'unir pour faire revivre et connaître leur culture au-delà de l'archipel. Difficile de dire exactement l'impact qu'a eu ce groupe de près de 25 musiciens (plus quelques nouvelles recrues) sur les Canaries. Une chose est sûre : une statue rend hommage au groupe à Punta de Hidalgo (Tenerife) et sept rues (au dernier décompte) portent leur nom dans l'archipel. Leurs albums légers et mélodieux sont disponibles partout, et le dernier en date s'intitule *Mass Sabandeño* (2009).

Gentilés : à chaque île ses habitants

» **Grande Canarie**
Grancanarios ou Canariones

» **Tenerife**
Tinerfeños

» **Lanzarote**
Conejeros

» **Fuerteventura**
Majoreros

» **La Gomera**
Gomeros

» **La Palma**
Palmeros

» **El Hierro**
Herreños

postes à Tenerife, à la Grande Canarie ou sur le continent. La nécessité conduit de nombreuses familles à vivre séparées.

Les valeurs familiales n'en restent pas moins le cœur de la culture canarienne. Les grandes fêtes de chaque île se passent toujours en famille, et des Canariens expatriés sur le continent américain n'hésitent pas à faire le voyage pour retrouver leurs amis et leurs proches. La plupart des festivités religieuses et culturelles sont également familiales : si la famille est plus réduite que jadis (un ou deux enfants en général), elle reste une unité sociale importante. Comme ailleurs en Europe, les couples attendent davantage avant de se marier (à 31 ans en moyenne pour une femme, 34 ans pour un homme), mais pas forcément pour avoir des enfants (l'âge moyen s'établit à 30 ans), ce qui montre que la société canarienne n'est plus aussi traditionnelle qu'auparavant.

Sports

Les Canaries sont une destination propice aux sports grâce à leur climat doux et ensoleillé, à leur long littoral et à leur mode de vie décontracté qui fait la part belle au plein air. S'agissant d'une région d'Espagne, personne ne s'étonnera d'apprendre que le sport favori est ici le football. Si les Canaries possèdent bien leur équipe de football régionale, celle-ci n'est membre d'aucune fédération (ni la FIFA, ni l'UEFA, ni la CAF), l'archipel étant représenté à l'international par la sélection nationale espagnole. L'équipe canarienne ne joue que des matchs amicaux.

Plus exotique, la *lucha canaria* (lutte canarienne) remonterait aux Guanches, un peuple de robustes guerriers très portés sur les épreuves de force, qu'il s'agisse de sauter par-dessus les précipices, de plonger depuis de vertigineux promontoires ou de combattre corps à corps. Un membre de chaque équipe se place en face de son adversaire sur le terrain et, passés le salut protocolaire et quelques autres manifestations de bonne volonté, chacun tente de faire mordre la poussière à l'autre. Aucune partie du corps à l'exception de la plante des pieds ne doit toucher le sol, et le premier à manquer à cette règle perd la partie. Les facteurs essentiels ne sont pas la taille et le poids des lutteurs (quoique ces garçons soient aussi bien charpentés que des joueurs en première ligne au rugby), mais plutôt le talent qu'ont les combattants à saisir leur adversaire et à le forcer à prendre une position dans laquelle il pourra facilement être renversé.

Pour savoir si des matchs sont prévus sur votre lieu de séjour, renseignez-vous auprès de l'office de tourisme le plus proche.

Multiculturalisme

Près des deux tiers des 10 millions de touristes aux Canaries sont allemands ou britanniques, deux nationalités qui sont aussi les mieux représentées chez les expatriés.

Cette région jadis terre d'émigration affiche aujourd'hui un solde migratoire nettement excédentaire. Des travailleurs des secteurs de l'hôtellerie, de la restauration et du bâtiment, tout comme les Européens du Nord en quête de soleil à l'année, soutiennent la croissance démographique de l'archipel. Avec près de 204 000 lits disséminés dans les hôtels, appartements et maisons de toutes les Canaries, on constate une arrivée régulière de voyageurs du monde entier, mais surtout d'Europe. Certains décident parfois de s'installer ici.

Plus récemment, on voit arriver des immigrants descendants de *Canarios* partis au Venezuela ou ailleurs en Amérique du Sud et désireux de retrouver la terre de leurs ancêtres.

Religion

Le catholicisme s'est fort bien implanté aux Canaries. La plupart des *Canarios* sont baptisés et ont fait leur première communion, sont mariés et enterrés selon les rites catholiques et vont à l'église pour les grandes fêtes religieuses – ils sont toutefois de plus en plus rares à se rendre régulièrement à la messe dominicale. De plus, les fiestas colorées et endiablées qui rythment le calendrier canarien ont souvent une origine ou un contexte religieux.

Des milliers d'Africains, candidats à l'immigration en Europe, se lancent chaque année dans de dangereuses traversées. Ils mettent souvent le cap sur l'Espagne, le pays européen le plus proche, et en particulier sur les îles Canaries. Si certains de ces migrants réussissent et obtiennent leur régularisation, d'autres échouent dans des centres de rétention largement décriés pour leur surpopulation et leurs conditions de vie. Sans généraliser à l'ensemble de la population canarienne, certains touristes d'origine africaine font état de discrimination, surtout dans les magasins et les restaurants, et en particulier dans les stations balnéaires du sud de Tenerife.

Vivre sur un volcan

Le nom des Canaries évoque pour beaucoup des paysages plats et monotones, des terres quasi désertiques brûlées de soleil. Comme souvent, le cliché n'est que partiellement fidèle à la réalité : certaines régions sont ainsi, mais tous ceux qui connaissent bien l'archipel sont enthousiasmés par la merveilleuse diversité des paysages, des climats, des faunes et des flores que recèle ce superbe univers insulaire.

Des terres volcaniques

Naissance d'un archipel

La Palma est l'île la plus escarpée du monde, si l'on considère le rapport entre son diamètre et sa hauteur.

Les sept îles et les six îlots constituant l'archipel des Canaries sont en fait les plus hauts sommets d'une vaste chaîne de montagnes d'origine volcanique s'étendant au fond de l'océan Atlantique. Nouvelles nées en termes géologiques, ces îles apparurent il y a 30 millions d'années lorsque la collision de deux plaques tectoniques provoqua l'apparition d'immenses chaînes de montagnes sur Terre, dont l'Atlas en Afrique du Nord, et en mer sur le plancher océanique, créant les îles du Cap-Vert, les Açores et les Canaries. L'ensemble de ces îles atlantiques est appelé Macronésie. Après ce plissement initial, une succession d'éruptions volcaniques finit de donner aux îles leur forme actuelle.

LA CUMBRE VIEJA ET LE MÉGATSUNAMI

Sur La Palma (oui oui, cette île à quelques encablures de la plage où vous paressez), se dresse la Cumbre Vieja (sommet ancien). En 1949, ce volcan a été le théâtre d'une série d'éruptions à l'origine d'une faille longue de près de 2,5 km : la partie ouest de Cumbre Vieja a alors glissé vers le bas, et vers l'ouest, d'environ deux mètres.

Selon certains experts, la Cumbre Vieja pourrait à tout moment entrer à nouveau en éruption et s'effondrer, entraînant 500 km^3 de roches dans l'Atlantique. Le cas échéant, cela provoquerait un tsunami fort de vagues de 600 m de haut au départ, qui traverserait l'océan à près de 1 000 kilomètres par heure. Les côtes nord-africaines seraient touchées dans l'heure, le littoral anglais en 3 heures 30, et la côte Est des États-Unis en 6 heures. De l'autre côté de l'Atlantique, les vagues mesureraient encore 30 à 60 m (à moins qu'en atteignant de hauts-fonds, elles ne reprennent de la hauteur, pour atteindre plusieurs centaines de mètres) et se propageraient sur environ 25 km dans les terres, inondant les Caraïbes et dévastant Boston, New York et Miami.

Dans quel délai faut-il redouter ce mégatsunami canarien ? Les scientifiques sont loin d'être unanimes sur la question, mais certains le croient imminent.

Pas de panique, cependant : vous devriez tout de même avoir le temps de commander un deuxième cocktail.

LA MÉGAFAUNE CANARIENNE

Le plus connu des animaux natifs des Canaries est de nos jours le lézard géant, qui hante encore divers points de l'archipel (voir p. 205). Aussi impressionnant soit-il, ce saurien n'est rien à côté de son cousin disparu. Originaire de Tenerife, le *Gallotia goliath* n'a jamais eu à partager son territoire avec l'homme – on ne s'en plaindra pas, les fossiles retrouvés indiquant que ce monstre mesurait plus d'un mètre de long. Des squelettes et moulages de l'animal sont exposés au Museo de la Naturaleza y el Hombre, à Tenerife.

Le mégalézard devait cohabiter avec une créature non moins intimidante : le rat géant de Tenerife, long d'un mètre environ, pesait à l'âge adulte un bon kilo. L'espèce n'était pas encore éteinte à l'arrivée des Guanches sur Tenerife mais – l'histoire est connue –, les hommes, et sans doute leurs chats domestiques, ne tardèrent pas à faire un sort au monstre. La Grande Canarie avait aussi jadis sa propre espèce de rat géant, moins impressionnante (25 cm – tout est relatif...).

On estime par ailleurs que les Canaries abritèrent jadis des tortues géantes.

Géographie des Canaries

Les sept îles principales totalisent 7 447 km². Si leur surface semble peu importante, elles concentrent à peu près tous les paysages imaginables, des longues plages de sable de Fuerteventura et des dunes de la Grande Canarie aux majestueuses falaises côtières de Tenerife et aux bois noyés de brume de La Gomera. Les îles les plus à l'est ont un décor presque saharien, et certaines parties de La Palma et La Gomera sont carrément luxuriantes. La plus haute montagne d'Espagne est le Pico del Teide, dont les 3 718 m dominent toute l'île de Tenerife.

Guide des volcans d'Europe et des Canaries, de Maurice Krafft et François-Dominique Larouzière est un ouvrage fort documenté qui retrace l'histoire et l'évolution de chaque volcan de l'archipel.

El Teide et ses pairs

Imposante pyramide volcanique dressée juste au centre de Tenerife, El Teide est, avec ses 3 718 m d'altitude, le point culminant de l'Espagne, mais aussi le troisième plus grand volcan du monde. S'élevant jusqu'à un sommet renfermant un cratère aux bords abrupts et au fond plat, El Teide est ce qu'on appelle un volcan bouclier. S'il semble calme, El Teide n'est en aucune manière éteint.

On peut observer de temps à autre des bouffées de gaz chauds autour du sommet. Sa lave est très fluide, et la pression des gaz qu'elle contient peut augmenter jusqu'à entraîner des explusions de lave et/ou de cendres par la bouche d'éjection la plus proche, qui peut aussi exploser si la pression est suffisante.

Nature Trek (www.naturetrek.co.uk), un tour-opérateur britannique spécialisé, propose un circuit de huit jours pour aller observer la faune et la flore des îles Canaries.

Les îles abritent aussi des stratovolcans à la lave plus visqueuse, plus pointus que les volcans boucliers. D'énormes explosions peuvent littéralement volatiliser leur pointe, la transformant en un énorme cratère appelé caldera, dans laquelle il n'est pas rare que de nouveaux cônes se forment ensuite, créant des volcans dans le volcan. Il existe plusieurs calderas impressionnantes sur la Grande Canarie, dont la plus intéressante est la Caldera de Bandama. Bien qu'on l'ait longtemps cru, la grande Caldera de Taburiente sur La Palma n'appartient pas à ce groupe de phénomènes géologiques.

De nos jours, l'endroit où l'activité sismique sous-marine de la région est la plus visible est Lanzarote, où les Montañas del Fuego bouillonnent toujours avec vigueur, même si les dernières éruptions remontent à 1824. Aucune activité éruptive n'a été signalée depuis des siècles sur Fuerteventura, la Grande Canarie, La Gomera ou El Hierro. À Tenerife, la dernière manifestation, presque anecdotique, date de 1909, et c'est à La Palma qu'eut lieu en 1971 le plus récent spectacle pyrotechnique, une éruption enfiévrée du volcan Teneguía.

L'ARBRE VENU DU PASSÉ

Un des arbres endémiques les plus surprenants des îles Canaries est le *drago* (dragonnier commun, *Dracaena draco*), qui peut atteindre 18 m et vivre des siècles.

Il a résisté à la dernière période glaciaire et a un air étrange, un peu préhistorique. Sa forme rappelle celle d'un bouquet de fleurs dont le tronc et les racines seraient les tiges, se terminant haut dans les airs par de longues feuilles étroites d'un vert argenté. Lorsqu'elle grandit, le haut de cette plante arborescente (les botanistes ne la considèrent pas comme un arbre) s'alourdit de plus en plus. Pour se stabiliser, elle fait pousser des racines autour de son tronc, finissant par en former un nouveau, plus large.

Autre caractéristique particulière du dragonnier, sa sève, une résine rouge appelée bien sûr "sang de dragon", était utilisée en médecine traditionnelle et comme colorant.

La plante jouait autrefois un rôle important dans la vie locale car c'était sous les branches d'un ancien *drago* que le Guanche, le conseil des nobles, se rassemblait pour rendre la justice.

Le *drago* fait partie d'une famille de quelque 40 espèces (*Dracaenae*) ayant survécu aux âges glaciaires dans les zones tropicales et subtropicales de l'Ancien Monde. C'est un des derniers représentants de la flore de l'ère tertiaire.

Les Canaries sauvages

Du canari à la baleine

L'archipel abrite une riche faune, mais les animaux, généralement petits et craintifs, échappent souvent à l'observateur inexpérimenté. Les plus gros animaux visibles sont les oiseaux et les lézards, parfois de très grande taille comme le lézard géant d'El Hierro. On trouve environ 200 espèces d'oiseaux sur les îles, dont beaucoup venus d'Afrique et d'Europe. Les Canaries possèdent cinq espèces d'oiseaux endémiques : le pigeon de Bolle, le pigeon des lauriers, le pinson bleu, le pouillot des Canaries et le tarier des Canaries. Et, comme on peut s'en douter, c'est bien d'ici que viennent les canaris, même si en réalité, les espèces sauvages arborent un plumage moins éclatant que leurs cousins en cage.

Pour voir de grosses bêtes, cap sur l'océan. Les eaux séparant Tenerife et La Gomera sont une riche aire de nutrition traditionnelle pour 26 espèces de cétacés, et d'autres y passent durant leur migration. Les plus courants sont les globicéphales tropicaux, les cachalots et les grands dauphins.

L'observation de cétacés est ici une industrie florissante, tous les ans 800 000 personnes embarquent pour les apercevoir. Une loi régule l'observation de mammifères marins, interdisant de s'approcher à moins de 60 m de ces derniers et limitant le nombre de bateaux suiveurs à tout moment. Elle tente aussi de modifier les méthodes visant à attirer les cétacés, telle l'utilisation du sonar. Quatre petits navires patrouilleurs essayent de surveiller les activités. Si vous décidez d'aller observer les cétacés, choisissez une organisation ayant bonne réputation,

À côté des majestueux mammifères marins, quantité d'autres formes de vie s'activent dans l'océan. Les eaux entourant les Canaries abritent 350 espèces de poissons. Plonger avec ou sans bouteille permet de les voir de près. Pour plus de détails, reportez-vous au chapitre *Sports et activités* ainsi qu'aux rubriques *Activités* des chapitres consacrés à chaque île.

Lectures nature

» *Le livre des dauphins et des baleines* (Brigitte Sifaoui). Ouvrage général sur les cétacés dont ceux des eaux canariennes.

» *Flore exotique dans les îles Canaries* (J.A. Rodriguez Perez). Offre un aperçu des différentes variantes de plantes et d'arbres de l'archipel.

La flore

La richesse du sol volcanique des îles, les diverses précipitations et les grandes variations d'altitude permettent une grande diversité de végétaux, autant indigènes qu'introduits. Les Canaries hébergent environ 2 000 espèces, la moitié étant endémiques. Le seul frein à cette variété, qui pourrait être encore plus grande dans cet environnement largement subtropical, est le manque d'eau. Les amateurs d'espèces végétales auront pourtant largement de quoi herboriser, et un bon nombre de jardins botaniques permettent d'admirer un beau choix de la flore locale.

Le Parque Nacional de Garajonay, à La Gomera, renferme probablement l'écosystème végétal le plus précieux des Canaries : inscrit au patrimoine mondial de l'Unesco, il comprend l'une des dernières forêts de l'ère tertiaire de la planète. Appelée *laurisilva*, celle-ci est composée de lauriers, houx, tilleuls et fougères géantes festonnés de lichens et de mousses et se trouve généralement baignée de brumes.

Sur les hauteurs du grand bassin volcanique du Parque Nacional del Teide, l'incontestable vedette botanique est le flamboyant *tajinaste rojo*, ou vipérine de Tenerife (*Echium wildpretii*), qui peut dépasser 3 m de haut. Bisannuelle, la vipérine fleurit en produisant une extraordinaire hampe conique couverte de petites fleurs rouge vif, qui peut atteindre 3 m de haut. Après ce court et spectaculaire moment de gloire, elle meurt, ne laissant qu'un squelette desséché aux airs d'arête de poisson couvert de milliers de poils pouvant être très irritants. Ne pas toucher !

Si vous avez envie de participer à la conservation des espèces marines, et particulièrement à la protection des cétacés, contactez l'Atlantic Whale Foundation (www.whalenation.org), groupe organisant circuits éducatifs, actions bénévoles et campagnes de préservation à Tenerife. Le site Web est une mine d'informations.

Problèmes environnementaux

Les faits

Comme dans le reste de l'Espagne, les premières vagues du tourisme de masse ont déferlé sur les rivages tranquilles des Canaries dans les années 1960. Le gouvernement d'alors pensait remplir ses coffres avec l'argent des visiteurs, et les entrepreneurs locaux se ruèrent avec enthousiasme sur ce marché juteux. Bien peu se soucièrent de l'impact environnemental que pouvait avoir la prolifération de touristes et de stations balnéaires.

L'absence de contrôle sur la construction et l'expansion des stations balnéaires jusque dans les années 1980 ont permis l'émergence de monstruosités monumentales, surtout dans les parties sud de Tenerife et de la Grande Canarie. D'immenses accumulations de villas de vacances, d'hôtels et d'ensembles résidentiels se sont étalées sur une grande partie des côtes sud des deux îles. Et ce phénomène ne s'arrête pas aux stations : les villes et les villages de l'intérieur sont de plus en plus défigurés par de hâtives extensions de béton dues aux promoteurs et aux spéculateurs.

L'énorme afflux de visiteurs de ces dernières décennies a aussi provoqué ou exacerbé d'autres problèmes. La pollution des belles plages, dunes et autres aires naturelles, due autant aux touristes étrangers qu'aux habitants, reste d'une brûlante actualité. De temps à autre, des associations de protection de l'environnement organisent de grandes séances de nettoyage des plages et des alentours, gestes utiles mais bien

ORGANISATIONS ENVIRONNEMENTALES

Sur les îles, nombreuses sont les associations de lutte pour la préservation de l'environnement. La plupart font partie de **Ben Magec – Ecologistas en Acción** (Ben Magec – Écologistes en action ; www.benmagec.org). Quelques-uns des innombrables groupes de personnes actives dans l'archipel sont répertoriés ci-dessous.

Asociación Tinerfeña de Amigos de la Naturaleza (www.atan.org ; Tenerife)

El Guincho (www.benmagec.org/elguincho ; Lanzarote)

Guanil (www.ecologistasenaccion.org ; Fuerteventura)

Tagaragunche (www.tagaragunche.com ; La Gomera)

évidemment insuffisants car les nuisances existent à très grande échelle et demanderaient bien d'autres moyens.

L'un des problèmes les plus importants auquel les îles sont confrontées est le manque d'eau. La faible pluviométrie associée à l'absence de sources a, de tout temps, restreint l'expansion de l'agriculture, et les ressources en eau sont toujours limitées. La désalinisation semble être l'unique solution pour les Canaries ; à Lanzarote et Fuerteventura la quasi-totalité de l'eau potable provient des usines de désalinisation d'eau de mer.

Pour connaître les derniers sujets dont débattent les écologistes de Tenerife, consultez le site www.atan.org, mine d'articles passionnés et documentés dénonçant les pratiques qui détruisent l'environnement dans l'île.

L'été, les feux de forêt sont le corollaire du sempiternel manque d'eau. Avec une régularité presque parfaite, des centaines, voire des milliers, d'hectares de végétation sont ravagés chaque été sur toutes les îles, sauf sur Lanzarote et Fuerteventura, déjà quasi désertiques.

Éléments de polémique

Les pouvoirs publics sont confrontés à un dilemme car le tourisme représente une manne essentielle pour l'économie de l'archipel, qui ne survivrait pas sans cet apport. Ils assurent que les profits générés sont réinvestis pour la communauté. Mais cette redistribution, arbitraire et chaotique, provoque depuis plus d'une décennie la demande d'une intensification de la planification régionale. D'année en année, les voix exigeant une suspension totale du développement touristique sont de plus en plus fortes. De temps à autre, des moratoires de courte durée sont mis en place île par île. Malheureusement, certaines des dégradations déjà infligées, surtout sur les côtes, sont irréversibles.

L'un des grands points de conflits récents concerne le complexe de Granadilla, énorme port industriel devant être construit au sud-est de Tenerife. Voir p. 251 pour en apprendre davantage.

La question, qui se résume à un conflit entre croissance et préservation de l'environnement, se pose dans tout l'archipel. Les pouvoirs publics de La Palma veulent construire cinq nouveaux terrains de golf, certains sur des terres protégées, et les écologistes affirment qu'ils détruiraient sans nécessité des ressources naturelles. Sur la Grande Canarie, un nouveau centre commercial à Gáldar est controversé, alors que des rumeurs sur la possibilité d'extraction de pétrole offshore autour de Lanzarote et Fuerteventura hérissent les défenseurs de la nature.

Une île progresse néanmoins sur la voie de la préservation de l'environnement. Il s'agit d'El Hierro. En 2007, le gouvernement a dévoilé un projet visant à en faire la première île au monde capable de subvenir à tous ses besoins uniquement grâce à des énergies renouvelables (éolienne, hydraulique et solaire).

Canaries Pratique

Carnet pratique

Activités

Les Canaries sont une destination invitant à toutes sortes d'activités, pour les jeunes et les moins jeunes. Un grand éventail de sports peut être pratiqué sur l'archipel. Pour en savoir plus, voir le chapitre *Sports et activités* (p. 24).

Alimentation

Les restaurants cités dans ce guide sont classés par ordre de préférence, et les catégories, indiquées par les symboles ci-dessous, sont données en fonction du prix d'un plat principal.

- » € moins de 7 €
- » €€ de 7 à 12 €
- » €€€ plus de 12 €

En vous installant à l'intérieur plutôt qu'en terrasse, vous pourrez faire baisser votre addition de 10 à 20%. Pour en savoir plus sur les pourboires, voir p. 255. La gastronomie vous est présentée dans le chapitre *Cuisine canarienne* (p. 238).

Ambassades et consulats

Ambassades d'Espagne

Voici quelques représentations diplomatiques espagnoles à l'étranger :

Belgique Ambassade (☎022 300 340 ; www.mae.es/embajadas/bruselas ; 19 rue de la Science, Bruxelles 1040). Consulat général (☎025 098 770 ; 85 rue Ducale, Bruxelles 1000)

Canada Ambassade (☎613-747 2252 ; www.mae.es/embajadas/ottawa ; 74 Stanley Avenue, Ottawa, Ontario K1M 1P4). Consulats généraux à Montréal (☎514-935 5235 ; www.mae.es/consulados/montreal ; 1 Westmount Sq, suite 1456, Montréal, Québec H3Z 2P9) et à Toronto (☎416-977 1661 ; www.mae.es/consulados/toronto ; 2 Bloor Street East, Ste 1201, Toronto, Ontario)

France Ambassade (☎01 44 43 18 00 ; www.mae.es/embajadas/paris ; 22 av. Marceau, 75381 Paris Cedex 08). Consulat général (☎01 44 29 40 00 ; www.maec.es/consulados/paris ; 165 bd Malesherbes, 75840 Paris Cedex 17). Consulats également à Bayonne, Bordeaux, Lyon, Marseille, Montpellier, Pau, Perpignan, Strasbourg et Toulouse.

Suisse Ambassade (☎350 52 52 ; www.mae.es/embajadas/berna ; Kalcheggweg 24, Postfach 99, 3000 Berne 15). Consulats généraux à Berne (☎755 75 24 ; Marienstrasse 12, 3005 Berne) et à Genève (☎749 14 60 ; 58 av. Louis-Casaï, 5e étage, 1200 Genève)

Consulats étrangers aux Canaries

Belgique Consulat (☎22 241 387 ; www.diplomatie.be/tenerifefr ; Edificio Ahlers Y Rahn, Calle Villalba Hervas, 4 – 2e ét. 38002 Santa Cruz de Tenerife)

France Consulat à La Palmas de Gran Canaria (☎928 292 371 ; Calle Néstor de la Torre, 12, 1er ét. 35006 Las Palmas de Gran Canaria) et à Santa Cruz de tenerife (☎922.23.27.10 ; Calle José Maria de Villa, 1, 38005 Santa Cruz de Tenerife).

Suisse Consulat (☎928 293 459 ; Calle Domingo Rivero, 2, 35080 Las Palmas de Gran Canaria)

Argent

Le plus commode est de partir avec votre carte bancaire, ainsi qu'un peu d'argent liquide qui peut servir en cas d'urgence. Plus de renseignements sur les taux de change et le coût de la vie pp. 14-15.

Cartes de crédit Toutes les grandes *tarjetas de crédito* (cartes de crédit) et cartes de paiement sont acceptées à peu près partout. Vous pouvez les utiliser pour de nombreux achats (notamment dans les stations-service et les hypermarchés, où la présentation d'une pièce d'identité est parfois demandée) ainsi que dans les hôtels et restaurants (en revanche, les petits établissements n'acceptent parfois que les espèces).

Change Vous trouverez des bureaux de change dans la plupart des ports et des aéroports de l'archipel, ainsi que dans les stations balnéaires et villes très touristiques, où vous les reconnaîtrez à l'enseigne *cambio* (change). La plupart pratiquent des horaires plus étendus et offrent un service plus rapide que les banques, mais leurs taux sont moins intéressants. Quel que soit l'établissement où vous changez de l'argent, renseignez-vous sur le montant de la commission, dont les termes varient d'un endroit à l'autre, et demandez confirmation des taux affichés. Le taux habituel de commission est de 3%. Les bureaux affichant "pas de commission" compensent généralement par des taux moins avantageux.

Chèques de voyage Délaissés de plus en plus par les voyageurs porteurs de cartes bancaires, les chèques de voyage sont en voie d'extinction. On aurait pourtant tort de les laisser disparaître : c'est un excellent moyen de paiement complémentaire, d'autant que vous pouvez vous les faire rembourser en cas de vol (à condition d'avoir noté leurs numéros). Les chèques de voyage Amex, Visa et Travelex sont les plus largement acceptés, surtout quand ils sont libellés en dollars américains, en livres sterling ou en euros. Toutefois, les banques sont de plus en plus nombreuses à prélever des commissions faramineuses, même sur ceux libellés en euros. Quelle que soit leur devise, les chèques de voyage sont parfois difficiles à monnayer dans les petites villes. Pour les utiliser, ayez toujours votre passeport sur vous. En cas de perte ou de vol, contactez : **Amex** (☎800 91 49 12) ; **MasterCard** (☎800 87 08 66) ; **Travelex** (☎800 87 20 50) ; **Visa** (☎800 87 41 55).

Distributeurs automatiques de billets (DAB). Les banques sont pléthoriques aux Canaries et pour beaucoup dotées de *cajeros automáticos* (DAB) en plusieurs langues. Notez qu'une commission de 1,5 à 2% est généralement prélevée sur les retraits au distributeur à l'étranger.

Espèces Même si la carte de crédit s'utilise beaucoup, vous réglerez de nombreux achats en espèces : vous devez donc en avoir sur vous en permanence. C'est le seul moyen de paiement accepté par certains petits restaurants et boutiques.

Pourboire Le service est compris dans les prix affichés à la carte des restaurants. La plupart des clients, quand ils sont satisfaits, laissent toutefois quelques pièces : un pourboire de 5% est jugé très convenable, 10% d'une grande générosité. Aux chasseurs des hôtels, il est de bon ton de donner 1 €. Les taxis n'attendent pas de pourboire, mais ils verront d'un bon œil que vous arrondissiez le prix de la course.

Assurances

Il est conseillé de prendre une assurance voyage qui vous couvrira en cas d'annulation ou de retard de votre voyage, de vol, de perte de biens et de problèmes de santé. En achetant votre billet par carte bancaire, vous bénéficierez souvent d'une assurance couvrant annulations et retards, et qui vous remboursera en cas de problème avec le transporteur.

Bénévolat

Si vous voulez vous impliquer dans la protection des ressources marines, en particulier des baleines, contactez l'**Atlantic Whale Foundation** (www.

LES CANARIES PRATIQUES

- » **Monnaie** Euro
- » **Mesures** Système métrique
- » **Journaux et magazines** Parmi les publications canariennes en espagnol figurent le *Diario de Avisos*, *La Gaceta de Canarias*, *Canarias 7* et *La Provincia*. On peut aussi se procurer les quotidiens nationaux *El País* et *El Mundo*.
- » **Radio** La Radio Nacional de España compte quatre stations. Les radios FM locales sont très nombreuses dans l'archipel ; on reçoit le BBC World Service (www.bbc.co.uk/worldservice) sur les fréquences 6195kHz, 9410 kHz, 12095kHz et 15485 kHz.
- » **Télé** Les Canaries reçoivent les chaînes de télévision d'Espagne continentale (TVE1, La 2, Antena 3, Tele 5) ainsi que quelques chaînes locales d'intérêt très limité.
- » **Fumeurs** : Le 2 janvier 2011 est entrée en vigueur la nouvelle et sévère loi espagnole antitabac. Il est désormais interdit de fumer dans tous les bars et restaurants, à proximité des hôpitaux et dans les cours d'école, ainsi qu'à la télévision.

whalenation.org), qui organise sorties pédagogiques, missions bénévoles et campagnes de conservation à Tenerife. Leur site Internet est une mine d'informations.

Cartes de réduction

Une pièce d'identité avec photo est indispensable pour bénéficier d'éventuelles remises.

Seniors Réductions pour les plus de 60 ou de 65 ans (selon les établissements) dans divers musées et sites touristiques, parfois aussi dans les transports.

Étudiants Réduction généralement de 50% sur le tarif normal. N'est pas pratiquée partout.

Cours de langue

Les Canaries offrent un cadre agréable et ensoleillé pour l'apprentissage de l'Espagnol. Tenerife est particulièrement appréciée pour ses cours d'espagnol. Les centres suivants ont bonne réputation :

Canarias Cultural (www.canarias-cultural.com). Santa Cruz de Tenerife.

Don Quijote (www.donquijote.org). Puerto de la Cruz, Tenerife.

Galfir (www.galfir.com). La Laguna, Tenerife.

Study Abroad International (www.studyabroadinternational.com). Las Palmas de Gran Canaria.

Douane

Si les Canaries appartiennent bien à l'Espagne, elles sont toutefois considérées, en termes douaniers, comme hors Union Européenne.
De ce fait, les quotas y sont nettement moins généreux que pour les biens achetés dans les pays de l'Union Européenne. Notez donc que vous pouvez faire entrer ou sortir un maximum de :

» 2 l de vin,
» 1 l de spiritueux (ou 2 l de vin fortifié),
» 60 ml de parfum,
» 250 ml d'eau de toilette,
» 200 cigarettes
» 175 € de cadeaux et autres produits.

Climat

Las Palmas de Gran Canaria

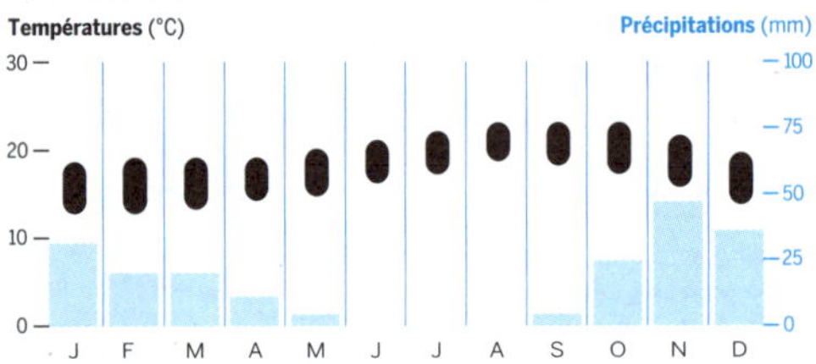

Puerto del Rosario

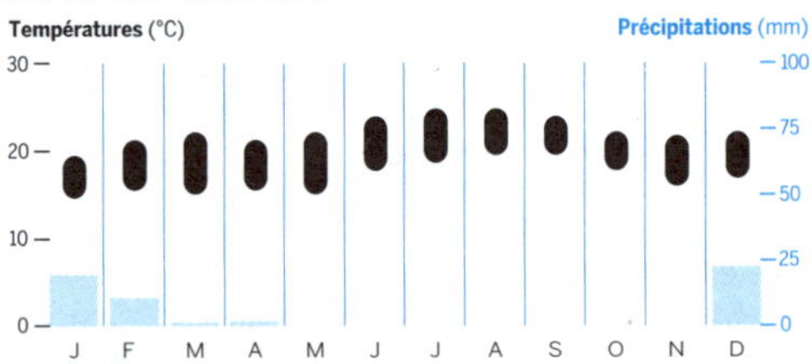

Santa Cruz de Tenerife

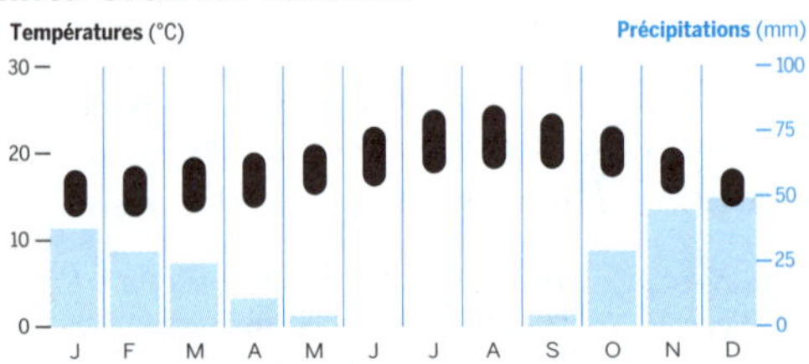

Électricité

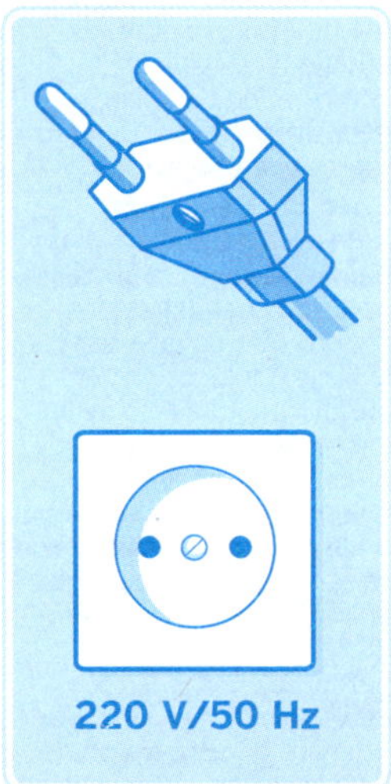

Femmes seules

Les cas de harcèlement sont bien plus rares que ne le laissent croire les clichés sur l'Espagne, qui est l'un des pays européens affichant les taux de plaintes pour viol les plus bas. Vous risquez davantage d'être embêtée dans une station touristique par un touriste éméché venu d'Europe du Nord que par un Canarien.

Dans les villes, les femmes sont parfois la cible de regards appuyés, sifflets et commentaires déplacés, face auxquels la meilleure réaction (la plus efficace) est l'indifférence. Le *piropo*, compliment inoffensif et gentiment dragueur, est profondément ancré dans les habitudes espagnoles et, lorsqu'il est bien tourné, peut être considéré comme une galanterie.

Si les seins nus et les tenues légères sont monnaie courante dans les stations balnéaires, partout ailleurs un peu plus de pudeur est recommandé.

Formalités et visas

L'Espagne fait partie des 25 pays signataires de la convention de Schengen, qui a aboli les contrôles aux frontières au sein de 22 États-membres de l'UE (tous sauf la Bulgarie, Chypre, l'Irlande, la Roumanie et le Royaume-Uni) ainsi que l'Islande, la Norvège et la Suisse.

Les formalités pour entrer en Espagne selon votre pays d'origine :

Ressortissants ou résidents de l'UE et de l'espace Schengen Pas de visa nécessaire.

Ressortissants ou résidents Canadiens Pas de visa nécessaire pour les séjours de tourisme de moins de 90 jours.

Pour travailler ou faire des études en Espagne Un visa particulier peut être exigé : contactez une ambassade ou un consulat d'Espagne avant votre départ.

Handicapés

Les Canaries ne facilitent pas le séjour des personnes handicapées. La majorité des restaurants, magasins et sites touristiques ne sont pas équipés pour l'accès en fauteuil roulant, mais les hébergements les plus chers ont souvent des chambres adaptées. Les transports sont particulièrement difficiles, mais vous devriez pouvoir louer une voiture adaptée au handicap auprès d'un grand loueur international (réservez bien à l'avance). D'ailleurs, réserver tôt doit être votre maître mot : renseignez-vous d'emblée auprès de votre agent de voyages sur l'offre en termes d'information et d'assistance. Dans les grandes villes comme Las Palmas et Santa Cruz, certains édifices (musées, services gouvernementaux) ont des ascenseurs signalisés en braille et des revêtements de sol spécifiques devant les escaliers, mais cela s'arrête là. Les infrastructures publiques sont en particulier très peu adaptées aux malentendants.

Location de matériel spécialisé

Mobility Abroad (www.mobilityabroad.com). Un prestataire bien établi, implanté à la Grande Canarie, Lanzarote et Tenerife.

Orange Badge (☎922 79 73 55 ; www.orangebadge.com, Avenida Amsterdam, Los Cristianos, Tenerife). Location de fauteuils roulants et de scooters électriques à Tenerife.

Organisations

L'**APF** (Association des paralysés de France, 17 bd Auguste-Blanqui, 75013 Paris ☎01 40 78 69 00, fax 01 45 89 40 57 ; www.apf.asso.fr) peut vous fournir des informations sur les voyages accessibles. Deux sites Internet dédiés aux personnes handicapées comportent une rubrique consacrée au voyage et constituent une bonne source d'information. Il s'agit de Yanous (www.yanous.com/pratique/tourisme/tourisme030613.html) et de Handica (www.handica.com).

Heure locale

Les Canaries sont soumises au fuseau horaire GMT/UTC, plus une heure après le passage à l'heure d'été. L'archipel est à une heure de moins que l'Espagne continentale et la plupart des pays d'Europe. Les Canaries passent à l'heure d'été le dernier dimanche de mars (on avance alors sa montre d'une heure). On retarde les horloges d'une heure en octobre. Lorsque vous appelez dans votre pays, refaites les calculs en fonction des heures d'été/d'hiver chez vous.

Quand il est midi aux Canaries (en fonction de l'heure d'été/d'hiver), il est 13h à Madrid et à Paris, 7h à Toronto.

Heures d'ouverture

Dans ce guide, les horaires des établissements ne sont précisés que s'ils diffèrent de ceux indiqués ci-dessous. Ces horaires classiques s'appliquent en haute saison uniquement ; le reste de l'année, les heures d'ouverture sont généralement restreintes.

Banques : 8h30-14h lun-ven

Bars : 19h-minuit

Bureaux de poste : 8h30-20h30 lun-ven, 9h30-13h sam (grandes villes) ; 8h30-14h30 lun-ven, 9h30-13h sam (reste de l'archipel)

Restaurants : service 13h-16h et 20h-tard

Magasins : 10h-14h et 17h-21h lun-ven, 10h-14h sam

Supermarchés : 9h-21h lun-sam

Homosexualité

Le mariage homosexuel est légal en Espagne et donc aux Canaries. L'âge minimum est fixé à 16 ans, comme pour le mariage hétérosexuel. Playa del

Inglés et les dunes de Maspalomas, tout au sud de la Grande Canarie, est la destination favorite des gays européens en vacances aux Canaries, et la vie nocturne y est trépidante toute l'année. Le jour, les plages nudistes sont très prisées.

En règle générale, les Espagnols sont assez tolérants en termes de mœurs et vous ne devriez pas avoir d'ennuis. Toutefois, les habitants des petites villes de campagne risquent d'être déconcertés par des témoignages d'affection trop expansifs entre personnes du même sexe.

Quelques sites Internet utiles :

Altihay (www.altihay.org, en espagnol). L'association gay de Fuerteventura fournit soutien et conseils.

Gamá (www.colectivogama.com, en espagnol). Un collectif gay et lesbien qui couvre tout l'archipel.

Pink Canaries (www.pinkcanaries.com, en espagnol). Listes de clubs, restaurants et hébergements, par une association gay et lesbienne de Tenerife.

Internet (accès)

Wi-Fi Se généralise dans les hôtels, ainsi que dans certains cafés, restaurants et aéroports ; le plus souvent gratuit, mais pas systématiquement. Le débit de la connexion varie souvent d'une chambre à l'autre dans les hôtels – renseignez-vous à votre arrivée. Dans ce guide, les hôtels avec Wi-Fi sont signalés par l'icône 📶. L'icône @ désigne les établissements disposant d'ordinateurs connectés en accès libre.

Cybercafés Les bonnes adresses qui durent sont de plus en plus rares : demandez à l'office du tourisme. Comptez 1,50 à 3 € l'heure.

Jours fériés

Le calendrier canarien compte au moins 14 jours fériés officiels. Lorsqu'un jour férié tombe non loin d'un week-end, on n'aime rien tant que faire le *puente* (pont) en prenant un jour de congé. Lorsque plusieurs jours fériés encadrent un même week-end, le *puente* devient *acueducto* (aqueduc)...

Voici une liste des principaux jours fériés du calendrier national, pratiqués dans toute l'Espagne, donc aux Canaries :

Año Nuevo (Nouvel An) 1er janvier

Día de los Reyes Magos (Épiphanie) 6 janvier

Viernes Santo (Vendredi saint) mars/avril

Fiesta del Trabajo (fête du Travail) 1er mai

La Asunción de la Virgen (Assomption) 15 août

Día de la Hispanidad (Jour de l'Hispanité et fête nationale) 12 octobre

Todos los Santos (Toussaint) 1er novembre. Particulièrement respecté à Tenerife.

La Inmaculada Concepción (Immaculée Conception) 8 décembre

Navidad (Noël) 25 décembre

Par ailleurs, le gouvernement canarien a fixé cinq autres jours fériés, et deux autres encore sont établis par les autorités locales. Parmi les plus répandus figurent les suivants :

Martes de Carnaval (Mardi gras) février/mars

Día de San Juan (Saint-Jean) 19 mars

Jueves Santo (Jeudi saint) mars/avril

Día de las Islas Canarias (fête des Canaries) 30 mai

Corpus Christi (mardi suivant le 8e dimanche après le dimanche de Pâques) juin

Día de Santiago Apóstol (fête de l'apôtre Jacques, saint patron de l'Espagne) 25 juillet. À Santa Cruz de Tenerife, ce jour marque aussi la commémoration de la défaite de l'amiral Nelson, qui en 1797 tenta de prendre la ville.

Día del Pino (fête de la Vierge du Pin) 8 septembre. Une date très importante à la Grande Canarie.

Día de la Constitución (fête de la Constitution) 6 décembre.

Offices du tourisme

Toutes les villes d'importance ont un office du tourisme : vous devrez peut-être attendre patiemment, mais vous finirez par obtenir des cartes et des renseignements de qualité. L'excellent site du gouvernement canarien propose des informations sur la région et sur chaque île, mais ce sont les *cabildos* (gouvernements) insulaires qui gèrent les offices du tourisme. Vous pouvez les contacter via l'office du tourisme central de chaque île.

Vous trouverez également dans les grands aéroports des offices du tourisme qui constituent de bonnes sources d'information et pourront par ailleurs vous aider à trouver un hébergement à la dernière minute.

Problèmes juridiques

Si vous êtes arrêté, vous bénéficierez des services gratuits d'un *abogado de oficio* (avocat commis d'office) qui pourrait bien ne parler qu'espagnol. Vous avez aussi le droit de passer un appel téléphonique. Si vous appelez votre ambassade ou votre consulat, sachez que le personnel ne pourra par faire grand-chose de plus que de vous adresser à un avocat

SANTÉ

Assurances et services médicaux

La carte européenne d'assurance maladie, nominative et individuelle, remplace le formulaire E111 et assure l'aide médicale d'urgence (mais non le rapatriement sanitaire) aux citoyens de l'Union européenne. Vous devez en faire la demande auprès de votre caisse d'assurance maladie. Comptez un délai de deux semaines pour la réception.

Il est conseillé de souscrire une police d'assurance qui vous couvrira en cas d'annulation de votre voyage, de votre vol, la de perte de vos affaires, de maladie ou encore d'accident. Lisez avec la plus grande attention les clauses en petits caractères : c'est là que se cachent les restrictions.

Vérifiez notamment que les "sports à risques", comme la plongée, la moto ou même la randonnée ne sont pas exclus de votre contrat, ou encore, que le rapatriement médical d'urgence, en ambulance ou en avion, est couvert. De même, le fait d'acquérir un véhicule dans un autre pays ne signifie pas nécessairement que vous serez protégé par votre propre assurance.

Vous pouvez contracter une assurance qui règlera directement les hôpitaux et les médecins, vous évitant ainsi d'avancer des sommes qui ne vous seront remboursées qu'à votre retour. Dans ce cas, conservez avec vous tous les documents nécessaires.

Attention ! Avant de souscrire une police d'assurance, vérifiez bien que vous ne bénéficiez pas déjà d'une assistance par votre carte de crédit, votre mutuelle ou votre assurance automobile. C'est bien souvent le cas.

Disponibilité des soins médicaux

L'Espagne (et donc les Canaries) possède un excellent système de santé. Si vous avez besoin d'une ambulance, appelez le ☎112 (le numéro de téléphone européen d'urgence et de demande d'assistance médicale). Autre numéro d'urgence, le ☎061. Vous pouvez aussi vous rendre directement aux *urgencias* de l'hôpital le plus proche.

Les pharmaciens sont de bon conseil et vous fourniront les médicaments en vente libre. Dans toutes les Canaries, un système de *farmacias de guardia* (pharmacies de garde) fait en sorte qu'il y ait toujours une officine ouverte par secteur : quand une pharmacie est fermée, les adresses ouvertes les plus proches sont indiquées sur la porte. Les soins dentaires sont généralement bons, mais il est toujours prudent de faire pratiquer un check-up dentaire avant un voyage.

Eau potable

L'eau du robinet est généralement potable dans tout l'archipel des Canaries. En cas de doute, demandez *¿Es potable el agua (de grifo)?* ("L'eau (du robinet) est-elle potable ?"). Ne buvez pas l'eau des lacs : elle est susceptible de contenir des bactéries et des virus pouvant entraîner diarrhées et vomissements.

Mal des montagnes

Si vous faites de la randonnée en altitude (par exemple sur El Teide, à Tenerife), méfiez-vous du mal des montagnes. Le manque d'oxygène affecte la plupart des individus à des degrés variables. Les symptômes apparaissent généralement dans les premières 24 heures passées en altitude, mais ils peuvent survenir jusqu'à trois semaines plus tard : maux de tête, léthargie, vertiges, difficultés à dormir et perte d'appétit doivent vous alerter. Le mal peut s'aggraver et, parfois, se révéler mortel : un manque de souffle, une toux sèche irritée, des maux de tête lancinants et des troubles de l'équilibre indiquent un réel danger.

Un jour ou deux passés au repos à la même altitude suffisent généralement à faire disparaître les symptômes sans gravité. Contre les maux de tête, prenez du paracétamol ou de l'aspirine. Si les symptômes s'aggravent, redescendez immédiatement, ne serait-ce que de 500 m.

francophone. Si vous passez en jugement, les autorités sont tenues de vous fournir un interprète.

En théorie, vous devez en permanence avoir sur vous votre carte nationale d'identité ou votre passeport : en cas de contrôle de police, vous devez pouvoir présenter ce document sur-le-champ. En pratique, c'est rarement un problème, et beaucoup de voyageurs préfèrent laisser leur passeport au coffre de leur hôtel et avoir sur eux une photocopie.

Il y a trois grands types de *policía* : la *policía local*, la *policía nacional* et la Guardia Civil. Tous les services de police sont habilités à vous répondre, mais la *policía local* se révèle souvent plus utile. Le gouvernement des Canaries assure une assistance téléphonique gratuite (☎112), qui veille à ce que toute affaire urgente soit transmise aux services de police disponibles les plus proches.

Téléphone

Cabines téléphoniques

Les téléphones publics se raréfient, mais vous trouverez encore des cabines bleues dans tout l'archipel : elles acceptent pièces de monnaie, cartes téléphoniques *(tarjetas telefónicas)* et, parfois, certaines cartes bancaires. Les hôtels facturent à prix d'or les appels passés des téléphones à disposition à la réception.

Cartes téléphoniques

Les cartes téléphoniques sont vendues dans les bureaux de tabac, chez les marchands de journaux et dans les *locutorios* (centres d'appels). La gamme est très vaste, chacune ayant sa grille tarifaire. Tout dépend de la destination de vos appels. Le tarif descend parfois à 0,01 € la minute, mais comptez plutôt autour de 0,05 €.

Téléphones portables

Si vous possédez un téléphone mobile GSM, bibande ou tribande, vous pourrez acheter sur place carte SIM et cartes prépayées.

Tous les opérateurs espagnols (notamment Orange, Vodafone et Movistar) proposent des forfaits prépayés. Vous pourrez ensuite recharger votre carte dans leurs boutiques ou chez des revendeurs, par exemple les supermarchés et bureaux de tabac.

Les Canaries utilisent le système GSM 900/1800, compatible avec le reste de l'Europe, mais pas avec le GSM 1900 en vigueur en Amérique du Nord : les voyageurs venus d'outre-Atlantique doivent posséder un téléphone tribande ou quadribande.

La réglementation européenne sur les "frais d'itinérance" est entrée en vigueur le 1er juillet 2010 : elle a diminué le coût des appels depuis l'étranger et introduit des dispositions visant à éviter aux voyageurs de ruineuses factures. Renseignez-vous auprès de votre opérateur.

Indicatifs téléphoniques

» **Numéros de portables** commencent par 6

» **Indicatif international** ☎00

» **Indicatif de l'Espagne** (dont les Canaries) ☎34

» **Indicatifs provinciaux, par île** Grande Canarie, Lanzarote et Fuerteventura ☎928 ; Tenerife, La Gomera, La Palma et El Hierro ☎922

» **Numéros gratuits** commencent par ☎900

Travailler aux Canaries

Les ressortissants de l'UE sont libres de travailler partout en Espagne (y compris aux Canaries) sans nécessité d'un visa, mais sont censés demander une carte de résident au cours du premier mois s'ils envisagent un séjour de plus de trois mois. Tous les autres ressortissants sont supposés être en possession d'un permis de travail (demande auprès d'un consulat d'Espagne dans leur pays de résidence) et, pour un séjour supérieur à 90 jours, d'un visa de résident. Il est relativement facile de trouver un emploi, surtout dans les stations touristiques, mais les formalités d'obtention de ces papiers sont souvent longues et fastidieuses.

Toilettes

Les toilettes publiques sont rares et peu attrayantes. Le plus commode est d'utiliser celles d'un bar. Dans ce cas, il est poli de consommer, ne serait-ce qu'un café, mais vous ne devriez pas non plus vous attirer les foudres du personnel si vous ne le faites pas. Toutefois, dans les zones touristiques, un panneau précise parfois que l'usage des toilettes est réservé aux clients.

Les voyageurs prudents auront toujours du papier toilette sur eux, beaucoup de sanitaires en étant dépourvus.

Transports

DEPUIS/VERS LES CANARIES

Rien de plus simple que d'aller aux Canaries. Des compagnies à bas coût desservent l'archipel depuis toute l'Europe, en particulier d'Allemagne, de Grande-Bretagne et d'Espagne.

Entrer aux canaries

Les ressortissants de tous les pays de l'Union européenne (UE) et de la Suisse n'ont besoin que de leur carte nationale d'identité pour se rendre aux Canaries. Les ressortissants canadiens devront avoir un passeport en cours de validité (pour les séjours touristiques de moins de 90 jours).

La législation espagnole vous impose d'avoir votre carte d'identité ou votre passeport sur vous en permanence pendant votre séjour, dans l'éventualité d'un contrôle de police. Mais, en pratique, vous ne risquez guère d'ennuis. Vous pouvez préférer porter sur vous une photocopie de ces documents. Dans tous les cas, une pièce d'identité originale est souvent demandée à votre arrivée dans les hôtels.

En règle générale, les contrôles à l'arrivée dans les aéroports canariens vous sembleront bien nonchalants.

Voie aérienne

Aéroports

L'excellent site Internet et le numéro d'information sur les vols d'**Aena** (☎902 40 47 04 ; www.aena.es), l'autorité espagnole du transport aérien, centralisent les renseignements sur la totalité des aéroports du pays.

Les sept îles ont chacune leur aéroport. Tenerife, la Grande Canarie, Lanzarote et, de plus en plus, La Palma, accueillent la quasi-totalité des vols internationaux et venus d'Espagne continentale ; les aéroports des autres îles assurent surtout des vols intérieurs à l'archipel.

Les grands aéroports suivants accueillent les vols internationaux :

Tenerife Norte (Los Rodeos). Accueille presque tous les vols intérieurs à l'archipel ainsi que ceux vers l'Espagne continentale.

Tenerife Sur (Reina Sofía). Accueille les autres vols, dont la quasi-totalité des charters depuis/vers les Canaries.

La Grande Canarie se trouve à 16 km au sud de Las Palmas.

Guasimeta (Lanzarote) n'est qu'à 6 km au sud-ouest d'Arrecife.

Depuis la France

Air France et Iberia, ainsi que d'autres compagnies aériennes, proposent des vols quotidiens pour Tenerife, Lanzarote, Fuerteventura ou la Grande Canarie. La plupart des vols nécessitent un changement à Madrid ou à Barcelone et durent entre 6 et 7 heures selon l'escale. Au moment de nos recherches, les allers-retours les moins chers pour Tenerife, Lanzarote ou Fuerteventura coûtaient de 270 à 330 €.

Voici quelques adresses de compagnies aériennes et d'agences de voyages :

Iberia (☎0825 800 965; www.iberia.fr). De Paris, 12 vols par jour vers Madrid et Barcelone avec correspondances pour Tenerife Sur (Reina Sofía), Tenerife Norte (Los

AGENCES EN LIGNE

Vous pouvez réserver votre vol via une agence en ligne ou vous renseigner auprès d'un comparateur de vols :

» www.anyway.com
» www.ebookers.fr
» www.illicotravel.com
» www.sprice.fr
» www.opodo.fr
» www.voyages-sncf.com
» http://voyages.kelkoo.fr
» www.govoyage.com

Rodeos), Las Palmas de Gran Canaria, Lanzarote et Fuerteventura.

Air Europa (☎01 42 65 08 00 en France ; wwwaireuropa.com)

Air France (☎3654, 0,34 €/min ou 0820 820 820 ; wwwairfrance.fr)

Nouvelles Frontières (réservations et informations au ☎0 825 000 825 ou 0 825 000 747, 0,15 €/min : www.nouvelles-frontieres.fr)

SNCF (☎36 35, 0,64 €/min ; www.voyages-sncf.com)

Depuis la Belgique et la Suisse

Iberia (☎070 700 050 en Belgique ; ☎0 848 000 015 en Suisse ; www.iberia.com). De Bruxelles, 4 vols par jour vers Madrid ou Barcelone avec correspondance pour Tenerife Sur (Reina Sofía) le plus souvent, Tenerife Norte (Los Rodeos), las Palmas de Gran Canaria, Lanzarote et Fuerteventura (à partir de 260 €). De Genève et Zurich, plusieurs vols par semaine sont aussi assurés en direction de Fuerteventura, Las Palmas de Gran Canaria, Tenerife et Lanzarote (à partir de 400 FS).

Depuis le Canada

Il n'existe aucun vol direct depuis le Canada. Pour aller aux Canaries, il faut faire escale en Europe. Le mieux est donc d'étudier le meilleur rapport tarif/itinéraire : un vol direct pour Madrid suivi d'un vol charter ou d'un forfait est souvent la formule la plus simple et la plus avantageuse de rallier l'archipel. On peut aussi chercher un vol bon marché pour Paris, puis réserver un vol ou un forfait pour les Canaries.

Au moment de la rédaction de ce guide, l'aller-retour le moins cher ralliant Montréal à Madrid s'élevait à 750/890 $C en basse/haute saison.

Vous pouvez contacter les agences suivantes :

Air Canada (☎1 888 247 2262 ; www.aircanada.ca)

Voyages Campus – Travel Cuts (☎514 281 6662 ; www.travelcuts.com ; 225 Président-Kennedy PK-R-206, Montréal, Québec H2X 3Y8). L'agence nationale pour les étudiants.

Voie maritime

Presque tous les voyageurs vont aux Canaries en avion. Le seul autre moyen est de prendre un ferry depuis l'Espagne continentale.

Acciona Trasmediterránea (☎902 45 46 45 ; www.trasmediterranea.es). Un ferry par semaine relie Cadix, en Espagne continentale, à Santa Cruz de Tenerife (47 heures), avec escales à Lanzarote (30 heures) et Las Palmas de Gran Canaria (39 heures).

Naviera Armas (☎902 45 65 00 ; www.navieraarmas.com). Un bateau par semaine au départ de Huelva, sur le continent, pour Las Palmas de Gran Canaria (28 heures) et Santa Cruz de Tenerife (32 heures).

COMMENT CIRCULER

Avion

Les sept îles possédant désormais toutes un aéroport, l'avion est un moyen de transport commode et très apprécié qui pourra vous faire gagner beaucoup de temps si vous comptez visiter plusieurs îles.

Air Europa (☎902 40 15 01 ; www.aireuropa.com). Vols pour Tenerife (Norte et Sur), la Grande Canarie et Lanzarote.

Binter Canarias (☎902 39 13 92 ; www.bintercanarias.com). Dessert toutes les îles.

Islas Airways (☎902 47 74 78 ; www.islasairways.com). Vols entre toutes les îles sauf La Gomera.

Bateau

Les îles sont reliées entre elles par des "ferries rapides" et des hydroglisseurs, appartenant à trois grandes compagnies :

Acciona Trasmediterránea (☎902 45 46 45 ; www.trasmediterranea.com).

Fred Olsen (☎902 10 01 07 ; www.fredolsen.es)

Naviera Armas (☎902 45 65 00 ; www.navieraarmas.com)

VOYAGES ET CHANGEMENTS CLIMATIQUES

Tous les moyens de transport fonctionnant à l'énergie fossile génèrent du CO^2 – la principale cause du changement climatique induit par l'homme. L'industrie du voyage est aujourd'hui dépendante des avions. Si ceux-ci ne consomment pas nécessairement plus de carburant par kilomètre et par personne que la plupart des voitures, ils parcourent en revanche des distances bien plus grandes et relâchent quantité de particules et de gaz à effet de serre dans les couches supérieures de l'atmosphère. De nombreux sites Internet utilisent des "compteurs de carbone" permettant aux voyageurs de compenser le niveau des gaz à effet de serre dont ils sont responsables par une contribution financière à des projets respectueux de l'environnement. Lonely Planet "compense" les émissions de tout son personnel et de ses auteurs.

TEMPS DE TRAJET INDICATIF SUR LES PRINCIPAUX FERRIES

DÉPART	DESTINATION	DURÉE
Lanzarote (Arrecife)	Las Palmas de Gran Canaria	8 heures
Lanzarote (Playa Blanca)	Corralejo (Fuerteventura)	20 minutes
Las Palmas (Grande Canarie)	Morro Jable (Fuerteventura)	3 heures
Las Palmas (Grande Canarie)	Santa Cruz de Tenerife	2 heures 30
Agaete (Grande Canarie)	Santa Cruz de Tenerife	1 heure
Los Cristianos (Tenerife)	San Sebastián de la Gomera	45 minutes
Santa Cruz de La Palma	Las Palmas de Gran Canaria	13 heures 30

Consultez les chapitres correspondants pour des informations détaillées par itinéraire.

N'oubliez pas qu'il n'est pas rare que les horaires, les tarifs et même les itinéraires changent. Ce n'est pas bien grave sur les grands itinéraires, où l'offre ne manque pas, mais cela peut occasionner d'importants retards si vous empruntez un itinéraire desservi seulement deux à trois fois par jour, voire par semaine. Pour connaître les itinéraires des ferries dans l'archipel, voir la carte couleur au début de ce guide.

Bus

Aux Canaries, un bus s'appelle un *guagua* (prononcez "goua-goua"). Mais si vous parlez d'*autobuses*, vous vous ferez parfaitement comprendre.

Chaque île a son propre service interurbain. Les bus pourront vous conduire vers tous les grands sites (et vous en ramener), mais il n'y en a souvent que quelques-uns par jour. C'est particulièrement vrai sur les plus petites îles, peu peuplées, où tout le monde ou presque doit être motorisé.

Les grandes îles, Tenerife et la Grande Canarie, jouissent d'un système de transports publics impressionnant couvrant tout leur territoire. La fréquence est toutefois extrêmement variable : la desserte, très régulière entre les grandes villes, se résume parfois à deux allers-retours par jour pour transporter travailleurs et écoliers depuis/vers la capitale insulaire.

Le week-end, veillez à bien vérifier les horaires lors de vos déplacements. Même sur les lignes des grandes îles, une desserte fréquente en semaine peut se réduire à quelques bus le samedi et à un seul (voire aucun) le dimanche.

Dans les grandes villes, les bus partent d'une *estación de guaguas* (gare routière). Dans les petites communes et les villages, la tête de ligne se trouve souvent dans une rue ou sur une place déterminée. Le ticket s'achète à bord. Parmi les compagnies de bus figurent les suivantes :

Arrecife Bus (☎928 81 15 22 ; www.arrecifebus.com). Desserte fréquente des abords de Lanzarote et des zones touristiques de Lanzarote ; ailleurs, service minimal ou nul.

Global (☎902 38 11 10 ; www.globalsu.net). Bon réseau d'itinéraires à la Grande Canarie, mais la desserte de nombreuses zones rurales est plus que réduite.

Servicio Insular de Guagua (☎922 55 07 29). Le réseau de bus d'El Hierro, avec un maillage de l'île correct.

Servicio Regular Gomera (☎922 14 11 01 ; www.lagomera.es/turismo/guaguas.html). Le réseau limité de La Gomera.

Tiadhe (☎928 85 09 51, 928 85 21 62 ; www.tiadhe.com). Petit réseau de Fuerteventura, avec 17 lignes.

TITSA (Transportes Interurbanos de Tenerife SA ; ☎922 53 13 00 ; www.titsa.com). Réseau de bus très dense, sur toute l'île de Tenerife.

Transportes Insular La Palma (☎922 41 19 24 ; www.transporteslapalma.com). Service étendu sur La Palma.

Forfaits

Sur certaines îles, vous pouvez vous procurer une carte Bono Bus de 12 ou 30 € dans les gares routières et chez divers commerçants, dont les marchands de journaux. Insérez votre carte dans la machine à bord du bus, annoncez au chauffeur votre destination, le montant du trajet sera automatiquement débité sur votre carte. Avec en moyenne 30% de réduction, ces cartes sont un excellent investissement si vous comptez beaucoup vous déplacer en bus.

Tarifs

Les tarifs, surtout avec l'achat du Bono Bus, sont raisonnables. Ils sont calculés au prorata de la distance et varient donc de 1 à 10 €, ou plus.

Vélo

Se déplacer à vélo dans l'archipel est un moyen des plus agréables pour admirer le paysage, mais ne vous attendez pas à ce que les automobilistes vous facilitent la vie (ni aient conscience des affres du cycliste dans un virage en épingle en côte. En ville, les pistes cyclables sont rares, à l'exception des avenues bordant les plages, qui intègrent de plus en plus des espaces pour les cyclistes.

Si vous envisagez de venir avec votre vélo, vérifiez auprès de la compagnie aérienne s'il n'y a pas de frais cachés et s'il faut le démonter et l'emballer pour le voyage.

En ferry, c'est plus simple : le transport est très bon marché, voire parfois gratuit.

Location

Vous pouvez louer VTT et vélos de ville dans diverses stations ainsi que dans les zones les plus touristiques de l'archipel. Comptez un minimum de 10 € la journée ainsi qu'une caution d'environ 50 €. Un casque et quelques équipements basiques sont inclus dans la location.

Las Palmas de Gran Canaria propose un service de location gratuite de vélos, avec plusieurs bornes de retrait et de restitution dans toute la ville. Plus de renseignements sur www.biciambiental.org (en espagnol).

Voiture et moto

En règle générale, il est hautement recommandé de louer une voiture aux Canaries. Les services de bus sont souvent irréguliers, et il n'est vraiment possible d'explorer l'intérieur des terres qu'à condition d'être motorisé, en particulier sur Tenerife et la Grande Canarie.

Assurance

Au minimum, la loi exige aux Canaries (comme dans le reste de l'Europe) la souscription d'une assurance automobile au tiers. Veillez à connaître vos obligations et le montant des franchises pratiquées, ainsi que les réductions de franchise possibles en cas d'accident ou de dommages causés au véhicule de location. D'autres frais peuvent venir s'ajouter (parfois facultatifs), comme la garantie dommages ou CDW, l'assurance pour les passagers et les 5% d'IGIC (taxe générale indirecte canarienne). Il peut être judicieux d'investir dans un contrat d'assistance dépannage. Vous pouvez aussi demander à votre assureur un exemplaire de constat européen d'accident, qui vous simplifiera grandement les choses le cas échéant. Sachez que sur une route de terre, votre assurance est souvent nulle et non avenue.

Code de la route

Le taux d'alcoolémie doit être inférieur à 0,5 g/litre de sang et des contrôles intempestifs sont menés. Si votre contrôle révèle un taux supérieur, vous risquez une amende et votre permis peut être saisi dans les 24 heures. Les étrangers non-résidents doivent payer sur place 30% du montant de l'amende. Plaider l'incompréhension linguistique est inutile : l'agent de police pourra produire une liste des infractions et des amendes dans toutes les langues que vous voulez. Si vous ne payez pas, ou ne connaissez pas de résident canarien qui puisse vous servir de garant, votre véhicule peut être saisi.

Âge légal pour conduire une voiture 18 ans

Âge légal pour conduire une moto ou un scooter 16 ans (à partir de 80 cm^3) ou 14 ans (moins de 50 cm^3) ; permis obligatoire.

À moto Allumage obligatoire des phares, de jour comme de nuit, et port obligatoire du casque sur les engins de plus 125 cm^3.

Aux carrefours giratoires Priorité aux véhicules déjà engagés.

Limitations de vitesse 50km/h en agglomération, 100km/h sur les grands axes et 120km/h sur les *autovías* (autoroutes).

Essence

La *gasolina* (essence) est bien moins chère aux Canaries que dans le reste de l'Espagne, car moins taxée. Le *sin plomo* (sans plomb) et le *diesel* (gazole) sont vendus partout et généralement disponibles en deux indices d'octane.

Les prix varient légèrement d'une station à l'autre et en fonction du cours du pétrole et de la politique fiscale. Les stations-service acceptent les cartes de crédit les plus courantes.

Location

Tous les grands loueurs internationaux sont représentés aux Canaries, où fourmillent par ailleurs les prestataires locaux. Pour louer une voiture, vous devez avoir le permis et plus de 21 ans et, pour les grands loueurs (mais pas seulement), détenir une carte bancaire. Les petits loueurs acceptent parfois de se passer de carte bancaire.

Si vous comptez séjourner longtemps sur l'une des îles, il peut être avantageux de réserver une voiture à l'avance, par exemple via un forfait vol+location.

Quelques loueurs présents dans l'archipel :

Avis (☎902 18 08 54 ; www.avis.es)

Cabrera Medina (☎928 84 62 76 ; www.cabreramedina.com). Une société canarienne qui couvre tout l'archipel.

Cicar (☎900 20 23 03 ; www.cicar.com). Autre prestataire local présent dans toutes les Canaries.

Europcar/BC Betacar (☎913 43 45 12 ; www.europcar.es)

Hertz (☎913 72 93 00 ; www.hertz.es)

En règle générale, vous devez avoir l'autorisation expresse du loueur pour sortir la voiture d'une île. La plupart des prestataires font exception pour la traversée Fuerteventura-Lanzarote : vous pouvez généralement amener votre voiture d'une île à l'autre, et même dans certains cas prendre la location sur l'une et la rendre sur l'autre.

Permis de conduire

En théorie, si votre permis n'a pas été émis dans l'UE, vous devrez l'accompagner d'un permis de conduire international ; en pratique, ceux émis par certains pays, notamment le Canada et les États-Unis, sont le plus souvent acceptés.

Il faut un permis pour conduire tout véhicule de plus de 50 cm^3.

Transport de véhicule

À moins d'envisager de vous installer sur place, rien ne justifie que vous apportiez votre propre véhicule. Les coûts de transport par ferry depuis Cadix, en Espagne continentale, sont exorbitants, alors que la location de voiture dans l'archipel est sensiblement moins chère que dans la plupart des pays de l'UE. Si vous faites partie des rares visiteurs à venir avec leur voiture, il vous faudra votre carte grise et un certificat d'assurance internationale (ou "carte verte"), à demander à votre assureur.

En stop

Le stop n'est jamais sans danger, où que vous soyez, et nous ne le recommandons pas. Les voyageurs qui choisissent ce moyen de transport doivent savoir qu'ils prennent un risque, certes faible, mais bien réel. Il est plus prudent de voyager à deux, et d'informer quelqu'un de sa destination.

L'auto-stop est illégal sur les *autovías*. Choisissez plutôt un endroit où les voitures pourront s'arrêter en toute sécurité, avant les entrées d'autoroute, ou privilégiez les axes secondaires. Sur ces derniers, armez-vous de patience, la circulation étant souvent clairsemée.

Langue

POUR ALLER PLUS LOIN

Indispensable pour mieux communiquer sur place : le **Guide de conversation français/espagnol de Lonely Planet** (7,99 €). Pour réserver une chambre, lire un menu ou simplement faire connaissance, ce manuel permet d'acquérir des rudiments d'espagnol. Inclus : un minidictionnaire bilingue.

Aux Canaries, on parle l'espagnol *(español)*, également appelé castillan (*castellano*).

L'espagnol n'est pas très difficile à prononcer. Dans nos conseils de prononciation, rh indique le "j" se prononçant comme un r très dur et guttural, th indique le "c" ou le "z" prononcés en glissant la pointe de la langue entre les dents (comme le "th" en anglais) ; le r est fortement roulé. Si vous connaissez l'espagnol, peut-être reconnaîtrez-vous les inflexions andalouses, voire latino-américaines, de l'accent canarien : "lli" se prononce y, et le "z" et le "c" devant une voyelle se prononcent s (sans le "zézaiement" habituel du reste de l'Espagne). La lettre "s" est pour ainsi dire muette, servant plutôt à prolonger la voyelle : ainsi, Las Palmas se prononce "Laa Palmaa". En suivant nos conseils de prononciation (avec les syllabes accentuées en italique), vous devriez vous faire comprendre *perfectamente*.

Le genre existe en espagnol. Les noms féminins se terminent généralement en *-a, les noms* masculins en *-o*. Les terminaisons des adjectifs changent aussi en fonction du genre du nom qu'ils modifient. Dans ce chapitre, les deux formes sont indiquées chaque fois que cela est nécessaire, séparées par une barre oblique, en commençant par la forme masculine (ex. *perdido/a*).

Lorsqu'un nom ou un adjectif se termine par une voyelle, on forme le pluriel en ajoutant *–s* ; il faut ajouter *-es* s'il se termine par une consonne.

Pour s'adresser à des proches ou à une personne plus jeune, on utilise le tutoiement *tú*, plutôt que le vouvoiement *usted*. Dans ce chapitre, les deux possibilités sont indiquées (poli/informel).

BASES

Bonjour	*Hola*	o·là
Au revoir	*Adiós*	a·*dyos*
Comment ça va ?	*¿Qué tal?*	*ké tal*
Bien, merci	*Bien, gracias*	bièn *gra*·sias
Excusez-moi	*Perdón*	pèr·*don*
Désolé	*Lo siento*	lo ssi·*ènn*·to
Oui/Non	*Sí/No*	si/no
S'il vous/te plaît	*Por favor*	por fa·*vor*
Merci	*Gracias*	*gra*·sias
Je vous/t'en prie	*De nada*	dé *na*·da

Je m'appelle...
Me llamo... — mé *lya*·mo...

Quel est votre nom ?
¿Cómo se llama Usted? — *ko*·mo se *lya*·ma *ou*·ssté (poli)
¿Cómo te llamas? — *ko*·mo té *lya*·mass (informel)

Parlez-vous (français) ?
¿Habla (francés)? — *a*·bla (frann·théss) (poli)
¿Hablas (francés)? — *a*·blas (frann·*théss*) (informel)

Je (ne) comprends (pas)
Yo (no) entiendo — yo (no) ènn·*tiènn*·do

HÉBERGEMENT

Je voudrais réserver une chambre
Quisiera reservar una habitación — ki·*ssié*·ra ré·ssèr·*var* *ou*·na a·bi·ta·*thyonn*

Quel est le prix pour une nuit/par personne ?
¿Cuánto cuesta por noche/persona? — *kouann*·to *kouèss*·ta por *no*·tché/por pèr·*sso*·na

Le petit-déjeuner est-il compris ?
¿Incluye el desayuno? — inn·*klou*·yé èl dé·ssa·*you*·no

camping	*terreno de cámping*	tè·*ré*·no dé *kamm*·ping
hôtel	*hotel*	o·*tèl*
pension	*pensión*	pènn·*ssion*
auberge de jeunesse	*albergue juvenil*	al·*bèr*·gué rhou·vé·*nil*

Je voudrais une chambre	*Quisiera una habitación*	ki·*ssié*·ra *ou*·na a·bi·ta·*thionn.*
simple	*individual*	inn·di·vi·*doual*
double	*doble*	*do*·blé

climatisation	*aire acondicionado*	*aï*·ré a·kon·di·thyo·*na*·do
salle de bains	*baño*	*ba*·nyo
lit	*cama*	*ka*·ma
fenêtre	*ventana*	vènn·*ta*·na

ORIENTATION

Où est ?
¿Dónde está ...? donn·dé èss·*ta* ...

Quelle est l'adresse ?
¿Cuál es la dirección? *koual* ès la di·rèk·*thyonn*

Pourriez-vous me l'écrire, s'il vous plaît ?
¿Puede escribirlo, por favor? *poué*·dé èss·kri·*bir*·lo por *fa*·vor

Pourriez-vous me montrer(sur la carte) ?
¿Me lo puede indicar (en el mapa)? mé lo *poué*·dé inn·di·*kar* (ènn èl *ma*·pa)

à côté de	*al lado de ...*	al *la*·do dé ...
à l'angle	*en la esquina*	ènn la èss·*ki*·na
au feu	*en el semáforo*	ènn èl ssé·*ma*·fo·ro
derrière	*detrás de*	dé·*trass* dé
devant	*enfrente de*	ènn·*frènn*·té dé
droite	*derecha*	dé·*ré*·tcha
en face de	*frente a*	*frènn*·té a
gauche	*izquierda*	ith·*kyèr*·da

loin	*lejos*	*lé*·rhoss
près	*cerca*	*thèr*·ka
tout droit	*todo recto*	*to*·do *rèk*·to

AU RESTAURANT

Que conseillez-vous ?
¿Qué recomienda? ké ré·ko·*myènn*·da

Qu'y a-t-il dans ce plat ?
¿Que lleva ese plato? ké *lyé*·va *é*·sé *pla*·to

Je ne mange pas de...
No como ... no *ko*·mo ...

C'était délicieux !
¡Estaba buenísimo! èss·*ta*·ba boué·*ni*·ssi·mo

Apportez-nous la note, s'il vous plaît
Por favor nos trae la cuenta por fa·*vor* nos *tra*·é la *kouènn*·ta

EXPRESSIONS UTILES

Pour vous débrouiller en espagnol, combinez ces formules simples avec les mots de votre choix.

Quand part (le prochain vol) ?
¿Cuándo sale (el próximo vuelo)? kouann·do ssa·lé (èl *prok*·ssi·mo *voué*·lo)

Où se trouve (la gare) ?
¿Dónde está (la estación)? donn·dé èss·*ta* (la èss·ta·*thyonn*)

Où puis-je (acheter un billet) ?
¿Dónde puedo (comprar un billete)? donn·dé *poué*·do (komm·*prar* oun bi·*lyé*·té)

Avez-vous (un plan) ?
¿Tiene (un mapa)? *tyé*·né (oun *ma*·pa)

Y a-t-il (des toilettes) ?
¿Hay (servicios)? aï (sèr·*vi*·thyoss)

Je voudrais (un café)
Quisiera (un café) ki·*ssié*·ra (oun ka·*fé*)

Je voudrais (louer une voiture)
Quisiera (alquilar un coche) ki·*ssyé*·ra (al·ki·*lar* oun *ko*·tché)

Puis-je (entrer) ?
¿Se puede (entrar)? ssé *poué*·dé (ènn·*trar*)

Pourriez-vous (m'aider) s'il vous plaît ?
¿Puede (ayudarme), por favor? *poué*·dé (a·you·*dar*·mé) por fa·*vor*

Dois-je (obtenir un visa) ?
¿Necesito (obtener un visado)? né·thé·*ssi*·to (ob·té·*nèr* oun vi·*ssa*·do)

Santé !
¡Salud! sa·*lou*

Je voudrais réserver une table pour ...	*Quisiera reservar una mesa para ...*	ki·*ssyé*·ra ré·ssèr·*var* *ou*·na *mé*·ssa *pa*·ra ...
(huit) heures	*las (ocho)*	lass (*o*·tcho)
(deux) personnes	*(dos) personas*	(doss) pèr·*sso*·nass

Mots utiles

Amuse-gueules	*aperitivos*	a·pé·ri·*ti*·voss
assiette	*plato*	*pla*·to
avec/sans	*con/sin*	konn/sinn
bar	*bar*	bar
bol	*bol*	bol
bouteille	*botella*	bo·*té*·lya
café	*café*	ka·*fé*
chaise haute	*trona*	*tro*·na
chaud	*caliente*	ka·*lyènn*·té
couteau	*cuchillo*	kou·*tchi*·lyo
cuillère	*cuchara*	kou·*tcha*·ra

Panneaux

Abierto	Ouvert
Cerrado	Fermé
Entrada	Entrée
Hombres	Hommes
Mujeres	Femmes
Prohibido	Interdit
Salida	Sortie
Servicios/Aseos	Toilettes

déjeuner	*almuerzo/ comida*	al mouer so/ ko·mi·da
dîner	*cena*	thé·na
fourchette	*tenedor*	té·né·dor
(très) froid	*(muy) frío*	(moui) fri·o
marché	*mercado*	mèr·ka·do
menu enfant	*menú infantil*	mé·nou inn·fann·til
menu (en français)	*menú (en francés)*	mé·nou (ènn frann-théss)
nourriture	*comida*	ko·mi·da
nourriture végétarienne	*comida vegetariana*	ko·mi·da vé·rhé·ta·rya·na
petit-déjeuner	*desayuno*	dé·ssa·you·no
plat de résistance	*segundo plato*	ssé·gounn·do pla·to
restaurant	*restaurante*	rèss·taou·rann·té
supermarché	*supermercado*	sou·pèr·mèr·ka·do
verre	*vaso*	va·sso

Viandes et poissons

agneau	*cordero*	kor·dé·ro
bœuf	*carne de vaca*	kar·né dé va·ka
canard	*pato*	pa·to
dinde	*pavo*	pa·vo
poisson	*pescado*	pèss·ka·do
porc	*cerdo*	thèr·do
poulet	*pollo*	po·lyo
veau	*ternera*	tèr·né·ra

Fruits et légumes

abricot	*albaricoque*	al·ba·ri·ko·ké
ananas	*piña*	pi·nya
artichaut	*alcachofa*	al·ka·tcho·fa
asperges	*espárragos*	ess·pa·ra·goss
banane	*plátano*	pla·ta·no
betterave	*remolacha*	ré·mo·la·tcha
carotte	*zanahoria*	tha·na·o·rya
céleri	*apio*	a·pyo
cerise	*cereza*	thé·ré·tha
champignon	*champiñón*	tchamm·pi·nyonn
chou	*col*	kol
citron	*limón*	li·monn
concombre	*pepino*	pé·pi·no
épinards	*espinacas*	èss·pi·na·kass
fraise	*fresa*	fré·ssa
fruit	*fruta*	frou·ta
haricots	*judías*	rhou·di·ass
laitue	*lechuga*	lé·tchou·ga
légume	*verdura*	vèr·dou·ra
lentilles	*lentejas*	lènn·té·rhass
maïs	*maíz*	ma·ith
noix	*nueces*	noué·thés
oignon	*cebolla*	thé·bo·lya
orange	*naranja*	na·rann·rha
pastèque	*sandía*	sann·di·a
pêche	*melocotón*	mé·lo·ko·tonn
petits pois	*guisantes*	gui·ssann·tés
poivron (rouge/vert)	*pimiento (rojo/verde)*	pi·myènn·to (ro·rho/vèr·dé)
pomme de terre	*patata*	pa·ta·ta
pomme	*manzana*	mann·tha·na
potiron	*calabaza*	ka·la·ba·tha
prune	*ciruela*	thi·roué·la
raisin	*uvas*	ou·vas
tomate	*tomate*	to·ma·té

Autres aliments

pain	*pan*	pann
beurre	*mantequilla*	mann·té·ki·lya
fromage	*queso*	ké·sso
œuf	*huevo*	oué·vo
miel	*miel*	myèl
confiture	*mermelada*	mèr·mé·la·da
huile	*aceite*	a·theï·té
pâtes	*pasta*	pass·ta
poivre	*pimienta*	pi·myènn·ta
riz	*arroz*	a·roth
sel	*sal*	sal
sucre	*azúcar*	a·thou·kar
vinaigre	*vinagre*	vi·na·gré

Boissons

bière	*cerveza*	thèr·vé·tha
café	*café*	ka·fé
eau (minérale)	*agua (mineral)*	a·goua (mi·né·ral)
jus (d'orange)	*zumo (de naranja)*	thou·mo (de na·rann·rha)
lait	*leche*	lé·tché
thé	*té*	té
vin (blanc)	*vino (blanco)*	vi·no (blann·ko)
vin (rouge)	*vino (tinto)*	vi·no (tinn·to)

URGENCES

Au secours !	*¡Socorro!*	so·ko·ro
Va-t-en !	*¡Vete!*	vé·té

Appelez...!	*¡Llame a ...!*	*lya*·mé a ...
un médecin	*un médico*	ounn *mé*·di·ko
la police	*la policía*	la po·li·*si*·a

Je me suis perdu(e)
Estoy perdido/a èss·*toï* pèr·*di*·do/a (m/f)
J'ai eu un accident
He tenido un accidente é té·*ni*·do oun ak·thi·*dènn*·té
Je suis malade
Estoy enfermo/a èss·*toï* ènn·*fèr*·mo/a (m/f)
J'ai mal ici
Me duele aquí mé *doué*·lé a·*ki*
Je suis allergique (aux antibiotiques)
Soy alérgico/a (a los antibióticos) soy a·*lèr*·rhee·ko/a (a loss ann·ti·*byo*·to·koss) (m/f)

ACHATS ET SERVICES

Je voudrais acheter...
Quisiera comprar ... ki·*ssyé*·ra komm·*prar* ...
Je veux juste regarder
Sólo estoy mirando *so*·lo èss·*toï* mi·*rann*·do
Puis-je le voir ?
¿Puedo verlo? *poué*·do *vèr*·lo
Cela ne me plaît pas
No me gusta no me *gouss*·ta
Quel en est le prix ?
¿Cuánto cuesta? *kouann*·to *kouèss*·ta
C'est trop cher
Es muy caro èss mouï *ka*·ro
Pouvez-vous baisser le prix ?
¿Podría bajar un poco el precio? po·*dri*·a ba·*rhar* oun *po*·ko èl *pré*·thyo
Il y a une erreur sur le ticket
Hay un error en la cuenta aï oun è·*ror* èn la *kouènn*·ta

carte de crédit	*tarjeta de crédito*	tar·*rhé*·ta dé *kré*·di·to
cybercafé	*cibercafé*	thi·bèr·ka·*fé*
DAB	*cajero automático*	ka·*rhé*·ro aou·to·*ma*·ti·ko
office du tourisme	*oficina de turismo*	o·fi·*thi*·na dé tou·*riss*·mo
poste	*correos*	ko·*ré*·oss

HEURE ET DATE

Quelle heure est-il ?
¿Qué hora es? ké *o*·ra èss
Il est (10) heures
Son (las diez) sonn (las dyèth)

(Une heure) et demie	*Es (la una) y media*	èss (la *ou*·na) i *mé*·dya
après-midi	*tarde*	*tar*·dé
aujourd'hui	*hoy*	oï
demain	*mañana*	ma·*nya*·na

Questions

Comment ?	*¿Cómo?*	*ko*·mo
Où ?	*¿Dónde?*	*donn*·dé
Pourquoi ?	*¿Por qué?*	por ké
Quand ?	*¿Cuándo?*	*kouann*·do
Qui ?	*¿Quién?*	kyènn
Quoi ?	*¿Qué?*	ké

hier	*ayer*	a·*yèr*
matin	*mañana*	ma·*nya*·na
soirée	*noche*	*no*·tché
lundi	*lunes*	*lou*·nèss
mardi	*martes*	*mar*·tèss
mercredi	*miércoles*	*myèr*·ko·lèss
jeudi	*jueves*	*rhoué*·béss
vendredi	*viernes*	*vyèr*·néss
samedi	*sábado*	*sa*·ba·do
dimanche	*domingo*	do·*minn*·go
janvier	*enero*	é·*né*·ro
février	*febrero*	fé·*bré*·ro
mars	*marzo*	*mar*·tho
avril	*abril*	a·*bril*
mai	*mayo*	*ma*·yo
juin	*junio*	*rhou*·nyo
juillet	*julio*	*rhou*·lyo
août	*agosto*	a·*goss*·to
septembre	*septiembre*	sèp·*tyèmm*·bré
octobre	*octubre*	ok·*tou*·bré
novembre	*noviembre*	no·*vyèmm*·bré
décembre	*diciembre*	di·*thyèmm*·bré

TRANSPORTS

Transports publics

avion	*avión*	a·*vyonn*
bateau	*barco*	*bar*·ko
bus	*autobús*	aou·to·*bouss*
train	*tren*	trènn
tram	*tranvía*	tran·*vi*·a
premier	*primer*	pri·*mérr*
dernier	*último*	*oul*·ti·mo
prochain	*próximo*	*prok*·ssi·mo

Je voudrais aller à
Quisiera ir a ... ki·*ssyé*·ra ir a ...
S'arrête-t-il à (Madrid) ?
¿Para en (Madrid)? *pa*·ra ènn (ma·*dri*)
Comment s'appelle cet arrêt ?
¿Cuál es esta parada? koual èss *èss*·ta pa·*ra*·da
À quelle heure arrive-t-il/part-il ?
¿A qué hora llega/sale? a ké *o*·ra *lyé*·ga/*sa*·lé

Nombres

1	*uno*	*ou*·no
2	*dos*	doss
3	*tres*	trèss
4	*cuatro*	*koua*·tro
5	*cinco*	*thinn*·ko
6	*seis*	seïss
7	*siete*	*ssyé*·té
8	*ocho*	*o*·tcho
9	*nueve*	*noué*·vé
10	*diez*	dyèth
20	*veinte*	*véïnn*·té
30	*treinta*	*tréïnn*·ta
40	*cuarenta*	koua·*rènn*·ta
50	*cincuenta*	thinn·*kouènn*·ta
60	*sesenta*	ssé·*ssènn*·ta
70	*setenta*	ssé·*tènn*·ta
80	*ochenta*	o·*tchènn*·ta
90	*noventa*	no·*vènn*·ta
100	*cien*	thyènn
1000	*mil*	mil

Pourriez-vous me prévenir quand nous arriverons à (Séville) ?
¿Puede avisarme cuando lleguemos a (Sevilla)? — *poué*·dé a·vi·*ssar*·mé *kouann*·do lyé·*gué*·moss a (sé·*vi*·lya)

Je veux descendre ici
Quiero bajarme aquí — *kyé*·ro ba·*rhar*·mé a·*ki*

un ... billet de	*un billete de ...*	oun bi·*lyé*·té dé ...
première classe	*primera clase*	pri·*mé*·ra *kla*·ssé
deuxième classe	*segunda clase*	sé·*gounn*·da kla·ssé
aller simple	*ida*	*i*·da
aller-retour	*ida y vuelta*	i·da i *vouèl*·ta
siège côté allée	*asiento de pasillo*	a·*ssyènn*·to dé pa·*ssi*·lyo
annulé	*cancelado*	kan·thé·*la*·do
en retard	*retrasado*	ré·tra·*ssa*·do
plate-forme	*plataforma*	pla·ta·*for*·ma
guichet	*taquilla*	ta·*ki*·lya
horaire	*horario*	o·*ra*·ryo
gare ferroviaire	*estación de trenes*	èss·ta·*thyonn* dé *tré*·nèss
siège côté fenêtre	*asiento junto a la ventana*	a·*ssyènn*·to *rhounn*·to a la ven·*ta*·na

Transports individuels

Je voudrais louer ...	*Quisiera alquilar ...*	ki·*ssyé*·ra al·*ki*·lar ...
un 4x4	*un todo-terreno*	oun to·do·tè·*ré*·no
un vélo	*una bicicleta*	*ou*·na bi·thi·*klé*·ta
une voiture	*un coche*	oun *ko*·tché
une moto	*una moto*	ou·na *mo*·to
un siège enfant	*asiento de seguridad para niños*	a·*ssyènn*·to dé sé·gou·ri·*da* *pa*·ra *ni*·nyoss
diesel	*gasóleo*	ga·*sso*·léo
casque	*casco*	*kass*·ko
mécanicien	*mecánico*	mé·*ka*·ni·ko
essence/carburant	*gasolina*	ga·sso·*li*·na
station-service	*gasolinera*	ga·sso·li·*né*·ra

Cette route mène-t-elle à ?
¿Se va a (Barcelona) por esta carretera? — sé va a (bar·cé·*lo*·na) por ess·ta ka·ré·*té*·ra

(Combien de temps) Puis-je stationner ici ?
¿(Por cuánto tiempo) Puedo aparcar aquí? — (por *kouann*·to *tyèmm*·po) *poué*·do a·par·*kar* a·*ki*

La voiture est tombée en panne (à Valence)
El coche se ha averiado (en Valencia) — el *ko*·tché sé a a·vé·*rya*·do (ènnva·*lènn*·thya)

J'ai un pneu crevé
Tengo un pinchazo — *tènn*·go oun pinn·*tcha*·tho

Je suis en panne d'essence
Me he quedado sin gasolina — mé é ke·*da*·do sin *gasolina*

GLOSSAIRE

Sauf mention contraire, les termes ci-dessous sont en espagnol castillan.

abierto – ouvert
aljibe – citerne
apartado de correos – boîte aux lettres (poste)
artesonado (plafond) – plafond à caissons
autovía – autoroute
ayuntamiento – mairie, hôtel de ville
barranco – ravin ou gorge
barrio – quartier
Bimbaches – peuple indigène d'El Hierro
bocadillo – sandwich fait avec une baguette de pain
bodega – bar à vins traditionnel ou cave à vins
bote – canot assurant la navette entre le rivage et les navires au large
buceo – plongée sous-marine
butaca – fauteuil à bord des ferries

cabildo insular – conseil de l'île (organe de gouvernement local)
cabra – chèvre
cabrito – chevreau
cajero automático – distributeur automatique de billets (DAB)
caldera – grand cratère volcanique
calle – rue
cambio – change
Canariones – habitants de la Grande Canarie
Carnaval – fête célébrant le début du Carême, quarante jours avant Pâques
casa rural – gîte rural
caserío – ferme traditionnelle ou hameau
cena – dîner
charco – piscine naturelle d'eau de mer
chiringuito – kiosque
churros – beignets sucrés
comedor – salle à manger
comida – déjeuner
Conejeros – habitants de Lanzarote
Corpus Christi – Fête-Dieu ; célèbre l'Eucharistie soixante jours après Pâques
correos – bureau de poste
cruz – croix
Cruz Roja – Croix-Rouge
cueva – grotte

denominación de origen – dénomination d'origine ; équivalent d'"appelation d'origine contrôlée" (AOC)
desayuno – petit-déjeuner
drago – dragonnier (arbre)

ermita – ermitage, chapelle
estación – gare
estación de guaguas – gare routière
estación marítima – gare maritime
estanco – bureau de tabac
este – est

faro – phare
feria – foire
fiesta – fête, jour férié
finca – domaine agricole

godo – Goth ; surnom donné aux Espagnols par les habitants des Canaries
gofio – farine de céréales grillées (maïs, orge, blé) ; aliment de base de la cuisine canarienne, traditionnellement utilisé à la place du pain
Gomeros – habitants de La Gomera
gran – grand
guagua – bus
guanarteme – chef insulaire
Guanches – peuple indigène des Canaries

Herreños – habitants de Hierro
horario – horaire
hostal – lieu d'hébergement de une à trois étoiles ; à ne pas confondre avec les auberges de jeunesse dont il n'existe qu'une seule adresse dans l'archipel
hotel – hôtel (de une à cinq étoiles)

IGIC – Impuesto General Indirecto Canario ; TVA appliquée aux Canaries
iglesia – église

jamón – jambon
juego del palo – jeu de bâton

lagarto – lézard
laurisilva – laurisylve ; forêt subtropicale composée de plusieurs espèces de lauracées endémiques
lavandería – laverie
librería – librairie
lucha canaria – lutte canarienne

Majoreros – habitants de Fuerteventura
malpaís – mauvaises terres volcaniques
malvasía – malvoisie (vin)
marcha – animation, vie nocturne, milieu festif
mencey – roi guanche
menú del día – menu du jour
mercado – marché
meseta – plateau
mesón – auberge ou taverne à l'ancienne
mirador – point de vue, belvédère
mojo – sauce typique des Canaries à base de piment rouge, de coriandre ou de basilic
montaña – montagne
mudéjar – se dit de l'art pratiqué dans l'Espagne chrétienne du XIIIe au XVIe siècle et caractérisé par l'emploi de techniques et de formes décoratives islamiques
muelle – quai, jetée, embarcadère
municipio – municipalité
museo – musée

norte – nord

oeste – ouest
oficina de turismo – office du tourisme

Paginas Amarillas – Pages jaunes (annuaire)
Palmeros – habitants de La Palma
papas arrugadas – littéralement pommes de terre "ridées" ; pommes de terre non épluchées cuites dans de l'eau avec beaucoup de gros sel
parador – hôtel haut de gamme géré par l'État et généralement aménagé dans un bâtiment à caractère historique
parque nacional – parc national
paseo marítimo – promenade sur le front de mer
pensión – pension (une ou deux étoiles)
piscina – piscine
plateresque – style d'architecture espagnol du début du XVIe siècle au décor très ornementé rappelant l'orfèvrerie
playa – plage
pozo – puits
presa canario – chien des Canaries ; voir aussi *verdino*
pueblo – village
puente – pont
puerta – porte
puerto – port

ración – grosse portion de tapas
rastro – marché aux puces
retablo – retable
romería – pèlerinage ou procession

sabina – genévrier
Semana Santa – Semaine sainte ; semaine qui précède Pâques

señorío – seigneurie, gouvernement insulaire exerçant l'autorité pour la Couronne espagnole
s/n – *sin numero* (sans numéro) ; figure parfois sur les adresses
sur – sud

taberna – taverne
tapas – assortiment d'entrées variées, servies à l'apéritif dans des petites assiettes (de *tapa*, couvercle)
taquilla – guichet
tarjeta de crédito – carte de crédit
tarjeta telefónica – carte téléphonique
tasca – pub, bar
terraza – terrasse d'un bâtiment ou d'un café
timple – petite guitare à quatre ou cinq cordes, typique des Canaries
Tinerfeños – habitants de Tenerife
valle – vallée
vega – plaine
verdino – chien des Canaries au pelage brun verdâtre
volcán – volcan

zumería – bar à jus de fruits

En coulisses

VOS RÉACTIONS ?

Vos commentaires nous sont très précieux et nous permettent d'améliorer constamment nos guides. Notre équipe lit toutes vos lettres avec la plus grande attention. Nous ne pouvons pas répondre individuellement à tous ceux qui nous écrivent, mais vos commentaires sont transmis aux auteurs concernés. Tous les lecteurs qui prennent la peine de nous communiquer des informations sont remerciés dans l'édition suivante, et ceux qui nous fournissent les renseignements les plus utiles se voient offrir un guide.

Pour nous faire part de vos réactions, prendre connaissance de notre catalogue et vous abonner à Comète, notre lettre d'information, consultez notre site web : **www.lonelyplanet.fr**

Nous reprenons parfois des extraits de notre courrier pour les publier dans nos produits, guides ou sites web. Si vous ne souhaitez pas que vos commentaires soient repris ou que votre nom apparaisse, merci de nous le préciser. Pour connaître notre politique en matière de confidentialité, connectez-vous à : **www.lonelyplanet.fr/confidentialite/index.cfm**

À NOS LECTEURS

Merci à tous les voyageurs qui ont utilisé la dernière édition de ce guide et qui nous ont écrit pour nous faire part de leurs conseils, de leurs suggestions et de leurs anecdotes :
B Laurence Bédirian, Jérôme Bizière, M. et Mme Bole-Feysot, Stéphanie Bourdieu, Jean Brunela C Marina Chaumond D Éric Dugue I Thomas Iyer J Géraldine Jouty M Jean-Marie Morand P Agnès Poirson

UN MOT DES AUTEURS

Josephine Quintero

Je tiens particulièrement à dar las *gracias* à Saro Arencibà, de l'office du tourisme de Las Palmas de Gran Canaria, à Roger Bradley pour ses précieux conseils de randonneur, à Tila et Michelle d'Eco Resorts, sur Lanzarote, à Robin Chapman pour ces verres de vin partagés à la fin d'une longue journée, ainsi qu'à Kirsty Jones pour ses anecdotes sur les joies du kitesurf aux Canaries. Merci aussi à Dora Whitaker, pour son soutien sans faille d'éditrice coordinatrice, et à mon coauteur, le brillant Stuart Butler.

Stuart Butler

Je remercie tout le personnel des offices du tourisme pour leurs informations et leurs conseils, et j'adresse un grand *gracias* à l'équipe des hôtels Senderos de Abona (Tenerife) et Ibo Alfaro (La Gomera) pour leur aide (et leurs talents de baby-sitters). Merci également à Peter et Jill Standing pour cette fantastique ascension d'El Teide. Et bien sûr, merci à mon épouse Heather et à notre tout petit Jake, les meilleurs compagnons de voyage qui soient.

LES AUTEURS LONELY PLANET

Lonely Planet réalise ses guides en toute indépendance et n'accepte aucune publicité. Tous les établissements et prestataires mentionnés dans l'ouvrage le sont sur la foi du seul jugement des auteurs, qui ne bénéficient d'aucune rétribution ou de réduction de prix en échange de leurs commentaires.

Sillonnant le pays en profondeur, les auteurs de Lonely Planet savent sortir des sentiers battus sans omettre les lieux incontournables. Ils visitent en personne des milliers d'hôtels, restaurants, bars, café, monuments et musées, dont ils s'appliquent à faire un compte-rendu précis.

À PROPOS DE CET OUVRAGE

Cette 2e édition française du guide *Canaries* est la traduction de la 5e édition de *Canary Islands*, écrite par Josephine Quintero et Stuart Butler pour le compte du bureau Lonely Planet de Londres. Josephine, Miles Roddis, Sarah Andrews and Sally O'Brien ont tous contribué aux éditions précédentes. Damien Simonis était l'auteur de la 1re édition.

Direction éditoriale
Didier Férat

Adaptation française
Émeline Gontier

Traduction
Nathalie Berthet, Hind Boughedaoui et Julie Marcot

Responsable pré-presse
Jean-Noël Doan

Maquette
Denis Montagner

Couverture
Adaptée par Joséphine Cormier et Anabelle Henry

Cartographie
Adaptation en français par Caroline Sahanouk

Remerciements à
Claude Albert et Jean-Victor Rebuffet pour leur précieuse contribution au texte ; à Dolorès "Cui-cui" Mora pour sa grande disponibilité ; à Élisabeth Éon pour la préparation du manuscrit ; à Charlotte Monnier pour les renvois de pages ; et, bien sûr, à Dominique Spaety et tous mes chers collègues du bureau de Paris. Merci également à Darren O'Connell, Chris Love, à Craig Kilburn et Carol Jackson du bureau australien et à Clare Mercer, Tracey Kislingbury, Joe Revill du bureau londonien.

REMERCIEMENTS

Données des cartes du climat adaptées de Peel MC, Finlayson BL & McMahon TA (2007) "Updated World Map of the Köppen-Geiger Climate Classification", *Hydrology and Earth System Sciences*, 11, 163344.

Photographie de couverture: Cactus garden, Lanzarote, Camille Moirenc/Corbis. La plupart des photos publiées dans ce guide sont disponibles auprès de notre agence photographique Lonely Planet Images : www.lonelyplanetimages.com.

index

Références des cartes **en gras**

Références des cartes **en gras**

Références des cartes **en gras**

INDEX DES ENCADRÉS

Arts et patrimoine

Culture et société

Fêtes

Gastronomie

Histoire

Nature et environnement

Sports et activités

Comment utiliser ce guide

Ces symboles vous aideront à identifier les différentes rubriques :

À voir	Fêtes et festivals	Où sortir
Activités	Où se loger	Achats
Cours	Où se restaurer	Renseignements/ transports
Circuits organisés	Où prendre un verre	

Ces symboles vous donneront des informations essentielles au sein de chaque rubrique :

	Numéro de téléphone		Wi-Fi		Bus
	Horaires d'ouverture		Piscine		Ferry
	Parking		Végétarien		Métro
	Non-fumeurs		Familles bienvenues		Tramway
	Climatisation		Animaux acceptés		Train
	Accès Internet	dort	Dortoir	ch	Chambre
s	Chambre simple	d	Chambre double	tr	Chambre triple
f	Chambre familiale	app	Appartement	ste	Suite

Les pictos pour se repérer

Les coups de cœur de l'auteur

GRATUIT Des sites libre d'accès

Les adresses écoresponsables

Nos auteurs ont sélectionné ces adresses pour leur engagement dans le développement durable – par leur soutien envers des communautés ou des producteurs locaux, leur fonctionnement écologique ou leur investissement dans des projets de protection de l'environnement.

Légende des cartes

À voir
- Centre d'intérêt
- Château
- Église/cathédrale
- Monument
- Musée/galerie
- Mosquée
- Plage
- Ruines
- Synagogue
- Vignoble
- Zoo

Activités
- Plongée/snorkeling
- Canoë/kayak
- Ski
- Surf
- Piscine/baignade
- Randonnée
- Planche à voile
- Autres activités

Se loger
- Hébergement
- Camping

Se restaurer
- Restauration

Prendre un verre
- Bar
- Café

Sortir
- Spectacle

Achats
- Magasin

Renseignements
- Poste
- Point d'information

Transports
- Aéroport/aérodrome
- Poste frontière
- Bus
- Téléphérique/ funiculaire
- Piste cyclable
- Ferry
- Métro
- Monorail
- Parking
- S-Bahn
- Taxi
- Train/rail
- Tramway
- Tube
- U-Bahn
- Autre moyen de transport

Routes
- Autoroute à péage
- Autoroute
- Nationale
- Départementale
- Cantonale
- Chemin
- Route non goudronnée
- Rue piétonne
- Escalier
- Tunnel
- Passerelle
- Promenade à pied
- Promenade à pied (variante)
- Sentier

Limites et frontières
- Pays
- Province/État
- Contestée
- Région/banlieue
- Parc maritime
- Falaise/escarpement
- Rempart

Population
- Capitale (pays)
- Capitale (État/province)
- Grande ville
- Petite ville/village

Géographie
- Refuge/gîte
- Phare
- Point de vue
- Montagne/volcan
- Oasis
- Parc
- Col
- Aire de pique-nique
- Cascade

Hydrographie
- Rivière
- Rivière intermittente
- Marais/mangrove
- Récif
- Canal
- Eau
- Lac asséché/salé/ intermittent
- Glacier

Topographie
- Plage/désert
- Cimetière (chrétien)
- Cimetière (autre religion)
- Parc/forêt
- Terrain de sport
- Site (édifice)
- Site incontournable (édifice)

LES GUIDES LONELY PLANET

Une vieille voiture déglinguée, quelques dollars en poche et le goût de l'aventure, c'est tout ce dont Tony et Maureen Wheeler eurent besoin pour réaliser, en 1972, le voyage d'une vie : rallier l'Australie par voie terrestre via l'Europe et l'Asie. De retour après un périple harassant de plusieurs mois, cette expérience formatrice les poussa à rédiger sur un coin de table leur premier guide, *Across Asia on the Cheap*, qui se vendit à 1 500 exemplaires en l'espace d'une semaine. Ainsi naquit Lonely Planet, qui possède aujourd'hui des bureaux à Melbourne, Londres et Oakland, et emploie plus de 600 personnes. Nous partageons l'opinion de Tony, pour qui un bon guide doit à la fois informer, éduquer et distraire.

NOS AUTEURS

Josephine Quintero

Auteur coordinateur : La Grande Canarie, Fuerteventura, Lanzarote Josephine, née en Angleterre et diplômée de l'université de Berkeley (Californie), vit en Andalousie depuis qu'en 1990, les troupes de Saddam Hussein l'ont chassée du Koweït, où elle s'était établie. Après avoir un temps joué les nègres en rédigeant les ouvrages de diverses célébrités de Marbella, elle a rejoint Lonely Planet. Elle a coécrit depuis de nombreux titres, notamment les quatre dernières éditions du guide *Espagne Nord et Centre* et la précédente édition du guide *Canaries*. Et Josephine ne céderait sa place pour rien au monde. Exploratrice enthousiaste, elle garde de ce dernier périple aux Canaries deux souvenirs particulièrement émus : la randonnée dans les montagnes de l'intérieur de la Grande Canarie, et un (nouveau) coup de foudre pour le délicieux *mojo*.

Pour en savoir plus sur Josephine :
lonelyplanet.com/members/josephinequintero

Stuart Butler

Tenerife, La Gomera, La Palma, El Hierro Stuart était tout petit quand il a découvert l'Espagne, les parcs nationaux andalous et les plages du nord du pays. Il en est tombé amoureux, si bien que dès qu'il a été assez grand, il a dit *bye bye* à son Angleterre natale pour s'installer à la frontière franco-espagnole. Basque d'adoption, il n'hésite pas à sillonner le pays pour dénicher délices gastronomiques, bonnes vagues et sentiers de randonnée dans les montagnes – autant de plaisirs qu'il a trouvés aux Canaries. Quand il n'écrit pas pour Lonely Planet, Stuart explore des côtes lointaines pour dégoter des spots de surf méconnus, et il rend régulièrement compte de ses découvertes dans les médias spécialisés.

Pour en savoir plus sur Stuart:
lonelyplanet.com/members/stuartbutler

Canaries
2e édition
Traduit et adapté de l'ouvrage *Canary Islands, 5th edition, January 2012*

Dépôt légal Février 2012
ISBN 978-2-81612-154-4
Imprimé par IME (Imprimerie Moderne de l'Est), Baume-les-Dames, France
Réimpression 02, juin 2012
En Voyage Éditions | un département place des éditeurs